CB033390

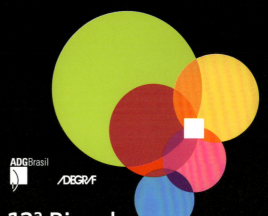

12ª Bienal
Brasileira de
Design Gráfico

Blucher

bohemia.com.br

www.sp.senac.br

a10.com.br

cbd.org.br

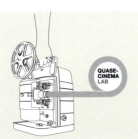

quasecinema.org

BR/BAUEN

brbauen.com

dualpixel

dualpixel.com.br

sylverconsulting.com

anacouto.com.br

CASA REX

casarex.com

www.centralparkconveniencia.com.br

eyedesign.com.br

GRECODESIGN

grecodesign.com.br

TUUT

tuut.com.br

www.naoumhoteis.com.br

Publisher
Edgard Blücher

Editor
Eduardo Blücher

Coordenação de produção editorial
Bonie Santos

Produção editorial
Isabel Silva, Júlia Knaipp, Luana Negraes, Marilia Koeppl

Organização e textos
Bruno Porto, Marco Aurélio Lobo Júnior e Victor Cruzeiro

Revisão de texto
Bárbara Waida

Capa e projeto gráfico
Eye Design

Automação editorial
Gustavo Soares | GusSoares.com

Coordenação da campanha do Catarse
Léo MacVal

Vídeo do Catarse
Quase-Cinema Lab

Imagens: a autenticidade e a autoria das imagens é de responsabilidade dos autores de cada projeto.

Ficha catalográfica

Bienal brasileira de design gráfico ADG, 12 / [organização de: Bruno Porto, Marco Aurélio Lobo Júnior, Victor Cruzeiro] ; ADG Brasil e Adegraf. – São Paulo : Blucher, 2017.
560 p. : il., color.

ISBN 978-85-212-1223-2

1. Artes gráficas 2. Design I. Porto, Bruno. II. Lobo Júnior, Marco Aurélio. III. Cruzeiro, Victor. IV. Associação dos Designers Gráficos do Brasil. V. Associação dos Designers Gráficos do Distrito Federal.
17-0847　　　　　　　　　　　　　　　　CDD 741.6

Índice para catálogo sistemático:

1. Artes gráficas

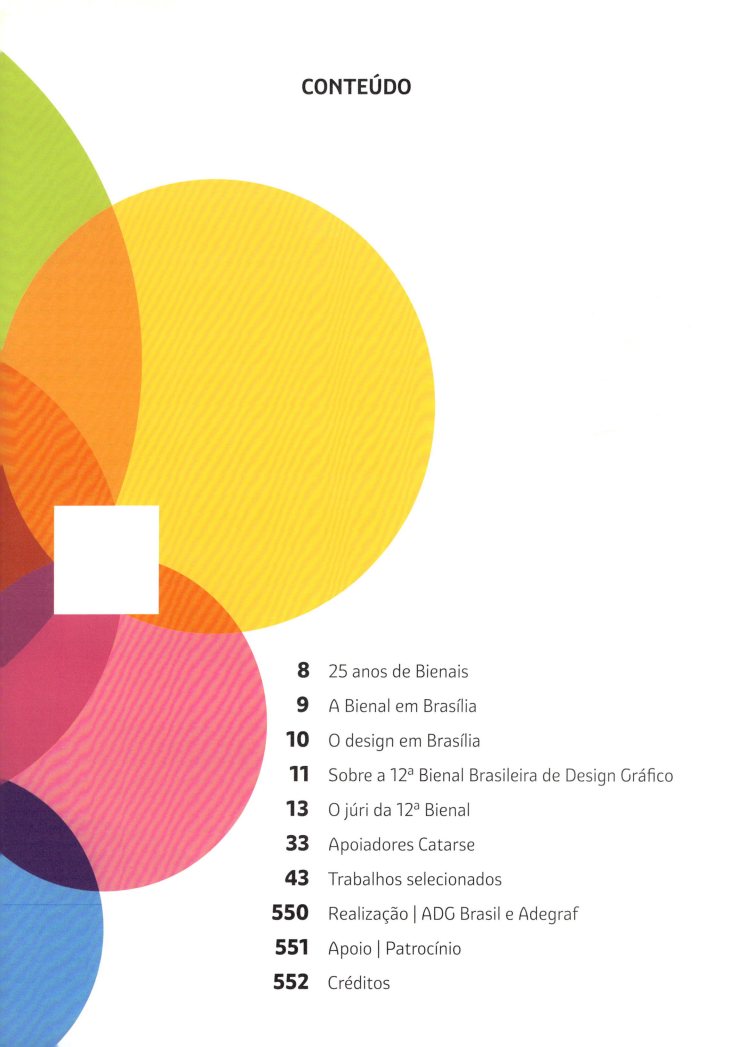

CONTEÚDO

- **8** — 25 anos de Bienais
- **9** — A Bienal em Brasília
- **10** — O design em Brasília
- **11** — Sobre a 12ª Bienal Brasileira de Design Gráfico
- **13** — O júri da 12ª Bienal
- **33** — Apoiadores Catarse
- **43** — Trabalhos selecionados
- **550** — Realização | ADG Brasil e Adegraf
- **551** — Apoio | Patrocínio
- **552** — Créditos

25 ANOS DE BIENAIS

É em meio a um cenário de crises políticas, sociais e econômicas que chegamos à marca histórica de 25 anos da Bienal Brasileira de Design Gráfico. Um evento que começou pequeno, em São Paulo, restrito aos associados da Associação dos Designers Gráficos, e que, um quarto de século depois, tomou o país – e o mundo, se considerarmos a participação de jurados dos cinco continentes e as itinerâncias realizadas no México e na China. Foi um processo lento, muitas vezes dolorido e repleto de questionamentos, trabalhoso como só quem participou da organização de uma Bienal pode dizer. Cada associado, cada membro de cada diretoria, de cada conselho, de cada comissão, de cada grupo de trabalho que a ADG Brasil já teve contribuiu de alguma forma para atingirmos este ponto, para esta história.

Alinhada à exponencialidade da produção contemporânea, a 12ª Bienal Brasileira de Design Gráfico amplia o recorte de representação do design brasileiro, registrando 500 expressivos trabalhos produzidos no biênio 2015-2016 e destacando, em sua mostra na Caixa Cultural Brasília, 50 deles. Como em suas edições anteriores, a Bienal não acontece sozinha. Ela promove e é inserida em uma rica programação de encontros profissionais e acadêmicos, outras exposições, *workshops* e debates que dialogam com a transversalidade do design gráfico. Uma programação intensa e reflexiva que só poderia ser feita a muitas mãos e com a correalização da nossa anfitriã e entidade irmã, Adegraf – Associação dos Designers Gráficos do Distrito Federal, atuante desde 2001 na congregação e na valorização dos profissionais no DF.

A Bienal nasceu e foi São Paulo, já foi Rio de Janeiro, hoje é Brasília. É do designer, é do cliente, é dos nossos filhos, parentes e amigos, é de todos vocês, é do Brasil, é do mundo. Não por acaso, é o resultado do traço feito, do projeto finalizado, das noites viradas, daquele sonho realizado ou em andamento. Não importam nomes, rótulos ou cenários; acima de tudo, é resultado dos que a fazem real. É essa vontade de fazer e realizar que desejamos àqueles que farão da 13ª, da 14ª, da centésima Bienal Brasileira de Design Gráfico sempre uma realidade. A ADG Brasil e a Bienal Brasileira de Design Gráfico só existem e acontecem graças àqueles que se dispõem a fazê-la verdadeiramente relevante.

A Diretoria da ADG Brasil agradece imensamente a participação fundamental de todos os que enviaram seus projetos, a generosidade dos jurados, o ativismo dos associados da ADG Brasil e da Adegraf, além de agradecer a todos que contribuíram de forma direta ou indireta para a realização desta edição, aos patrocinadores e aos apoiadores que acreditam que, juntos, podemos contribuir para uma sociedade melhor – ou seja, com mais design.

Diretoria ADG Brasil
Gestão 2016-2018

A BIENAL EM BRASÍLIA

A Adegraf completa 15 anos de atuação em 2017 e o nosso grande presente é a Bienal Brasileira de Design Gráfico. Somos gratos à ADG Brasil por escolher nossa casa para sediar esse encontro com o melhor da produção nacional em design gráfico. Brasília recebe de asas abertas a exposição do trabalho de profissionais de todo o país, com a modernidade de sua arquitetura acolhendo a tipografia, as cores, as marcas, os editoriais, os *posters* e todas as outras formas de expressão do design gráfico. Sejam todos (e tudo) bem-vindos!

Os anos de 2015 e 2016 foram muito desafiadores. Uma crise sem precedentes na história brasileira trouxe o pessimismo ao cotidiano de todos nós. Em alguns momentos, as dificuldades chegaram com as notícias de uma nação sem liderança, à deriva e num cenário praticamente sem expectativas de mudança ou melhoria no curto prazo. Que surpresa feliz foi receber as inscrições dos trabalhos de designers de todos os cantos do Brasil para participar da Bienal. Percebemos que, mesmo diante de um momento de crise extrema, os designers gráficos levantaram as mangas e foram à luta para criar seu espaço produtivo. Criatividade e muito trabalho consolidaram a 12ª Bienal Brasileira de Design Gráfico como a expressão da positividade e da força criativa e produtiva. Parabéns para todos nós.

Hoje, no Brasil, o Distrito Federal é referência na experiência de iniciativas convergentes com a economia criativa e colaborativa. Os espaços urbanos são ocupados por música, arte, feiras de publicações independentes, ações de empreendedores em contato direto com a população, serviços com mobilidade e design, muito design. E a prova disso está no número recorde de inscrições de projetos. É a maior participação dos designers gráficos do DF dentre todas as doze edições da Bienal. Isso é muito representativo.

Gratidão é o sentimento mais presente. Valeu, ADG Brasil – que experiência feliz foi estar com vocês e trabalharmos juntos. Também somos muito gratos a você, designer gráfico, por sua determinação e perseverança – pode contar com a gente. E agradecemos a Brasília, cidade-parque. Como disse uma vez Juscelino Kubitschek, "cidade síntese, prenúncio de uma revolução fecunda em prosperidade".

Diretoria Adegraf
Gestão 2016-2018

O DESIGN EM BRASÍLIA

Aloísio Magalhães, considerado um dos pioneiros do design gráfico brasileiro, afirmou que Brasília significava o momento decisivo da ação cultural brasileira, pois, dentro da concepção de que nos trópicos convivem polos opostos, pode-se dizer que a cidade tenta unificar o cartesiano e o espontâneo ou natural. "E tudo que possa haver de excessivamente cartesiano na concepção de Brasília foi rapidamente compensado, em termos de espontaneidade, pelo surgimento de uma constelação de cidades-satélite, trazendo o pó, ou seja, a presença dos valores naturais oriundos de todas as áreas brasileiras, balanceando os excessos de racionalismo porventura existentes na cidade".

A imagem e a concretude de Brasília podem ser entendidas, por meio da nossa percepção visual, como símbolo do dinamismo e da capacidade projetual inovadora do brasileiro, em que o design gráfico se faz presente.

Neste contexto inovador, e completando 25 anos, a 12ª Bienal Brasileira de Design Gráfico foi organizada por meio da parceria entre a Adegraf e a ADG Brasil, com a realização de um conjunto de eventos com o objetivo de promover e valorizar a economia criativa brasileira e latino-americana. Além da exposição dos trabalhos em destaque, são apresentadas outras exposições que dialogam com alguns dos principais aspectos do design gráfico: a 7ª Bienal de Tipografia Latino-Americana Tipos Latinos, com 76 projetos de fontes digitais desenvolvidos por designers de 14 países da América Latina; a exposição Primeiras Impressões, idealizada pelo premiado designer paulistano Gustavo Piqueira, abordando a cultura gráfica do século XVI e sua influência na criação do imaginário do Brasil como país; e Notícias em Cartaz, uma retrospectiva histórica do premiado design gráfico do jornal *Correio Braziliense*.

Paralelamente ao período das mostras, Brasília recebe ainda a Conferência Design Gráfico Brasil 2017, o encontro nacional de tipografia DiaTipo Brasília, o I Seminário Internacional Design & Cultura, o Behance Portfolio Review – Edição Especial da Bienal, o II EnQuadrinhos – Encontro de Quadrinhos de Brasília e o RDesign Brasília 2017 – Encontro Regional de Estudantes de Design Centro-Oeste/Minas Gerais, além de palestras, *workshops* e lançamentos de publicações.

Um dos principais eventos de valorização e promoção da criatividade brasileira se apresenta na cidade, que é sem dúvida a construção mais significativa realizada em nosso país, para assumir uma compreensão do conjunto, do mosaico e da diversidade da cultura brasileira.

Viva o design brasileiro! Viva o design em Brasília!

Marco Aurélio Lobo Junior
Coordenador-geral da 12ª Bienal Brasileira de Design Gráfico

SOBRE A 12ª BIENAL BRASILEIRA DE DESIGN GRÁFICO

Como bem estabeleceu o saudoso designer paulistano André Stolarski (1970-2013) – que atuou como jurado, organizador e curador em quatro edições da Bienal –, a Bienal Brasileira de Design Gráfico é feita pelos designers para os designers. São eles que selecionam os que acreditam ter sido os trabalhos mais relevantes de sua produção nos dois últimos anos e os inscrevem para serem analisados e avaliados por outros designers, que compõem o corpo do júri daquela edição. Ao final, são todos os designers que recebem o registro deste recorte – em forma de exposição, catálogo, palestras, debates etc. –, sobre o qual refletem, comemoram, discordam, se inspiram e discutem para onde vamos e como chegaremos lá.

Nesses 25 anos, muita coisa evoluiu na Bienal. Ela deixou de ser exclusiva dos associados da ADG Brasil a partir da quarta edição, em 1998. Novas categorias foram criadas – como "Tipografia", em 2002, "Games, Softwares e Apps", em 2013, e "Histórias em Quadrinhos" em 2017 – ou desapareceram – como "CD-Rom" –, refletindo a realidade do mercado. Os trabalhos passaram a ser expostos desassociados de seus suportes, a partir de 2006, e a ser selecionados em duas etapas, a partir de 2009. E, depois de dez edições realizadas em São Paulo, entre 1992 e 2013, decidiu-se realizar cada nova edição da Bienal em uma cidade diferente, começando pelo Rio de Janeiro, em 2015.

O desafio que nos propusemos nesta 12ª edição foi aumentar a quantidade de projetos selecionados e, ao mesmo tempo, construir uma mostra mais dinâmica, mais bem-acabada e menos onerosa. O principal motivo para realizar uma exposição apenas com os trabalhos premiados – como acontece em outras premiações realizadas na Europa, na América do Norte e na Ásia – era libertar a Bienal das limitações físicas e de custos de um formato que se mostrava inviável diante da quantidade e da qualidade da atual produção nacional.

A média de aproveitamento das inscrições nas últimas cinco edições da Bienal foi de 20%, o que significa que 80% dos trabalhos inscritos não foram selecionados. Isso se deu principalmente pelo limite de espaço físico – e pelos custos de produção – que uma mostra com essas características tem, limitando a seleção a cerca de 300 projetos. Por outro lado, a produção brasileira de design vem crescendo em quantidade, qualidade e relevância, e as fronteiras do design gráfico se confundem com as de outras áreas projetuais. Há mais a se mostrar, registrar, promover e reconhecer.

Esta publicação que você tem em mãos – ou na tela à sua frente – contém 504 projetos selecionados dentre 1.391 inscrições, ampliando o aproveitamento destas para 36%. Eles também estão online, o que inclusive se mostra mais adequado para a apreciação de projetos de websites, animações, vinhetas etc. Indicados pelos integrantes do júri e definidos pela curadoria, 50 trabalhos compõem a mostra apresentada na Caixa Cultural Brasília de 4 de agosto a 10 de setembro de 2017.

O júri desta edição foi composto por 98 pessoas de diversas gerações, formações e áreas de atuação, nascidas ou residentes em 12 estados brasileiros e no Distrito Federal e em 23 países nos cinco continentes, com o objetivo de lançar sobre a recente produção do design brasileiro um olhar qualificado e diversificado. Pela primeira vez, o júri da Bienal não se reuniu presencialmente, o que representava outro fator complicadíssimo e de alto custo dentro do processo de organizar uma premiação de projetos de design. Amparados pelos bons resultados obtidos nas etapas de avaliação online que ocorreram nas edições de 2013 e 2015, optamos por fazer o julgamento dos trabalhos desta edição remota e individualmente. Dessa forma, entre 3 e 23 de abril de 2017, cada jurado pôde acessar com uma senha pessoal o sistema de julgamento nos horários e no ritmo que lhe parecessem melhores, visualizando até dez imagens e um vídeo de cada projeto, com informações sobre eles em português ou inglês. Como ocorreu nas duas últimas edições da Bienal, cada jurado deveria dar notas de 0 a 10 quanto a: qualidade do projeto, de seus elementos e de suas soluções de design; originalidade; eficiência com que atendeu ao objetivo/*briefing* descrito pelo autor; e o projeto como um todo. Cada critério equivalia a 25% da nota individual de cada jurado para aquele trabalho, e a média das notas dos jurados que avaliaram o projeto resultava na nota final. Pela ordem decrescente de notas finais, o sistema identificou 33% dos trabalhos de cada categoria, aos quais acrescentamos manualmente os trabalhos com notas muito próximas a esse terço mais bem avaliado.

Foi pedido ainda aos jurados que indicassem ao Prêmio Destaque aqueles trabalhos que tivessem se sobressaído de alguma forma específica entre os avaliados, justificando a nomeação. A quantidade de indicações em cada categoria foi definida percentualmente em relação à quantidade de inscrições feitas naquela categoria. No total, foram feitas 152 indicações. Os trabalhos nomeados por mais de um jurado automaticamente entravam na lista de destaques, e a curadoria analisou os argumentos dos demais, procurando construir um panorama que fosse representativo dos diferentes segmentos e linguagens existentes atualmente no Brasil.

Por agora, é isso. O maior e mais diverso corpo de jurados selecionou a maior quantidade de projetos já reunidos em uma Bienal Brasileira de Design Gráfico. Que esta seleção de trabalhos inspire novamente o exercício de reflexão, crítica e inovação que há um quarto de século vem construindo importantes capítulos da história do design brasileiro.

Bruno Porto
Curador da 12ª Bienal Brasileira de Design Gráfico

O JÚRI
DA 12ª BIENAL

O JÚRI DA 12ª BIENAL

Bruno Porto
Rio de Janeiro/Distrito Federal
COORDENADOR DO JÚRI

Designer gráfico, professor e consultor em design, com trabalhos expostos nas Américas, na Ásia, na África e na Europa e publicados em mais de quarenta livros e revistas internacionais. Bacharel em Desenho Industrial pela Faculdade da Cidade (RJ), pós-graduado em Gestão Empresarial pela Universidade Candido Mendes (RJ) e mestrando em Comunicação pela Universidade de Brasília – UnB. Assina a curadoria da 12ª Bienal Brasileira de Design Gráfico (2017), tendo participado da organização das últimas cinco edições em funções variadas e de uma dúzia de outras exposições apresentadas em: Alemanha, Brasil, China, Colômbia, Reino Unido, Uruguai, Venezuela e Vietnã. É membro dos conselhos consultivos da Adegraf e da ADG Brasil, tendo integrado a diretoria nacional desta na gestão 2004-2007, sua coordenação RJ na gestão 2002-2004 e seu conselho de ética na gestão 2009-2011. De 2011 a 2017, integrou o conselho diretor da Sociedade dos Ilustradores do Brasil – SIB e atuou como coordenador executivo pelo Brasil para a Bienal de Tipografia Latino-Americana Tipos Latinos, tendo sido nomeado Embajador del Diseño Latino pelo Comité de Diseño Latino no Foro de Escuelas de Diseño 2015 na Argentina. É autor de diversos livros e textos sobre design e, frequentemente, participa de júris de premiações internacionais e concursos nacionais de projetos de design. Entre 1996 e 2006, foi professor do Centro Universitário da Cidade do Rio de Janeiro, no qual coordenou o núcleo de ilustração do Instituto de Artes Visuais – IAV, e, entre 2006 e 2010, do Raffles Design Institute em Xangai, China. Atualmente, vive em Brasília, onde coordena o curso de Design Gráfico do Centro Universitário IESB, e é membro da Comissão Assessora de Área de Tecnologia em Design Gráfico do Exame Nacional de Desempenho de Estudantes – Enade e do Colegiado Setorial de Design da Secretaria de Cultura do Distrito Federal.

Adriana Campos
São Paulo
JÚRI DE IMPRESSOS EDITORIAIS – PONTUAIS

Formada pela Faculdade de Arquitetura e Urbanismo da Universidade de São Paulo – FAU/USP, é professora de Design Influences na Miami Ad School/Escola Superior de Propaganda e Marketing – ESPM (SP) e diretora da Dorotéia Design, que tem foco em design gráfico estratégico. Tem projetos premiados no Festival Internacional de Cuba de Cartazes de Cinema, na Bienal Internacional de Cartazes do México, na Bienal Brasileira de Design Curitiba 2010 e no Prêmio Max Feffer. É membro do Conselho de Ética da ADG Brasil e integrou a diretoria nacional da associação na gestão 2002-2004.

Adriana Melo
Rio de Janeiro
JÚRI DE DIGITAL – GAMES, SOFTWARES, APPS/INTERFACES

É designer, administradora e diretora da Escola de Comunicação e Design Digital – ECDD do Instituto Infnet. Graduou-se pela Escola Superior de Desenho Industrial da Universidade do Estado do Rio de Janeiro – ESDI/UERJ, com MBA Executivo pelo Instituto COPPEAD de Administração da Universidade Federal do Rio de Janeiro – UFRJ. Foi diretora da Arteccom por quinze anos, na qual atendeu clientes como Microsoft, Apple, Sebrae, Uol, entre outros, nas áreas de eventos, consultoria e treinamento. Idealizou o Encontro de Design e Tecnologia Digital – Edted, evento itinerante que passava por dez capitais do país, e o Wide Open Business (WOB) Conference, congresso internacional focado em inovação, e foi editora por dez anos da revista *Wide*, de circulação nacional e com tiragem de 30 mil exemplares. É autora do livro *Design Thinking & Thinking Design*.

Ale Paul
Argentina
JÚRI DE TIPOGRAFIA – TEXTO/TIPOGRAFIA – TÍTULO

É um dos fundadores da *type foundry* Sudtipos, uma das principais responsáveis por colocar a Argentina no mapa do design gráfico mundial. Tendo desenvolvido importantes projetos para empresas como Procter & Gamble, SC Johnson, Danone, entre outras, foi premiado diversas vezes pelo Type Directors Club NY e pela Bienal de Tipografia Latino-Americana Tipos Latinos. Professor na pós-graduação em Tipografia da Universidade de Buenos Aires, já apresentou palestras em eventos internacionais como Type Master Weeks NY, TypoBerlin, TypeCon e Pecha Kucha, em conferências da Association Typographique Internationale – ATypI no Type Directors Club NY e em eventos em Hong Kong, França, República Tcheca, Áustria, Espanha, Portugal, Chile, Colômbia, Equador, Venezuela, Bolívia, Uruguai, México e Canadá. Tem projetos publicados em revistas internacionais como *Eye*, *Communication Arts Print*, *Creative Review*, *Visual*, *Creative Arts* e *Novum*. É o primeiro membro argentino da Alliance Graphique Internationale e atua como delegado para seus país na ATypI.

Alexandre Rangel
Distrito Federal
JÚRI DE DIGITAL – MOTION DESIGN

Bacharel em Artes Plásticas, mestre em Arte e Educação em Artes Visuais e doutorando em Artes pela Universidade de Brasília – UnB, tendo lecionado nos cursos de Cinema e Publicidade e Propaganda no Centro Universitário IESB. Atua como artista multimídia, trabalhando com videoarte e desenvolvimento de software audiovisual, com foco na relação entre o ser humano e o meio urbano. Desenvolveu o software de VJ "Quase-Cinema", uma plataforma para criação de cinema ao vivo, experimentação audiovisual e arte-educação. Suas obras, performances e oficinas já foram realizadas em Taiwan, Argentina, Áustria, Brasil, Dinamarca, Espanha, Estados Unidos e Holanda.

Aline Haluch
Paraná/Rio de Janeiro

JÚRI DE IMPRESSOS EDITORIAIS – CAPAS DE LIVRO

É designer e pesquisadora formada pela Universidade Federal do Paraná – UFPR, mestre em Design pela Pontifícia Universidade Católica do Rio de Janeiro – PUC-Rio e sócia do Studio Creamcrackers. Lecionou no curso de graduação em Design Gráfico da Faculdade Senac-RJ por dois anos e, atualmente, é professora do curso de mestrado em Design Editorial do Istituto Europeo di Design do Rio de Janeiro – IED Rio. Desde 2008, ministra o *workshop* Design Editorial em várias instituições. É autora do *Guia prático de design editorial: criando livros completos*, da coleção *Humberto de Campos – Renascendo 80 anos depois*, uma seleção de textos em quatro volumes, e de *A Maçã: o design gráfico, as mudanças de comportamento e a representação feminina no início do século XX*, que foi selecionado para a exposição do 30º Prêmio Design do Museu da Casa Brasileira na categoria Trabalhos Escritos.

Allyson Reis
Ceará

JÚRI DE IDENTIDADE & BRANDING – SISTEMAS DE IDENTIDADE DE EVENTOS

Designer com dezesseis anos de experiência em projetos de *branding* e design. Fundador e diretor de criação da Abracadabra desde 2008. À frente da Abracadabra, recebeu os prêmios: Brasil Design Awards (2009), IDEA Brasil (2014), Lusos (2014, 2015, 2016), Red Dot Communication (2014), Objeto Brasil (2016) e iF Design (2015, 2016). Foi jurado na categoria Design dos prêmios: El Ojo de Iberoamerica (2014), Lusos (2015, 2016), ABRE (2015, 2016) e Bornancini (2016). É também diretor da Associação Brasileira de Empresas de Design – Abedesign.

Ana Brum
Paraná

JÚRI DE FRONTEIRAS – PRODUTOS

Possui graduação em Desenho Industrial, com ênfase em Projeto do Produto, pela Pontifícia Universidade Católica do Paraná – PUC-PR, especialização em Engenharia de Produto e Design e Metodologia no Ensino Superior e mestrado em Desenvolvimento e Organizações pela FAE. Atualmente, é diretora técnica no Centro Brasil Design e coordenadora geral do portal DesignBrasil. Foi delegada representante do design no Conselho Nacional de Política Cultural – CNPC, do Ministério da Cultura. Foi coordenadora de curso de Design e professora universitária e de cursos de pós-graduação com as cadeiras de Políticas Públicas e de Cenários e Gestão do Design. Tem experiência na área de desenho industrial, com ênfase em projeto de produtos, atuando principalmente nos seguintes temas: projeto, produto, gestão do design, política pública e design sustentável.

Ana Soter
Rio de Janeiro

JÚRI DE IMPRESSOS PROMOCIONAIS – PORTFÓLIOS

Formada em Design Gráfico pela Pontifícia Universidade Católica do Rio de Janeiro – PUC-Rio, na qual também lecionou por sete anos, criou a Soter Design em 1992. Realiza trabalhos em diversas áreas do design: gráfico, editorial, expositivo e de sinalização nos segmentos cultural, corporativo e de moda e, em especial, na construção da imagem e da memória da cidade do Rio do Janeiro. A Soter foi a agência do Comitê Olímpico Brasileiro até 2008, desenvolvendo marcas para eventos e campanhas, sistemas de identidade e todo o material para a candidatura olímpica da cidade. Integrou a coordenação RJ da ADG Brasil na gestão 2002-2004.

André Maya Monteiro
Distrito Federal

JÚRI DE IMPRESSOS EDITORIAIS – DIVERSOS

Bacharel em Desenho Industrial e mestre em Teoria e História da Arte pela Universidade de Brasília – UnB. Cofundador da Estereográfica, editora especializada em tipografia, atua como designer gráfico principalmente em projetos editoriais. É professor de Tipografia, Produção Gráfica e Design Editorial no curso superior de tecnologia em Design Gráfico do Centro Universitário IESB.

Batman Zavareze
Rio de janeiro

JÚRI DE FRONTEIRAS – ARTE

Bacharel em Comunicação Visual e diretor da empresa 27+1 Comunicação Visual. Iniciou sua carreira na MTV Brasil em 1991 e trabalhou na Fabrica, na Itália, no período de 1998 a 1999. Atualmente, trabalha com projetos multidisciplinares ligados a imagem e audiovisual, como exposições (Kandinsky no CCBB), shows (Marisa Monte, Cidade Negra – Rock in Rio), peças de teatro (Gerald Thomas, Guel Arraes), eventos nacionais (encerramento dos Jogos Olímpicos Rio 2016) e programas (GNT, SporTV). Fez a concepção e a direção de arte da exposição 100 Anos Vinicius de Moraes na nova Biblioteca Parque do Estado do Rio de Janeiro. É idealizador, diretor geral e curador do Festival Multiplicidade, uma das plataformas culturais mais importantes de arte e tecnologia do Brasil, desde 2005. Possui trabalhos publicados e expostos em revistas e museus do Brasil e do exterior.

Bebel Abreu
Pernambuco/São Paulo

JÚRI DE FRONTEIRAS – INFOGRÁFICOS

Desde 2004, dirige, com sua irmã Manaíra Abreu, a produtora cultural Mandacaru, dedicada a projetos de artes gráficas e design, como a versão brasileira da conferência internacional sobre o impacto do design What Design Can Do São Paulo e a exposição Macanudismo, retrospectiva do artista argentino Liniers. Em 2012, fundou a Bebel Books, editora independente com mais de 50 títulos publicados, que tem como destaque publicações eróticas e de ilustração. Assina a curadoria de exposições no Brasil e no exterior.

Bennett Peji
Filipinas/Estados Unidos

JÚRI DE IDENTIDADE & BRANDING – SISTEMAS DE IDENTIDADE CORPORATIVA

Diretor do Jacobs Center para Inovação em San Diego, na Califórnia, atua como diretor de comunicação e marketing estratégico, além de ser frequente palestrante internacional sobre assuntos voltados para o design. Trabalha nas diretorias da California Humanities, do Centro da Universidade de San Diego para a Paz e o Comércio, e da La Jolla Playhouse, em que dirige o Conselho de Liderança Pública. Também trabalhou como Comissário de Artes & Cultura da cidade de San Diego (2003-2012), foi presidente da Câmara de Comércio Filipino-Americana, presidente da Associação de Negócios Asiáticos e membro da diretoria nacional do American Institute of Graphic Arts – AIGA, sendo cofundador do Centro para Design Transcultural do AIGA. Recebeu menções pelos seus trabalho pelo AIGA San Diego e pelo SDX, além de mais de 200 prêmios de marketing, design, negócios e ações comunitárias.

Billy Bacon
Rio de Janeiro

JÚRI DE IMPRESSOS PROMOCIONAIS – CARTAZES

Formado pela Rocky Mountain College of Art & Design, no Colorado (EUA), dirigiu dois dos mais premiados escritórios de design do Rio de Janeiro: Nú-Dës e Bold°_a design company. Foi professor de pós-graduação em Branding, Design e Ilustração dentro e fora do país. De 2006 a 2008, morou em Xangai, China, onde coordenou o curso de tipografia no Raffles Design Institute. Possui projetos premiados e publicados no Brasil e no exterior e em revistas especializadas em design de Alemanha, Argentina, China, Estados Unidos, Itália, Japão e Rússia. Atualmente, é diretor da central de produções do MedGrupo, curso de residência médica do Brasil, dirigindo o desenvolvimento e a produção de todo o material didático e de comunicação das empresas do grupo.

Bruno Schurmann
Distrito Federal

JÚRI DE IMPRESSOS EDITORIAIS – PROJETO GRÁFICO DE REVISTA

Formado em Desenho Industrial pela Universidade de Brasília – UnB, é designer, artista plástico, calígrafo, ilustrador, fotógrafo e professor. Já trabalhou ao lado de Athos Bulcão, Glênio Bianchetti, Rogério Duarte, Almir Mavignier, Cláudio Maya, dentre tantos outros. Atua há mais de vinte anos no mercado de design e comunicação de Brasília, com experiência em inciativa privada, gestão empresarial, políticas públicas de comunicação e atividade docente. É membro do Conselho Consultivo da Adegraf.

Candelaria Moreno
Peru

JÚRI DE IMPRESSOS PROMOCIONAIS – INFORMES/ IMPRESSOS PROMOCIONAIS – DISPLAYS

Designer com mais de trinta anos de experiência e professora em diversas instituições de prestígio. Atua desde 2000 na organização, na coordenação e no desenvolvimento da área de design em instituições de ensino superior, realizando eventos acadêmicos e convenções na área de forma criteriosa, criativa e objetiva. Atualmente na Cibertec, realiza serviços especializados por meio do uso de tecnologias de informação e comunicação (TIC) e redes sociais para educação, atuando também na área de *branding*. Foi jurada nacional e internacional em diversos concursos de design, sendo organizadora e representante da Bienal de Tipografia Latino-Americana Tipos Latinos no Peru.

Carol Santos
Rio de Janeiro

JÚRI DE IMPRESSOS PROMOCIONAIS – CARTAZES

É designer e artista plástica, com interesses e influências variados que vão de música a cultura pop, artes marciais e literatura. Atualmente na The Funhouse, passou por grandes escritórios de design no Rio de Janeiro e em São Paulo, mas acredita que foi em uma temporada em Londres, trabalhando como garçonete em um pub, que descobriu seu dom: a enorme desenvoltura ao lidar com pedidos estranhos.

Cecilia Consolo
São Paulo

JÚRI DE IDENTIDADE & BRANDING – MARCAS

Doutora em Ciência da Comunicação pela Universidade de São Paulo – USP, dirige, desde 2006, o Lab Cognitivo, escritório voltado ao *design research*, fornecendo análises sobre imaginário, cognição e identidade, além de elaborar propostas de inovação para extensão de marcas. Atualmente, é professora na graduação e na pós-graduação da Faculdade de Ciências Econômicas de Campinas – Facamp. É autora do livro *MARCAS – Design Estratégico: do símbolo à gestão da Identidade Corporativa*. Iniciou sua carreira profissional em 1979 na agência J. W. Thompson, de São Paulo, e posteriormente atuou como responsável pela identidade da marca corporativa nas empresas Ideal Standard Wabco, Grupo Duratex e Grupo Dreyfus, até consolidar seu próprio escritório de design em 1987, a Consolo & Cardinali Design. Desde então, sua atuação profissional se concentra em gestão de marcas, planejamento, identidade, comunicação estratégica e design corporativo para marcas nacionais e multinacionais. Foi curadora da 9ª Bienal Brasileira de Design Gráfico (2009) e integrou a diretoria nacional da ADG Brasil em diversas gestões.

Célia Matsunaga
Distrito Federal

JÚRI DE FRONTEIRAS – ARTE

Professora na Faculdade de Comunicação no Programa de Pós-Graduação em Design da Universidade de Brasília – UnB. Doutora em Arte e Tecnologia pela UnB e mestra em Communication Design pela Royal College of Art, em Londres. Atua como designer e artista, tendo apresentado trabalhos em países como Inglaterra, Alemanha, Portugal, Estados Unidos e Brasil. Seus trabalhos editoriais foram premiados pelo Red Dot Design Award (Alemanha, 2010) e pelo CLAP (Espanha, 2013, 2015 e 2016). Foi pesquisadora visitante pelo Programa Ciência sem Fronteiras do Conselho Nacional de Desenvolvimento Científico e Tecnológico – CNPq na Parsons School of Design, Nova York (2013), e teve seu livro-arte apresentado na The New York Book Art Fair em 2014.

Chen Hangfeng
China/Holanda

JÚRI DE FRONTEIRAS – ARTE

Nascido em 1974, descobriu o design gráfico como um meio fluido para expressar suas ideias e sua criatividade. Ao longo dos anos, desenhou logos e identidades visuais para revistas, grifes, companhias comerciais, restaurantes e cafés, além de trabalhar como diretor de arte em várias revistas. É mais conhecido, no entanto, por sua série Logomania, em que relê famosos logos de todo o mundo em uma série de padrões intrincados, fazendo cortes em papel, impressões, mobiliário, tatuagens e objetos baseados nesses padrões. Do ponto de vista do design, seu trabalho se localiza entre a arte e a funcionalidade, borrando os limites entre os campos e desafiando categorizações rígidas. Em 2005, fundou o estúdio icandy e, atualmente, é consultor de arte e criatividade na premiada agência des:glory.

Clarice Garcia
Distrito Federal

JÚRI DE EMBALAGENS – VESTUÁRIO E ACESSÓRIOS/ FRONTEIRAS – MODA

Arquiteta formada pela Universidade de Brasília – UnB, é pós-graduada em Coolhunting pelo Istituto Europeo di Design – IED de Milão desde 2007, além de ser especialista em pesquisa de tendências. Coordenou a pós-graduação e o curso de extensão em Coolhunting do Senac-SP em 2013 e ministrou *workshops* e palestras sobre o assunto pelo Brasil. É pesquisadora de tendências para a empresa britânica Kantar Futures e para a brasileira Box 1824. Já colaborou com os sites *Trendwatching*, *Lancia Trend Visions* e *Eye4Design*. Atualmente, dirige a empresa CoolhuntingLab, em Brasília, e coordena o curso superior de tecnologia em Design de Moda e os cursos de pós-graduação em Previsão de Tendências e Comportamento do Consumidor e em Design e Inovação no Centro Universitário IESB. É mestranda em Design pela UnB, onde pesquisa a previsão de cores na moda contemporânea.

Claudia El-moor
Distrito Federal

JÚRI DE IDENTIDADE & BRANDING – SISTEMAS DE IDENTIDADE CORPORATIVA

É designer, sócia da Eye Design | Desenvolvimento de Marcas e criadora da Papelaio Edições Especiais. Atua na criação e na gestão de marcas, lançando também produtos editoriais e de papelaria. Especializou-se em Design Management, tendo estudado Design Gráfico no Brasil e na Itália. Trabalhou em São Paulo e, hoje, tem seu estúdio em Brasília. É membro da ADG Brasil, da qual integrou a diretoria nacional na gestão 2011–2013, e da Adegraf, da qual foi presidente e cujo conselho consultivo integra atualmente.

Claudio Reston
Rio de Janeiro

JÚRI DE DIGITAL – E-PUBLICAÇÕES

Formado pela Escola de Belas Artes da Universidade Federal do Rio de Janeiro – UFRJ. É artista gráfico, designer e sócio-diretor da Visorama Diversões Eletrônicas, na qual dirige clipes, documentários, filmes e campanhas publicitárias para clientes no Brasil, na Europa e nos Estados Unidos. Coeditor da zine *Design de Bolso* e autor de fontes digitais pela Tipopótamo Fontes, desenvolve ilustrações e pinturas tipográficas usando fontes como forma de construção da imagem. Tem trabalhos publicados e expostos em Singapura, China, Espanha, Estados Unidos e França.

Cristiane Arakaki
Distrito Federal

JÚRI DE DIGITAL – SITES

Graduada em Desenho Industrial pela Universidade de Brasília – UnB e em Tecnologia em Processamento de Dados pelo Centro Universitário de Brasília, é mestra em Comunicação e doutoranda em Artes pela UnB. É professora dos cursos superiores de tecnologia em Design Gráfico e Design de Moda no Centro Universitário IESB. Tem experiência nas áreas de design gráfico, gerência de projetos e pesquisa, com interesses que vão de governo eletrônico e arquitetura da informação até economia criativa e *lettering*. Acredita e espera pelo dia em que as tecnologias de informação e comunicação, aliadas ao design, sejam utilizadas como meio de possibilitar a melhoria da vida das pessoas, o acesso universal e a participação cidadã.

Crystian Cruz
Paraná/Austrália

JÚRI DE IMPRESSOS EDITORIAIS – PROJETO GRÁFICO DE JORNAL/DIGITAL – E-PUBLICAÇÕES

É designer, professor e consultor. Atualmente, reside em Newcastle, Austrália, onde está cursando doutorado. Tem mestrado em Tipografia pela University of Reading, no Reino Unido, em que se graduou com méritos. Está à frente da CruzMedia, mas já atuou como diretor de arte nas revistas *Placar*, *Info* e *GQ*, como diretor de criação no jornal *Diário de São Paulo* e como diretor de tipografia na Agência Africa. Desde 2010, presta consultoria em design editorial e tipografia, além de lecionar em diversos cursos de graduação e pós-graduação. Autor das tipografias Brasilêro, Quartzo, Rodan e UOL, entre outras. Foi jurado em diversos concursos e teve trabalhos selecionados e premiados nas últimas seis edições da Bienal Brasileira de Design Gráfico.

Daniel Morena
Rio de Janeiro

JÚRI DE IMPRESSOS EDITORIAIS – CATÁLOGOS E RELATÓRIOS/IMPRESSOS PROMOCIONAIS – PORTFÓLIOS/ESPACIAL – SINALIZAÇÃO

Designer formado pela Escola de Belas Artes da Universidade Federal do Rio de Janeiro – UFRJ, atua profissionalmente há vinte anos na área de tecnologia interativa. Com uma formação eclética, trabalha criando diálogos entre design e tecnologia, sendo responsável por desenvolver e coordenar a criação dos *softwares* de algumas das instalações interativas mais conhecidas do Brasil, como "Beco das Palavras", no Museu da Língua Portuguesa, e "A Arte que Revela a História", no Catavento Cultural, bem como o projeto interativo das instalações da exposição principal do Museu do Amanhã, incluindo IRIS, a assistente digital do museu. Atualmente, é diretor de tecnologia da 32bits, sendo responsável pela pesquisa e pelo desenvolvimento dos produtos e das inovações tecnológicas da empresa.

Diana Robinson
México

JÚRI DE IMPRESSOS EDITORIAIS – DIREÇÃO DE ARTE DE PERIÓDICO/PEÇA ISOLADA OU SÉRIE

Nascida na Cidade do México, estudou Design Gráfico na Universidade Iberoamericana de 1989 a 1993. De 1993 a 1996, trabalhou como designer júnior e sênior na Entorno Tassier, desenvolvendo projetos de *branding*, embalagens e editoriais. Em 1996, abriu o Robinson Design Studio, no qual começou a trabalhar em diversos projetos, principalmente na área editorial. Em 2000, tornou-se professora na Escola de Design da Universidade CETYS Ensenada. Em 2013, concluiu seu mestrado em Marketing e, em 2014, assumiu a coordenação do curso de Design na CETYS. Atualmente, é professora associada e está finalizando seu doutorado em Administração na Universidad Autónoma de Baja California.

Edna Cunha Lima
Pernambuco/Rio de Janeiro

JÚRI DE IMPRESSOS EDITORIAIS – DIREÇÃO DE ARTE DE PERIÓDICO/PEÇA ISOLADA OU SÉRIE

Graduada em Comunicação Visual pela Universidade Federal de Pernambuco – UFPE, mestra em Design pela Pontifícia Universidade Católica do Rio de Janeiro – PUC-Rio e doutora em Comunicação pela Universidade Federal do Rio de Janeiro – UFRJ. Atualmente, é professora adjunta da PUC-Rio e avaliadora do Instituto Nacional de Estudos e Pesquisas Educacionais. Participou do projeto PROCAD – Memória Gráfica Brasileira, que reúne professores das universidades PUC-Rio, Senac-SP e UFPE. Tem experiência na área de desenho industrial, com ênfase em programação visual, atuando principalmente com história do design gráfico brasileiro, memória gráfica brasileira, design gráfico, litografia comercial e história da tipografia.

Eduardo Braga
Minas Gerais

JÚRI DE IDENTIDADE & BRANDING – SISTEMAS DE IDENTIDADE CORPORATIVA

Designer gráfico pela Fundação Mineira de Arte Aleijadinho – FUMA, atua nas áreas de design, gestão e comunicação na Pessoas Comunicação de Marcas. Desenvolveu projetos para grandes companhias nacionais e internacionais e participou de diversas mostras dentro e fora do país. Teve projetos publicados em livros, sites, revistas e jornais, além de já ter publicado artigos em revistas e sites especializados em design e comunicação. Foi professor nos cursos de Design e Publicidade e Propaganda na Universidade FUMEC, na Pontifícia Universidade Católica de Minas Gerais – PUC-MG, na Universidade do Estado de Minas Gerais – UEMG, no UniBH e na Univale por mais de uma década e, atualmente, é professor convidado na pós-graduação em Gestão de Marcas e Identidade

Corporativa do Insituto de Educação Continuada – IEC da PUC-MG e na pós-graduação em Marketing e Comunicação do UniBH. Também é editor de design do blog *Olhar Gráfico*.

Eduardo Foresti
São Paulo

JÚRI DE IDENTIDADE & BRANDING – BRANDING/ IMPRESSOS PROMOCIONAIS – PORTFÓLIOS

Formado em Arquitetura pela Faculdade de Arquitetura e Urbanismo da Universidade de São Paulo – FAU/USP, com pós-graduação em Design Gráfico pela Basel School of Design, na Suíça, começou a sua carreira no escritório de design Cauduro/Martino. Trabalhou em algumas das maiores agências de propaganda do Brasil, como Almap/BBDO e F/Nazca Saatchi & Saatchi, como diretor de criação de design, até fundar, em 2012, a Foresti Design. Já foi premiado nos festivais de Cannes, One Show, London Festival e Clube de Criação de São Paulo, entre outros, e já foi sete vezes jurado do Clube de Criação de São Paulo na categoria Design, tendo presidido o júri duas vezes.

Eliana Formiga
Rio de Janeiro

JÚRI DE EMBALAGENS – SAÚDE, HIGIENE E BELEZA

Graduada em Design pela Escola Superior de Desenho Industrial da Universidade do Estado do Rio de Janeiro – ESDI/UERJ, possui mestrado e doutorado em Design pela Pontifícia Universidade Católica do Rio de Janeiro – PUC-Rio, além de especialização em Marketing pelo Centro Universitário da Cidade do Rio de Janeiro – UniverCidade e em Embalagem pelo Instituto de Desenho Industrial do Museu de Arte Móderna – IDI-MAM do Rio de Janeiro. Foi docente do curso de Design na UniverCidade até 2005 e, atualmente, é docente e coordenadora do curso de graduação em Design da Escola Superior de Propaganda e Marketing do Rio de Janeiro – ESPM-Rio, além de professora e pesquisadora do mestrado em Economia Criativa. É também sócia-diretora da ELF – Eliana Formiga Desenho Industrial.

Eric Olivares
México

JÚRI DE IDENTIDADE & BRANDING – SISTEMAS DE IDENTIDADE DE PRODUTOS

Designer gráfico, ilustrador e artista multimídia, atua em seu estúdio na Cidade do México realizando projetos de comunicação gráfica e visual, arte eletrônica e multimídia. Recebeu vários prêmios, como da 14ª Bienal Internacional de Posters em Varsóvia, na Polônia, e tornou-se parte de coleções em museus e instituições, como do Museu de Design em Zurique, na Suíça; da Exibição Internacional de Posters Convidados do Colorado, na Colorado State University, nos Estados Unidos; e do Museu de Design em Teerã, no Irã. Envolveu-se em diversas conferências e eventos em universidades nas Américas, na Europa e na Ásia. Foi palestrante na 22ª Bienal Internacional de Design Gráfico de Brno, em 2006, e jurado na Competição Internacional de Design de Taiwan, em 2009, e na 10ª Bienal Brasileira de Design Gráfico, em 2013. Atua como consultor e professor em universidades e instituições de design de vários países, como Espanha, Alemanha, França, Portugal, República Tcheca, Bulgária, Sérvia, Itália, México, Estados Unidos, Venezuela, Colômbia, Bolívia, Índia, Taiwan e China. É membro do Type Directors Club NY, do Clube de Diretores de Arte da Europa e da Association Typographique Internationale – ATypI.

Ericson Straub
Paraná

JÚRI DE IMPRESSOS EDITORIAIS – PROJETO GRÁFICO DE LIVRO

Diretor da Straub Design, é formado em Desenho Industrial pela Pontifícia Universidade Católica do Paraná – PUC-PR, com pós-graduação em História da Arte pela Escola de Belas Artes do Paraná, especialização em Design de Exposições pela University of Victoria e mestrado em Gestão do Design e do Produto pelo Programa de Pós-Graduação em Educação da Universidade Federal de Santa Catarina – PPGE/UFSC. Em 2001, foi idealizador, juntamente com Wilgor Caravanti, da revista *Abcdesign*, atuando como editor e diretor de criação desde então. Em conjunto com Marcelo Castilho, foi autor de livros de design como *Conexões Criativas – Como designers conectam experiência, intuição e processo em seus projetos* e *Abc do Rendering* e, em coautoria com o artista gráfico Tide Hellmeister, lançou o livro *Inquieta Colagem*. Teve trabalhos publicados no livro *Latin American Graphic Design* e no anuário norte-americano *Graphis Design*, obtendo medalha de ouro em 2010. Em 2016, foi ganhador do iF Design Awards com o projeto gráfico da revista *Abcdesign*. Também é professor nos cursos de Design Gráfico, Design de Produto, Design de Moda e Design Digital da PUC-PR, bem como no curso de Desenho Industrial da FAE.

Evelyn Grumach
Rio de Janeiro

JÚRI DE IMPRESSOS EDITORIAIS – CAPAS DE LIVRO

Designer pela Escola Superior de Desenho Industrial da Universidade do Estado do Rio de Janeiro – ESDI/UERJ e fundadora do eg.design, atua nas áreas de exposições e sinalização de espaços, desenvolvimento de marcas e sistemas de identidade, e design editorial. Atende às principais editoras e instituições culturais do país, além de restaurantes e grifes cariocas. Em quatro décadas de atuação profissional, destacam-se as premiações pelo símbolo para a Conferência do Meio Ambiente Rio Eco 92, o prêmio internacional LAOS, o troféu Criação Rio e o prêmio Aloísio Magalhães da Biblioteca Nacional. Professora na Pontifícia

Universidade Católica do Rio de Janeiro – PUC-Rio e do curso Publishing Management na Fundação Getúlio Vargas (RJ), participa frequentemente de palestras, exposições e publicações nacionais e internacionais. Integrou o júri do concurso da marca Fique Sabendo, de prevenção à Aids, promovido pela ADG Brasil em 2002, e já participou de diversas edições da Bienal Brasileira de Design Gráfico.

Fabio Lopez
Rio de Janeiro

JÚRI DE TIPOGRAFIA – EXPERIMENTAL

Designer e mestre pela Escola Superior de Desenho Industrial da Universidade do Estado do Rio de Janeiro – ESDI/UERJ, é professor do departamento de Artes e Design da Pontifícia Universidade Católica do Rio de Janeiro – PUC-Rio. Atualmente, integra o conselho consultivo da Bienal de Tipografia Latino-Americana Tipos Latinos, após ter sido coordenador técnico e jurado da mostra. Desde 2000, atua como designer independente em projetos de identidade visual, tipografia, moda e ilustração. É autor de diversos projetos relacionados ao Rio de Janeiro, como a série de pictogramas e padronagens mini Rio e os polêmicos War in Rio, Bando Imobiliário Carioca e Batalha na Vala, que abordam o tema da violência urbana no estado. Também trabalhou na criação da marca olímpica Rio 2016 e, em 2011, venceu o concurso de criação da identidade visual do Centro Carioca de Design, órgão de fomento ligado à prefeitura da cidade do Rio de Janeiro. Pesquisa design filatélico e já criou selos postais para os Correios. É palestrante, consultor e escreve coisas estranhas.

Fabio Palma
Itália/Rio de Janeiro

JÚRI DE EMBALAGENS – UTILIDADES DOMÉSTICAS/ EMBALAGENS – EDUCAÇÃO, ESPORTES E ENTRETENIMENTO/EMBALAGENS – LIMPEZA

Natural de Campobasso, Itália, é graduado em Ciências da Comunicação pela Universidade la Sapienza, de Roma, especializado em Comunicação Institucional e Empresarial e em Sustentabilidade pela Fundação Getúlio Vargas – FGV e mestre em Comunicação Ambiental e Científica pela Universidade Pompeu Fabra, de Barcelona. Foi diretor da Escola Master do Istituto Europeo di Design – IED de Barcelona e mudou-se para o Rio em 2010, para abrir o IED Rio. Atualmente, é diretor da instituição e conselheiro da Prefeitura da Cidade do Rio de Janeiro. Ocupou cargos estratégicos e gerenciais em instituições internacionais, como a Comissão Europeia e o World Wildlife Fund – WWF. Também é ilustrador e chargista satírico.

Fátima Finizola
Pernambuco

JÚRI DE TIPOGRAFIA – EXPERIMENTAL

É designer e pesquisadora, especialista nas áreas de tipografia e design vernacular. Doutora e mestra em Design pelo Programa de Pós-Graduação em Design da Universidade Federal de Pernambuco – UFPE e professora adjunta do curso de Design da UFPE – Campus Acadêmico do Agreste, onde atualmente também coordena o Laboratório de Tipografia do Agreste – LTA. É sócia-fundadora do estúdio Corisco Design e autora dos livros *Tipografia Vernacular Urbana* e *Abridores de Letras de Pernambuco*. Atuou como uma das curadoras da 9ª Bienal Brasileira de Design Gráfico (2009) e integrou a diretoria nacional da ADG Brasil na gestão 2010-2013.

Fernando Brandão
São Paulo

JÚRI DE ESPACIAL – AMBIENTAÇÃO

Arquiteto e diretor da YBYPY Arquitetura+Design SãoPaulo/Shanghai, onde desenvolve projetos nas áreas corporativa, comercial e promocional. Recebeu vários prêmios no Brasil e no exterior, como Red Dot Design (2009), Colunistas (2010), IDEA Brasil (2008, 2010), POPAI (2006, 2007, 2008), CasaOffice (2009, 2010), CAIO (2007), CAIO da Década, IABsp (1996) e AsBEA (2002, 2009, 2010). Foi vencedor do Concurso Nacional para o Pavilhão Brasileiro na Expo Shanghai 2010. Foi diretor e vice-presidente da Associação Brasileira dos Escritórios de Arquitetura – AsBEA. Já lecionou no Master do Istituto Europeo di Design – IED em São Paulo e Milão. Palestrou na Universidade Fudan, em Xangai, e na Universidade de Pequim. Em 2011, foi convidado pela DeTaoMasters Academy para lecionar e trabalhar na China. Em 2012, estabeleceu escritório no Shanghai Institute of Visual Arts – SIVA.

Fernando Reule
Rio de Janeiro/Canadá

JÚRI DE DIGITAL – MOTION DESIGN

Formado em Design de Produto pela Universidade Federal do Rio de Janeiro – UFRJ, trabalha com computação gráfica desde 2001. Atuou entre 2001 e 2012 na Seagulls Fly dirigindo, coordenando e executando animações, ilustrações e manipulações de imagem para diferentes agências de publicidade do Brasil e do mundo. Entre 2012 e 2014, trabalhou na Koi Factory, boutique gráfica que realiza vinhetas de animação de diferentes estilos para canais de televisão. Em 2014, mudou-se para o Canadá, onde hoje trabalha como generalista 3D na maior empresa de efeitos visuais do mundo, a Industrial Light & Magic. Trabalhou em efeitos visuais de filmes como *Star Wars*, *Doutor Estranho* e *Os Vingadores*.

Flavia Zimbardi
Rio de Janeiro/Estados Unidos

JÚRI DE IMPRESSOS EDITORIAIS – DIREÇÃO DE ARTE DE PERIÓDICO/PEÇA ISOLADA OU SÉRIE

Bacharela em Design Gráfico pela Pontifícia Universidade Católica do Rio de Janeiro – PUC-Rio e pós-graduada em Typeface Design pela Type@Cooper, nos Estados Unidos, especializou-se em design editorial, tendo trabalhado por dez anos em algumas das maiores revistas do país como *Elle*, *Capricho*, *Superinteressante* e *Gloss*. Atualmente, trabalha em Nova York de forma independente como designer e diretora de arte, em parceria com Caetano Calomino, colaborando com agências como Pentagram, BBDO e DDB. Conquistou o prêmio de revista do ano no Prêmio Abril de Jornalismo e o certificado de excelência tipográfica na 63TDC Communication Design Competition.

Gabriel Patrocinio
Rio de Janeiro

JÚRI DE FRONTEIRAS – PRODUTOS

Designer formado pela Escola Superior de Desenho Industrial da Universidade do Estado do Rio de Janeiro – ESDI/UERJ com PhD em Políticas de Design e Inovação pela Cranfield University, no Reino Unido. Foi vice-diretor e diretor da ESDI e, atualmente, é professor adjunto da UERJ, colaborador da Fundação Getúlio Vargas – FGV e co-orientador de trabalhos de doutorado na Universidade de Lisboa e na Universidade Nacional Autónoma de México. Foi membro do conselho consultivo de design da Secretaria de Desenvolvimento do Estado do Rio de Janeiro e do conselho de design do Museu de Arte Moderna – MAM do Rio de Janeiro. É curador de design para o Instituto Adam Mickiewicz, do governo da Polônia, além de autor premiado na sua área. Possui ainda extensa experiência como conferencista internacional na área de design e inovação e como consultor de propriedade intelectual. Integrou a diretoria nacional da ADG Brasil na gestão 2013-2015.

Gisela Abad
Pernambuco

JÚRI DE IMPRESSOS EDITORIAIS – PROJETO GRÁFICO DE LIVRO

Bacharela e mestra pela Escola Superior de Desenho Industrial da Universidade Estadual do Rio de Janeiro – ESDI/UERJ e pós-graduada pela Universidade Federal de Pernambuco – UFPE. Atua há mais de quarenta anos como designer, acumulando projetos em design gráfico, editorial, de sinalização, de imagem corporativa, de expografia, digital, de superfície, de embalagem, de móveis e de brinquedos, que renderam premiações pelo Instituto de Arquitetos do Brasil – IAB, pela UERJ e pelos Salões de Design Pernambucano. Desde 1997, lidera o escritório 2abad Design.

Gisela Schulzinger
São Paulo

JÚRI DE IDENTIDADE & BRANDING – SISTEMAS DE IDENTIDADE DE PRODUTOS

Formada em Comunicação Social e pós-graduada em Ciências do Consumo Aplicadas pela Escola Superior de Propaganda e Marketing – ESPM, atua na área de design há quase três décadas. Trabalhou, entre outras agências, na Seragini Design por nove anos. Em 1998, fundou a sua própria empresa, a Haus Design, e hoje é sócia da Pande Design, atuando como *Chief Branding Officer* e *head* de inovação. É apaixonada por design, inovação e pessoas e, principalmente, pela conexão entre esses temas. É também presidente da Associação Brasileira de Embalagem – ABRE, professora do curso de graduação em Design da ESPM e da ESPM Educação Executiva em Inovação e Design Thinking e membro da diretoria da Associação Brasileira de Empresas de Design – Abedesign e do conselho editorial da revista *Abcdesign*.

Guilherme Sebastiany
São Paulo

JÚRI DE IDENTIDADE & BRANDING – MARCAS

Formado em Arquitetura pela Universidade de São Paulo – USP e com MBA em Branding pelo Rio Branco, acumula vinte anos de experiência no desenvolvimento de marcas e catorze anos em *branding*. É sócio-fundador da Sebastiany Branding, empresa com treze anos de mercado, tendo sido professor dos MBA em Branding do Rio Branco, do Istituto Europeo di Design – IED e da Business School São Paulo – BSP.

Gustavo Giglio
São Paulo

JÚRI DE IMPRESSOS PROMOCIONAIS – PUBLICIDADE E PROPAGANDA

Publicitário e sócio-diretor de marketing e novos negócios do Update or Die, passou dez anos como gerente de marketing e comunicação na Trip Editora. Fez parte da comissão julgadora da 10ª Bienal Brasileira de Design Gráfico e foi membro do comitê Marketing Experts da Fundação Getúlio Vargas – FGV e jurado no Prêmio Abril de Publicidade em Criação Digital, no Native Ads e no Troféu HQMIX. É embaixador da marca Guiness, autor do livro *Planeta das Macacas* e produtor executivo do documentário *Memórias de Mariana*, sobre a tragédia em Minas Gerais. É músico e baixista da banda Kisser Clan e participou como músico/ator do longa cinematográfico sobre a vida de Elis Regina. É criador, curador e entrevistador do projeto de garimpo musical "House of Jam". Tem especialização digital na Master Class da Hyper Island em Nova York. Gerenciou projetos de cobertura e produção de conteúdo em eventos internacionais como SXSW, Festival de Criatividade em Cannes e San Diego Comic Con. Foi considerado um dos cinquenta profissionais mais inovadores do mercado digital brasileiro pela revista *ProXXIma*.

Gustavo Greco
Minas Gerais

JÚRI DE EMBALAGENS – ALIMENTOS E BEBIDAS

É sócio e diretor de criação da Greco Design, com atuação nas áreas de identidade visual, sinalização e projetos editoriais. O trabalho da empresa constitui um exercício cotidiano e contínuo de compartilhamento, renovação e ressignificação por meio de projetos com conteúdo que utilizam a informação como principal insumo, sendo uma das mais premiadas do Brasil e tendo recebido, nos últimos três anos, o Design Lions no Festival de Cannes, o Grand Prix no Red Dot Design Award, o London International Awards e o Prêmio e Menção na Bienal Iberoamericana de Diseño. Atua também na área acadêmica como professor do curso de pós-graduação em Gestão de Marcas do Instituto de Educação Continuado – IEC da Pontifícia Universidade Católica de Minas Gerais – PUC-MG e se dedica a iniciativas de difusão do design na sociedade brasileira, integrando a direção nacional da Associação Brasileira de Empresas de Design – Abedesign. É jurado frequente de premiações no Brasil e no exterior e, sob sua direção de criação, a Greco participou das últimas edições da Bienal Brasileira de Design Gráfico, sendo destaque no ano de 2013.

Gustavo Piqueira
São Paulo

JÚRI DE DIGITAL – E-PUBLICAÇÕES/EMBALAGENS – VESTUÁRIO E ACESSÓRIOS

À frente da Casa Rex, seu estúdio com sedes em São Paulo e Londres, já recebeu mais de 400 prêmios internacionais de design, entre eles AIGA 50/50, Creative Review Annual, Pantone Color In Design Awards, Communication Arts Awards, How Design Awards, Pentawards, DBA Awards, IDA, Creativity Awards, Rebrand, London International Creative Competition e Core77. Como autor, publicou treze livros de temas diversos – de design a futebol. Também desenhou alfabetos, ilustrou uma dezena de livros infantis e concebeu e organizou a coleção de filosofia clássica *Ideias Vivas*. Sua área de atuação vai de extensos projetos globais para marcas de consumo até projetos experimentais, como ilustração, tipografia e objetos, passando por projetos editoriais, de identidade visual e ambientação, sempre experimentando a mistura entre texto, imagem e design. Integrou a diretoria nacional da ADG Brasil na gestão 2000-2004 e a coordenação da 7ª Bienal Brasileira de Design Gráfico.

Haro Schulenburg
Santa Catarina

JÚRI DE IMPRESSOS PROMOCIONAIS – INFORMES/ IMPRESSOS PROMOCIONAIS – DISPLAYS

Doutorando em Design na linha de Mídia na Universidade Federal de Santa Catarina – UFSC. Mestre em Design na linha de Hipermídia pela UFSC em 2012. Especialista em Design Gráfico e Estratégia Corporativa pela Universidade do Vale do Itajaí – Univali em 2008. Graduado em 2006 em Design com habilitação em Programação Visual pela Universidade da Região de Joinville – Univille. Desde 2008, atua como professor adjunto na Univille no curso de graduação em Design, lecionando as seguintes disciplinas: Análise Gráfica, Computação Gráfica, Computação Gráfica 2, Design Digital, Materiais Expressivos, Meios de Representação e Pesquisa em Design. Desde de 2015, atua também como coordenador do curso de Design da Univille. É também sócio-proprietário da Design House, coordenando projetos de desenvolvimento de novos produtos e serviços, aliados à inovação e ao design.

Helen Baranovska
Ucrânia

JÚRI DE FRONTEIRAS – INFOGRÁFICOS

É uma premiada designer, ilustradora, artista e curadora de eventos de design. Estudou Belas Artes e Design Gráfico na Dnipropetrovsk Art College, na Ucrânia, e na Academia Ucraniana de Impressão. É membro e cofundadora da União dos Designers da Ucrânia (DUU) e da Associação Internacional "Sociedade dos Designers", desde 2001. É também cofundadora e presidente do Festival Internacional de Design COW, que já tem mais de dez anos. Com seu estúdio, ganhou inúmeros prêmios na Ucrânia e em todo o mundo. Recebeu a Medalha de Honra da DUU e a Medalha de Ouro Alexander Rodchenko, da Sociedade de Designers, por sua significativa contribuição para o design na Ucrânia. Foi jurada em vários festivais e prêmios em países como Ucrânia, França, Irã, Quirguistão e Rússia, sendo convidada para apresentações e *workshops* em diferentes eventos de design em universidades na Ucrânia, na Rússia e no Cazaquistão. Suas obras foram expostas em inúmeras exibições, bienais e trienais em mais de vinte países pelo mundo.

Henrique Nardi
São Paulo/Estados Unidos

JÚRI DE TIPOGRAFIA – TEXTO/TIPOGRAFIA – TÍTULO

É designer, mestre em Artes Visuais e criador do Tipocracia, projeto que, desde 2003, promove a cultura tipográfica pelo Brasil. Foi diretor da ADG Brasil na gestão 2011-2013. Atuou na elaboração do primeiro programa de pós-graduação em Tipografia do país, pelo Senac-SP. Um dos fundadores do DiaTipo e do Coletivo Brasil Design. Em 2015, presidiu o comitê organizador da Association Typograpgique Internationale – ATypI São Paulo. Coordenador de comunicação do Comitê Tipos Latinos Brasil. Atualmente, leciona Design Gráfico e Tipografia na Universidade de Wisconsin, nos Estados Unidos.

Isabela Rodrigues
Rio Grande do Sul

JÚRI DE EMBALAGENS – AUDIOVISUAIS/EMBALAGENS – EDUCAÇÃO, ESPORTES E ENTRETENIMENTO

Graduada pelo Centro Federal de Educação Tecnológica de Pelotas – CEFET-RS, é fundadora e diretora de criação da Sweet&co., agência especializada em projetos de design de embalagens, design estrutural e identidade visual para empresas no mundo todo. Busca constantemente desafios e acredita que não pode passar um dia sem aprender algo novo. Atualmente, vive totalmente realizada trabalhando com o que ama e com sua equipe.

Itamar Medeiros
Pará/Alemanha

JÚRI DE DIGITAL – SITES/DIGITAL – GAMES, SOFTWARES, APPS/INTERFACES

Formado em Design Gráfico pela Universidade Federal de Pernambuco – UFPE e mestre em Prática do Design pela Northumbria University, no Reino Unido, ocupou vários cargos docentes, incluindo professor substituto do Departamento de Design da UFPE, professor adjunto do curso de Tecnologias de Informação da Faculdade Santa Maria, professor visitante da Lasalle College em Monterrey, no México, professor visitante do Köln International School of Design em Colônia, na Alemanha, e diretor assistente do departamento de Comunicação Visual do Raffles Design Institute em Xangai, na China. Durante sete anos na China, promoveu o design de interação como gerente de experiência do usuário da Autodesk e coordenador local da Interaction Design Association – IxDA em Xangai. Atualmente, trabalha como designer sênior de experiência do usuário da SAP.

Itciar Eguia
Rio de Janeiro/África do Sul

JÚRI DE ESPACIAL – SINALIZAÇÃO

Formada em Desenho Industrial pela Pontifícia Universidade Católica do Rio de Janeiro – PUC-Rio, com pós-graduação em Design Estratégico pelo Istituto Europeo di Design – IED de São Paulo. É diretora de comunicação da Associação dos Designers de Produto – ADP Brasil. Desde 2006, é responsável pelos projetos de comunicação da ONG Associação Paulista de Apoio à Família – APAF-SP. Foi sócia da WE Design & Planejamento, na qual desenvolveu projetos nas áreas de endomarketing e comunicação interna para empresas brasileiras e multinacionais de grande porte, recebendo diversos prêmios da Associação Brasileira de Comunicação Empresarial – Aberje.

Jaakko Tammela
Rio de Janeiro/São Paulo

JÚRI DE FRONTEIRAS – PRODUTOS

É um premiado designer, palestrante e jurado de eventos de destaque como Cannes Lions Festival, PATH e IxDA, tendo passado a maior parte de sua carreira auxiliando empresas brasileiras e globais a inovarem por meio do design. Filho de um artesão finlandês, acredita em poder (re)desenhar o mundo de forma criativa capacitando as pessoas por meio de comportamentos de design. Também possui vasta experiência como executivo de multinacional e especializações em Marketing, Liderança Criativa e Transformação de Times para a Era Digital pela Hyper Island e pela Berlin School. Atualmente, é diretor de design da Fjord, aliada do Estaleiro Liberdade, uma escola de empreendedorismo pautada no autoconhecimento, e leciona Design Management e Liderança Criativa para os cursos de pós-graduação da Escola Superior de Propaganda e Marketing – ESPM e da Tera.

Jackson Araujo
Fortaleza/São Paulo

JÚRI DE FRONTEIRAS – MODA

Comunicólogo especializado em Análise de Comportamento e Tendências de Consumo de Moda, Mídia e Comunicação. Diretor da Trama Afetiva, atua como consultor criativo e de conteúdo, prestando consultoria para empresas e grupos desses segmentos no Brasil e exterior.

John Moore
Venezuela

JÚRI DE TIPOGRAFIA – EXPERIMENTAL/TIPOGRAFIA – DINGBATS

Graduado pelo Instituto de Diseño Neumann, em Caracas, na Venezuela, é tipógrafo, designer de logos e ambigramas, ilustrador e fotógrafo, trabalhando em projetos de design gráfico desde 1970. Premiado internacionalmente por seus curtas de animação em Super-8 desenvolvidos entre as décadas de 1970 e 1980, participou da Quinzaine des Realisateurs do Cannes Film Festival 1982. Na década de 1980, estudou com Milton Glaser na School of Visual Arts, em Nova York, e trabalhou em importantes agências de publicidade como Foote Cone & Belding, Leo Burnett e J. Walter Thompson, paralelamente à atuação como designer *freelancer*. Desde 1974, vem desenvolvendo uma centena de alfabetos tipográficos, muitos dos quais disponíveis em formato digital pela John Moore Type Foundry e selecionados para a 2ª, a 3ª, a 4ª e a 5ª Bienais de Tipografia Latino-Americana Tipos Latinos entre 2006 e 2013. Autor do livro *Señales de Identidad*, tem trabalhos publicados em diversos livros como *Latin American Graphic Design*, *Tipo Elije Tipos* e *Typography Sketch Books*. Participa de congressos como palestrante e ministra *workshops* de design, tipografia e cartazes, além de integrar o júri de concursos e competições internacionais de cartazes como The Spirit of Fifa (Índia), Creen+You (Coreia do Sul), Project Sunshine for Japan (Alemanha) e The Reggae Poster Contest (Jamaica).

Jon Hannan
Inglaterra/Canadá

JÚRI DE EMBALAGENS – AUDIOVISUAIS

Professor assistente de Design na Emily Carr University of Art + Design em Vancouver, no Canadá, tendo lecionado na Manchester School of Art, no Reino Unido. Bacharel e mestre em Design e Direção de Arte pela Manchester School of Art, é pós-graduado em Educação. É fundador do estúdio de design OWT Creative, que começou como uma revista colaborativa e experimental. Seu trabalho de pesquisa consta em publicações internacionais e plataformas de referência como *IdN*, *Computer Arts*, *The Guardian*, CNN, entre outros.

Kiko Farkas
São Paulo

JÚRI DE IMPRESSOS PROMOCIONAIS – CARTAZES

Designer e ilustrador formado pela Faculdade de Arquitetura e Urbanismo da Universidade de São Paulo – FAU/USP. Fundou a Máquina Estúdio em 1987, na qual imprime uma marca bastante pessoal em seus projetos, o que faz com que tenham uma identidade profissional amplamente reconhecida na cena do design brasileiro e internacional. Atuando principalmente nas áreas cultural e institucional, seus projetos dedicam especial atenção à manuseabilidade do objeto que transportará todo o conteúdo, a suas características físicas e ao seu funcionamento. Foi responsável pela comunicação visual da Orquestra Sinfônica do Estado de São Paulo, estabelecendo importante marco na produção contemporânea de cartazes no Brasil, cujo resultado foi publicado em livro pela editora Cosac Naify. Também é responsável pela comunicação visual institucional da Fundação Theatro Municipal, que inclui o Theatro Municipal de São Paulo e a Praça das Artes. É membro da Alliance Graphique Internationale – AGI e sócio fundador da ADG Brasil, tendo atuado em sua diretoria em diversas gestões.

Kilian Stauss
Alemanha

JÚRI DE FRONTEIRAS – PRODUTOS

Formado em Design Industrial na State Academy of the Fine Arts, em Stuttgart, na Alemanha, e no Istituto Europeo di Design – IED. Em 2007, foi indicado para o cargo de professor na Faculdade de Arquitetura de Interior da Universidade de Ciências Aplicadas Rosenheim. Abriu sua agência, stauss processform, em Munique, na Alemanha, em 2013. Anteriormente, foi parte da Stauss Grillmeier, fundada em 2008, e da Stauss & Pedrazzini, fundada em 1996. Para ele, o design é uma maneira de encontrar soluções para problemas em um diálogo por meio do design. Na stauss processform, trabalha com apresentações gráficas, sistemas de guia e orientação, páginas na web, interfaces, livros, produtos, mobiliário, exibições e design de espaços.

Leo Eyer
Rio de Janeiro

JÚRI DE EMBALAGENS – ALIMENTOS E BEBIDAS

Chief Data Officer do Grupo WDG Brasil e *Chief Executive Officer* e diretor de design da Boldº_a design company. Considera-se um designer empreendedor que busca sempre novos olhares, significados, linguagens e materiais, procurando sempre ser singular e impactante em todos os seus projetos. Recebeu diversas premiações em competições e exposições tanto no Brasil como no exterior. Possui projetos publicados em diversos livros e revistas nacionais e internacionais e já expôs seus trabalhos em museus e galerias no Brasil, nos Estados Unidos e em diversos países da Europa e da Ásia. Atuou como cocurador da 11ª Bienal Brasileira de Design Gráfico.

Leonardo Buggy
Pernambuco/Ceará

JÚRI DE TIPOGRAFIA – DINGBATS

Mestre em Design pela Universidade Federal de Pernambuco – UFPE, especialista em Gestão de Empresas pela Fundação Dom Cabral e fundador da Tipos do aCASO, primeira *digital type foundry* nordestina, do Laboratório de Tipografia do Agreste (Caruaru), do Laboratório de Tipografia do Ceará (Fortaleza) e dos cursos de Design Gráfico e de Produto das Faculdades Integradas Barros Melo (Olinda). Atualmente, é professor do curso de Design da Universidade Federal do Ceará – UFC e da pós-graduação em Design Editorial do Centro Universitário 7 de Setembro – Uni7 (Fortaleza) e vice-presidente da comissão editorial da Serifa Fina. Como músico, participou ativamente do Manguebeat tocando baixo no DMP & os Fulanos. Como designer, conquistou vários prêmios nacionais e internacionais e, como autor, escreveu três livros, sendo um deles, *O MECOTipo*, referência no ensino de design brasileiro.

Luli Radfahrer
São Paulo

JÚRI DE DIGITAL – SITES

Professor doutor de Comunicação Digital da Escola de Comunicações e Artes da Universidade de São Paulo – ECA/USP desde 1994. Pioneiro no mercado digital, já foi diretor de algumas das maiores agências de publicidade brasileiras em São Paulo, Nova York e Londres, com diversos prêmios internacionais. Hoje, é consultor em inovação digital, com clientes no Brasil, na América do Norte, na Europa e no Oriente Médio. Foi colunista do jornal *Folha de São Paulo* e é autor de livros considerados referência para a área como *Enciclopédia da Nuvem* e a série *design/web/design*.

Marcelo Martinez
Rio de Janeiro

JÚRI DE TIPOGRAFIA – DINGBATS/EMBALAGENS – AUDIOVISUAIS

Designer gráfico, ilustrador e autor com mais de duas décadas de atuação profissional. À frente do Laboratório Secreto, assinou projetos exibidos e premiados em mostras de design, ilustração e animação em países das Américas, da Ásia, da África e da Europa, registrados em mais de uma dúzia de publicações internacionais. É autor dos livros *20 disfarces para um homenzinho narigudo*, *Encontrinhos vocálicos* e da série *O Guia Secreto do SabeTudo* e co-organizador do *Livro-Jogo das Copas Globo Esporte* e do *Tá no ar, no livro*. Foi professor de Direção de Arte na Escola de Design do Centro Universitário da Cidade do Rio de Janeiro entre 1998 e 2011 e, desde 2014, integra o time de autores de humor da Rede Globo de Televisão.

Marcelo Pereira
Rio de Janeiro

JÚRI DE IDENTIDADE & BRANDING – SISTEMAS DE IDENTIDADE DE EVENTOS

Designer e ilustrador, apaixonado por tudo o que se refere a artes visuais, dos quadrinhos à pintura abstrata. Músico por diversão e leitor onívoro, formado pela Escola Superior de Desenho Industrial da Universidade do Estado do Rio de Janeiro – ESDI/UERJ, é cofundador da Tecnopop, na qual colaborou e foi parceiro, dentre outros, de André Stolarski. Desde então, esteve envolvido em projetos editoriais e de identidade visual, exposições, sinalização, *keyarts* para cinema, mercado fonográfico e *motion*. Dentre seus projetos, destacam-se a sinalização da Biblioteca Parque Estadual do Rio de Janeiro, projetos de *motion* para o Museu do Amanhã e o Museu da Imagem e do Som, a identidade do Instituto Moreira Salles e do Cais do Sertão, a colaboração contínua com a editora Zahar e projetos gráficos para embalagens audiovisuais de Maria Rita, Os Paralamas do Sucesso e Gilberto Gil.

Marck AI
Goiás

JÚRI DE DIGITAL – GAMES, SOFTWARES, APPS/INTERFACES

É designer e professor na Faculdade de Comunicação e Informação da Universidade Federal de Goiás – UFG. Mestre em Cultura Visual pela Faculdade de Artes Visuais – FAV da UFG, atualmente é doutorando em Arte e Tecnologia na Universidade de Brasília – UnB. Foi diretor de criação e cofundador do estúdio Nitrocorpz (2003-2014), período durante o qual desenvolveu projetos de design gráfico analógicos e digitais para clientes nacionais e internacionais. Vive em Goiânia e é feliz realizando pequenos trabalhos de design com sua parceira, Dany Rady, no estúdio Neuralbrand. É membro do conselho fiscal da ADG Brasil, tendo integrado sua diretoria nacional na gestão 2013-2015.

Marco Aurélio Kato
São Paulo

JÚRI DE EMBALAGENS – SAÚDE, HIGIENE E BELEZA

Arquiteto formado pela Faculdade de Arquitetura e Urbanismo da Universidade de São Paulo – FAU/USP, estudou design na Art Center College de Pasadena, nos Estados Unidos. É diretor criativo e de estratégia da Diadeis LatAm, utilizando suas expertises em marcas de consumo, criação de identidades, embalagens, materiais de ponto de venda e redes de lojas. Professor da Escola Superior de Propaganda e Marketing – ESPM e da Miami Ad School (SP), é autor e editor de diversos livros de design. Como membro da diretoria nacional da ADG Brasil nas gestões 1998-2000 e 2004-2007, organizou a 5ª, a 7ª e a 8ª edições da Bienal Brasileira de Design Gráfico, tendo atuado também como coordenador geral da 7ª edição e na comissão curatorial da 8ª edição.

Margot Takeda
Paraná/São Paulo

JÚRI DE EMBALAGENS – SAÚDE, HIGIENE E BELEZA

Formada em Design com especialização no Japão e ex-diretora de arte nas agências DPZ e DM9, faz parte da Associação Brasileira de Empresas de Design e Embalagem, foi coordenadora de curso de Design Gráfico e professora na Miami Ad School e na Escola Superior de Propaganda e Marketing – ESPM, ambas em São Paulo. É fundadora e diretora criativa da A10 – Ideias que transformam e membro da Global Local Branding Alliance – GLBA, uma aliança global de empresas de *branding* e design. Com seu olhar apurado, criterioso e atual, conduz os pensamentos e as ideias da agência para, lado a lado com a equipe, entender a essência da marca e buscar uma inovação que realmente faça a diferença. Foi jurada do Design Lions Cannes em 2016 e já foi presidente do London International Festival e membro do júri em diversos outros festivais, nacionais e internacionais.

Maria Helena Pereira da Silva
São Paulo/Rio de Janeiro

JÚRI DE IMPRESSOS EDITORIAIS – PONTUAIS

Arquiteta, especialista em Ensino da Arte pelo Instituto de Artes da Universidade do Estado do Rio de Janeiro – UERJ e pela Escola de Artes Visuais do Parque Lage, é designer na Azeviche Design, na qual desenvolve projetos gráficos, editoriais e de design visual em espaços culturais. Iniciou seus trabalhos com design gráfico na Galeria de Arte São Paulo, foi editora de arte da *Revista Galeria* e desenhou os catálogos da Casa da Fotografia Fuji, entre outros. É autora do design visual do Museu da Gastronomia Baiana (Senac) e também atua como coordenadora e professora do Master em Design Editorial no Istituto Europeo di Design do Rio de Janeiro – IED Rio. É embaixadora do design e membro do Comitê de Diseño Latino pela Universidade de Palermo, em Buenos Aires. Foi professora de Design Gráfico Editorial e Tipografia na Universidade Salvador – Unifacs, de Representação Gráfica na Escola de Belas Artes da Universidade Federal da Bahia – UFBA e da especialização em Design Editorial do IED Rio/Centro Universitário IESB. Coordenou as oficinas de design do Liceu de Artes e Ofícios da Bahia e, em 2005, criou o projeto educacional GiRO Design Social.

Mariana Ochs
Rio de Janeiro

JÚRI DE IMPRESSOS EDITORIAIS – CATÁLOGOS E RELATÓRIOS

Graduada em Jornalismo pela Faculdade da Cidade (RJ) e em Comunicação Visual pela Parsons School of Design em Nova York, atualmente faz MBA em Branding pela Faculdade Rio Branco de São Paulo. É especialista em design editorial, atuando na interseção entre jornalismo, *storytelling* visual e *branding*. Após trabalhar em algumas das maiores editoras do eixo São Paulo-Nova York, fundou o escritório modesign, responsável por projetos de revistas e jornais em lugares como Hong Kong, Singapura, Polônia, Suíça, Estados Unidos, Canadá e Brasil, além de projetos de design estratégico e identidade visual. Seus trabalhos foram premiados por organizações como ADG Brasil, Society of Publication Designers, Museu da Casa Brasileira e Asia Media Awards. É embaixadora da organização Chicas Poderosas, uma rede de jornalistas, designers e desenvolvedores que visa capacitar mulheres para trabalhar com ferramentas de ponta no jornalismo visual e interativo. Certificada pela Google para formar educadores para o uso de tecnologia nas escolas, fundou recentemente o projeto MídiaMakers, cujo objetivo é trazer para a educação básica técnicas e ferramentas de *storytelling* em mídias digitais.

Marina Chaccur
São Paulo/Holanda

JÚRI DE TIPOGRAFIA – TEXTO

Designer formada pela Fundação Armando Alvares Penteado – FAAP, com mestrados em Design Gráfico, pela London College of Communication – LCC, no Reino Unido, e Design de Tipos, pela Koninklijke Academie van Beeldende Kunsten – KABK, na Holanda. Foi professora em algumas das principais graduações em Design de São Paulo e está constantemente envolvida em congressos, *workshops*, exposições e palestras pelo mundo. Foi diretora da ADG Brasil na gestão 2009-2011 e da Association Typographique Internationale – ATypI. Atualmente, vive na Holanda, de onde presta serviços para o Type Network e desenvolve projetos por meio do seu estúdio Marina Chaccur Designs.

Mario Van der Meulen
Bélgica/Singapura

JÚRI DE IDENTIDADE & BRANDING – MARCAS

Mestre em Design Gráfico pela Koninklijke Academie voor Schone Kunsten, na Bélgica, tendo feito posteriormente um bacharelado em Química na Western Michigan University, nos Estados Unidos, para estudar a composição e o impacto dos componentes de tintas, solventes e papéis sobre o meio ambiente. Atuou como diretor de criação da frog design em Xangai, na China, onde viveu entre 2000 e 2013. Especialista em design gráfico sustentável, é cofundador, membro da diretoria e diretor de pesquisas da ONG Green Ideas Green Actions – GIGA, uma fundação de pesquisas sobre materiais e processos de produção sustentáveis aplicados a diversas áreas do design. É um criativo capaz de ver o que os outros dizem e um versátil designer ambidestro.

Markus Kreykenbohm
Alemanha

JÚRI DE IDENTIDADE & BRANDING – BRANDING

Nascido em 1977, estudou para tornar-se um designer cursando por cinco anos a carreira voltada para Publicidade. Trabalhou durante muitos anos como diretor de arte e, desde 2010, atua como diretor de criação. Em 2011, fundou em Hanover, na Alemanha, a agência de *branding* Kochstrasse – Agentur für Marken GmbH, uma empresa criativa de neuroestratégia com quarenta funcionários. Foi três vezes jurado do iF Design Award e ganhou inúmeros prêmios internacionais na última década, incluindo o Good Design Award, o iF Design Awards e o German Design Award.

Nicolas Caballero
Uruguai/Distrito Federal

JÚRI DE IMPRESSOS PROMOCIONAIS – PUBLICIDADE E PROPAGANDA

Bacharel em Publicidade e Propaganda pela Universidade Federal de Santa Maria, pós-graduado em Marketing pela Escola Superior de Propaganda e Marketing – ESPM, mestre em Ciência do Movimento Humano – Marketing Esportivo e doutor em Engenharia de Produção – Inteligência Organizacional pela Universidade Federal de Santa Catarina – UFSC. Foi coordenador de marketing e comunicação da Universidade de Passo Fundo e assessor de marketing esportivo da Universidade do Sul de Santa Catarina. Na Suíça, trabalhou na assessoria de marketing esportivo internacional Wind Group Holding, sendo responsável pelo departamento América Latina. Foi coordenador do curso de Publicidade e Propaganda do Centro Universitário Estácio de Sá de Santa Catarina e, atualmente, é coordenador do curso de Publicidade e Propaganda, do curso superior de tecnologia em Produção Multimídia e da pós-graduação em Marketing Esportivo do Centro Universitário IESB. Professor convidado de inúmeras instituições de ensino em nível de pós-graduação nas áreas de

Publicidade, Administração, Gestão e Marketing Esportivo. Analista de dados do Projeto Referências da Secretaria Nacional de Esportes de Alto Rendimento do Ministério do Esporte em parceria com a Escola de Educação Física da Universidade Federal do Rio Grande do Sul. Avaliador do Instituto Nacional de Estudos e Pesquisas – INEP para cursos de bacharelado, tecnólogos e institucionais.

Noel Fernández
Cuba/Distrito Federal

JÚRI DE IMPRESSOS EDITORIAIS – PONTUAIS

Designer gráfico pelo Instituto Superior de Desenho Industrial de Havana, em Cuba, e mestre em Arte e Tecnologia pela Universidade de Brasília – UnB. Desde 2006, atua como diretor de arte na agência Frisson Comunicação & Marketing e, desde 2009, como professor dos cursos de Publicidade e Propaganda, Jornalismo e Design Gráfico no Centro Universitário IESB.

Octavio Aragão
Rio de Janeiro

JÚRI DE IMPRESSOS EDITORIAIS – PROJETO GRÁFICO DE JORNAL/FRONTEIRAS – HISTÓRIAS EM QUADRINHOS

Doutor em Artes Visuais pela Escola de Belas Artes da Universidade Federal do Rio de Janeiro – EBA/UFRJ e professor adjunto da Escola de Comunicação – ECO da UFRJ, lecionou entre 2006 e 2009 na Universidade Federal do Espírito Santo – UFES, na qual fez parte do núcleo de ensino a distância. Foi pesquisador convidado do Programa de Pós-Graduação em Estudos Culturais – PACC da UFRJ, sob orientação da professora Heloísa Buarque de Hollanda. Publicou artigos nas revistas *RevistaUSP*, *Arte e Ensaios* e *Nossa História*. Autor da graphic novel *Para tudo se acabar na quarta-feira*, em parceria com o ilustrador Manoel Ricardo, e dos romances *Reis de Todos os Mundos Possíveis* e *A Mão que Cria* e organizador da antologia de contos *Intempol*. Coautor dos livros *Imaginário Brasileiro*, *Zonas Periféricas* e *Enquadrando o Real – Ensaios Sobre Quadrinhos (Auto)Biográficos, Históricos e Jornalísticos*. Participou de diversas antologias literárias no Brasil, em Portugal e nos Estados Unidos. Exerceu os cargos de editor de arte na Ediouro Publicações (2000-2001), subeditor de arte no jornal *O Dia* (1997) e coordenador de arte no jornal *O Globo* (1992-1997).

Olivia Ferreira
Rio de Janeiro

JÚRI DE IMPRESSOS PROMOCIONAIS – INFORMES/ IMPRESSOS PROMOCIONAIS – DISPLAYS

Designer e diretora de arte do escritório multimídia carioca Radiográfico. Com seu sócio e dupla criativa Pedro Garavaglia, cria e dirige projetos para teatro, cinema, TV e publicidade. Em 2016, coassinaram, com os diretores Daniela Thomas, Fernando Meirelles e Andrucha Wadington, o design visual da abertura dos Jogos Olímpicos Rio 2016 no estádio do Maracanã. Em 2017, foram indicados ao prêmio APTR de Teatro na categoria Melhor Cenário com o videocenário da peça *Céus*, de autoria de Wajdi Mouawad e direção de Aderbal Freire-Filho. Em dezembro de 2016, lançaram a série musical "Música de Elevador", da qual assinam a concepção e a direção do projeto.

Paula Camargo
Rio de Janeiro

JÚRI DE ESPACIAL – AMBIENTAÇÃO

Graduada em Arquitetura e Urbanismo pela Universidade Federal do Rio de Janeiro – UFRJ, mestra em História, Política e Bens Culturais pela Fundação Getúlio Vargas – FGV, doutoranda na Escola Superior de Desenho Industrial da Universidade do Estado do Rio de Janeiro – ESDI/UERJ, tem cursos de extensão pelo Instituto COPPEAD de Administração da UFRJ, pela Escola Nacional de Administração – ENA, em Paris, e pela Universidade de Columbia, em Nova York. Desde 2009, atua como gerente do Centro Carioca de Design, ligado ao Instituto Rio Patrimônio da Humanidade – IRPH da Prefeitura do Rio de Janeiro. Em 2012, coordenou a realização do Fórum Mundial de Criatividade, dentro da programação do CRio Festival. No mesmo ano, publicou o livro *As Cidades, a Cidade: Política e Arquitetura no Rio de Janeiro*.

Phyllis Bierman-Gan
Singapura/Emirados Árabes Unidos

JÚRI DE IMPRESSOS EDITORIAIS – DIVERSOS

Desde 2003, trabalha nas indústrias de publicidade e cinematográfica, acumulando experiência em direção de arte, redação publicitária e produção audiovisual em agências multinacionais como Leo Burnett Shanghai, Dentsu Singapore, DDB Worldwide e Fluid. Crê ferrenhamente que prêmios e competições permitem o livre exercício da criatividade, tendo participado e ganhado vários prêmios de publicidade e audiovisual como D&AD, CCA e Crowbars e festivais de cinema em Singapura.

Priscila Lena Farias
São Paulo

JÚRI DE IMPRESSOS EDITORIAIS – DIVERSOS

Formada em Design pela Fundação Armando Alvares Penteado – FAAP, é mestra e doutora em Comunicação e Semiótica pela Pontifícia Universidade Católica de São Paulo – PUC-SP e livre-docente pela Faculdade de Arquitetura e Urbanismo da Universidade de São Paulo – FAU/USP, na qual coordena o Laboratório de Pesquisa em Design Visual – LabVisual e o bacharelado em Design. É professora associada da FAU/USP, além de editora do periódico científico *InfoDesign – Revista Brasileira de Design da Informação*. Também compõe o corpo editorial de outras publicações da área de design, no Brasil e no exterior. É autora do livro *Tipografia Digital* e de diversos artigos sobre tipografia, semiótica e design gráfico. Foi membro da diretoria da ADG Brasil em diversas gestões, presidente da Sociedade Brasileira de Design da Informação – SBDI e, hoje, integra a diretoria do International Committee for Design History and Design Studies – ICDHS.

Rafael Freire
Rio de Janeiro/São Paulo

JÚRI DE IMPRESSOS PROMOCIONAIS – PUBLICIDADE E PROPAGANDA

Nascido no Rio, criado no mundo, já morou em cinco países em quatro continentes diferentes. Passou por Estados Unidos, Alemanha, Inglaterra e até China. Depois de treze anos no exterior, retornou à nave-mãe como diretor de criação associado da JWT, à frente de Ford, e hoje integra a renomada equipe de criação da F/Nazca Saatchi & Saatchi. Seu trabalho já foi capa da *Archive* e também premiado nos principais festivais internacionais como Cannes Lions, One Show, Clio, NY Festival, London Festival, ADFEST, CCSP, entre outros. Coleciona *sneakers*, tatuagens e boas histórias.

Raphael Erichsen
São Paulo

JÚRI DE DIGITAL – MOTION DESIGN

Designer de formação, trabalha como diretor de documentários e conteúdo audiovisual em sua produtora 3FilmGroup.tv. Seus filmes foram exibidos em mais de quarenta países e ganharam prêmios em festivais de países como Estados Unidos, Espanha, Portugal e Brasil. Atuou como designer editorial e diretor de arte nas revistas *Capricho* e *Superinteressante*, teve uma loja de discos e uma banda de hardcore. É autor do livro *Tudo Errado*, sobre a viagem de 15.000 km que fez entre Londres e Ulan Bator, capital da Mongólia.

Raquel Matsushita
São Paulo

JÚRI DE IMPRESSOS EDITORIAIS – PROJETO GRÁFICO DE REVISTA

Designer gráfica e sócia do escritório Entrelinha Design, criado em 2001. Graduada em Publicidade e Propaganda pela Universidade Metodista de São Paulo, especializou-se nos cursos de Design Gráfico, Cor e Tipografia na School of Visual Arts, de Nova York, onde também foi colaboradora no escritório de design Linda Kosarin Studio. Trabalhou como editora de arte nas editoras Abril e Globo. Foi premiada com dois Jabutis (categorias Capa e Livro Didático, em 2014) e finalista em Livro Digital (2016) e Capa (1996). Em 2016, ganhou o Prêmio Literário da Biblioteca Nacional, na categoria Projeto Gráfico. Possui trabalhos selecionados na Bienal Brasileira de Design Gráfico (ADG Brasil). Premiada com o troféu HQ MIX (1996) e o Prêmio Miolos (2015). Autora do livro *Fundamentos gráficos para um design consciente* e de seis livros infantis.

Rejane Dal Bello
Rio de Janeiro/Inglaterra

JÚRI DE IDENTIDADE & BRANDING – SISTEMAS DE IDENTIDADE DE EVENTOS

Bacharela em Desenho Industrial pela Faculdade da Cidade (RJ) e mestra pela Post St. Joost Academy, na Holanda, na qual também lecionou Design Gráfico e Processo Criativo. Designer e ilustradora premiada, com um amplo leque de estudos de caso icônicos, começou a carreira trabalhando com renomadas agências de *branding* e design pelo mundo, como Studio Dumbar na Holanda e Wolff Olins no Reino Unido. Fundou o Studio Rejane Dal Bello, um estúdio de design gráfico com base em Londres especializado em identidade de marca, ilustração e editoração para clientes nacionais e internacionais, com foco nos setores corporativo, cultural e sem fins lucrativos. O estúdio funciona com colaboradores contínuos que se adequam com perfeição a cada projeto.

Renato Pontual
Rio de Janeiro/Distrito Federal

JÚRI DE IDENTIDADE & BRANDING – BRANDING

Graduado pela Universidade de Brasília – UnB, foi sócio-fundador da A4 Design, diretor de criação da BC&H Design/FutureBrand, sócio diretor da Keenwork Design, sócio diretor da G8 Design e *head designer* no Lumen Design. Foi professor dos cursos de Design da Pontifícia Universidade Católica do Paraná – PUC-PR, da Universidade Positivo – UP (PR) e da Fundação Universidade Regional de Blumenau – FURB. Atualmente, é mestrando em Comunicação pela UnB nas áreas de criatividade, design, comunicação e cultura organizacional.

Ricardo Cunha Lima
Rio de Janeiro

JÚRI DE FRONTEIRAS – INFOGRÁFICOS

É ilustrador, designer gráfico e professor. Formado em Design pela Pontifícia Universidade Católica do Rio de Janeiro – PUC–Rio, é mestre em Design pela Escola Superior de Desenho Industrial – ESDI. Tem trabalhos em diversas publicações e participou de exposições no Brasil e no exterior, além de ter ganhado diversos prêmios pela Society for News Design – SND, de Nova York. Leciona Design, Infografia e Ilustração em cursos de graduação e pós-graduação na ESDI, na Infnet e na Escola de Belas Artes da Universidade Federal do Rio de Janeiro – EBA/UFRJ. Associado da Sociedade de Ilustradores do Brasil – SIB, também faz parte da equipe da família Anticast com o *podcast Visual+Mente*.

Ricardo Esteves
Espírito Santo

JÚRI DE TIPOGRAFIA – TÍTULO

Bacharel em Desenho Industrial pela Universidade Federal do Espírito Santo – UFES e mestre em Design pela Escola Superior de Desenho Industrial da Universidade do Estado do Rio de Janeiro – ESDI/UERJ, é pesquisador e professor na UFES. Desenvolve famílias tipográficas por meio da *type foundry* Outras Fontes e, desde 2016, atua como coordenador técnico do Comitê Tipos Latinos Brasil, responsável pela Bienal de Tipografia Latino-Americana Tipos Latinos. É autor do livro *O Design Brasileiro de Tipos Digitais: a configuração de um campo profissional*.

Ricardo Peixinho Notari
Pernambuco

JÚRI DE IDENTIDADE & BRANDING – SISTEMAS DE IDENTIDADE DE PRODUTOS

Bacharel em Desenho Industrial e pós-graduado em Design da Informação pela Universidade Federal de Pernambuco – UFPE, tendo sido um dos idealizadores do Encontro Nacional dos Estudantes de Design – NDesign, que teve sua primeira edição em Curitiba em julho de 1991, e integrando a comissão organizadora do 5º NDesign (Recife, 1995). Foi diretor cultural da Associação Profissional dos Designers de Pernambuco – APD/PE (2001-2003), coordenador geral do evento Pernambuco Design (2004-2006), presidente do Centro Pernambucano de Design (2005-2009) e membro da diretoria nacional da ADG Brasil (2006-2009). É diretor da MultiDesign, empresa mais antiga da área em funcionamento no Nordeste e uma das pioneiras do design brasileiro, atuando em projetos de identidade visual, *branding*, sinalização, design editorial, embalagens e design urbano. Frequentemente, participa de júris para seleção de projetos de design, como Designers Contra o Vírus da Aids (São Paulo, 1997), Marca do Complexo Turístico Cultural Recife-Olinda (Recife, 2006) e embalagens para a exposição Brazil Excellence, realizada na Alemanha em 2008 (Curitiba, 2007).

Rico Lins
Rio de Janeiro/São Paulo

JÚRI DE ESPACIAL – AMBIENTAÇÃO

Designer, diretor de arte, ilustrador, educador e curador, está à frente do Rico Lins+Studio. Bacharel pela Escola Superior de Desenho Industrial da Universidade do Estado do Rio de Janeiro – ESDI/UERJ e mestre pela Royal College of Art de Londres, atuou nas últimas três décadas entre Paris, Londres, Nova York, Rio de Janeiro e São Paulo desenvolvendo projetos para CBS Records, *NY Times*, *Time*, MTV, Grupo Abril, Sesc, Museu da Língua Portuguesa, além de inúmeras editoras. Foi professor da New York School of Visual Arts, do Istituto Europeo di Design – IED de São Paulo e, atualmente, é coordenador de curso na Escola Britânica de Artes Criativas – EBAC de São Paulo, além de ministrar oficinas de criação e palestras no Brasil e no exterior. Teve exposições individuais no Centro Pompidou-Paris, no Museu de Arte Contemporânea de São Paulo – MAC-SP, no Museu de Arte Moderna do Rio de Janeiro – MAM-Rio, no Instituto Tomie Ohtake e no Museu Nacional da República. Foi curador de exposições como "Brasil em Cartaz", no Polo Gráfico de Chaumont, na França (2005); "Conexões/Connexions", no Sesc Pompeia (2009); e "Sustentabilidade: e eu com isso?" e "Design para todos?" na Bienal Brasileira de Design (2010 e 2015). Já foi publicado internacionalmente nas principais revistas e livros especializados e recebeu, entre outros prêmios, as medalhas de ouro do Art Directors Club NY e da Society of Publication Designers. Integrou a diretoria da ADG Brasil na gestão 1998-1999 e é membro da Alliance Graphique Internationall – AGI, tendo sido um dos organizadores da conferência AGI Open São Paulo em 2014.

Rodolfo França
São Paulo/Alemanha

JÚRI DE IMPRESSOS EDITORIAIS – PROJETO GRÁFICO DE LIVRO

Designer editorial com mais de doze anos de experiência em revistas de alto consumo, atualmente comanda a rodolfo.design. Foi diretor de arte da premiada revista *Vida Simples*, tendo trabalhado também em títulos como *Wired*, *Playboy*, *Galileu*, *Superinteressante*, *GQ*, *L'Officiel*, *Época* e *Bizz*. Seus trabalhos foram reconhecidos pelas mais importantes instituições de design de revistas do mundo. Em 2016, foi jurado do concurso anual da American Illustration – American Photography para a América Latina. Atualmente, vive e trabalha em Berlim.

Samir Machado de Machado
Rio Grande do Sul

JÚRI DE IMPRESSOS EDITORIAIS – CAPAS DE LIVRO

Escritor e designer gráfico, graduou-se em Publicidade e Propaganda pela Pontifícia Universidade Católica do Rio Grande do Sul – PUC-RS. É um dos criadores da Não Editora e mantém, desde 2009, o blog *Sobrecapas*, dedicado ao design editorial. Como escritor, é autor dos romances *Quatro Soldados* (2013) e *Homens Elegantes* (2016).

Sara Stapleton
Canadá/Inglaterra

JÚRI DE EMBALAGENS – VESTUÁRIO E ACESSÓRIOS/FRONTEIRAS – MODA

Bacharela e mestra em Design e Direção de Arte pela Manchester School of Art, é diretora de arte de televisão e cinema em Vancouver, no Canadá, com vasta experiência em audiovisual e um portfólio de projetos que incluem filmes sobre a Semana de Moda de Londres, comerciais, longa-metragens e shows.

Mudou-se recentemente de Manchester, na Inglaterra, onde fundou e dirigiu o estúdio de design OWT Creative por seis anos, lecionou no curso de Fashion Marketing Communication da Nottingham Trent University e trabalhou como designer gráfico na série de TV *Coronation Street*.

Sarah Stutz
São Paulo

JÚRI DE EMBALAGENS – UTILIDADES DOMÉSTICAS/ EMBALAGENS – EDUCAÇÃO, ESPORTES E ENTRETENIMENTO/EMBALAGENS – LIMPEZA

Designer que atua como consultora criativa em áreas de comunicação e relacionadas. Bacharela em Design Gráfico pelo Senac-SP e mestra em Ciências da Comunicação e da Informação com ênfase em Gestão Cultural pela Universidade de Nice, na França. É integrante do grupo de estudos multidisciplinares sobre tendências no Brasil – o FLUX/Mindset/WGSN Brasil, além de desenvolver projetos em educação em conhecimento criativo e ser responsável pela gerência de *branding* e comunicação de marca Oppa Design. Como diretora de criação da Edelman Significa, liderou a equipe de criação em importantes projetos de atitude de marca e ganhou o prêmio Q-Hero, Profissional de 2013, da Edelman global. Integrou o corpo docente do Raffles Design Institute em Xangai e coordenou a produção das exposições Dingbats Brasil e da 9ª Bienal Brasileira de Design Gráfico em Pequim e Xangai. Também atua na área de moda e estilo participando de projetos colaborativos como o desenho de bolsas para a marca House of Caju e de peças de joias para a coleção Believe do Atelier Patricia Centurion.

Selma Oliveira
Brasília

JÚRI DE FRONTEIRAS – HISTÓRIAS EM QUADRINHOS

Voraz leitora e pesquisadora de histórias em quadrinhos e redatora de escritos publicitários, contos, crônicas e poesias. Bacharela e mestra em Comunicação, doutora em História Cultural e pós-doutora em Comunicação pela Universidade de Brasília – UnB. É professora do Departamento de Audiovisuais e Publicidade da Faculdade de Comunicação da UnB na área de criação, redação e criatividade e leciona no Programa de Pós-Graduação em Comunicação da UnB, na linha de pesquisa Imagem, Som e Escrita. Atualmente, interessa--se e pesquisa histórias em quadrinhos, imaginários gráficos e audiovisuais, organizando e coordenando diferentes grupos de pesquisa.

Simon Richards
Austrália/Vietnã

JÚRI DE IMPRESSOS EDITORIAIS – PROJETO GRÁFICO DE REVISTA

Atuou como designer editorial em mais de quarenta revistas como *Harpers Bazaar*, *Cleo*, *Dolly*, *Female*, *Nu You* e *Women's Weekly* em países como Austrália, Japão, Singapura, China e Vietnã. Nas últimas duas décadas, envolveu-se ainda com diferentes formas de pensar a educação e os processos de design. É professor da RMIT University em Saigon, tendo lecionado anteriormente no Raffles Design Institute em Xangai e Singapura e no Virtu Institute em Sydney. Os trabalhos de seus alunos receberam premiações como Crowbars, Young Guns, Future Brand's Future Talent Awards e D&AD Student Awards.

Susana Machicao
Bolívia

JÚRI DE EMBALAGENS – ALIMENTOS E BEBIDAS/ EMBALAGENS – UTILIDADES DOMÉSTICAS/EMBALAGENS – LIMPEZA

Designer e comunicadora visual, trabalhou em equipes de criação em comunicação e publicidade de agências, estúdios e editoras. Coordena o Machicao Design, no qual realiza consultorias para instituições nacionais e internacionais de desenvolvimento, educação e sustentabilidade, bem como para companhias privadas de publicidade, editoração, gastronomia e turismo. Como profissional, está constantemente se atualizando e compartilhando o que sabe. Já foi membro de júris internacionais e palestrante, embaixadora do Conselho de Design Latino-Americano da Universidade de Palermo, coordenadora da Bienal Boliviana de Posters BICeBé e da Bienal de Tipografia Latino-Americana Tipos Latinos na Bolívia. Foi fundadora e diretora dos projetos: Design Latinoamericano LATAM_D, Diseñadores Graficos Bolivia e Mujeres Diseñadoras. Seu trabalho já foi exibido em mais de 35 países do mundo em festivais, bienais e exposições individuais e coletivas.

Tatiana Sperhacke
Rio de Grande Sul

JÚRI DE IMPRESSOS EDITORIAIS – CATÁLOGOS E RELATÓRIOS

Formada em Artes Plásticas pela Universidade Federal do Rio Grande do Sul – UFRGS e mestre em Design pela School of Visual Arts, de Nova York, foi designer e diretora de arte na editora Scholastic-NY. Já foi premiada pelo Art Directors Club NY, e ministrou aulas na Escola Superior de Propaganda e Marketing do Rio Grande do Sul – ESPM-RS, na Unisinos e na Pontifícia Universidade Católica do Rio Grande do Sul – PUC-RS. Atualmente, no TAT studio, desenvolve projetos como livros, marcas, cartazes e objetos, além de trabalhos que integram design e artes visuais. Participou das exposições Hautegreen, Touch NY, Touch Miami, Inter-Connected, Ningbo International Poster Biennial

– China, Design Brasileiro Hoje: Fronteiras, 9ª, 10ª e 11ª edições da Bienal Brasileira de Design Gráfico, V Bienal Brasileira de Design – Floripa e Bienal Iberoamericana de Diseño – Madri e Lisboa. Faz parte da diretoria da Associação dos Profissionais de Design do Rio Grande do Sul – Apdesign.

Télio Navega
Rio de Janeiro

JÚRI DE IMPRESSOS EDITORIAIS – PROJETO GRÁFICO DE JORNAL/FRONTEIRAS – HISTÓRIAS EM QUADRINHOS

Designer e jornalista com mais de vinte anos de experiência. Passou um longo período no jornal *O Globo*, em que escreveu textos sobre histórias em quadrinhos – principalmente em seu blog *Gibizada* – e desenhou páginas para suplementos como a revista digital *O Globo a Mais* e o *Segundo Caderno*. Atualmente, é editor de arte da Ediouro, na qual comanda uma equipe responsável pelo design dos livros e das revistas dos selos Coquetel e Pixel, com destaque para os títulos Disney, Star Wars e Warner. Paralelamente, leciona como professor da disciplina Leitura e Escrita no curso de pós-graduação em Design Editorial do Istituto Europeo di Design do Rio de Janeiro – IED Rio.

Valéria London
Rio de Janeiro

JÚRI DE ESPACIAL – SINALIZAÇÃO

Formada pela em Desenho Industrial pela Escola Superior de Desenho Industrial da Universidade do Estado do Rio de Janeiro – ESDI/UERJ e em Administração em Marketing pela Fundação Getúlio Vargas – FGV. Foi presidente da Associação Profissional dos Desenhistas Industriais de Nível Superior do Rio de Janeiro – APDINS-RJ e da Associação Latino Americana de Desenho Industrial – Aladi. Tem expertise em *wayfinding* e *branding*, desenvolvendo também projetos de produto. Com mais de quarenta anos de experiência no setor e mais de trinta no seu próprio escritório, o Valeria London Branding e Design, possui mais de 800 projetos desenvolvidos para 300 clientes, tendo inovado no conceito de gráfica ambiental nos seus projetos. Recebeu vários prêmios, como o Rio com Design e o Faz Design, e parcerias da prefeitura e do governo do Rio de Janeiro com a Escola Superior de Desenho Industrial – ESDI, além de ter sido classificada e participado de inúmeras bienais e exposições. Também realizou palestras e publicou livros e projetos no Brasil e no exterior.

APOIADORES CATARSE

OBRIGADO!

Pela terceira vez consecutiva, utilizamos o sistema de *crowdfunding* para viabilizar a produção do catálogo impresso da Bienal Brasileira de Design Gráfico. Em 35 dias, 570 apoiadores – entre estudantes, profissionais, professores e empresas de design e ligadas à área – ajudaram a levantar mais de R$ 137 mil, tornando realidade um dos maiores registros impressos da produção contemporânea do design brasileiro. A todos vocês, nossos sinceros agradecimentos.

a10 Design e Comunicação
Ademir Matias de Almeida
Adriano Pinheiro
Airton Jordani
Alan Lima
Albérico Lustosa Nogueira Neto
Alberto Mohamad
Alceu Chiesorin Nunes
Alcides Júnior
Ale Buika
Ale Tauchmann
Alex Lana Frutuoso
Alexandre Faller Valpassos
Alexandros Anderson D'acosta Xavier
Alexsandro Almeida
Aline Haluch
Aline Nayara Ribeiro Lima
Aline Silpe
Allan Suleiman
Alvaro Franca
Amanda Lianza
Amélia Paes Vieira reis
Amigos da Rua
Ana Couto Branding
Ana Elisa de Carvalho Price
Ana Helena Dale Junqueira
Ana Luiza Maia Nascimento
Ana Maria Machado
Anderson Junqueira
André Arruda
André Camargo Thomé Maya Monteiro
André Imbroisi
André Lima
André Luiz Moscatelli Gomes da Silva
André Noboru Siraiama
André Smoking Kamehama
Andréa Alexandre de Oliveira Neves
Andréa de Castro Moreira
Andréa Guardiano
Andriele Lima
Anelise Bittencourt Gerceski
Anelise Zimmermann
Angela Dantas Garcia Rosa
Angelo Allevato Bottino
Ângelo Santos
Anna Flavia Pereira da Fonseca
Antonio Capezzuto
Antonio Carlos da Cunha Castro
Aron Costa Santana
Arthur Carvalho
Arthur Ervas
Artur Zingoni de Moraes
Ary Moraes
Audaz Comunicação e Design
Augusta Tolmasquim
Augusto Zimiani
Auresnede Pires Stephan
Barbara Castro
Bárbara Falqueto
Bárbara Mello Faria
Batman Zavareze
BCD Serviço de Marketing
Beatriz Correa da Costa Chamma
Beatriz de Abreu Bodas
Beeld Produções Artísticas

A Cervejaria Bohemia acredita no design.

Nós, da primeira cervejaria do Brasil, convidamos o **Estúdio Colletivo** para desenvolver uma nova linha de cervejas que uniu inovação e design.

Um projeto que envolveu naming, construção da marca e desenvolvimento dos novos rótulos.

Dessa parceria, conquistamos não apenas o mercado, mas o **Prêmio Destaque na 12ª Bienal Brasileira de Design Gráfico.**

O design pode ajudar marcas e propósitos. **E a Cervejaria Bohemia aposta nisso.**

Bento de Abreu
Bernardo Winitskowski
Bethânya Graick Carizio
Betho Borges Faria
Beto Andrade
BlaBlu
Blanche Garcia
Bmor Design Studio
Boldº_a design company - Leo Eyer
BR/BAUEN
Bradda
Brandigno
Brena De Biase Ferrari Gomes
Breno Pineschi
Bruna Diniz Oehler
Brunno Rocha
Bruno de Carvalho Barbosa
Bruno Etzberger Lucini
Bruno Freire
Bruno Marco Didário
Bruno Miguel
Bruno Pimenta
Bruno Porto
Bruno Scodeler
Bruno Scramgnon Chagas
Cadu Carvalho
Cadu Primola
Caio Sato Schwantes
Camila Arantes Dias
Camila Grosser da Costa
Camila Moncia Rodrigues
Camila Palhares Campos Cunha
Carlos Augusto Viana Lira
Carlos Bauer
Carlos Eduardo Bocai
Carlos França
Carlos Iglesias
Carlos Rafael Lotti
Carlos Vicente Saliba de Faria
Carol Freitas
Caroline Medeiros
Celio Ken-Ichi
Central Park Conveniência
Centro Brasil Design
Centro Universitário IESB
Cervejaria Bohemia
Cesimar Xavier
Christiane Lynn
Christina Barcellos
Ciro Ribeiro Rocha de Macedo
Clara Simas
Clarissa Lopes Teixeira Sassi de Almeida Santos
Claudia Diégues Meuren
Claudia Gil Natsui
Claudio Antônio Fontes Diégues
Claudio Roberto Martini
Claudio Thiele M. da Fonseca
Cleudson Fernandes
Colletivo Design
Crisita Arakaki
Cristiano Gonçalo Lima Martins
Cristiano Junqueira
Crystian Cruz
Cyla Costa
Damiao Santana

Dani Lima
Daniel B. Portugal
Daniel Dutra Gomes
Daniel Fernando Manoel
Daniel Gonçalves Bardusco
Daniel Grizante de Andrade
Daniel Justi
Daniel Moura
Daniel Pinheiro de Oliveira e Silva
Daniela Genuino Smith
Daniela Narumi
Danielle Teixeira
Danilo de Paulo
Danilo José dos Santos Medeiros
Danilo Lima
Débora Colares
Debora Regina Santos Castro
Deia Kulpas
Delano Rodrigues
Deni Medero
Denise Queiroz
Didiana Prata
Diego Maldonado
Diego Piovesan Medeiros
Dino Paiva
Diogo Golia Ricas
Diogo Montes
Diogo Seiji Aso
Douglas Higa
Dualpixel
Duda Pan
Edson Scarani Pagnota
Eduarda Vasconcelos
Eduardo Blucher
Eduardo Camillo K. Ferreira
Eduardo Foresti
Eduardo Permon
Eduardo Pimenta
Elaine Ramos Coimbra
Elisabete Castanheira
Elmo Rosa
Elvis Benício
Emilia Mendes Lopes
Eneida Figueiredo
Enia Moraes
Érico Carneiro Lebedenco
Ericson Straub
Érika Luzia Lopes Corrêa
Estúdio Claraboia
Estúdio Kiwi
Estúdio Marujo
Evelyn Grumach
Everton Luiz
Fabiano Bastos
Fabiano de Miranda
Fábio Bosquê Ruy
Fábio Fonçati
Fabio Lopez
Fabio Luiz Haag
Fabricia Ribeiro
Fagner Carvalho
FAL Design Estratégico
Fátima Finizola
Fátima Leão
Felipe Andrei Saraiva

É NATURAL
QUE O MAIOR
EVENTO DE
DESIGN GRÁFICO
DO BRASIL VENHA
PARA A CIDADE QUE
TEM O MELHOR
CURSO DE DESIGN
GRÁFICO
DO PAÍS.

IESB. O melhor conceito nacional entre os cursos de Design Gráfico, segundo o INEP/MEC.

Patrocinador oficial da 12ª Bienal Brasileira de Design Gráfico e da Sétima Bienal de Tipografia Latino-Americana Tipos Latinos e sede da Conferência Design Gráfico Brasil 2017 e do Dia Tipo Brasília.

www.iesb.br

Felipe Augusto Almeida de Oliveira
Felipe Honda
Fernanda Hakme
Fernanda Lino de Mello
Fernanda Mittelstaedt Soares Helayel
Fernanda Schmidt
Fernando Angulo
Fernando Brandão
Fernando Cornacchia
Fernando de Mello Vargas
Fernando Henrique S. Macedo
Filipa Pinto
Filipe Costa
Filipe Francisco de Sales Oliveira
Flavia Lundgren
Flávia Nalon
Flavia Zimbardi
Flávio Wild
Folha de S.Paulo
Francisco Iury Nascimento Lopes
FutureBrand São Paulo
Gabriel da Costa Patrocinio
Gabriel Filipe Santiago Cruz
Gabriel Lira Nascimento
Gabriel Menezes
Gabriel Mitani
Gabriel Nascimento
Gabriela Castro
Gabriela Martins Morand
Gabrielle Matos
Gilberto Junior
Gilson Lucas Bugs
Giorgia Barreto Lima Parriao
Giovani Castelucci
Gisela Abad
Gisela Belluzzo de Campos
Giselle Pinheiro Aragão
Giselle Sant'iago Arruda
Giselle Taynara C. de Souza
Glauber Pessusqui
Grande Circular Serviços Empresariais
Graziella Beting
Greco Design
Greice Esteves
Guilherme Albuquerque
Guilherme Carvalho Pimentel
Guilherme Ferreira da Silva
Guilherme Gonçalves
Guilherme Kiehl Noronha
Gustavo Gontijo
Gustavo Greco
Gustavo Kira
Gustavo Marchetti
Gustavo Piqueira
Haley Caldas Martins Barbosa
Hardy Design
Haro Schulenburg
Haroldo Brito
Harrison Mendonça
Hellen Teixeira
Henrique Beier
Henrique Eira
Henrique Luzzardi
Henrique Nardi
Huge

Iara Macedo Cunha
Igo Mayama Kramarz
Igor Oliveira Augstroze Aguiar
Ildembergue Leite
Isabel Hurovich
Isac Corrêa Rodrigues
Isaias Costa da Silveira
Itamar Medeiros
Itciar Cunha
Jackson Fausto Alves
Jamile Maeda
Jéssica Cristina F. Diogo
Jéssica Lemos
Joana Paes Lira
João Bosco Gouvea Ramos
João Cláudio
João Faissal Gomes
João Henrique Guizzo Sauceda
João Pedro Andrejczuk
Joaquim Francisco Cordeiro Neto
Joel Alexandre Gogola
Johnny Brito
Jonas Kussama
Jonatas Eliakim
Jonaths Barreto
Jorge Godoy de Oliveira
José Antônio de Oliveira
José Henrique Corrêa Martins
Jose Mauricio Cunha
Joy Till
Julia Albuquerque
Julia Gutierrez Souza Carmo
Julia Masagão
Julia Rabetti Giannella
Julia Zalcberg Angulo
Juliano Bosa
Julio Mariutti
Kando Fukushima
Karina Frizzero Conceição
Katia Ozorio
Kelvin Rodrigues de Oliveira
Kenzo Mayama Kramarz
Kleiton Viana
Labis Design AGBLD
Laila Rotter Schmidt
Laura Scofield
Lauro Andrade
Leandro Amorim
Leandro Fernandes Melo
Leandro Lima
Leandro Selister
Ledier Design
Leear Martiniano de Sousa
Leila Gonçalves Diegues
Lenita Faissal
Leo Freitas
Léo MacVal
Leonardo Araújo da Costa
Leonardo Coutinho Iaccarino
Leonardo Fernandes Lott Soares
Leonardo Gomes
Letícia de Melo Raposo
Leticia Quintilhano
Liliane Rank
Lina Rosa Vieira

Faça um curso de DESIGN no Senac.

CURSOS NAS ÁREAS DE:
- Design de Interiores
- Design de Produtos
- Design Digital
- Design Gráfico

✓ Cursos Livres
✓ Cursos Técnicos
✓ Graduação
✓ Pós-graduação

APRENDIZADO E CONHECIMENTO PARA SEMPRE.

Acesse www.sp.senac.br/design
e consulte a programação completa da área.

Ling B. Neto
Livio Lourenzo
Locomotipo
Lucas Antonio Bonfim Belem
Lucas Bacic
Lucas Blat
Lucas Lenci
Lucas Luz
Lucas Magalhães Freire
Lucas Nascimento Peixoto
Lucas Saad
Lucas Sposito Gini
Luciana Coutinho Calheiros
Luciana Eller Cruz
Luciane Pisani
Luciano Brião da Costa
Lucy Niemeyer
Ludmila Araujo de Moraes
Luis Matuto
Luísa Abrahão
Luisa Bolívar
Luisa Leitenperger
Luisa Prat Ramos
Luiz Antonio Sedrez
Luiz Arbex
Luiz Guimarães
Luiz Henrique de Aristeu Almeida
Luiz Torres Ludwig
Luiza Chamma
Lura Fontes
Lygia Santiago de Mello Heil
Magali Midori Kitano
Maico Steffen
Maira Gonzalez Stephan
Maíra Lacerda
Mandacaru
Manuela Freire Lopes
Marcelle Louise Santos de Lucena
Marcelo Benjamin Maurício Jr.
Marcelo Freitas Terraza
Marcelo Kimura
Marcelo Magalhães
Marcelo Ortega Judice
Marcelo Pereira
Marcelo Pereira da Silva
Marcia Setton Maier
Márcio Muniz
Marck Al
Marco Aurélio Santana da Silva
Marcos Antonio Moreira
Marcos Beira
Marcos Brod Junior
Marcos Ham
Marcos Jose Minini
Marcos Ozorio
Marcus Vinícius
Margarete Artacho de Ayra Mendes
Maria Conceição Antpack
Maria Cristina Moncia Tabata
Maria Helena Pereira da Silva
Maria Teresa P. B. Maia do Nascimento
Maria Yeda Meireles
Mariana Boghossian
Mariana Guimarães Brandão
Mariana Hermeto

Mariana Misk
Mariana Netto
Marina Ayra
Marina Medeiros de Oliveira Santos
Mário Grandi M. Kertész
Marlus Araujo
Mary Meürer
Mary Paz Guillén
Mateus Moretto
Mateus Valadares
Matheus Augusto Gomes
Matheus Gomes
Matheus Henrique Soares
Matheus Motta
Matheus Spinelli
Matheus Wilhelms Tavares
Maurenilson Freire
Mauricio Farias
Mauricio Peltier
Mauro Martins
Mel Flores
Meyrele Torres
Miguel de Araújo Sousa Neto
Miguel Rodrigues da Silva
Mila Guimarães
Milton de Azevedo Campello
Monike Borsoi
Monike Oliveira
Monique Crestani Soares
Naíma Almeida
Naotake Fukushima
Nara Kassinoff
Natacha Grecco
Natália Athayde Porto
Ney Vieira do Valle
Nilton Sydney Carmo Oliveira Junior
Nivia de Cássia Teixeira Bellos
Norman Braz
Olivia Ferreira
Orlane José Rocha de Sousa
Otávio Henrique Gomes Oliveira
Pablo Henrique Blanco
Patricia Meschick
Paula Cristina Rodrigues Franco
Paula Higa
Paula Langie Araujo
Paulo André Chagas
Paulo Granato de Araújo
Paulo Henrique Amaral
Paulo Rodrigo Vieira Funfas
Pedro Ambrozio
Pedro Fontana
Pedro Leitin
Pedro Monteiro de Souza
Pedro Panetto
Pedro Siqueira Mendes de Araujo
Pedro Veneziano
Peterson Paulo
Pharus Inovação e Design
Piero Lucchesi
Priscila Bodin
Priscila Ferreira Lopes
Publicitários Criativos
Questto|Nó
Rafa Mota

Rafael Didoné
Rafael Dietzsch
Rafael Efrem
Rafael Hitsé Rõrhyxy
Rafael Hoffmann
Rafael Marreiros Solano
Rafael Peixoto Ferreira
Rafael Quick
Rafael Torres
Rafael:Neder
Raimundo Britto
Raisa M. de Sa Almeida
Ralph Vianna
Raphael Erichsen
Raquel Klafke
Raquel Matsushita
Raquel Pinheiro Cintra
Regis Ferreira
Renan Augusto de Oliveira Castro
Renan Torres Vieira
Renato Cardilli
Renato da Cunha Tardin Costa
Renato de Paula Mesquita
Renato Medeiros
Renato Melaré
Ricardo Aparecido Costa
Ricardo Colombo
Ricardo Esteves Gomes
Ricardo M. do Espirito Santo Gonzalez
Ricardo Pivetta
Ricardo Werneck
Richard Melchiades
Rico Lins
Rita Sepulveda de Faria
Roberta de Freitas
Rodolfo França
Rodrigo de Borba Gondim
Rodrigo Essinger
Rodrigo Francisco
Rodrigo Leite Maçonilio
Rodrigo Maroja
Rodrigo Moura
Rodrigo Oliveira
Rodrigo Puelles
Rodrigo Saiani
Ronaldo Arthur Vidal
Rosana Martinez
Ruan C. Braz
Ruth Klotzel
Sabrina Lopes
Samuel Otaviano
Sandra Frias de Carvalho Prisco
Sauê Burger Ferlauto
Sê-lo
Senac São Paulo
Sergio Bilous
Sérgio Haruo
Sidney Barbosa de Brito
Silvio Silva Junior
Simone Lagares
Sonia Paiva
Suellen Samara
Susane Bonifácio
Sylver Consulting
Tadeu Luis da Costa

Tao Criativo Comunicação e Design
Tarso Moura Lourenço da Silva
Tatiana Derze
Tatiana Frambach
Tatiana Sperhacke – TAT studio
Teatro Popular União e Olho Vivo
Telio Navega
Tha Nozaki
Thaís Trizoli
Thales Molina
Thamise Lopes
Thiago Araujo Lima
Thiago Castor
Thiago Lacaz
Thiago Maia
Thiago Matsunaga
Thiago Nunes Lyra
Thiago Souto
Tiago Bruner Salgado Nascimento
Tiago Rodrigues
Tomás German
Tony de Marco
Trina Branding Studio
Trocando Em Miúdos
TUUT Design
Vagner Godói
Valquíria Rabelo, Daniel Bilac, Estúdio Guayabo
Vanessa Azevedo
Vanessa Vieira Ferreira da Silva
Verônica Saiki
Vicente Valdevino Leite Neto
Victor Amirabile
Victor Buck
Victor L. Pontes
ViNi Dantas
Vinicius Gabriel Gonzaga dos Santos
Vinicius Lousa
Vinícius Ludwig Strack
Vinícius Malvão
Vinicius Napolitano Sparvoli
Vinicius Pires da Costa
Vitor Diégues Meuren
Vitor Lopes
Volnei Antônio Matté
Walkir Fernandes
Walter Spina
Wenison Carlos
William Jorge Ceara Luiz
William Kimura
Willian Amphilóquio
Wilton Vilela Lopes Junior
Yara Athayde
Ygyno Estúdio Design

TRABALHOS
SELECIONADOS

13ª BIENAL NAÏFS DO BRASIL

AUTORIA
ps.2 arquitetura + design, 2016

EQUIPE
Direção de arte: Fábio Prata, Flávia Nalon; **Design:** Fábio Prata, Flávia Nalon, Lucas Machado, Helena Sbeghen, Gabriela Luchetta, André Felipe

CLIENTE
Sesc

DESCRIÇÃO
Buscando discutir os limites entre o erudito e o espontâneo e desafiando as preconcepções do público sobre a atividade artística, a exposição colocou lado a lado artistas desconhecidos e outros já estabelecidos. O principal elemento da identidade visual da Bienal foi elaborado com uma família de tipos com uma ampla gama de largura em seus caracteres, variando de supercondensada a superampla. Essas variações não são erros tipográficos, mas proposições visuais que conferem uma expressão particular a cada mensagem que transmitem.

bien.al/12_bienal-naifs-do-brasil

ABERTURA DA NOVELA HAJA CORAÇÃO

AUTORIA
TV Globo, 2016

EQUIPE
Direção de criação: Sergio Valente, Mariana Sá; **Criação e direção de arte:** Alexandre Romano, Christiano Calvet; **Direção:** Alexandre Romano, ACACA; **Design de logo:** Gisele Ramalho; **Produção executiva:** Orlando Martins; **Supervisão de criação:** Mariana Magoga; **Animação e *motion design*:** ACACA

DESCRIÇÃO
Para reapresentar uma famosa novela dos anos 1980, a abertura apresenta um caleidoscópio que une *kitsch*, pop e *nonsense*, com frutas, ouro e vibrações positivas, dando o tom da novela sobre as situações cômicas envolvendo duas famílias de imigrantes libaneses e italianos.

bien.al/12_haja-coracao

ABERTURA DA NOVELA
I LOVE PARAISÓPOLIS

AUTORIA
Hardcuore, 2015

EQUIPE
Produção: Hardcuore; **Direção criativa:** Alexandre Romano, TV Globo; **Direção e animação:** Breno Pineschi, Rafael Cazes; **Direção de arte:** Hardcuore; **Esculturas:** Berbela; **Direção de fotografia:** Andrea Capella; **Assistente de direção:** Ana Luiza Melo; **Composição:** Daniel Tumati, Felipe Salvador

CLIENTE
TV Globo

DESCRIÇÃO
Para dar o tom pop e bem-humorado de uma novela que retrata o cotidiano na maior favela de São Paulo, foi desenvolvida uma abertura em *stop motion* com cenários minimalistas de blocos coloridos e peças feitas de sucata pelo mecânico e artista plástico Berbela, morador da comunidade.

bien.al/12_i-love-paraisopolis

ABERTURA DA NOVELA ROCKSTORY

AUTORIA
TV Globo, 2016

EQUIPE
Direção de criação: Sergio Valente, Mariana Sá;
Criação e direção de arte: Alexandre Romano, Benguelê, Chris Calvet; **Direção:** Alexandre Romano, Visorama; **Logo:** Benguelê; *Motion:* Visorama;
Assistentes: Luciano do Amaral, Elisa Branco, Thais Akina

DESCRIÇÃO
Apresentando uma novela que combina o mundo da música com uma história de amor, a abertura mescla *live action*, rotoscopia, animação 2D e *motion graphics*.

bien.al/12_rockstory

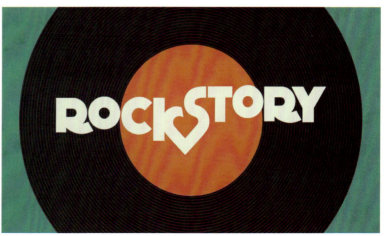

ABERTURA DA NOVELA SETE VIDAS

AUTORIA
TV Globo, 2015

EQUIPE
Direção de criação: Sergio Valente, Mariana Sá; **Criação:** Alexandre Romano; **Direção:** Alexandre Romano, Renan de Moraes, Roberto Stein; **Edição:** Renan de Moraes; **Fotografia:** Alexandre Romano, Roberto Stein, Renan de Moraes, Felipe Lobo, Gustavo Duval, Flavio Maciel; **Color grade:** Alexandre Romano

DESCRIÇÃO
Apresentando uma novela sobre como sete pessoas têm suas vidas transformadas quando descobrem vir do mesmo doador de sêmen, a abertura foi pensada para soar essencialmente emocional. São pequenos detalhes cotidianos que se ligam diretamente à memória afetiva, muitos retirados de arquivos pessoais.

bien.al/12_sete-vidas

ABERTURA DA NOVELA VELHO CHICO

AUTORIA
TV Globo, 2016

EQUIPE
Direção de criação: Sergio Valente, Mariana Sá; **Criação:** Alexandre Romano, Christiano Calvet, Roberto Stein, Renan de Moraes; **Direção e edição:** Alexandre Romano; **Direção de arte:** Alexandre Romano, Christiano Calvet; **Artistas plásticos:** Mello Menezes, Samuel Casal; **Composição:** Renan de Moraes, Flavio Mac, Gustavo Duval; **Logotipo:** Christiano Calvet

DESCRIÇÃO
Um mural de madeira pintado e entalhado, repleto de influências modernistas e tropicalistas, foi a solução para a abertura de uma novela sobre os conflitos sociais e de terra nas margens do Rio São Francisco ao longo de três gerações. A narrativa é focada em uma visão mitológica/mítica, justamente para abraçar os simbolismos e as metáforas vistos nas fábulas indígenas e ribeirinhas e também algumas crenças cristãs/jesuítas. O resultado é um filme colorido e contemporâneo, quase inteiramente livre de interferências digitais, que mostra uma bonita história do rio desde o seu nascimento até as influências que ele engloba, em uma verdadeira homenagem à arte latino-americana.

COMENTÁRIO DO JÚRI
Ótima representação com movimento do imaginário e técnicas de ilustração tradicionais, enriquecidas pelos trabalhos dos artistas plásticos Mello Menezes e Samuel Casal.

bien.al/12_velho-chico

DESTAQUE

ABERTURA DA SÉRIE AMORTEAMO

AUTORIA
TV Globo, 2015

EQUIPE
Direção criativa: Sérgio Valente, Mariana Sá; **Direção:** Flavio Mac, Alexandre Romano; **Direção de arte:** Alexandre Romano, Flavio Mac; **Roteiro:** Flavio Mac, Fabricio Duque, Alexandre Tommasi, Monica Tommasi; **Pranchas de temperamento:** Koi Factory; **Modelagem 3D:** Flavio Mac, Koi Factory, Gustavo Duval, Wanderson Andre; **Animação 3D:** Flavio Mac, Renan Moraes

DESCRIÇÃO
Para apresentar a série fantástica da TV Globo Amorteamo, que une o ambiente lúgubre dos antigos filmes de horror com lendas brasileiras, foi desenvolvida uma abertura 3D em *stop motion* unindo o ciclo da vida, o amor e a morte, como um símbolo da eternidade.

bien.al/12_amorteamo

ALFABETO ILUSTRADO
CARMEN ALPHABET

AUTORIA
Tipocali, 2016

EQUIPE
Maquinário Laboratório Criativo (Thiago Reginato, Cindy Nakashima, Bruno Scodeler)

CLIENTE
Autoral

DESCRIÇÃO
Buscando explorar como podem ser produzidos alfabetos ricos visualmente de forma manual e única, por meio de formas inusitadas encontradas no cotidiano, como plantas e flores, foi desenvolvido um alfabeto feito de plantas e flores recolhidas no bairro do Campo Belo, em São Paulo. O nome do projeto é uma homenagem à artista luso-brasileira Carmen Miranda, sucesso nas décadas de 1930 a 1950. A família possui 26 caracteres, todos em caixa-alta. Todas as letras foram produzidas manualmente, utilizando recursos digitais apenas para a finalização do projeto.

bien.al/12_carmen-alphabet

AMBIENTAÇÃO SESC

AUTORIA
Ana Couto Branding, 2015

EQUIPE
Hugo Rafael, Muryel Peres, Tuna Maia

CLIENTE
Sesc

DESCRIÇÃO
Para criar um ambiente mais acolhedor, que facilite a comunicação, o acesso e a orientação do público, aumentando a presença da marca, foi elaborada uma ambientação que parte do conceito da "casa brasileira". Trazendo elementos tipicamente presentes nos lares do Brasil, como mobiliários residenciais, plantas, palha indiana e azulejos, o ambiente tornou-se mais receptivo, deixando o público mais à vontade e reforçando o posicionamento institucional da marca.

bien.al/12_sesc

APP CRIANCEIRAS

AUTORIA
Estudio Claraboia, 2016

EQUIPE
Produção e direção: Bruna Pligher; **Ilustrações:** Martha Barros; **Projeto gráfico:** Estúdio Claraboia (Luciana Orvat, Ricardo Daros, Felipe Daros, Mayara Miriuk); **Direção de animação:** Animatronic Motion (Josué Jr.); **Animação:** Rodrigo Dutra; **Programação:** Mandelbrot; **Efeitos sonoros:** Marcio de Camilo, Guilherme Cruz

CLIENTE
Webcore

DESCRIÇÃO
O app originou-se de um espetáculo e de um disco de poemas de Manoel de Barros musicado por Marcio de Camilo, buscando expandir a experiência a um novo nível de interatividade e contendo ambiente para desenhar, ler os poemas e tirar fotos com os personagens dos versos. Dez videoclipes animados das músicas foram feitos em *stop motion* com elementos extraídos das ilustrações de Martha Barros, filha do poeta, cuja simplicidade dos traços está na mesma órbita alegórica e orgânica do pai. A ludicidade dos clipes se alia à interatividade, possibilitando, por exemplo, que o usuário encontre definições das palavras mais difíceis dos poemas.

bien.al/12_app-crianceiras

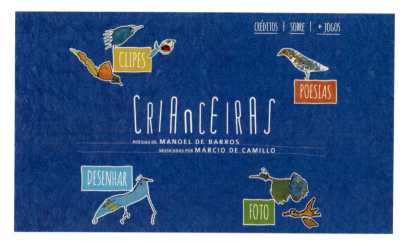

APP DE$H

AUTORIA
Otávio Henrique Gomes Oliveira, 2016

EQUIPE
Otávio Henrique Gomes Oliveira; **Orientação:** Luciana Lopes Freire

DESCRIÇÃO
Buscando projetar uma interface descomplicada, simples e convidativa para que designers gráficos não deixem em segundo plano o acompanhamento financeiro dos seus empreendimentos, este projeto acadêmico desenvolveu um aplicativo móvel de gestão financeira, tendo como foco a aplicação da metodologia de projeto de Jesse James Garrett para o desenvolvimento de interfaces utilizando os elementos da experiência do usuário. O aplicativo pretende fornecer ao designer, iniciante ou experiente, uma tabela de preços para projetos de design tomando como critérios o tipo de projeto e questões geográficas, utilizando-se de uma tabela gerada a partir de dados alimentados pelos próprios usuários do aplicativo.

bien.al/12_app-desh

ACADÊMICO

APP JUST RIDE ALONG

AUTORIA
Icônica Design Contente, 2015

EQUIPE
Design e criação: Wagner Lúcio, Fernanda Assis, Henrique Costa, Pedro Resende, Cristiano Souto

CLIENTE
Just Ride Along

DESCRIÇÃO
O *app* funciona como um *hub* de plataformas integradas e colaborativas para auxiliar o motociclista a planejar passeios e viagens, acompanhar sua performance e compartilhar suas experiências, aliando uma forma de contribuir para a experiência do usuário ao fortalecimento da sua comunidade. O trabalho foi realizado em conjunto com os idealizadores – motociclistas aficionados –, o que possibilitou conhecer a rotina e os hábitos do usuário.

bien.al/12_app-just-ride-along

APP OI

AUTORIA
FutureBrand São Paulo, 2016

EQUIPE
FutureBrand São Paulo, Dimitre Lima, Henrique Périgo

CLIENTE
Oi

DESCRIÇÃO
Para transmitir a identidade colorida e vibrante da empresa de telecomunicações, foi criado um recurso dinâmico que oferece infinitas possibilidades de criação. Nele, o símbolo mutante Oi é composto pela voz e pela vibração de cada pessoa: a marca "escuta" e reage. A plataforma digital permite que o usuário crie animações da marca, podendo livremente alterar parâmetros como forma, cor, rotação, tamanho e ângulos. O resultado final pode ser estático ou dinâmico e ser exportado para mídias web, vídeos e impressos. Além disso, o aplicativo permite carregar trilhas ou gravar áudios que interagirão com os demais parâmetros.

bien.al/12_app-oi

ARTISTS & FLEAS CHELSEA MARKET

AUTORIA
ZimbardiCalomino, 2016

EQUIPE
Flavia Zimbardi, Caetano Calomino

CLIENTE
Artists & Fleas

DESCRIÇÃO
Para capturar a essência deste mercado de Nova York, enfatizando a surpresa, o estranho e o encantador nele presentes, buscou-se criar uma imagem tão interessante e diversificada quanto seu interior, integrando-a à arquitetura do edifício. Oito painéis (num total de 30m²) foram pintados utilizando letras *script* com ares de anos 1970 como tom principal, misturadas a outros estilos de letras tradicionalmente usados em letreiros, todas desenhadas à mão.

bien.al/12_artists-fleas-chelsea-market

BATIDAS

AUTORIA
Tatiana Frambach, 2015

EQUIPE
Orientação: prof. Fabio Lopez

CLIENTE
PUC-Rio

DESCRIÇÃO
Em um momento de questionamentos e transição no país, este projeto acadêmico utiliza o design como agente transformador. Buscando a nossa essência como povo e nação, o projeto traz uma nova identidade visual para as cédulas brasileiras. A partir de uma interpretação gráfica pessoal, com o olhar voltado para aspectos mais subjetivos/abstratos da nossa cultura, e uma temática que dá vazão à experimentação, o projeto é norteado por um ritmo atemporal, múltiplo e democrático. As notas são desenvolvidas a partir de dez ritmos musicais de diferentes regiões do país, conectados a uma paleta cromática (uma cor para cada ritmo), e os grafismos são baseados nos contornos dos mapas das regiões de origem das batidas. As marcas de segurança fazem alusão à nossa bandeira, e o produto final é bem-humorado, colorido e cheio de vida.

bien.al/12_batidas

ACADÊMICO

BRANDING CERVEJA ITAIPAVA

AUTORIA
FutureBrand São Paulo, 2016

CLIENTE
Grupo Petrópolis

DESCRIÇÃO
Para realizar a maior mudança em vinte anos, dando um novo posicionamento à marca de cervejas, foram redefinidas as mensagens, reforçando sua personalidade e aproximando-a dos seus clientes. Materializando uma personalidade nova, foi desenvolvida uma nova identidade, capaz de conectar toda a linha de produtos e, ao mesmo tempo, notável e única. Mantendo apenas o essencial, a nova imagem é mais atraente, forte e consistente.

bien.al/12_branding-cerveja-itaipava

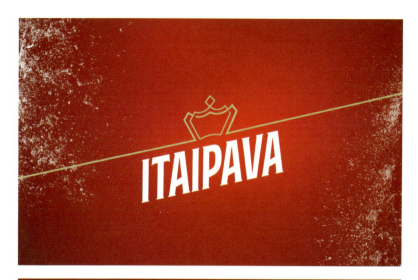

BRANDING
CONSTANZA CELIÁ

AUTORIA
Saravah Comunicação e Design, 2015

EQUIPE
Direção de design: Betina Cupello; **Design:** Analia Garcia, Bruno Pereira, Gabriela de Souza, Isabel Goulart, Juliana Yue, Lucas Gómez, Raphael Hora; **Direção de estratégia:** Raquel Goulart; **Coordenação de estratégia:** Rafael Bittencourt, **Atendimento:** Renata Ladogano; **Direção de criação:** Cristiano Junqueira; **Direção de atendimento:** Cristiano Mansur

CLIENTE
Constanza Celia

DESCRIÇÃO
Como ponto de partida para o projeto da marca de SPA urbano, foi pensada uma união entre a beleza do Principado de Astúrias e o estilo de vida do Rio de Janeiro. Uma personalidade proprietária foi definida no nome, que resgata elegância e frescor. O design da marca veio de um espelho de origem asturiana e da arquitetura espanhola, carregada de referências celtas e mouras. As diferentes linhas de produtos reforçam a técnica precisa e a tecnologia de ponta que a marca traz, com sua equipe treinada e seus produtos únicos, engajando o público em uma experiência de marca única.

bien.al/12_constanza-celia

BRANDING ESTUFA – ESTÚDIO DE DESIGN INHOTIM

AUTORIA
Hardy Design | Estufa, 2016

EQUIPE
Direção de criação: Mariana Hardy, André Coelho; **Gerente de projetos:** Ricardo Lopes; **Designers:** André Coelho, Anna Fonseca, Gabriela Silva, Fernando Dias, Pedro de Albergaria; **Produção gráfica:** Mirelle Bairral; **Redação:** Guilherme Lessa; **Vídeo/foto:** Raval Filmes; **Químicos:** Isolda Mendes, Wilton Nascimento; **Botânico:** Lucas Siguefredo

CLIENTE
Estufa – Estúdio de Design Inhotim

DESCRIÇÃO
Inhotim é um lugar singular, com um dos mais relevantes acervos de arte contemporânea do mundo em meio a um jardim botânico que reúne espécies raras e de todos os continentes. O nome escolhido para seu estúdio de design remete a um espaço de incubação, onde a energia criativa se renova e as ideias germinam. No desenvolvimento do *branding*, buscou-se a essência das cores de suas espécies botânicas mais características – tamboril, inhame-roxo, pau-brasil, clerodendum e agave-polvo –, que passaram pela cromatografia em camada delgada. Por meio desse processo, a clorofila e outros pigmentos são evidenciados em uma escala de cores natural, específica de cada espécie. As manchas de cores formadas nesse processo foram posteriormente digitalizadas em alta resolução, revelando grafismos que interagem com o *lettering* de modo versátil e orgânico na identidade. O uso de uma família tipográfica com doze pesos facilita a hierarquização dos conteúdos nos meios digitais e impressos.

COMENTÁRIO DO JÚRI
Uma solução moderna e delicada. Trilhou um caminho criativo inusitado – em particular para um projeto de *branding* –, criando uma identidade elegante, de alto impacto, e incorporando características sustentáveis.

bien.al/12_estudio-design-inhotim

DESTAQUE

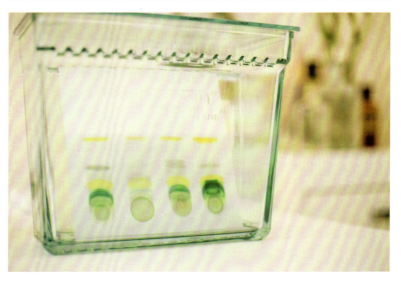

BRANDING GOOLA

AUTORIA
Saravah Comunicação e Design, 2016

EQUIPE
Direção de design: Mariana Hermeto; **Design:** Bruno Pereira, Rodrigo Bessa; **Direção de estratégia:** Raquel Goulart; **Coordenação de estratégia:** Rafael Bittencourt; **Atendimento:** Renata Ladogano; **Direção de criação:** Cristiano Junqueira; **Direção de atendimento:** Cristiano Mansur

CLIENTE
Argus

DESCRIÇÃO
Para adentrar o mercado do açaí, foi criada uma marca completa, que envolvesse estratégia, sistema visual, embalagens e campanhas de lançamento, sempre com um espírito jovem e uma clara visão de futuro. Focada em uma classe de consumidores que preza pela sustentabilidade a preços justos, a marca inspirou-se em três conceitos: o sabor, a origem e o valor (nutricional e monetário). Sem estereótipos, a marca possui recursos pregnantes, mas flexíveis, que servem de base para seus desdobramentos.

bien.al/12_goola

BRANDING MARACANÃ

AUTORIA
Saravah Comunicação e Design, 2015

EQUIPE
Direção de design: Betina Cupello; **Design:** Analia Garcia, Bruno Pereira, Lucas Gómez, Juliana Yue; **Direção de estratégia:** Raquel Goulart; **Coordenação de estratégia:** Rafael Bittencourt; **Atendimento:** Kássio Araújo, Pedro Padilha, Carlos Monteiro; **Direção de criação:** Cristiano Junqueira; **Direção de conteúdo e atendimento:** Cristiano Mansur; **Mídia:** Carlos Monteiro

CLIENTE
Maracanã S/A

DESCRIÇÃO
Para transformar a paixão de um dos mais importantes símbolos e patrimônios do país em uma marca forte, o projeto extrapolou os espaços físicos e buscou a alma do Estádio Jornalista Mário Filho. A partir de auditoria da marca, pesquisas qualitativas e quantitativas, etnografia e estudos do cenário e *benchmarks* de concorrentes diretos e indiretos, além de mais de cem entrevistas individuais com diferentes públicos, foi desenvolvida uma marca nova, festeira, positivamente explosiva e naturalmente vibrante. Ela identifica o torcedor como protagonista, mistura o tangível com o intangível e mostra a explosão da festa que se mistura com a cidade. A estratégia estendeu-se até o treinamento das equipes internas e a criação de produtos licenciados, roteiros e cenários para um *tour*, além do conteúdo dos telões, que recriam placares retrô dos anos 1970 e 1980 para os clássicos cariocas.

bien.al/12_maracana

BRANDING MATHEMA

AUTORIA
Amí Comunicação & Design, 2015

EQUIPE
Direção de criação: Ronei Sampaio; **Estratégias de branding:** Pabline Felix, Débora Amaral; **Estagiário:** Lucas Magalhães

CLIENTE
Mathema Formação e Pesquisa

DESCRIÇÃO
Para criar uma plataforma de geração de valor para uma consolidada assessoria em assuntos pedagógicos do país, sistematizando o conhecimento, os valores e a cultura construídos nos 18 anos de existência da empresa, foi elaborado um projeto de *branding* em três etapas: construção de uma plataforma de marca, redesenho das expressões visuais e verbais e reformulação e fortalecimento dos pontos de contato. A partir de imersão no cotidiano da empresa, pesquisas de cenário e tendências e entrevistas com *stakeholders* internos e externos, foi desenvolvida a plataforma, que capturou a essência, a personalidade, os valores e o posicionamento da marca. A reformulação das expressões visuais e verbais contou com o redesenho da identidade visual, a criação de um universo ilustrativo potencialmente infinito e a redefinição de seu tom de voz. Criando diretrizes consistentes, o projeto possibilita a geração das mais variadas expressões e o fortalecimento da sua mensagem institucional.

bien.al/12_mathema

BRANDING MAXSUSHI

AUTORIA
BR/BAUEN, 2015

EQUIPE
Direção criativa e design: Rodrigo Francisco, Braz de Pina; **Estratégia de marca:** Luis Feitoza; **Desenvolvimento de design:** Verônica Sauthier, Murilo Pascoal; **Fotografia:** Emmanuel Gonçalves; **Estratégia de redes sociais:** Frank Michael; **Redação:** Ana Luisa Machado; **Produção gráfica:** Cirgráfica

CLIENTE
Maxsushi

DESCRIÇÃO
Para reposicionar uma rede de gastronomia japonesa em um mercado de crescentes interesse e concorrência, foi desenvolvida uma estratégia que oferecesse uma experiência de cultura japonesa com a percepção da qualidade dos produtos. Fugindo da apropriação dos elementos antigos, feudais e totalmente tradicionais do Japão, a nova identidade da marca apropriou-se dos elementos da cultura japonesa contemporânea, divertida e *Kawaii* ("bonitinha"). Dos manuais de gestão interna à comunicação nas redes sociais, passando pelas embalagens e pelo logo, o posicionamento alcançou todos os pontos de contato da marca, diferenciando-se com seus clientes. O projeto foi premiado em 2016 com o ouro na categoria Brand Design do ABF+Retail Design Institute, maior premiação do mercado de franquias brasileiro.

bien.al/12_maxsushi

BRANDING MULP – MUSEU DA LÍNGUA PORTUGUESA

AUTORIA
João Henrique Guizzo Sauceda, 2016

CLIENTE
Udesc

DESCRIÇÃO
Para dar um novo posicionamento a um dos museus mais importantes da América Latina, este projeto acadêmico visa aumentar sua notoriedade, aproximando-o de outros de fama mundial, como o Tate Museum, o MoMa, entre outros. A proposta é tornar sua personalidade mais acessível, espontânea, acolhedora, orgulhosa e otimista. Considerando a língua como um grande ser vivo em constante evolução, que respira e evolui todos os dias junto das pessoas, o museu se aproxima de diferentes públicos. A ideia principal é de pertencimento, refletida na marca e em seu universo visual: a língua presa às limitações cotidianas pode ser vista em sua verdadeira beleza no museu, onde as nuvens formadas por letras envolvem o leitor-espectador. O projeto envolve também a reformulação do site e uma plataforma de ensino online, além de exibições itinerantes fixas na agenda do museu.

bien.al/12_mulp-museu-lingua-portuguesa

ACADÊMICO

BRANDING OI

AUTORIA
FutureBrand São Paulo | Wolff Olins, 2016

CLIENTE
Oi

DESCRIÇÃO
Em um mercado em constante mudança, a marca da rede de telefonia precisava de um salto para diferenciar-se da identidade visual do começo dos anos 2000, provocadora e incomum, mas antiga. Sem perder o espírito disruptivo de sua comunicação, o novo posicionamento realinha e reflete sobre seus processos. Invocando o poder das interações, o logo muda de acordo com a voz, gerando uma infinidade de variações, escutando e reagindo numa via de mão dupla com o cliente.

bien.al/12_branding-oi

BRANDING OUTBACK

AUTORIA
FutureBrand São Paulo, 2016

CLIENTE
Outback

DESCRIÇÃO
Buscando renovar sua experiência e fortalecer sua presença num dos seus mercados mais importantes, a rede de restaurantes de inspiração australiana resgatou o conceito original, trazendo as raízes do país para o centro da nova jornada do consumidor. A área de espera é inspirada no deserto e o bar recebe luzes da cidade. Referências aborígenes estão no salão e estradas levam ao banheiro. O novo conceito vai além da decoração, estando presente na identidade visual, nos uniformes, na apresentação dos pratos, na experiência digital etc.

bien.al/12_outback

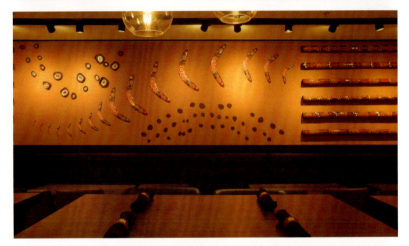

BRANDING VUELO PHARMA

AUTORIA
saad branding+design, 2016

EQUIPE
Lucas Saad, Cleber Rafael de Campos, Carlos Bauer, Guilherme Hobi

CLIENTE
Membracel Produtos Tecnológicos

DESCRIÇÃO
Preparando-se para uma nova fase, a empresa de soluções médicas reposicionou e redesenhou sua marca para lançar novos produtos e expandir seu mercado. O nome Membracel (originado da membrana de celulose, um dos seus produtos) foi substituído por Vuelo (voo, em espanhol), associando a marca a conceitos estratégicos como transitoriedade, avanço, mudança, velocidade, ação e liberdade. A *tag* "Novas possibilidades" convida a olhar a vida de uma nova forma, podendo ser adaptada a outras mensagens, como "Novos caminhos", "Novas chances" etc. Graficamente, a marca é sintética, com uma linha de base como ponto de referência, representando suporte e proteção, além de destaque, evidenciando as informações mais importantes. As cores fogem do branco convencional das embalagens de remédios, e as informações são impressas dentro da caixa, dispensando a bula que usualmente é um papel dobrado.

bien.al/12_vuelo-pharma

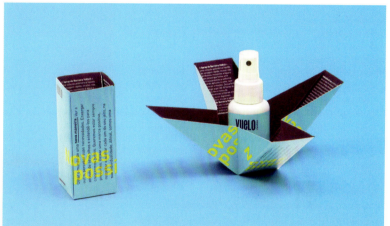

BRANDING, MARCA E IDENTIDADE VISUAL YOUSE

AUTORIA
Ana Couto Branding, 2016

EQUIPE
Ana Couto, Danilo Cid, Hugo Rafael, Bruno Israel, Erika Pinheiros, Larissa Menocci , Rafael Torres, Tuna Maia, Lucas Paiva, Anna Paula Morgado, Natalia Gallucci

CLIENTE
YOUSE

DESCRIÇÃO
Para estabelecer a plataforma de venda de seguros online da Caixa Seguradora no tradicional e desnivelado mercado de seguros, era preciso desenvolver uma nova forma de enxergar a necessidade dos seguros na vida das pessoas. O "Yousemon", símbolo da marca, busca deixar claro o poder de customização dos seguros da Youse e dá grande elasticidade à marca. Foram desenvolvidas *equities* visuais e verbais que reforçassem seu jeito diferente de ser, fazer e falar, deixando claro o foco no usuário, por meio de um território visual rico, variado e colorido, que cria empatia com as pessoas.

COMENTÁRIO DO JÚRI
Projeto dinâmico, que conta com uma marca alinhada ao propósito e um ótimo desdobramento de aplicações.

bien.al/12_youse

DESTAQUE

BRINDE CORPORATIVO DE ANIVERSÁRIO ALL YOU NEED IS AN APPLE

AUTORIA
BlaBlu, 2016

EQUIPE
Criação: Ana Carolina Santurion, Emerson Ferreira, Thiago Mattar, Tulio Filho; **Produção:** Darci Oliveira; **Fotografia:** Debiase

CLIENTE
Blu Design e Bladigital

DESCRIÇÃO
All You Need is an Apple é uma caixinha em que os clientes das agências curitibanas Bladigital e Blu Design e Comunicação recebem duas maçãs do amor no dia do seu aniversário. Aliando design, música e gastronomia, a caixa é envolvida por uma pequena toalha colorida que brinca com títulos de canções dos Beatles: Apple Fields Forever, Lucy in The Sky with Apple, Can't Buy me an Apple e Sgt. Apple's Lonely Hearts Club Band.

COMENTÁRIO DO JÚRI
A proposta foi muito bem desenvolvida, promovendo um grande nível de interação e, seguramente, cativando o cliente.

bien.al/12_all-you-need-is-an-apple

DESTAQUE

CADERNO VALONGO

AUTORIA
Gilberto Tomé, 2016

EQUIPE
Gilberto Tomé, Danilo de Paulo

CLIENTE
Valongo Festival Internacional da Imagem

DESCRIÇÃO
Para o Valongo Festival Internacional da Imagem realizado em Santos, no litoral paulista, em 2016, foi elaborado um caderno com cartazes impressos nos dois lados, agrupando-se como páginas de um livro. O livro pode ser desmembrado e fixado em paredes, criando diversas relações entre as imagens. São doze imagens de 60cm × 90cm impressas em seis lâminas, em serigrafia, retratando a região mais antiga de Santos. As imagens foram expostas durante o festival, criando um jogo de formas perenes e fazendo os objetos dialogarem no tempo.

bien.al/12_caderno-valongo

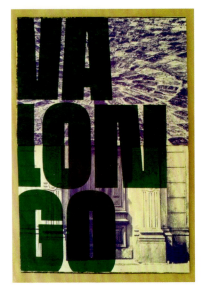

CAIXA DOS ESCOLHIDOS

AUTORIA
Lygia Santiago e Amanda Lianza, 2016

EQUIPE
Design: Lygia Santiago, Amanda Lianza; **Fotógrafos:** Rodrigo Lopes, Wilton Montenegro, Marcelo Correa; **Tratamento de imagem:** Dora Reis, Marcelo Giannotti; **Bordado:** Programa de Geração de Renda do mBrac, Patricia Ruth; **Ilustração Bispinho:** Lin Lima; **Pintura original em aquarela:** Diana Gondim; **Licenciamento iconográfico:** Andrea Bolanho

CLIENTE
Museu Bispo do Rosário – Arte Contemporânea/Sesc

DESCRIÇÃO
De forma a difundir a cultura e a história do artista brasileiro Arthur Bispo do Rosário (1909/1911-1989), foi desenvolvida uma caixa pedagógica contendo cinco diferentes objetos: um jogo de tabuleiro, um dominó, um quebra-cabeças, um *poster* e um DVD. Mantendo-se o mais próximo possível da obra do artista, o material foi cuidadosamente elaborado a partir de suas referências (o tabuleiro é bordado, os dominós possuem imagens de obras que podem ser lidas pela quantidade, o quebra-cabeças possui peças de diferentes tamanhos), mas contando com facilidade de produção, reprodução, transporte e distribuição. A caixa, cujo nome é de uma obra de Bispo do Rosário, possui fotos do original em seu fundo e sua tampa, na qual também há um retângulo branco com todas as informações do conteúdo e uma foto da caixa aberta, indicando suas várias possibilidades.

bien.al/12_caixa-do-escolhidos

CALENDÁRIO DUPLA DESIGN

AUTORIA
Dupla Design, 2016

EQUIPE
Criação: Claudia Gamboa, Ney Valle; **Produção gráfica:** Silvana Oliveira

CLIENTE
Dupla Design

DESCRIÇÃO
Para surpreender e presentear clientes, fornecedores e amigos, reforçando laços de afeto há 25 anos, esta agência de design do Rio de Janeiro envia calendários que foram se modificando com o tempo. Em 2017, os calendários foram elaborados como porta-copos, ou bolachas de chope, refletindo seu espírito carioca. Cada mês traz uma versão caleidoscópica de 2017, atraindo para o centro como uma mandala. Circular e simples, o calendário remete ao trabalho criativo e à confraternização, sendo sintético, mas alegre.

bien.al/12_calendario-dupla-design

CAMPANHA O PODER DA IBM

AUTORIA
Pedro, Pastel & Besouro, 2016

EQUIPE
Ilustração: Pedro, Pastel & Besouro; **Direção de contas:** Bruno Perez; **Mídias sociais:** João Marcon, Beatriz Camargo, Ligia Russomanno; **Executiva de contas:** Beatriz Camaro; **Assistente de contas:** Gabriela Castejon; **Estagiária de contas:** Milena Frias; **Direção de arte:** Gustavo Orsati, Gustavo Dallegrave; *Art buyer*: Francini Santiago; **Estratégia de conteúdo:** Barbara Bueno

CLIENTE
IBM

DESCRIÇÃO
Buscando dar visibilidade ao atual posicionamento da empresa de informática e tecnologia, "Um planeta mais inteligente", foram desenvolvidas mais de cem ilustrações, projetadas de forma modular para compor cartazes e anúncios de posicionamento em veículos impressos e digitais, além do uso em mídias sociais, para tornar tangível a complexidade dos serviços oferecidos pela empresa de forma atrativa e interessante. Com a flexibilidade das ilustrações produzidas, foi possível manter uma unidade de comunicação visual tanto para o público geral quanto para o especializado.

bien.al/12_o-poder-da-ibm

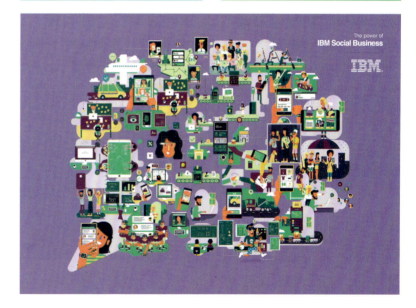

CAMPANHA RETRATOS DATILOGRAFADOS – DIA NACIONAL DO LIVRO

AUTORIA
Álvaro Franca, 2016

EQUIPE
Datilografia: Álvaro Franca; **Direção de arte:** Marcelo Grecco; **Produção executiva:** Marcos Cotrim; **Estratégia:** Ricardo Chamma; **Cenografia:** Bamboo & Co.; **Captação e edição de video:** Ana Franco Netto

CLIENTE
Bamboo & Co. | Suzano Papel e Celulose | Pólen Bold

DESCRIÇÃO
Como parte de uma estratégia para ligar o papel Pólen Bold à indústria editorial, na ocasião do Dia Nacional do Livro, foi elaborado um projeto com treze retratos inéditos de personalidades da literatura brasileira, feitos inteiramente em máquinas de escrever (uma AEG Olympia portátil e uma Olivetti Linea 98 grande). Os retratos foram exibidos durante duas semanas em São Paulo, além de circularem nas redes sociais e em uma edição da revista *Piauí*.

bien.al/12_retratos-datilografados

CAMPANHA ROLINHOS ENFEZADOS

AUTORIA
Cristiano Gonçalo, 2015

EQUIPE
Direção de arte: Cristiano Gonçalo; **Escultura:** Cristiano Gonçalo; **Redação:** Fernando Silva; **Fotografia:** Paulo Mancini; **Produção:** Vapt Filmes; **Direção de criação:** Guy Costa, João Paulo Magalhães, Ricardo Sarno

CLIENTE
Laboratórios EMS – Medicamento: Normolax

DESCRIÇÃO
Para descomoditizar o mercado de laxantes no Brasil, tratando do tema de forma diferenciada, lúdica, leve e bem-humorada, foi idealizada uma campanha para veiculação nas portas dos banheiros de *shopping centers*. Atrás de cada porta dos banheiros, foram fixados rolinhos de papel higiênico com caretas enfezadas, seguidos da assinatura "Normolax. Alivia o desconforto intestinal". A campanha aumentou a percepção da marca por meio de uma ativação de baixo custo, gerando empatia do consumidor com o produto a partir da utilização de um dos elementos mais icônicos do universo dos banheiros.

bien.al/12_rolinhos-enfezados

CAMPANHA SOU MARIA MAS NÃO VOU COM AS OUTRAS

AUTORIA
Cyla Costa, 2016

EQUIPE
Arte: Cyla Costa; **Agência:** VML; **Direção executiva de criação:** Silmo Bonomi; **Direção de criação:** Jairo Anderson; **Redação:** Jairo Anderson, Juliana Ribeiral, Catarina Menchik; **Direção de arte:** Silmo Bonomi, Rodrigo Marinheiro, Yumi Shimada; **Produção de vídeo:** Paranoid; **Direção:** Rafa, João; **Foto:** Ricardo Perini, João Kehl

CLIENTE
Intimus

DESCRIÇÃO
Uma campanha para os absorventes da marca Intimus veiculada na TV trazia seis personagens chamadas Maria, com personalidades e estilos bastante diferentes. Foi criada também uma Maria virtual, uma artista visual que nunca mostrava o rosto, pois representava a Maria que existe dentro de cada mulher. Gravando em primeira pessoa, a Maria virtual desenvolvia várias artes para posts que alimentaram o Instagram da personagem. As Marias tinham o objetivo de criar um vínculo de identificação com as meninas consumidoras do produto.

bien.al/12_sou-maria

CANAIS DE COMUNICAÇÃO DA CAIXA SEGURADORA

AUTORIA
Ana Couto Branding, 2016

EQUIPE
Equipe Ana Couto Branding: Hugo Rafael Eleterio, Denilson Medero; **Equipe Caixa Seguradora:** Cynthia Brito da Silva, Trícia Oliveira, Ludmilla Rocha, Thiago Coutinho, Marcus Eduardo

CLIENTE
Caixa Seguradora

DESCRIÇÃO
Repaginação dos canais de comunicação interna da Caixa Seguradora, utilizados somente pelo público corporativo, trazendo-os para uma nova experiência de marca. Buscando solucionar falta de hierarquia de informação, usabilidade ruim e necessidade de melhoria de interface em dispositivos móveis, foi desenhado um novo fluxo de navegação com acessos e interações fáceis, ideais para um ambiente corporativo, que prioriza a otimização do tempo. A nova interface conta com elementos renovados de marca, além da diferenciação dos conteúdos, que receberam identidade própria (cor, linguagem e imagem), e de uma versão responsiva do site.

bien.al/12_canais-caixa-seguradora

CAPA DE CATÁLOGO PRÊMIO INTERNACIONAL DE DESIGN OBJETO:BRASIL 2016

AUTORIA
Elisabete, Bebé e Castanheira, 2016

CLIENTE
Associação Objeto Brasil

DESCRIÇÃO
Para o projeto editorial do catálogo da primeira edição de uma premiação de design, foi elaborada uma capa a partir da gramática visual do prêmio. Foi desenvolvida uma estrutura sobreposta, em que elementos vazados e articulados entre si remetem, visualmente, às três figuras geométricas básicas e luz e sombra trazem uma maior sensação de volume. Foi desenvolvido também um arranjo formal e gráfico que, por meio de articulação e interatividade, pudesse transmitir os conceitos distintos dos troféus de prata e bronze.

bien.al/12_catalogo-objeto-brasil

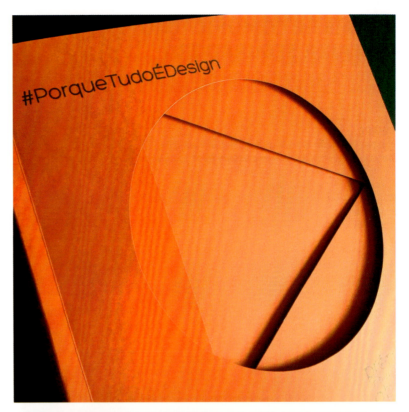

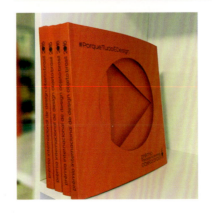

CAPA DE LIVRO
52 MITOS POP

AUTORIA
Estúdio MOL, 2016

EQUIPE
Rafael Muller, Sofia Colautti, Fernando Jurado, Jin Tsui, Gabriel Rezende, Galileo Giglio.

CLIENTE
Editora Paralela

DESCRIÇÃO
Para um livro que trata de curiosidades e lendas da cultura pop, foi elaborada uma arte manual em papel que traz diferentes ícones desse nicho, criando curiosidade no espectador quanto à unidade visual formada entre eles. Uma composição colorida, com tipografia e elementos tridimensionais feitos em papel, a capa possui uma estética que também remete ao universo pop.

bien.al/12_52-mitos-pop

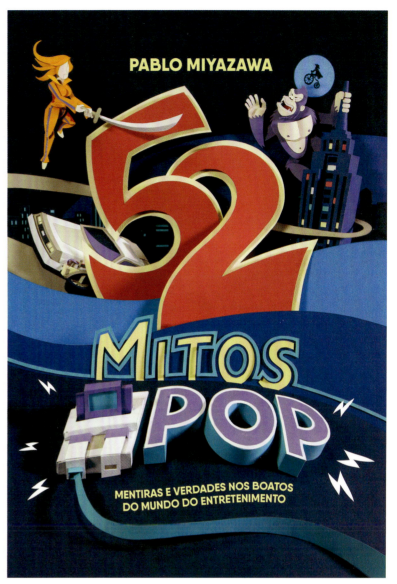

CAPA DE LIVRO ANTOLOGIA POÉTICA – FERNANDO PESSOA

AUTORIA
Anderson Junqueira e Victor Burton, 2016

CLIENTE
Editora Bazar do Tempo

DESCRIÇÃO
Para a elegante capa da nova edição da antologia poética do autor português, foram utilizados azulejos portugueses como tema, diferenciando-a das demais capas, além de estimular os sentidos visual e tátil. O nome do poeta sobre os azulejos, reforçado por laminação, brilho e baixo-relevo entre os eixos, conferiu um efeito impactante à capa.

bien.al/12_antologia-fernando-pessoa

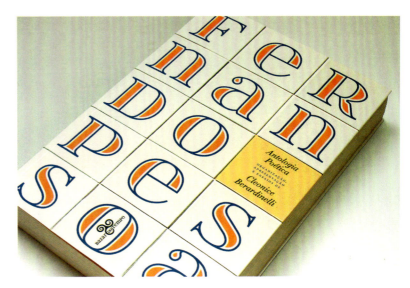

CAPA DE LIVRO BOWIE

AUTORIA
Leonardo Iaccarino, 2016

EQUIPE
Direção de arte e design: Leonardo Iaccarino

CLIENTE
Editora BestSeller

DESCRIÇÃO
Para a biografia de um músico que passou a vida em constante mutação, foi elaborada uma capa em movimento, viva, que muda de cor e assume diferentes formas de acordo com os reflexos de luz, por meio de uma laminação holográfica. Com a foto icônica do músico no centro, foi possível traduzir visualmente o conceito de vários artistas em um, ou de um único artista em permanente metamorfose.

bien.al/12_bowie

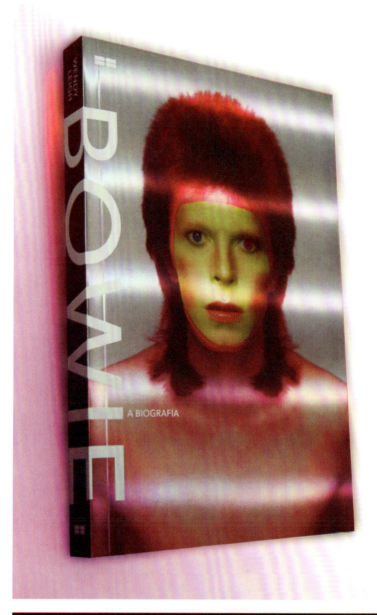

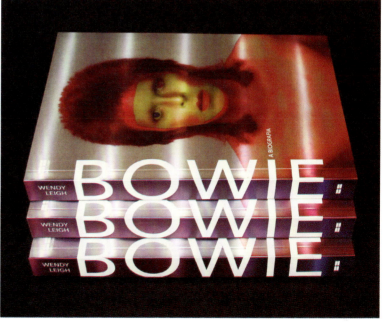

CAPA DE LIVRO BUKOWSKI: VIDA E LOUCURAS DE UM VELHO SAFADO

AUTORIA
Casa Rex, 2016

EQUIPE
Direção de design: Gustavo Piqueira; **Design:** Gustavo Piqueira; **Equipe:** Samia Jacintho, Alex Gyurkovicz, Marianne Meni

CLIENTE
Editora Veneta

DESCRIÇÃO
Para a biografia do escritor *beatnik* estadunidense Charles Bukowski (1920-1994), foi elaborada uma capa com a disposição solta das letras sobre uma ilustração do artista gráfico Robert Crumb, refletindo a própria vida do autor, conhecido por seu caráter nada ordenado.

bien.al/12_bukowski

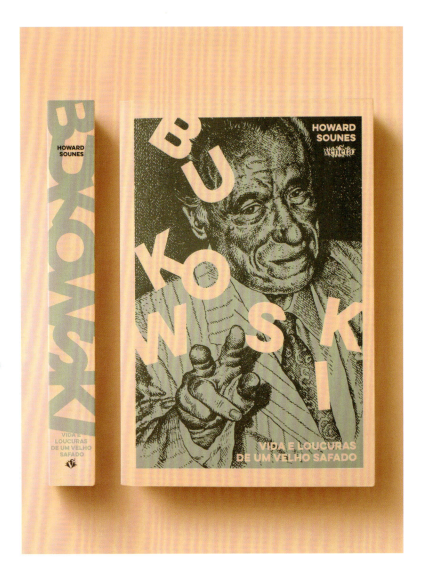

CAPA DE LIVRO CAROLINA

AUTORIA
Casa Rex, 2016

EQUIPE
Direção de design: Gustavo Piqueira; **Design:** Gustavo Piqueira; **Equipe:** Samia Jacintho, Alex Gyurkovicz

CLIENTE
Editora Veneta

DESCRIÇÃO
Para a biografia em quadrinhos da escritora mineira Carolina Maria de Jesus (1914-1977), importante voz literária que emergiu da favela do Canindé, em São Paulo, com sua obra *Quarto de Despejo*, foi elaborada uma tipografia estourada em bronze que evidencia a importância tanto da palavra escrita na sua vida quanto da (por vezes invisibilizada) escritora.

bien.al/12_carolina

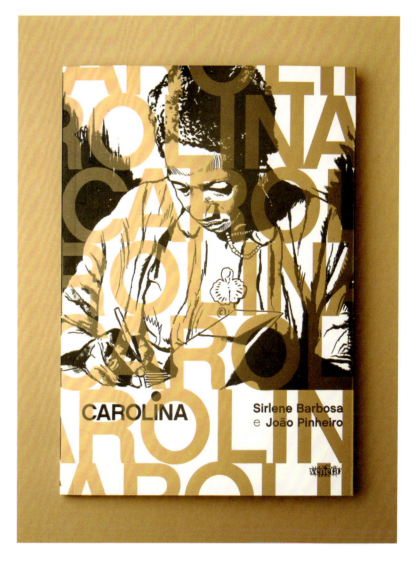

CAPA DE LIVRO
ELOGIO DA LEITURA

AUTORIA
Casa Rex, 2016

EQUIPE
Direção de design: Gustavo Piqueira; **Design:** Gustavo Piqueira, Samia Jacintho; **Equipe:** Marcela Souza

CLIENTE
Editora Simonsen

DESCRIÇÃO
Para o livro com o discurso de aceitação do Prêmio Nobel de Literatura do latino-americano Mario Vargas Llosa, outorgado em 2010, foi criada uma capa que brinca com o alinhamento das palavras, num jogo de disposição de título e autor nos eixos vertical e horizontal, organizados por marcações que remetem à revisão ortográfica. Ainda que simples, a capa torna-se um conjunto de referências ao fazer literário, tema central da obra.

bien.al/12_elogio-da-leitura

CAPA DE LIVRO
HISTÓRIA DA TEORIA
DA ARQUITETURA

AUTORIA
Casa Rex, 2016

EQUIPE
Direção de design: Gustavo Piqueira; **Design:** Gustavo Piqueira, Samia Jacintho; **Equipe:** Alex Gyurkovicz, Caroline Vapsys

CLIENTE
Edusp

DESCRIÇÃO
Para a capa de um livro do historiador Hanno-Walter Kruft que reúne uma vasta pesquisa enciclopédica sobre a teoria da arquitetura ocidental ao longo dos últimos dois mil anos, foi elaborado um projeto gráfico que joga com a tridimensionalidade, explorando a larga espessura do livro para, ao remover as tradicionais fronteiras entre capa e lombada, sugerir a própria edificação arquitetônica.

bien.al/12_historia-teoria-arquitetura

CAPA DE LIVRO HISTÓRIAS DE GENTE – HISTÓRIAS DA GENTE

AUTORIA
Raquel Matsushita, 2016

EQUIPE
Design: Raquel Matsushita; **Assistência de arte:** Cecilia Cangello

CLIENTE
Infinito Cultural – CBL

DESCRIÇÃO
Para a capa de um livro com vinte histórias escritas por agentes de limpeza da cidade de São Paulo, foi elaborada uma capa com um foco único de rápido entendimento, fundindo o instrumento de trabalho dos garis, a vassoura, com o instrumento de trabalho dos escritores, o lápis. Pela fusão em um único e novo objeto, certos estranhamento e curiosidade nascem, convidando o leitor a adentrar as histórias desses autores quase invisíveis.

bien.al/12_historias-de-gente

CAPA DE LIVRO
KEYNES X HAYEK

AUTORIA
Leonardo Iaccarino, 2016

EQUIPE
Direção de arte e design: Leonardo Iaccarino

CLIENTE
Editora Record

DESCRIÇÃO
Para um livro sobre as ideias antagônicas de dois dos maiores economistas da história, John Maynard Keynes (1883-1946) e Friedrich von Hayek (1899-1992), foi elaborada uma capa que traduz visualmente, e de forma impactante, a oposição entre os dois. Um "x" estourado em vermelho foi utilizado como elemento gráfico principal (em vez da palavra *versus*, da versão original em inglês), representando o maior duelo econômico da história e dividindo a capa em dois lados opostos.

bien.al/12_keynes-x-hayek

CAPA DE LIVRO
LEITE EM PÓ

AUTORIA
Mateus Valadares, 2016

CLIENTE
Editora Planeta

DESCRIÇÃO
Para um livro que narra as experiências de uma jovem no mundo das drogas, foi desenvolvida uma capa tipográfica ilustrando a cocaína de modo explícito. O arranjo das letras procura espelhar o ritmo alucinante de escrita, que transmite o delírio, a euforia e a loucura das drogas. Foi premiada com medalha de prata no LAD Awards, do Latin American Design, em 2016.

bien.al/12_leite-em-po

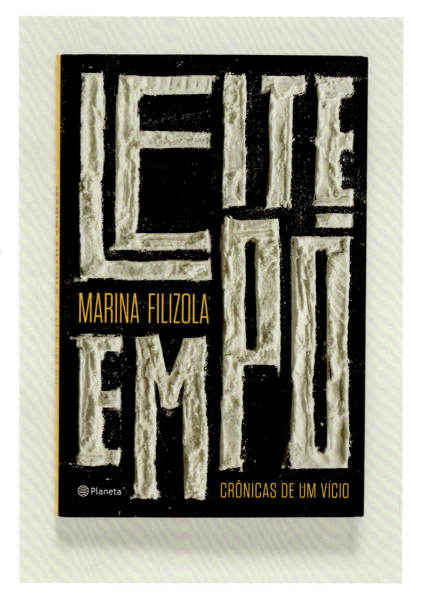

CAPA DE LIVRO
MAIS LEVE QUE O AR

AUTORIA
Daniel Justi, 2016

EQUIPE
Daniel Justi, Camila Barrera Daza (ilustrações)

CLIENTE
Lote 42

DESCRIÇÃO
Para criar a capa de um romance entre uma jovem e um inventor em um reino fantástico, foi elaborado um projeto tão audacioso quanto as máquinas voadoras criadas pelo protagonista. Instigante e com ares de fantasia, a capa é estendida, dando duas voltas no miolo. Na parte da frente estão o planador, as melissas (flor de mesmo nome da protagonista) e outros elementos importantes da narrativa. Para traduzir os ares vitorianos da história, a tipografia do título foi feita a partir da fonte Geotica e os textos de apoio foram compostos com a fonte Magneta, inspirados em desenhos do ilustrador estadunidense William Addison Dwiggins. Sobre a impressão da capa, os esquemas técnicos para a construção do planador foram impressos em filtro UV, de forma a só aparecerem conforme o manuseio. O verso da capa foi completamente ilustrado com um mapa do reino de Amberlin, cenário do romance, destacando os pontos mais importantes para a história.

COMENTÁRIO DO JÚRI
Ótima ocupação dos espaços do livro, com a ilustração se espalhando à medida que este se abre, aliada ao bom uso de tipografia e cores. É para coisas assim que o verniz UV foi inventado.

bien.al/12_mais-leve-que-o-ar

DESTAQUE

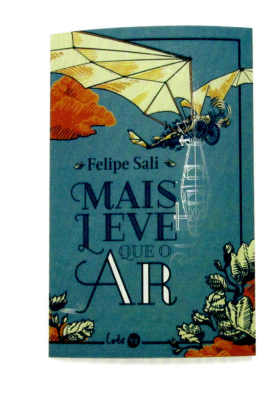

CAPA DE LIVRO MULHERES NO PODER

AUTORIA
Raquel Matsushita, 2016

EQUIPE
Design: Raquel Matsushita; **Assistência de arte:** Cecilia Cangello

CLIENTE
Edições de Janeiro

DESCRIÇÃO
Para um livro que apresenta a trajetória das mulheres no campo da política, desde a conquista do voto aos âmbitos federais mais altos, foi elaborada uma capa em duas cores Pantone: cinza metálico, que faz referência à medalha de prata, relegada ao segundo lugar, e vermelho vivo, que aquece o cinza. Uma extensa tarja preta foi aplicada de orelha a orelha, aludindo à censura sofrida pelas mulheres na vida política. Sobre a tarja, em um plano superior, a palavra "mulheres" encontra-se em grandes proporções e revela o poder que elas têm na política, superando a censura. O *lettering* da palavra reflete visual e imediatamente o aumento do poder feminino nesse âmbito. Na quarta capa, está uma foto emblemática, em vermelho, de um grupo de mulheres organizadas politicamente.

bien.al/12_mulheres-no-poder

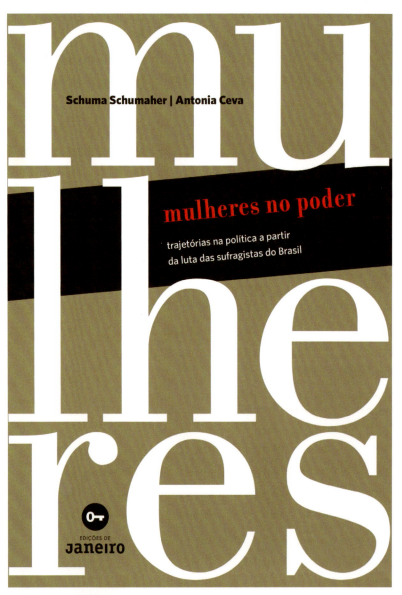

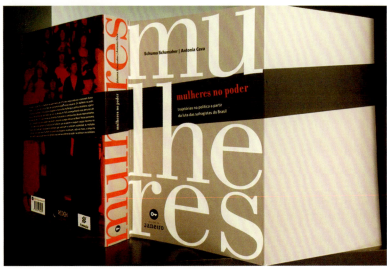

CAPA DE LIVRO
O ANO DA LEBRE

DESTAQUE

AUTORIA
Angelo Allevato Bottino, 2016

EQUIPE
Ilustração: Angelo Allevato Bottino, Kevin Smart

CLIENTE
Bertrand Brasil

DESCRIÇÃO
Para a edição brasileira de um clássico da literatura escandinava, foi elaborada uma capa que mantivesse o tom divertido da história. Uma fábula de 1975 sobre os prazeres da liberdade na meia-idade e a relação entre homem e meio ambiente é reapresentada de forma contemporânea com uma imagem vetorial e a combinação de cores com sobreimpressão. A escolha tipográfica e seu arranjo dão um aspecto tradicional, buscando unidade com o acabamento da ilustração. O desenho, que faz referência ao pintor belga René Magritte, ressalta o viés fantástico e surrealista do texto.

COMENTÁRIO DO JÚRI
Bela e clássica capa, reforçada pela ilustração e pelo uso seguro da tipografia.

bien.al/12_o-ano-da-lebre

CAPA DE LIVRO O GIGANTE ENTERRADO

AUTORIA
Alceu Chiesorin Nunes, 2015

EQUIPE
Criação e direção de arte: Alceu Chiesorin Nunes;
Ilustração: Pedro de Kastro

CLIENTE
Companhia das Letras

DESCRIÇÃO
Para um livro de tom fantástico de um autor nipo-britânico, foi elaborada uma capa em tom igualmente fantasioso, com uma iconografia forte. A árvore faz referência a um velho e imponente carvalho presente no livro. Os detalhes em *hot stamping* e a tipografia desenhada à mão remetem ao período medieval, transmitindo magia. Recebeu o prêmio Jabuti de melhor capa em 2015.

bien.al/12_o-gigante-enterrado

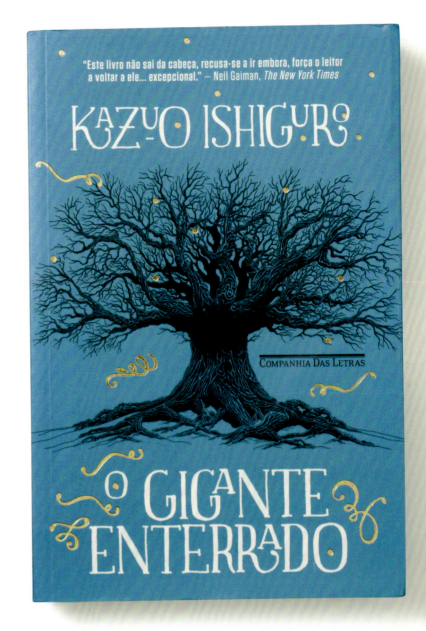

CAPA DE LIVRO
OSCAR NIEMEYER

AUTORIA
Estúdio Lógos, 2016

EQUIPE
Julio Mariutti, Alice Viggiani

CLIENTE
Editora Brasileira

DESCRIÇÃO
Para um livro sobre Oscar Niemeyer com um ensaio fotográfico de Leonardo Finotti, foi elaborada uma capa que partisse de uma solução geométrica sem utilizar nenhuma das fotos do ensaio, alma do livro. Um fragmento de círculo e um retângulo sugerem a esplanada e a cúpula invertida da obra mais icônica do arquiteto brasileiro. A capa brinca com a percepção de fundo como figura. Na sobrecapa, o fundo remete literalmente ao céu, com uma imagem do fotógrafo impressa em ciano chapado e o desenho prolongando-se para a frente e o verso das guardas.

bien.al/12_capa-oscar-niemeyer

CAPA DE LIVRO
TABERNA DA GLÓRIA
E OUTRAS GLÓRIAS

AUTORIA
Angelo Allevato Bottino, 2015

EQUIPE
Fotos: acervo do autor; Museu da Imagem e do Som do Rio de Janeiro – MIS-RJ

CLIENTE
Edições de Janeiro

DESCRIÇÃO
Para a antologia de crônicas do compositor brasileiro Hermínio Bello de Carvalho, organizada por Ruy Castro em comemoração aos seus 80 anos, foi elaborada uma capa que destacasse o imenso acervo fotográfico do autor, com diversas personalidades da música nacional, e traduzisse o estilo cheio de graça e espontâneo do texto. Uma sobrecapa/cartaz comporta a extraordinária quantidade de fotos, impressas em 1/1 cor, economicamente mais viável. A dobradura justapõe as duas tintas, enriquecendo a peça em vez de evidenciar a restrição. A tipografia *art déco* homenageia a arquitetura do prédio original da Taberna, e as variações de largura dos caracteres, juntamente com o arranjo aleatório das imagens, dão o tom informal e divertido dos textos. A capa interna, também em 1/1 cor, exalta a música, em especial o samba.

bien.al/12_taberna-da-gloria

CAPA DE LIVRO UMA HISTÓRIA DO MUNDO

AUTORIA
Angelo Allevato Bottino, 2015

EQUIPE
Imagens: Angelo Allevato Bottino, domínio público, Eco Images, Krysztof Dydynski, MPI

CLIENTE
Editora Intrínseca

DESCRIÇÃO
A edição brasileira do livro de Andrew Marr, originado de uma série britânica de TV que compreende 70 mil anos de história, recebeu uma capa pop para atrair um público interessado em um panorama interessante e bem-recortado, mas rápido. Os acabamentos especiais destacam o livro nas lojas. Para retratar o amplo período que o livro abarca, tornando difícil escolher uma ilustração de um evento específico, foi desenvolvida a solução de literalmente retratar o recorte na história. Utilizando facas gráficas, o leitor realiza um mergulho temporal, desembocando na falsa folha de rosto. Para ilustrar as muitas faces das orelhas, que dão a impressão de camadas, foram utilizadas imagens de domínio público e um retrato ASCII de Alan Turing feito sob encomenda. Foi eleita uma das cinquenta capas do ano pela AIGA/Design Observer.

bien.al/12_uma-historia-do-mundo

CAPA DE REVISTA GÊNERO

AUTORIA
Rafael Quick, 2015

EQUIPE
Direção de arte: Rafael Quick; **Design:** Fernanda Didini, Feu; **Fotografia:** Tomás Arthuzzi; **Produção:** Lais Cunha; **Modelo:** Rodrigo Zanini; **Maquiagem:** Moisés Costa; **Consultoria:** Rodolfo França

CLIENTE
Editora Globo

DESCRIÇÃO
Para inaugurar o novo projeto gráfico e editorial da revista *Galileu*, mais contemporâneo, corajoso e atual, foi desenvolvida uma capa que retrata uma figura andrógina ao centro em uma posição de segurança e autoconfiança, com as roupas "explodidas" para longe de seu corpo, revelando a figura nua, sem qualquer interferência cultural de gênero e sexualidade como roupas, cabelo e acessórios. O fundo verde marca uma decisão de não associar cor aos estereótipos de sexo (rosa e azul) e contrasta com a cor do vestido vermelho e com a testa da revista, toda composta em tipos pretos e brancos. Um letreiro desenhado à mão, com pinceladas expressivas, marca o tom de voz rebelde da capa.

bien.al/12_capa-genero

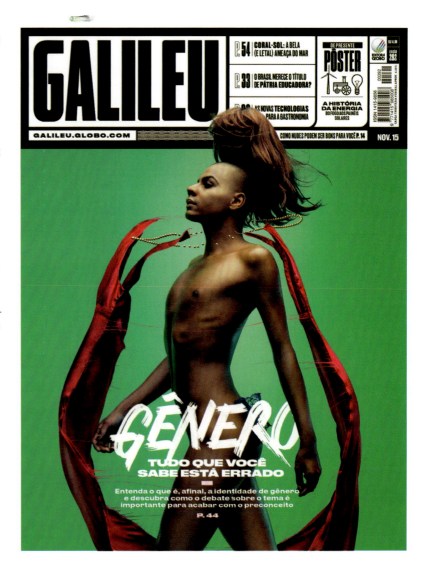

CAPAS COLEÇÃO ARTES VISUAIS

AUTORIA
Casa Rex, 2016

EQUIPE
Direção de design: Gustavo Piqueira; **Design:** Gustavo Piqueira, Samia Jacintho; **Equipe:** Caroline Vapsys

CLIENTE
Editora UFMG

DESCRIÇÃO
Para uma coleção de livros com temas variados do espectro das artes visuais, foram elaboradas capas nas quais a tipografia estruturasse graficamente cada uma, em *patterns* flutuantes em preto e branco, já que não era necessário fazer nenhuma referência a época ou estilo específico dos assuntos.

bien.al/12_colecao-artes-visuais

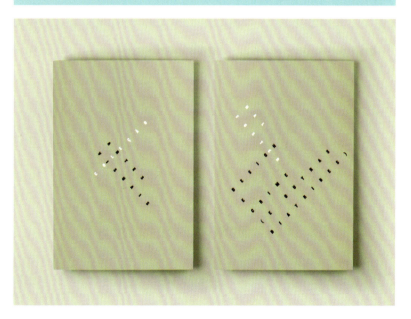

CAPAS COLEÇÃO BADERNA

AUTORIA
Casa Rex, 2016

EQUIPE
Direção de design: Gustavo Piqueira; **Design:** Gustavo Piqueira; **Equipe:** Samia Jacintho, Danilo Helvadjian, Caroline Vapsys, Marcela Souza

CLIENTE
Editora Veneta

DESCRIÇÃO
Para uma coleção de livros sobre ativismo político, foram criadas capas com elementos característicos do ativismo gráfico, que estruturam a identidade visual da coleção evidenciando seu caráter subversivo.

bien.al/12_colecao-baderna

CAPAS COLEÇÃO MANARA

AUTORIA
Casa Rex, 2016

EQUIPE
Direção de design: Gustavo Piqueira; **Design:** Gustavo Piqueira, Samia Jacintho; **Equipe:** Caroline Vapsys

CLIENTE
Editora Veneta

DESCRIÇÃO
Identificando uma coleção de trabalhos do renomado quadrinista italiano Milo Manara, as capas exploram a própria iconicidade do seu nome, além de suas famosas figuras femininas. Ambos os aspectos se juntam em cenas sedutoras e cheias de sensualidade, pelas quais o autor é conhecido.

bien.al/12_colecao-manara

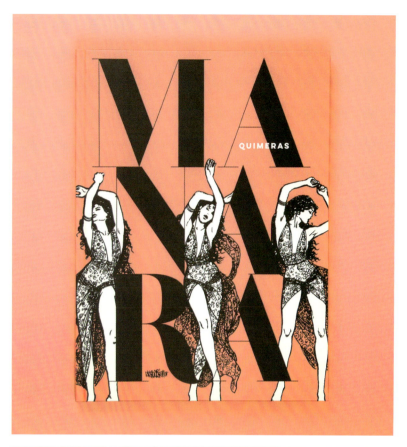

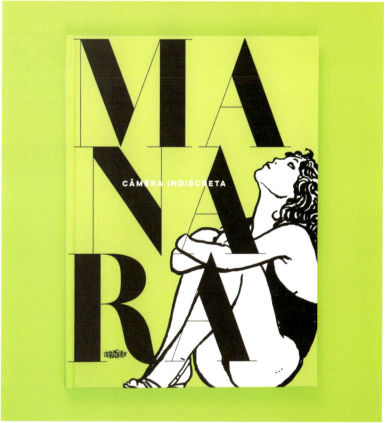

CAPAS CADERNOS COMEMORATIVOS FOLHA, 95 ANOS

AUTORIA
Folha de S.Paulo, 2016

EQUIPE
Edição de arte e design: Thea Severino; **Design:** Fernanda Giulietti; **Produção:** Aline Prado; **Fotografia:** Adriano Vizoni; **Design:** Isac Barrios, Maicon Silva, Irapuan Campos

CLIENTE
Folha de S.Paulo

DESCRIÇÃO
Em projeto comemorativo dos 95 anos de um dos maiores jornais do país, foram produzidos cinco cadernos especiais cujas capas fogem do óbvio ao tratar do futuro do jornal impresso de forma bem-humorada e autoirônica.

bien.al/12_folha-95-anos

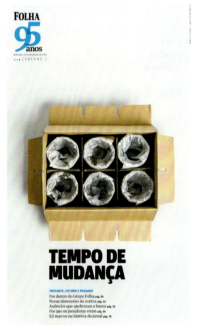

CAPAS GUIA DO ESTUDANTE FUVEST E ENEM

AUTORIA
Fábio Bosquê e Rodrigo Maroja, 2015

EQUIPE
Direção de arte: Fábio Bosquê; **Ilustração:** Rodrigo Maroja

CLIENTE
Editora Abril

DESCRIÇÃO
Para uma coleção de guias para provas de vestibular, com questões, dicas e estratégias, foi elaborada uma série de capas que mostrasse que o foco está nas provas e desse unidade, mas sem que fossem confundidas. A solução visual transmite a ideia de que o leitor tem ali um mapa, com os títulos (Fuvest e Enem) trabalhados graficamente de modo que fossem a própria imagem da capa. Em 2015, as capas utilizaram elementos do universo iconográfico de uma prova e de estudos. Em 2016, foi desenhado um labirinto de videogame utilizando os mesmos objetos iconográficos, mas adicionando ícones mais subjetivos, que ilustrassem os obstáculos a serem vencidos e os itens que poderiam ajudar a completar essa missão. Em todas as edições, o *lettering* foi incorporado à ilustração de modo que fizesse parte dela. As capas do Enem deram destaque para o verde e o amarelo, simbolizando seu caráter nacional e diferenciando-as das capas da Fuvest, em azul e vermelho.

bien.al/12_capas-guia-do-estudante

CAPAS OFICINAS DE CRIATIVIDADE

AUTORIA
Tereza Bettinardi, 2016

EQUIPE
Projeto gráfico: Tereza Bettinardi

CLIENTE
Sesc Pompeia

DESCRIÇÃO
Para divulgar a programação das oficinas do Sesc Pompeia, foram elaborados *folders* de divulgação que são um convite à criatividade. As capas foram impressas em papel adesivo, sendo possível utilizar as partes destacadas para construir outras histórias ou desenhos. Ao retirar cada uma das partes do adesivo da capa, a palavra "criatividade" é revelada. O resultado é um conjunto marcante de capas, que reforça a importância das Oficinas de Criatividade da instituição em prol do desenvolvimento e da promoção da criatividade.

bien.al/12_oficinas-de-criatividade

CAPAS SÉRIE VAGA-LUME

DESTAQUE

AUTORIA
Marcelo Martinez | Laboratório Secreto, 2015

EQUIPE
Direção de arte e design: Marcelo Martinez (Laboratório Secreto); **Assistência de edição:** Fabiane Zorn (Ática); **Edição de arte:** Thatiana Kalaes (Ática)

CLIENTE
Editora Ática

DESCRIÇÃO
Para o redesenho da famosa série de livros infanto-juvenis lançada em 1972, foi criado um design de capas dinâmico, pop e moderno para atrair os novos leitores. Resgatando e valorizando as ilustrações das edições clássicas – assinadas por artistas como Edmundo Rodrigues (*Ilha Perdida*), Mario Cafieiro (*Spharion*), Iranildo Alves (*Tonico*), Daisy Startari (*O Feijão e o Sonho*), Nelson Reis (*Aldeia Sagrada*) e Marcus Sant'ana (*Turma da Rua Quinze*) –, as capas criam um código de cores mais sedutor, organizando as informações em hierarquias claras, sem perder de vista a identidade da série, próxima ao *pulp*. As capas ganharam ainda um acabamento especial em verniz fluorescente, brilhando no escuro como um vaga-lume.

COMENTÁRIO DO JÚRI
A abordagem pós-moderna da estética *pulp* confere um tratamento visual único, ao mesmo tempo pop e clássico, para a literatura infantojuvenil brasileira.

bien.al/12_serie-vaga-lume

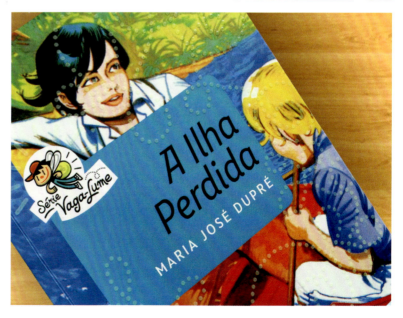

CARNAVAL RECIFE 2016

AUTORIA
Carlos Augusto Lira, 2016

EQUIPE
Design e ilustração: Bel Andrade Lima; **Design e ilustração:** David Alfonso; **Coordenação:** Eduardo Lira

CLIENTE
Prefeitura do Recife

DESCRIÇÃO
Para exaltar a cultura local e oferecer conforto e bem-estar para a população e os turistas durante um dos maiores e mais populares carnavais do Brasil, foi desenvolvido um grande projeto cenográfico que interagiu diretamente com o patrimônio histórico da cidade sem prejudicá-lo. Partindo do maracatu (música e dança afro-brasileira) e inspirando-se graficamente em raízes africanas, foram elaboradas ilustrações digitais, erguidas em grandes estruturas (5m a 8m de altura) e espalhadas pelo centro histórico da cidade pernambucana, além de palcos, centrais de serviço, aeroporto e rodoviária. A mesma linguagem foi aplicada a centros de informação, *parklets*, totens e quiosques gastronômicos. Uma linha de moda com estampas exclusivas foi criada.

bien.al/12_carnaval-recife-2016

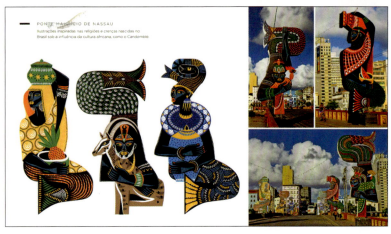

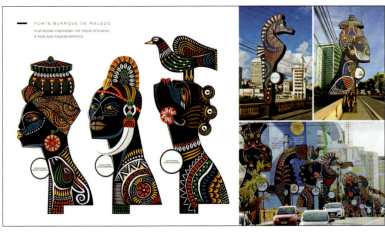

CARTAZ 17ª FESTA DO LIVRO DA USP

AUTORIA
Casa Rex, 2016

EQUIPE
Direção de design: Gustavo Piqueira; **Design:** Gustavo Piqueira; **Equipe:** Samia Jacintho, Danilo Helvadjian, Marianne Meni

CLIENTE
USP

DESCRIÇÃO
Para promover a 17ª edição deste tradicional evento da Universidade de São Paulo, foi pensado um cartaz que levasse em conta a sua veiculação restrita ao campus da USP, evitando a representação monótona e redundante de livros ou tipos, algo já esperado para este evento anual. O cartaz apresenta duas mãos que somam dezessete dedos, uma imagem incomum que, além da brincadeira com o número da edição do evento, também dá margem a diversas leituras, de metáforas literais a poéticas subjetivas, sem obrigar, contudo, a optar por qualquer uma delas.

bien.al/12_17-festa-do-livro-usp

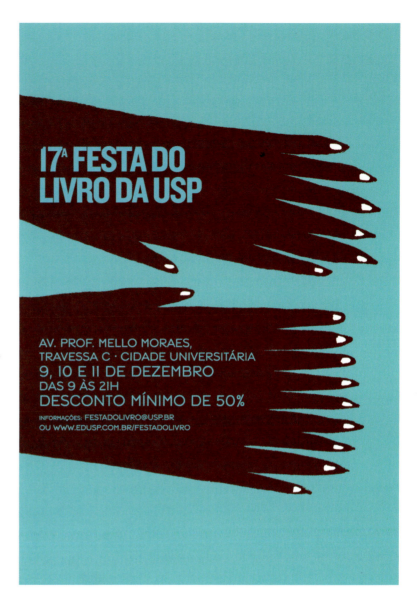

CARTAZ 18º FESTIVAL KINOARTE DE CINEMA

AUTORIA
Leste, 2016

EQUIPE
Felipe Augusto

CLIENTE
Kinoarte – Intituto de Cinema de Londrina

DESCRIÇÃO
Para a 18ª edição do festival de cinema mais antigo em atividade no Paraná, que privilegia na sua programação o cinema contemporâneo brasileiro, contando também com clássicos e filmes estrangeiros de destaque fora do circuito comercial, foi elaborada uma identidade visual que criasse uma relação de diálogo com o público sobre os aspectos específicos da arte cinematográfica, por meio das interações subjetivas com as peças gráficas. Sendo o tema desta edição "o cinema digital e sua relação estética com o cinema analógico", os cartazes foram compostos por manipulação gráfica sobre uma imagem analógica, referindo-se aos *glitch* (quando *pixels* de uma imagem digital assumem uma cor chapada deformando a imagem). Foi utilizada uma foto de Armínio Kaiser, fotógrafo alemão que morou em Londrina e possui um vasto material documental sobre a produção de café da região, evidenciando a cultura e o passado da capital paranaense. A tipografia utilizada foi a Maquinada, de autoria de Henrique Petrus e Gustavo André, estudantes do curso de design da Universidade Estadual de Londrina – UEL.

bien.al/12_18-festival-kinoarte

CARTAZ A METAMORFOSE, DE FRANZ KAFKA

AUTORIA
Thiago Lacaz, 2015

CLIENTE
Bienal Internacional do Cartaz no México

DESCRIÇÃO
Para uma exposição comemorativa do centenário do livro *A Metamorfose*, do autor checo Franz Kafka (1883-1924), na Bienal Internacional de Cartazes do México, foi desenhado esse cartaz com uma solução minimalista, em que a perna da letra "k", inicial do sobrenome do autor, é representada como uma perna de inseto.

bien.al/12_a-metamorfose

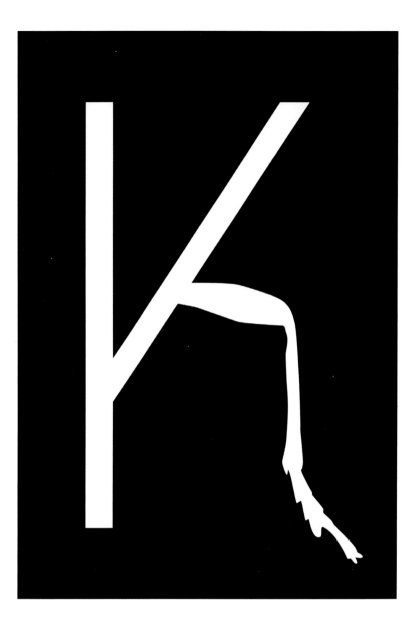

CARTAZ BAJADO

AUTORIA
A Firma, 2015

EQUIPE
Clara Simas, Isabella Alves, João Vitor Menezes

CLIENTE
Cacoete Produções & Opara Filmes

DESCRIÇÃO
Para um curta-metragem sobre a vida e a obra do pernambucano Euclides Francisco Amâncio (1912-1996), pintor, desenhista, muralista e referência na arte pernambucana, que retratou em suas telas inúmeras cenas de manifestações populares como o carnaval, o bumba-meu-boi, a ciranda e o futebol, foi desenvolvido esse cartaz baseado no aspecto pictórico específico do artista, que fazia uso da arte sequencial como suporte para narrar. Paleta de cor, pincelada, composição e enquadramentos foram pesquisados em diferentes momentos da sua carreira, dando ao *poster* um tom de essência do conjunto. O resultado é uma HQ fluida e desconstruída, condensada em uma única folha, representando a mescla da massa dos blocos, o movimento das gentes e a fluidez típica do carnaval pernambucano. O próprio Bajado aparece no cartaz, numa referência à metalinguagem com que ele se inseria em suas próprias cenas. O *lettering* é baseado em uma de suas assinaturas, que apresenta o caractere "o" especialmente circular, contendo outro círculo concêntrico.

bien.al/12_bajado

CARTAZ BRENDAN FERNANDES: LOST BODIES

AUTORIA
Henrique Eira e Dasol Jung, 2015

CLIENTE
Paul Brach Visiting Artist Lecture Series – CalArts

DESCRIÇÃO
Para divulgar a palestra do artista de ascendência queniana e indiana, cujo trabalho permeia áreas como escultura, instalação e performance articuladas a questões culturais, sociopolíticas e de identidade, foi elaborado esse cartaz que se apropria de algumas de suas ideias, criando uma imagem híbrida como a sua própria. Uma sobreposição de camadas das identidades pessoal, política, profissional e ancestral do artista, reinterpretadas pela subjetividade dos designers, chama a atenção, destacando o cartaz. A impressão foi feita em serigrafia artesanal de quatro cores (cobre metálico, verde, preto e branco) sobre papel vinho de alta gramatura no formato 60cm × 45cm, em tiragem limitada assinada pelos autores.

bien.al/12_brendan-fernandes

CARTAZ BREVE TEMPORADA NA CASA DOS LOUCOS

AUTORIA
Marcos Minini, 2016

CLIENTE
Estúdio Delírio

DESCRIÇÃO
Para uma adaptação da obra *Enfermaria número 6*, do russo Anton Tchekov (1860-1904), sobre um médico administrador de um hospício na Rússia do final do século XIX, foi elaborado um cartaz muito eficiente na venda do conceito e do clima da peça. O ponto de partida da imagem, que mistura beleza e desespero, foi a primeira cena da peça, em que se ouve o texto "na natureza uma repugnante lagarta transforma-se numa borboleta encantadora; entre os homens, ocorre o contrário: uma encantadora borboleta transforma-se numa lagarta repugnante".

bien.al/12_breve-temporada

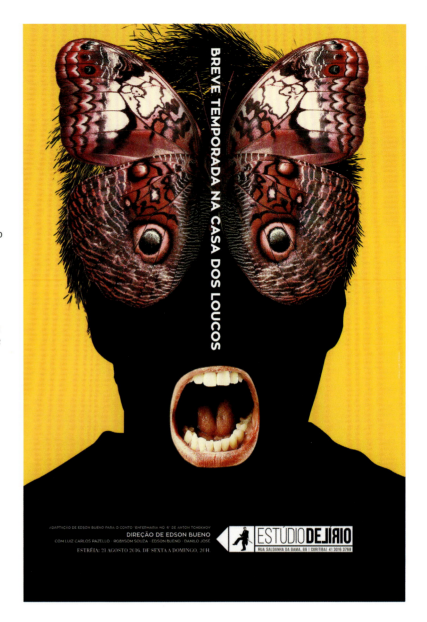

CARTAZ CARTAS AO PREFEITO

AUTORIA
ps.2 arquitetura + design, 2016

EQUIPE
Direção de arte e design: Fábio Prata, Flávia Nalon

CLIENTE
Bruno de Almeida e Fernando Falcon (curadores)

DESCRIÇÃO
Para uma exposição de cartas à administração da cidade de São Paulo, escritas por grandes nomes da arquitetura nacional, foi elaborado um cartaz que explorasse as interseções entre design gráfico, tipografia e arquitetura. O projeto gráfico apresenta o texto "cartas ao prefeito" com a orientação invertida por cima de um *grid* na escala real da folha A4, formato utilizado para as cartas. O elemento de indicação do norte (N) no canto inferior confere a este *grid* uma dimensão urbana, e a rotação do texto se transforma em uma perspectiva espacial. A impressão em tinta fotoluminescente da frase "vendo a cidade" traz curiosidade e provocação ao texto, com o duplo sentido de que estamos olhando e refletindo sobre a cidade e de que ela está tendo seus espaços privatizados.

bien.al/12_cartas-ao-prefeito

CARTAZ DESIGN PARA TODOS?

AUTORIA
Marcelo Martinez | Laboratório Secreto, 2015

EQUIPE
Criação e arte: Marcelo Martinez

CLIENTE
Bienal Brasileira de Design – Floripa 2015

DESCRIÇÃO
Para uma intervenção que provocasse reflexão sobre a acessibilidade no espaço urbano, vinte artistas gráficos brasileiros foram convidados a elaborar peças a partir dessa discussão. Este cartaz transmite sua mensagem de maneira simples e direta, trazendo a questão de uma cidade pensada para todos, considerando suas respectivas necessidades. O pictograma de homem comum é reinterpretado de diversas formas e sobreposto em diferentes cores, representando a pluralidade do espaço coletivo. Com curadoria dos designers Rico Lins e Bruno Porto, a mostra "Design para todos?" foi exposta com sucesso em equipamentos urbanos de Florianópolis durante a V Bienal Brasileira de Design, bem como no Centro Carioca de Design, no Rio de Janeiro.

bien.al/12_design-para-todos

CARTAZ ESSENCIAL: DESIGNERS BRASILEIROS

AUTORIA
Johnny Brito, 2016

CLIENTE
Vertentes Coletivo

DESCRIÇÃO
O cartaz tipográfico que celebra seis grandes nomes do design gráfico brasileiro (Bea Feitler, Ruben Martins, João Carlos Cauduro, Ludovico Martino, Alexandre Wollner e Aloísio Magalhães) foi elaborado para resgatar, de forma elegante, a memória e a obra desses grandes nomes, principalmente para as novas gerações de designers. A peça apresenta seus nomes, informações biográficas básicas e uma citação de cada um a respeito de sua visão sobre o design. O cartaz foi impresso em formato A2 com o texto puro, trazendo a informação histórica em sua forma mais elementar. Seguindo a tradição modernista, o resultado é um cartaz que economiza nos elementos: três cores (dourado, preto e branco) e duas fontes (Helvetica e Adobe Garamond Pro).

bien.al/12_essencial-designers-brasileiros

CARTAZ FAUNA

AUTORIA
Estúdio Lampejo, 2016

EQUIPE
Filipe Costa, João Marcelo Emediato (Estúdio Lampejo)

CLIENTE
Quatroloscinco – Teatro do Comum

DESCRIÇÃO
Para divulgar um espetáculo de teatro do grupo Quatroloscinco, de Belo Horizonte, que não conta uma história linear, foi criado um cartaz que, como a identidade visual, partisse das provocações temáticas e visuais da peça, que fala dos seres humanos como espécie animal e social. Foram utilizados 543 palitos de fósforo queimados e colados manualmente. A colagem foi depois fotografada e aplicada no cartaz preservando a escala real dos fósforos. A contraposição entre a ordem do alinhamento dos palitos e a singularidade de cada forma gerada pelo efeito do fogo sugere metaforicamente a própria humanidade, com suas semelhanças e diferenças internas. A imagem relembra aglomerados e filas, vestígios arqueológicos, coleções biológicas, preservando espaço para ainda infinitas sugestões de leitura do público.

bien.al/12_cartaz-fauna

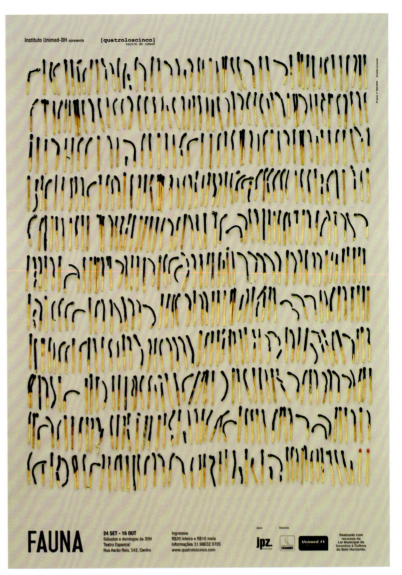

CARTAZ FESTIVAL INVASÃO BAIANA

AUTORIA
Hardcuore, 2015

EQUIPE
Direção criativa e direção de arte: Breno Pineschi, Rafael Cazes; **Design gráfico:** Leandro Assis, Raphael Simoens; **Maquete:** Breno Pineschi, Raphael Simoens

CLIENTE
Festival Invasão

DESCRIÇÃO
Para um festival que levou uma parte da nova cena musical da Bahia para Rio de Janeiro, São Paulo e Brasília, foi elaborado um projeto gráfico inspirado nos trios elétricos tradicionais e nos carrinhos de café de rua de Salvador. Os cartazes têm como objetivo transmitir a vibração e o frescor da nova música baiana, instigando a curiosidade do público, além de comunicar datas, locais e atrações do festival. As ilustrações digitais dos cartazes partiram de uma maquete em escala construída em pluma e papel a partir de um carro de brinquedo comprado na feira de São Cristóvão, no Rio de Janeiro. O *handmade* e o popular foram traduzidos para uma estética pop e contemporânea, como fazem os artistas do festival.

bien.al/12_festival-invasao-baiana

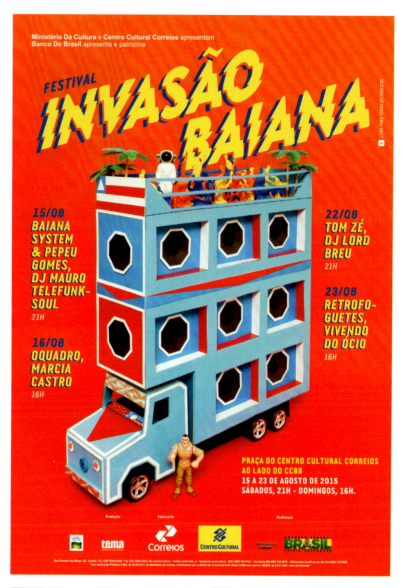

CARTAZ FESTIVAL NOVAS FREQUÊNCIAS 2016

AUTORIA
Hardcuore, 2016

EQUIPE
Direção criativa e direção de arte: Breno Pineschi, Rafael Cazes; **Design gráfico:** Paulo Simi, Breno Pineschi, Julia Liberati; **Vídeo** *line-up*: Felipe Hannickel, Breno Pineschi; **Fotografia:** Breno Pineschi; **Fotografia do evento:** I Hate Flash

CLIENTE
Novas Frequências

DESCRIÇÃO
Para a sexta edição do principal evento internacional de música experimental e explorações sonoras da América do Sul, foi elaborado um cartaz que tem como imagem principal um novo mapa-múndi utópico, inspirado no livro *Utopia*, de Thomas More. Foi criada uma Pangea na qual a formação de cada continente se dá pela mistura de dois diferentes territórios, como Rússia e Estados Unidos. Essa mistura é um reflexo da proposta do festival, em que artistas de diferentes festivais e lugares do mundo se unem. Para a representação desses continentes, foram criados mapas topográficos em acrílico recortados a *laser* que formam essa mistura territorial, tendo um território na base e outro no topo, com uma transição nos degraus intermediários. Os continentes foram montados manualmente em um painel e depois fotografados em estúdio. Os cartazes destacam o aspecto experimental e artístico do evento, além de comunicar atrações, datas e locais do evento.

bien.al/12_novas-frequencias-2016

CARTAZ FILO 2016

AUTORIA
Pianofuzz, 2016

EQUIPE
Maikon Nery, Rafael Botti, Edmarlon Semprebon, Heitor Kimura

CLIENTE
Festival Internacional de Londrina

DESCRIÇÃO
Para a 48ª edição do Festival Internacional de Londrina, que congrega teatro, dança, música e circo, unindo espetáculos consagrados e produções independentes, foi elaborado um cartaz que traduzisse a séria – não solene – característica desta edição. Com debates sobre gêneros, feminismo, imigração e violência contra a mulher, o festival pautou-se por temas delicados e importantes para a construção de uma sociedade que revise seus conceitos e preconceitos. O cartaz possui, então, uma imagem simples, mas com a intensidade de ter sido feita no calor do momento.

bien.al/12_filo-2016

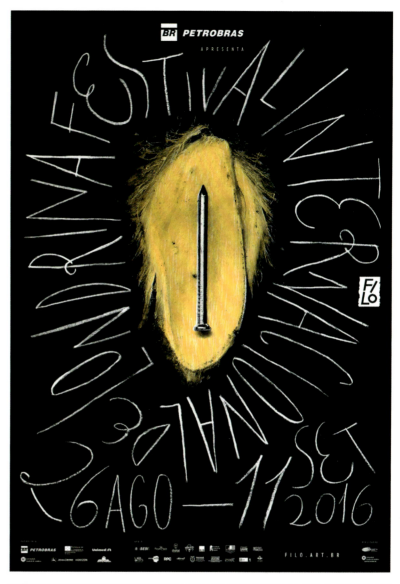

CARTAZ FUTURA – TRIBUTO A PAUL RENNER

AUTORIA
ps.2 arquitetura + design, 2016

EQUIPE
Direção de arte e design: Fábio Prata, Flávia Nalon

CLIENTE
Isabel Naegele e Petra Eisele (curadoras)

DESCRIÇÃO
Para compor uma exposição em homenagem aos 90 anos da fonte Futura, de Paul Renner, realizada no Gutenberg-Museum, em Mainz, na Alemanha, foi criado este cartaz que mostra como o desenho tipográfico evoluiu historicamente, contrastando o desenho da Futura com um exemplar da corrente Fraktur, cujo estilo também é conhecido como "*blackletter*" ou "letra gótica". O cartaz chama a atenção ao mostrar que os dois desenhos tão distintos revelam o mesmo caractere "A".

bien.al/12_futura-paul-renner

CARTAZ GUARNIERI

AUTORIA
Felipe Sabatini, 2016

EQUIPE
Produção: Mira Filmes; **Desenho do cartaz e identidade visual do filme:** Felipe Sabatini; **Impressão:** Estúdio Elástico

CLIENTE
Mira Filmes

DESCRIÇÃO
Para o lançamento de um documentário sobre um dos mais importantes dramaturgos brasileiros, foi elaborado um cartaz que transportasse para o campo gráfico a proposta do filme: quebrar e analisar as duas facetas de Gianfrancesco Guarnieri (1934-2006). As figuras pública e privada se bifurcam, como um espelho de análise da vida e da obra do dramaturgo.

bien.al/12_guarnieri

CARTAZ HEREDITÁRIO

AUTORIA
Candy Shop, 2016

EQUIPE
Direção de criação: Bruno Regalo; **Redação:** Zé Luís Schmitz, Ana Miraglia; **Direção de arte:** Bruno Regalo, Thiago Matsunaga, Fellipe Rinschede, Getulio Vargas; **Atendimento:** Rafaella Bonatti; **Aprovação:** Roberta Krueger

CLIENTE
Mundo Livre FM

DESCRIÇÃO
Para divulgação de um novo programa da rádio Mundo Livre FM, de Curitiba, foram criados *posters* com bandas misturadas, mas que possuem alguma relação entre si, mostrando como funciona o programa, que apresenta as ligações entre as bandas tocadas nos intervalos. Os *posters* foram distribuídos entre ouvintes e agências de publicidade e marketing, além de terem ganhado destaque em premiações regionais, nacionais e internacionais, sendo selecionados pela revista mais importante de propaganda do mundo, a *Lürzers Archive*.

bien.al/12_hereditario

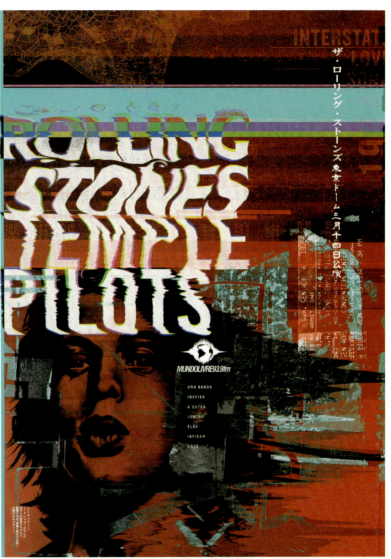

CARTAZ HOME

AUTORIA
ps.2 arquitetura + design, 2016

EQUIPE
Direção de arte e design: Fábio Prata, Flávia Nalon

CLIENTE
ps.2 arquitetura + design

DESCRIÇÃO
Criado como brinde do escritório para clientes e amigos, este cartaz de 66 cm × 96 cm foi impresso em papel Tintoretto 220 g/m² com tiragem limitada de trezentas unidades. O texto na etiqueta do tubo para envio explica suas intenções: "Esta é a minha casa. É também a sua, e de todas as formas de vida que conhecemos. Esse exercício gráfico nos lembra de como este lugar é singular e delicado. É com essa perspectiva que desejamos um ano novo de respeito por todos os seres vivos e de carinho pelo nosso planeta – a casa onde compartilhamos a nossa existência".

bien.al/12_cartaz-home

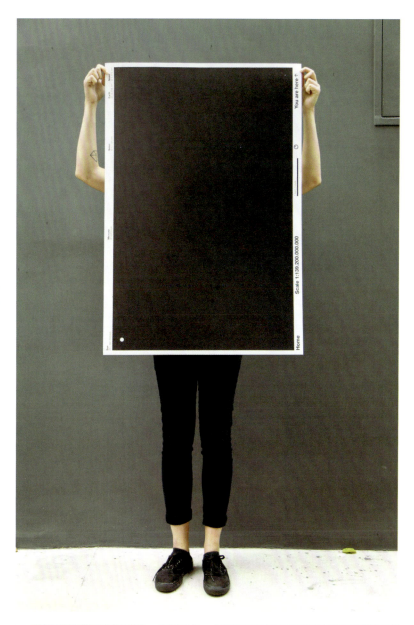

CARTAZ II FIME

AUTORIA
Estúdio Daó, 2016

EQUIPE
Giovani Castelucci, Guilherme Vieira, Mário Del Nunzio, Natacha Maurer

CLIENTE
Ibrasotope

DESCRIÇÃO
Para a segunda edição do Festival Internacional de Música Experimental, reunindo 27 artistas de treze países em São Paulo, foi desenvolvido um cartaz que expressasse a ideia de limite, aspecto central da sua programação. O cartaz, o programa impresso e o site agrupam informações como biografias dos artistas, programação, informações de serviço e dos curadores. Vídeos para divulgação online foram feitos utilizando madeira, gelo, areia, vela, tijolo, balões e outros artefatos, construindo três cenas que exploram a tensão de um limite a ser transposto. Os cartazes utilizaram *frames* do clímax de cada uma dessas cenas.

bien.al/12_ii-fime

CARTAZ IX CONGRESO INTERNACIONAL DE LA ASOCIACIÓN DE CERVANTISTAS

AUTORIA
Alexandre Rampazo, 2015

EQUIPE
Design e ilustração: Alexandre Rampazo

CLIENTE
Asociación de Cervantistas

DESCRIÇÃO
Para a nona edição do evento internacional de estudiosos e interessados no autor espanhol Miguel de Cervantes (1547-1616), foi elaborado um cartaz cujo conceito gráfico partiu de sua figura mais icônica: Dom Quixote de La Mancha. A silhueta e o chapéu característicos do personagem são imediatamente identificados, porém o cavanhaque é representado pelo mapa da América do Sul. O *lettering* informa de qual evento se trata de forma direta, impresso no rosto do personagem, assumindo sua identidade e cumprindo sua missão de comunicar.

bien.al/12_ix-congreso-cervantistas

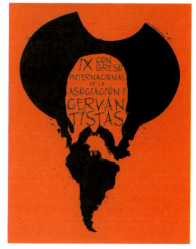

CARTAZ JOGOS OLÍMPICOS RIO 2016

AUTORIA
Rico Lins, 2016

CLIENTE
Comitê Organizador dos Jogos Olímpicos e Paralímpicos Rio 2016

DESCRIÇÃO
O gestual leva ao público a ideia de improvisação e imediatismo, presentes durante a concepção e a organização dos Jogos Olímpicos Rio 2016, neste cartaz repleto de cores, informalidade e emoção retratando a cidade anfitriã. Foi um dos quinze cartazes comemorativos criados a convite do Comitê Olímpico Rio 2016 e expostos no Museu do Amanhã, além de arenas e equipamentos esportivos construídos para o evento.

bien.al/12_rio-2016-rico-lins

CARTAZ JOGOS OLÍMPICOS RIO 2016 – OLYMPIC GRIDS

AUTORIA
Greco Design, 2016

EQUIPE
Diretor de criação: Gustavo Greco; **Gerência de criação:** Tidé; **Gerência de projeto:** Emília Junqueira; **Design:** Ricardo Donato; **Produção:** Alexandre Fonseca, Allan Alves

CLIENTE
Comitê Organizador dos Jogos Olímpicos e Paralímpicos Rio 2016

DESCRIÇÃO
Seguindo a tradição histórica e institucional da série de *posters* durante os Jogos Olímpicos, que abre espaço para artistas nacionais trazerem suas interpretações únicas deste momento histórico, foi elaborado este cartaz que busca entender como cada esporte olímpico traça seus *grids*, dividindo os espaços em linhas que determinam as regras. Quadras, pistas, campos, tatames, dentre outros, foram transformados nos *Olympic Grids*, uma série de doze *grids* gráficos impressos em cores Pantone metálicas (ouro, prata e bronze). A renda obtida com a venda dos *posters* foi destinada aos jogos escolares, de acordo com o compromisso do Comitê Rio 2016 com a Organização das Nações Unidas de defender os direitos das crianças com ações que foquem na proteção e na educação de meninos e meninas em todo o mundo.

bien.al/12_rio-2016-olympic-grids

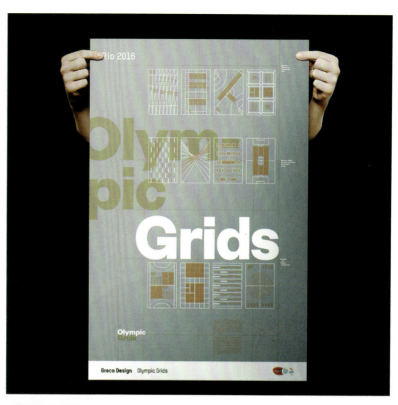

CARTAZ LAD FEST – TRAMAS DE PAPEL

AUTORIA
Barca, 2016

EQUIPE
Gabriela Namie, Jun Ioneda

CLIENTE
LAD Fest

DESCRIÇÃO
Para responder à pergunta "O que vem à sua mente quando você pensa no Peru?", feita pelo Latin American Design Festival, foi criado um cartaz que traduzisse visualmente impressões e sentimentos relativos à cultura peruana. O ponto de partida foi uma interpretação da cruz *chakana*, símbolo originário dos povos incas e pré-incas, que representa o modo como esses povos viam o equilíbrio da vida – como forças vitais opostas: o sol e a terra, o humano e o divino etc. Essas dualidades são diluídas, uma vez que são representadas a partir da mistura de cores e tramas de papel, mostrando que somos todos, como latino-americanos, partes interconectadas de uma mesma unidade.

bien.al/12_lad-fest-tramas-de-papel

CARTAZ LETTERPRESS RELOADED

AUTORIA
Luisa Baeta, 2015

EQUIPE
Design e impressão: Luisa Baeta

CLIENTE
ATypI

DESCRIÇÃO
Elaborado para uma exposição que foi parte da conferência de tipografia da Association Typographique Internationale – ATypI realizada em São Paulo em 2015, este cartaz foi impresso à mão numa prensa de tipos móveis, como demandava a exposição, buscando celebrar o encontro, a cidade de São Paulo e a arte do *letterpress*. A ideia foi explorar a textura da madeira, em que cada tipo é único e traz marcas do uso e do tempo. Foi usado o verso de tipos de diferentes tamanhos, numa representação abstrata de prédios de uma grande cidade, sujeita a imperfeições, bem como a impressão com tipos de madeira. A impressão foi feita na cor chumbo sobre um papel cinzento, com o texto em vermelho escuro. Entre os tipos de madeira disponíveis, não havia "ã", que foi improvisado com um ponto de exclamação, remetendo ao conceito fonético da conferência e celebrando sua realização pela primeira vez no hemisfério sul.

bien.al/12_letterpress-reloaded

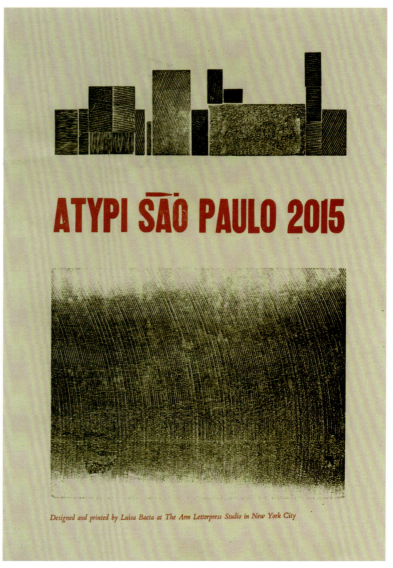

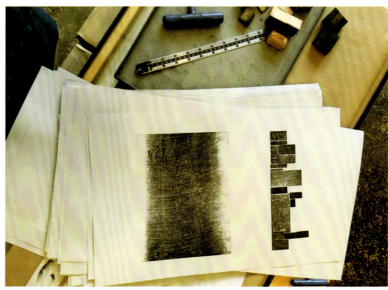

CARTAZ MORDER A LÍNGUA

AUTORIA
A Firma, 2016

EQUIPE
Clara Simas, Isabella Alves, João Vitor Menezes

CLIENTE
Urra Criações

DESCRIÇÃO
Para o espetáculo brasileiro-portenho-catalão de dança contemporânea que versa, minimalisticamente, sobre a interlocução, o dito e o não dito, o corpo como meio de comunicação e ação, foram elaborados seis cartazes que contêm um ao outro (um metacartaz), com a captura em preto e branco dos atores em cena e as informações do espetáculo soltas e fragmentadas. O conceito apresenta sinteticamente a verborragia de gestos e a longa cadeia de conceitos pronunciados e interpretados em ritmo frenético encenadas nos 45 minutos de espetáculo. Foi criada uma malha tipográfica a partir das palavras pronunciadas na peça, que foi impressa, dobrada e escaneada para tornar-se o suporte das informações no cartaz.

bien.al/12_morder-a-lingua

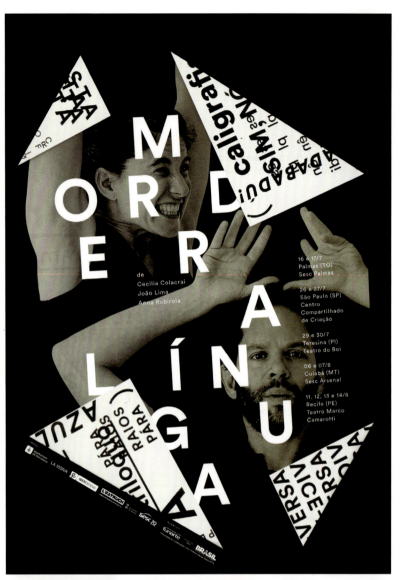

CARTAZ OSCAR NIEMEYER – A LUTA É LONGA

AUTORIA
Visorama, 2015

EQUIPE
Criação: Visorama, Bernardo Pinheiro; **Direção do filme:** Bernardo Pinheiro; **Codireção do filme:** Visorama; **Produção do filme:** Visorama, Bernardo Pinheiro

CLIENTE
Visorama

DESCRIÇÃO
Para um documentário produzido durante os dos últimos anos de vida do arquiteto brasileiro, já com mais de cem anos, foi elaborada uma arte gráfica que busca não somente se inspirar nos seus traços arquitetônicos, mas também extrapolá-los sob o prisma da filosofia e da cosmologia, temas centrais na pesquisa artística de Niemeyer em seus capítulos finais.

COMENTÁRIO DO JÚRI
A qualidade plástica do cartaz, que utiliza a tipografia e a linha como principais elementos de design, traduz com sensibilidade e beleza as características mais notáveis do personagem biografado. A escolha do preto como cor sugere o caráter definitivo da obra e sua longevidade.

bien.al/12_cartaz-oscar-niemeyer

DESTAQUE

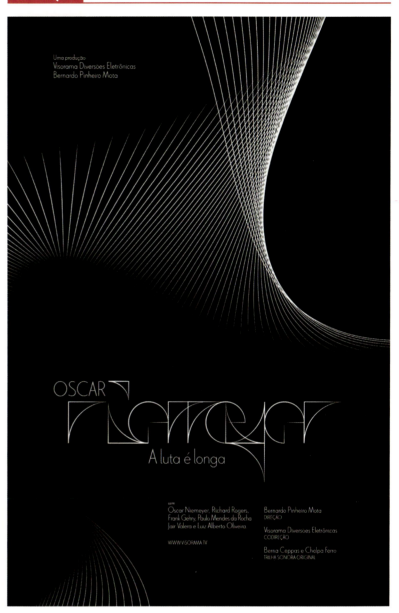

CARTAZ REPRESA

AUTORIA
A Firma, 2016

EQUIPE
Clara Simas, Isabella Alves, João Vitor Menezes

CLIENTE
Milena Times

DESCRIÇÃO
O curta-metragem pernambucano *Represa* narra a história de um homem simples, que trabalha à noite e vive solitário. Durante os 23 minutos do curta, o tom vazio da sutil repetição do dia a dia do personagem é invadido por uma presença e uma tensão desconhecidas, e o cotidiano adquire uma sensação obscura de iminente surpresa. Contemplando a atmosfera misteriosa e, ao mesmo tempo, enternecedora do filme, foi elaborada uma peça gráfica estática e única que trouxesse uma representação estética limpa e densa. A escolha pela técnica experimental em cianotipia trouxe esse resultado: a revelação do irreal. Fazendo uso de uma imagem subtraída do filme combinada a uma vegetação viva (verde e seca), revela-se numa chapa de papel algodão a cor azul. A distância entre os elementos vivos do impresso na hora da revelação cria um desfoque, uma ilusão de profundidade. A escolha tipográfica acompanhou o desejo de referência às seculares cianotipias utilizadas em registros de espécies desconhecidas: a nova e enigmática presença desmascarada no filme.

bien.al/12_cartaz-represa

CARTAZ S:FUTURE

AUTORIA
Studio Moe, 2016

EQUIPE
Studio Moe; **Direção de arte:** Luciane Pisani; *Filmmaker*: David Reeve

CLIENTE
Royal College of Art – Londres

DESCRIÇÃO
Para uma exposição de grupo com quatro pesquisadores do Royal College of Art, em Londres, dos anos de 2015/2016, que entrelaçasse as obras dos artistas Victoria Geaney, Wayne Binitie, Trent Kim e Flora Bowden, de quatro diferentes programas (Moda, Vidro, Animação e Printmaking), foi elaborada uma colagem que combina o trabalho dos quatro artistas e tenta refletir a materialidade de seus trabalhos, a transparência, o inacabado, a formação e a luz. O objetivo era criar uma identidade abrangente para os artistas, a ser mostrada por uma variedade de meios: um folheto que se desdobra em um cartaz A2 com todas as informações sobre a exposição e os artistas, um *banner* transparente, dado que os artistas não queriam qualquer sinalização convencional, mas algo que se misturasse com a materialidade da exposição, e um filme da noite de abertura, completando a documentação dos trabalhos.

bien.al/12_s-future

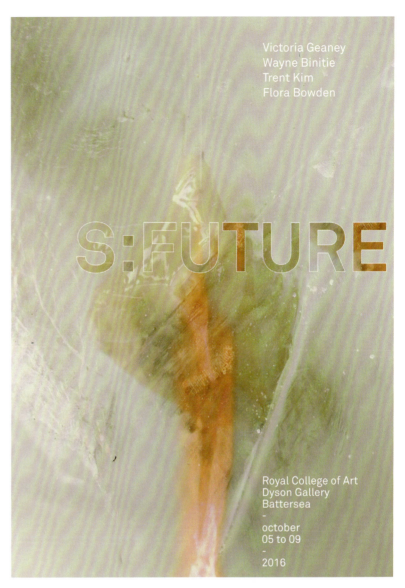

CARTAZ SEMANA DE ARTE DE LONDRINA

AUTORIA
Estúdio Mero, 2016

EQUIPE
Marcus Bellaver, Pablo Blanco, Lucas Liviero (fotografia)

CLIENTE
DaP-UEL | Grafatório

DESCRIÇÃO
Para uma semana de arte que buscava representar a cidade, sem se concentrar em uma linguagem artística específica, mas trazendo várias perspectivas distintas que atingissem um público diversificado, de artistas a leigos, foi elaborado um cartaz que, na tentativa de representar o espírito do evento, fosse composto de fotografias de transeuntes no calçadão do centro de Londrina. Os pedestres caminham sobre o tema do evento: sobre-cidade. No verso, o mapa da cidade sinaliza locais de encontro para as atividades e o trajeto do circuito expositivo que encerrou a Semana. Utilizado como principal peça gráfica do evento, o cartaz foi impresso em papel alta alvura offset 3 cores (vermelho, cinza e preto). As imagens dos pedestres utilizadas para a composição renderam adesivos, que ainda podem ser encontrados pela cidade.

COMENTÁRIO DO JÚRI
Cartaz de ótimo efeito gráfico, com linguagem contemporânea totalmente integrada ao conteúdo do evento, contendo ainda uma posição crítica em relação ao tema. Bom uso da tipografia integrada à imagem, gerando uma peça equilibrada de grande impacto visual.

bien.al/12_semana-arte-londrina

DESTAQUE

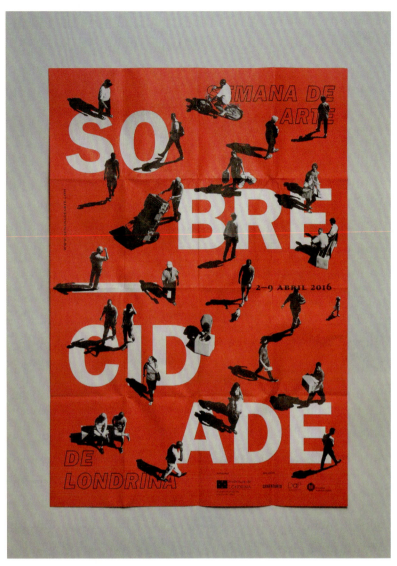

CARTAZ SIBA TRIO

AUTORIA
Thiago Lacaz, 2015

CLIENTE
Quintavant

DESCRIÇÃO
Para um show do músico Siba, em formação trio, na ocupação Audio Rebel/Quintavant na Casa da Gávea, no Rio de Janeiro, foi elaborado um cartaz no qual o nome do show é composto por tipografia geométrica modular, ocupando a totalidade do cartaz e acomodando dentro de si as demais informações. O ritmo criado pela alternância de cores vibrantes pretende dialogar com a música do artista. Uma versão animada do cartaz foi usada para divulgação em mídias digitais.

bien.al/12_siba-trio

CARTAZES AUDIO REBEL

AUTORIA
Thiago Lacaz, 2015

CLIENTE
Audio Rebel

DESCRIÇÃO
Para apresentações de música experimental realizadas nesta casa de shows e estúdio no Rio de Janeiro, foram elaborados cartazes com uma grande liberdade na criação de imagens, em consonância tanto com o tipo de música apresentada como com o público, bastante aberto e receptivo ao experimentalismo. A tipografia Neue Haas Grotesk é o elo de identidade entre os cartazes. As informações tendem a ser pouco hierarquizadas, possibilitando um tratamento gráfico dos textos.

bien.al/12_audio-rebel

CARTAZES CHÁ COM CARTAS

AUTORIA
Estúdio Lampejo, 2015

EQUIPE
Filipe Costa, João Marcelo Emediato

CLIENTE
Ramon Brant

DESCRIÇÃO
Este é um projeto que tem o objetivo de incentivar a escrita de cartas à mão, propondo uma reflexão sobre as relações interpessoais e os sentimentos no mundo contemporâneo por meio de intervenções urbanas, performances e *workshops*, utilizando a escrita de cartas anônimas e a arte postal como mote para o redescobrimento da cidade e da sociabilidade. Foi desenvolvida uma série de cartazes em três etapas, cada uma delas inspirada nas camadas de informações gráficas que uma correspondência recebe antes de ser recebida. Em primeiro plano, a impressão diretamente no suporte. Em seguida, a colagem de etiquetas adesivas e selos. Por fim, a aplicação de carimbos diversos criando um emaranhado de texturas e composições singulares. O resultado foi uma tiragem de *posters* únicos, que evidenciam a sensorialidade da escrita e a identidade visual do projeto, enfatizando o caráter poético da escrita manual como uma forma de reinventar o cotidiano e sensibilizando as noções de uma "história do objeto".

COMENTÁRIO DO JÚRI
Trabalho de design gráfico de grande apelo sensorial que articula com criatividade diversos recursos de reprodução para promover uma ideia com grande impacto e sensibilidade.

bien.al/12_cha-com-cartas

> DESTAQUE

CARTAZES COLABORATIVOS VOLUME ONE

AUTORIA
Henrique Eira e Aamina Ganser, 2015

EQUIPE
Aamina Ganser, Abby Chang, Dasol Jung, Ed Fella, Gail Swanlund, Henrique Eira, Iris Chung, Jaejin Ee, Javeria Ali, Jessica Lee, Jimin Kim, Kennis Wong, Lu Feng, Margaret Andersen, Mina Shoaib, Miyu Shirotsuka, Monique Wilmoth, Mr. Keedy, Nicolas Escobar, Noha Khashoggi, Sean Kasa, Sharleen Chen, Sohee Kim, Yunji Jun

DESCRIÇÃO
A criação de cartazes colaborativos com o tema "transição", reunindo 24 designers do California Institute of the Arts – CalArts, nos Estados Unidos, resultou em três cartazes de oito camadas, sendo cada uma projetada por um designer diferente. Além de celebrar a história do departamento de artes, a série possibilitou a experimentação de linguagens, estéticas e processos, abraçando o acaso e o erro, além de favorecer a inserção de subjetividades e do momento presente no design gráfico. A série de cartazes foi impressa em tiragem limitada de serigrafia artesanal, em 36cm × 74cm (aberto), com 8/1 cores sobre papel japonês texturizado de baixa gramatura. Os cartazes receberam três dobras, que possibilitam leitura como cartaz ou publicação impressa. Foi montada uma exposição apresentando o processo de impressão de cada cartaz, camada a camada.

COMENTÁRIO DO JÚRI
O projeto se destaca pelo processo experimental interessante, em que a criação é fluida e olhares independentes se misturam e criam interferências, somam e transformam, resultando em um projeto autoral de grande qualidade.

bien.al/12_volume-one

DESTAQUE

CARTAZES DIÁLOGO DESIGN: POLÔNIA BRASIL

AUTORIA
Rico Lins, 2016

CLIENTE
Museu de Arte Moderna do Rio de Janeiro | Culture.pl

DESCRIÇÃO
Dupla de cartazes criada para a exposição "Design Dialogue: Poland Brazil", que junta a produção contemporânea de cinco designers gráficos brasileiros e cinco poloneses a cartazes históricos poloneses do Museu do Cartaz em Wilanów. As peças trazem dois dos mais conhecidos clichês turísticos de ambos os países como ponto de partida para uma paródia, simulando gigantescas ampliações de imaginários cartões-postais baratos. Foi encontrada uma solução gráfica que, no meio do caminho entre o offset e a serigrafia, permite enfatizar aspectos técnicos da produção do cartaz e homenagear a confecção de cartazes da Polônia. No Brasil, a exposição foi apresentada no Museu de Arte Moderna do Rio de Janeiro, no Museu Nacional da República em Brasília e no Museu da Casa Brasileira em São Paulo.

bien.al/12_dialogo-design

CARTAZES MOTIM 2016

AUTORIA
Felipe Honda, 2016

EQUIPE
Felipe Mello Honda, Leandro Mello Honda

CLIENTE
Sindicato

DESCRIÇÃO
Para divulgar o Mercado de Produção Independente, evento anual que ocorre no Centro-Oeste reunindo diversos produtores de zines, *posters*, quadrinhos etc., foram elaborados cartazes em serigrafia com elementos visuais e tipográficos que se encaixam. Os cartazes foram colados pelas ruas, trazendo ao público online a divulgação offline como um meio de produção independente em si.

COMENTÁRIO DO JÚRI
O projeto traduz graficamente o tema relevante com produção muito bem cuidada. A forma como os elementos visuais se encaixam é perfeita: cada um funciona de maneira independente enquanto também serve como módulo para a construção de uma mensagem maior. Elegante e sem perder o caráter DIY.

bien.al/12_motim-2016

DESTAQUE

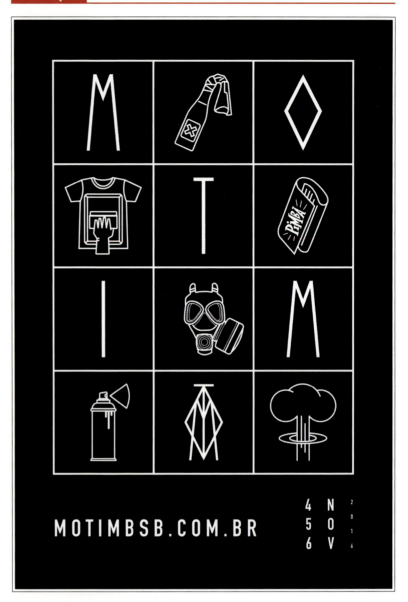

CARTAZES PÁSSAROS

AUTORIA
Casa Rex, 2015

EQUIPE
Direção de design: Gustavo Piqueira; **Design:** Gustavo Piqueira; **Equipe:** Samia Jacinto, Marianne Meni; **Impressão:** Marianne Meni

CLIENTE
Confeitaria MAG

DESCRIÇÃO
Para o evento de cultura vegana Move It, foi elaborado um conjunto de cartazes com o objetivo de promover e conscientizar acerca do tema. As artes apresentam imagens ultrassintéticas: silhuetas de pássaros em *silkscreen*, cujos únicos traços de fisionomia, olhos e boca, são criados a partir de letras em *letterpress*. Três letras "o", originalmente tipos de madeira, tornam-se elementos que particularizam cada uma das espécies, deslocando-se de sua função original por meio de uma imagética um tanto incomum que atrai e incomoda ao mesmo tempo, dando margem a diversas leituras.

bien.al/12_cartazes-passaros

CARTAZES URBAN $TYLE RESPECT SP

AUTORIA
Elvis Benicio, 2015

EQUIPE
Design: Elvis Benicio; **Fotografia:** Matheus Coutinho; **Stylist:** Beatriz Macedo (Aib Mv); ***Making of:*** Luana Dornelas; **Modelos:** Gui Marinho, Igor Felipe, Kevin David, Nick Müller, Vinni Tex, Derek Lucas, Bruno Swarovisk, Jorge Barros

CLIENTE
Ver$usxBoyz

DESCRIÇÃO
Para um grupo formado por talentosos jovens da periferia de São Paulo, com idades entre 15 e 19 anos, que utilizam referências de nichos como a internet e evidenciam o movimento "*lifestyle fashion* urbano periférico" por meio de fotos produzidas por eles mesmos e postadas nas redes sociais, foi pensado um projeto gráfico que conferisse a eles uma identidade proprietária. Foram elaborados cartazes utilizando linguagem original e apelo gráfico intenso e singular, mesclados a um estilo fotográfico artístico e realista, que retrata de forma única esses jovens que se expressam pelo universo da arte, da moda e da música.

bien.al/12_urban-style-respect-sp

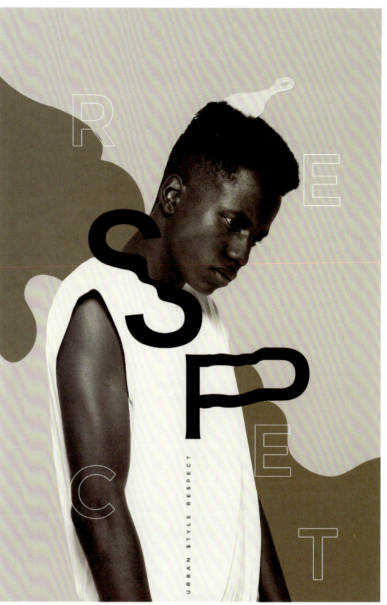

CASA DA HUNGRIA

AUTORIA
Dupla Design, 2016

EQUIPE
Criação: Claudia Gamboa, Ney Valle; **Design:** Cleo Lacoste, Fabiana Takeda, Flávia Musso, Robson Taranto; **Acompanhamento de produção:** Silvana Oliveira; **Produção:** FSR Produções; **Cenografia:** Mais Produções

CLIENTE
B2024 – Comitê de Candidatura Budapeste 2024

DESCRIÇÃO
Como forma de atrair a atenção de uma cidade candidata a sediar os Jogos Olímpicos, a Casa da Hungria foi montada durante a competição no Rio de Janeiro em 2016. Montado na Tribuna C do Jockey Club, na Gávea, o espaço (alinhado visualmente com os padrões e as cores da Hungria) contava com uma área externa que simulava o clima de Budapeste, integrado ao Rio. Jardins, flores e mesas de xadrez invocavam a atmosfera húngara, com um rio Danúbio cenográfico atravessando pontes de madeira e metal. Telões com transmissões dos jogos pela TV húngara dividiam espaço com *food trucks* servindo comidas típicas, enquanto um palco trazia shows de música originária do país. Um grande cubo de Rubik (conhecido aqui como cubo mágico), original do país, foi construído na área externa, contendo em si uma exposição sobre o criador do brinquedo, e vários cubos foram oferecidos para os visitantes.

bien.al/12_casa-da-hungria

CATÁLOGO 50 ANOS DO TRABALHO SOCIAL COM IDOSOS

AUTORIA
Ateliê Carla Caffé + Mateus Valadares Estúdio, 2016

EQUIPE
Design: Carla Caffé, Mateus Valadares; **Produção de conteúdo e imagens:** Sesc São Paulo

CLIENTE
Sesc São Paulo

DESCRIÇÃO
Para comemorar os 50 anos do programa voltado para a terceira idade, foi desenvolvida uma publicação que fugisse do padrão de livros e perfis institucionais, pouco efetivos na sensibilização. O resultado é uma pasta amarela recheada de envelopes coloridos e estampados, que se desdobram em uma carta com depoimentos de personagens, linhas do tempo e marcas desta história. Medalha de bronze no LAD Awards, do Latin American Design, em 2016.

bien.al/12_trabalho-social-com-idosos

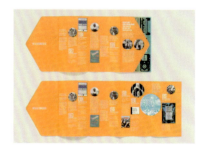

CATÁLOGO DE PRODUTOS DECA

AUTORIA
Estúdio Colírio, 2015

EQUIPE
Criação: Leonardo Uzai, Mariano Barreto, Teresa Grynberg, Marina Siqueira, Adailton Junior, Felipe Lekich; **Atendimento:** Waldemar Lerro Neto, Fernanda Sarno, Mariana Ribeiro, Gabriela Gávea

CLIENTE
Duratex

DESCRIÇÃO
Para criar um catálogo para os mais de 600 produtos de uma empresa de louças e cubas para banheiro, foi elaborado um projeto que localizasse facilmente as peças dentro de uma listagem muito extensa, destacando ainda aplicação, qualidades e design. Para isso, foram feitas fotos ambientadas dos produtos, categorizando as peças por linha e criando abas internas, com faca especial, que possibilitam a navegação pelo catálogo.

bien.al/12_catalogo-deca

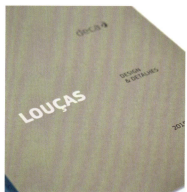

CATÁLOGO ESCOLA DO OLHAR

AUTORIA
Estudio Cru, 2016

EQUIPE
Bernardo Winitskowski, Maria Alice Leal, Bruno Portella

CLIENTE
MAR – Museu de Arte do Rio

DESCRIÇÃO
Para uma coletânea de atividades realizadas no Museu de Arte do Rio – MAR desde 2013, foram editados dois cadernos independentes, detalhando os programas educativos e levando os projetos para fora do museu, para que possam ser realizados em outro centros. Foi elaborada uma tipografia própria – que está disponível gratuitamente no site do museu – baseada nos temas que compõem o rico universo visual das atividades realizadas no MAR.

bien.al/12_escola-do-olhar

CATÁLOGO FESTIVAL MULTIPLICIDADE 10 ANOS

AUTORIA
Boldº_a design company, 2015

EQUIPE
Projeto gráfico: Boldº_a design company; **Direção de design:** Leo Eyer; **Coordenação de design:** Rodrigo Moura; **Design gráfico:** Alexandre Paranaguá, Jean Faustino; **Coordenação gráfica:** Vivianne Jorás; **Produção gráfica:** Sidnei Balbino; **Impressão:** Pancrom

CLIENTE
27+1 Comunicação Visual Ltda.

DESCRIÇÃO
Para uma edição comemorativa de 10 anos que traz o resgate histórico de um festival em que se encontram artistas visuais e sonoros fazendo uso de algum tipo de tecnologia, foi elaborado um projeto gráfico para que as pessoas que nunca estiveram presentes no festival tenham contato com o seu conteúdo. Os momentos mais importantes de cada ano da história do festival foram compilados, e fragmentos como entrevistas, pensamentos, teses, poesias, imagens, pesquisas e inspirações, que nortearam o festival até então, foram compilados em um apêndice chamado "Todo".

bien.al/12_festival-multiplicidade-10-anos

CATÁLOGO HETERONÍMIA: ANA VITÓRIA MUSSI

AUTORIA
Dito Criativo Design, 2016

EQUIPE
Projeto gráfico e produção gráfica: André Noboru Siraiama, Victor Buck; **Texto e curadoria de imagens:** Adolfo Montejo Navas; **Impressão:** MaisType

CLIENTE
Casa da Imagem – Museu da Cidade de São Paulo

DESCRIÇÃO
Para o livro inspirado em uma obra da artista visual Ana Vitória Mussi – apresentada na exposição retrospectiva FOTOiMAGENS, no Museu da Cidade de São Paulo –, foi elaborado um projeto que apresentasse as imagens em um tempo sequencial, mantendo-se fiel à instalação artística. A solução foi projetá-lo em forma de sanfona, possibilitando que as imagens extrapolem a página. Foram selecionadas 25 imagens da obra, que registra telas de televisão, formando conjuntos fragmentados de situações e personagens do cotidiano brasileiro. O livro tem capa dura, é impresso em uma folha de máquina offset, frente e verso, em uma cor e em papel alta alvura, com miolo de cinco tiras de papel coladas, e o comprimento total de mais de 4m. Uma cinta prende o livro, e o título só aparece completo quando a cinta está presente, ressaltando o caráter fragmentado e deslocado da obra. O nome da artista só aparece quando a cinta é retirada, revelando a fotógrafa por trás das imagens.

bien.al/12_heteronimia

CATÁLOGO INCERTEZA VIVA – 32ª BIENAL DE SÃO PAULO

AUTORIA
Design Bienal, 2016

EQUIPE
Concepção: Jochen Volz, Valquíria Prates; **Design:** Adriano Campos, Aninha de Carvalho, Roman Iar Atamanczuk

CLIENTE
Fundação Bienal de São Paulo

DESCRIÇÃO
Para apresentar as obras de doze artistas presentes na 32ª Bienal Internacional de Arte de São Paulo, associadas a textos de autores convidados e agrupadas em torno de quatro conceitos curatoriais, foi elaborado um fichário contendo sete livretos e doze cartazes dobrados. O formato de fichário permite adição de materiais, divisão da publicação entre grupos e seleção de partes para uso imediato, além de fácil reordenação e preservação. O conjunto também reúne relatos de processos pedagógicos desenvolvidos por professores a partir de *workshops* com as equipes, e são fornecidas imagens de apoio para uso em sala de aula. Um glossário e falas de artistas destacados pela cor na tipografia estão presentes, e o verso dos cartazes contém dados sobre os trabalhos e imagens menores para fotocópia.

bien.al/12_catalogo-incerteza-viva

CATÁLOGO O OCO – NELSON FELIX

DESTAQUE

AUTORIA
Luciana Facchini, 2015

EQUIPE
Assistência de design: Julia Contreiras; **Produção gráfica:** Marcia Signorini

CLIENTE
Pinacoteca do Estado de São Paulo

DESCRIÇÃO
Para o catálogo que mostra a retrospectiva de Nelson Felix, um dos mais importante artistas plásticos brasileiros, foi projetado um objeto-livro elegante, que se propõe a ser um volume escultórico. Visualmente atraente, o projeto é composto por dois livros: um com desenhos do artista durante a elaboração da exposição, outro com uma retrospectiva de toda a sua trajetória. Os livros são separados por um vazio que dá nome à mostra, convidando o leitor a explorar ludicamente o conceito da mostra. A identidade do título cria graficamente um paradoxo com o sentido da palavra. A tipografia reforça a ideia de preenchimento, em contraste com a versão em seu interior, que reforça a ideia de oco.

COMENTÁRIO DO JÚRI
Da tipografia do título ao objeto escultórico e interativo, o catálogo instiga a explorar ludicamente o conceito que dá nome à mostra, em um casamento bem-sucedido de forma e conteúdo. Chama atenção a qualidade do volume, das técnicas de impressão ao acabamento, bem como o diálogo entre os desenhos e as obras acabadas proposto pelo formato de encadernação.

bien.al/12_o-oco-nelson-felix

CATÁLOGO OCUPAÇÃO MARIA E HERBERT DUSCHENES

AUTORIA
Itaú Cultural, 2016

EQUIPE
Direção de arte: Jader Rosa; **Projeto gráfico:** Jader Rosa, Estúdio Claraboia (Luciana Orvat, Ricardo Daros, Felipe Daros, Mayara Miriuk); **Diagramação:** Estúdio Claraboia; **Produção editorial:** Raphaella Rodrigues; **Produção gráfica:** Lilia Goes; **Impressão gráfica:** Ipsis

CLIENTE
Itaú Cultural

DESCRIÇÃO
Para o catálogo da exposição que narra a trajetória do casal Maria e Herbert Duschenes, dedicados à educação e a formas inovadoras de compartilhar conhecimento, foi elaborado um projeto com um estilo gráfico bastante livre. A narrativa é exclusivamente visual, oriunda do rico acervo de imagens e documentos do casal (incluindo cartas de alunos). Textos foram desenvolvidos em blocos de parágrafos dinâmicos e esculturais, numa menção dupla à dança (área de atuação de Maria) e à arquitetura (área de atuação de Herbert). Os parágrafos são vermelhos quando se referem a Maria, laranjas quando se referem a Herbert, e em *dégradé* quando abordam ambos. Essas cores também estão presentes na costura da lombada de forma intercalada. A capa, feita de papel kraft ouro, foi escolhida para lembrar uma caixa de arquivo e recebeu *hot stamping* na mesma padronagem dos papéis de parede utilizados na exposição.

bien.al/12_maria-herbert-duschenes

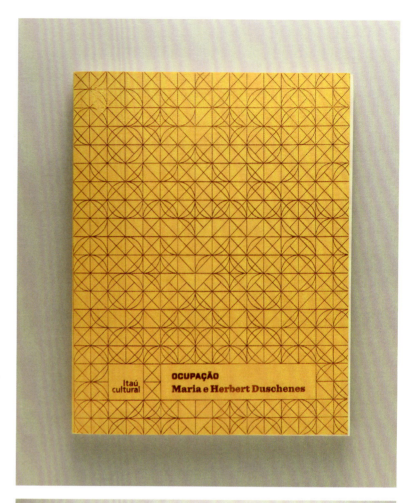

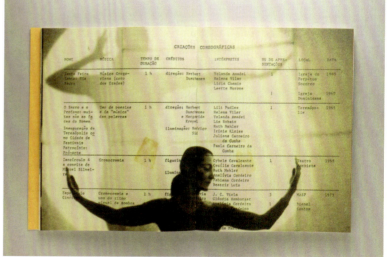

CATÁLOGO OCUPAÇÃO PERSON

AUTORIA
Itaú Cultural, 2016

EQUIPE
Direção de arte: Jader Rosa; **Projeto gráfico:** Liane Iwahashi; **Diagramação:** Liane Iwahashi; **Produção editorial:** Luciana Araripe

DESCRIÇÃO
Para o catálogo de uma exposição que homenageia o cineasta e diretor de teatro brasileiro Luís Sérgio Person, foi elaborado um projeto gráfico cujos capítulos têm aberturas inspiradas nos cartazes de cinema e nas salas de teatro. Os letreiros nos vidros das salas de teatro e a tipografia das linhas finas foram executados manualmente. A publicação se encerra com resenhas fictícias do filme não realizado *A Hora do Ruminantes*, com três cartazes desenvolvidos por três ilustradores.

bien.al/12_ocupacao-person

CATÁLOGO WILLIAM EGGLESTON – A COR AMERICANA

AUTORIA
Luciana Facchini, 2015

EQUIPE
Produção gráfica: Acássia Correia; **Tratamento de imagens:** Joana Americano Castilho; **Assistência:** Franco Salvoni, João Gabriel Reis Lemos

CLIENTE
Instituto Moreira Salles

DESCRIÇÃO
Para documentar a obra de um dos maiores fotógrafos do século XX, foi elaborado um catálogo com formato e *layout* que dessem destaque absoluto às fotos do artista, como um grande álbum: fotos sem cortes, contidas em margens iguais, e em grande formato. A estrutura rigorosa do livro propõe independência das informações textuais, reforçando o destaque das imagens. O livro é composto por três blocos, sendo o de textos central, separando um de imagens verticais e outro de imagens horizontais. Uma sobrecapa plástica impressa em serigrafia com o nome da exposição funciona como invólucro, colocando interferências tipográficas nas fotos da capa e da quarta capa.

bien.al/12_william-eggleston

CATÁLOGO-PEÇA LASCAS: ALBERTO MARTINS

AUTORIA
Gilberto Tomé, 2016

EQUIPE
Gilberto Tomé, Fábio Mariano, Claudia Gil Natsui, Juliana Migueletto

CLIENTE
Alberto Martins

DESCRIÇÃO
O artista plástico Alberto Martins concebeu, em uma exposição homônima, a publicação não como catálogo, mas como peça gráfica que dialoga com as gravuras e as esculturas apresentadas. Textos e desenhos imbricam-se pelo livro de 32 páginas, com lâminas soltas intercaladas, trazendo reflexões de ateliê sobre os processos criativos e sobre fazer arte. Ao propor folhas soltas, o projeto permite que o leitor reagrupe a sequência das páginas, revelando novas composições entre os desenhos.

bien.al/12_lascas

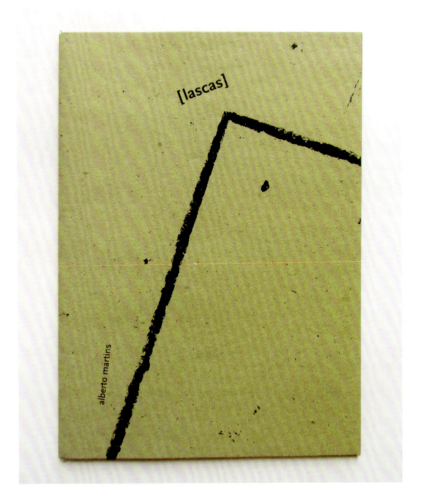

CD GALANGA CHICO REI

AUTORIA
OESTE, 2015

EQUIPE
Direção de arte: Mariana Misk; **Design:** Aline Ribeiro, Mariana Rena; **Produção gráfica:** Joana Alves; **Fotos:** Rafael Motta

CLIENTE
Maurício Tizumba

DESCRIÇÃO
Introduzindo um CD inspirado na vida do herói negro e escravo Galanga Chico Rei, o encarte traz a água (elemento marcante na biografia do personagem) como elemento gráfico principal: o mar que separa a África do Brasil, o suor que brota da pele dos escravos, a água utilizada na exploração do garimpo. As cores giram em torno dos elementos centrais da narrativa, com azul para os mares, preto para o sofrimento e dourado para o ouro. O logotipo tem inspiração em grafismos geométricos africanos.

bien.al/12_galanga-chico-rei

CENÁRIO PROGRAMA ESQUENTA!

AUTORIA
Radiográfico, 2016

EQUIPE
Conceito e direção de arte: Olivia Ferreira, Pedro Garavaglia, Milton de Biase; **Design:** Rodrigo Barja

CLIENTE
TV Globo

DESCRIÇÃO
Adaptando o cenário do programa dominical – que apresenta diversos gêneros musicais populares, principalmente pagode e funk carioca – ao novo conceito de AQUI (estúdio) e LÁ (lares brasileiros), o cenário rompe com as quatro temporadas anteriores limpando o visual carregado de painéis luminosos e elementos cenográficos. O novo cenário é mais simples, com formas circulares e uma paleta de cores derivada da marca do programa. Os círculos de diferentes tamanhos e posições dão uma tridimensionalidade ao espaço, representando os vários lugares onde o programa pode ser apresentado, além de dar uma impressão de portal mágico que transporta a apresentadora e os convidados.

bien.al/12_programa-esquenta

CERIMÔNIA DE ABERTURA DOS JOGOS OLÍMPICOS RIO 2016

AUTORIA
Radiográfico, 2016

EQUIPE
Direção de arte: Olivia Ferreira, Pedro Garavaglia; **Designers:** Celina Kushnir, Leandro da Neves, Rodrigo Barja, Ben Katz; **Designer assistente:** Nina Amarante

CLIENTE
Comitê Organizador dos Jogos Olímpicos e Paralímpicos Rio 2016

DESCRIÇÃO
O projeto de design visual abrangeu desde as imagens gráficas projetadas no chão do Maracanã e impressas na gigantesca construção cenográfica modular até as estampas do figurino dos voluntários que guiavam os atletas, passando pelas bicicletas dos jardineiros-ciclistas que traziam as delegações de cada país.

COMENTÁRIO DO JÚRI
A cerimônia de abertura dos Jogos Olímpicos Rio 2016 teve a capacidade de mostrar aos estrangeiros as particularidades e a riqueza do Brasil. Aos brasileiros, soube evidenciar aquilo que nos identifica e orgulha, encontrando na diversidade e na pluralidade do povo brasileiro a base e a riqueza do projeto. O conceito de improviso criativo foi muito bem explorado, mostrando a leveza e a irreverência associadas aos cariocas para os olhos do mundo.

bien.al/12_abertura-rio-2016

DESTAQUE

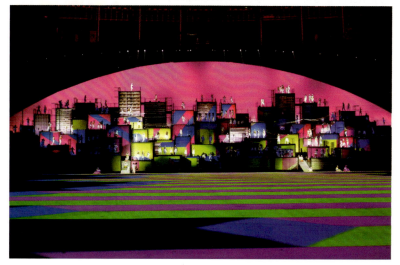

CMC – CONSOLIDATED MINING CORPORATION

AUTORIA
BR/BAUEN, 2016

EQUIPE
Direção de criação e design: Braz de Pina, Rodrigo Francisco; **Estratégia:** Luís Feitoza; **Design:** Murilo Pascoal, Veronica Sauthier; **Fotografia:** Emmanuel Gonçalves

CLIENTE
CMC – Consolidated Mining Corporation

DESCRIÇÃO
Para construir a imagem de uma empresa sólida, que pudesse conquistar a confiança das instituições da República da Guiné – país onde ela iniciaria as suas atividades de mineração – e também atrair investidores para as suas campanhas de financiamento, foi criado um projeto de identidade visual que não fizesse menção em nenhum momento à parte negativa do processo. Todo o projeto foi pensado em ciclos e contrapartidas: tudo que sai da terra volta para a terra. Três direcionamentos conduziram o desenvolvimento da marca: meio ambiente, pessoas e investidores, dando uma percepção adequada do contexto sociocultural no qual a empresa se insere.

bien.al/12_cmc-consolidated-mining

COLEÇÃO CLÁSSICOS

AUTORIA
TUUT, 2016

EQUIPE
André Lima, Luisa Borja

CLIENTE
SESI-SP

DESCRIÇÃO
Para uma coleção de grandes títulos da literatura em língua portuguesa pela Editora SESI-SP, foi desenvolvido um projeto gráfico cujas capas têm um caminho *all type*, utilizando apenas duas cores vivas e um tipo sem serifa, pesado e em grande escala. Para o miolo, em busca de uma leitura confortável, escolheu-se um tipo serifado contemporâneo e leve com ótima legibilidade. O resultado é uma coleção com impacto visual imediato e fluidez de leitura.

bien.al/12_colecao-classicos

COLEÇÃO CORRESPONDÊNCIA DE MACHADO DE ASSIS

AUTORIA
Anderson Junqueira, 2016

EQUIPE
Orientação: profa. Nair de Paula Soares

CLIENTE
UFRJ

DESCRIÇÃO
Para uma nova abordagem gráfica e editorial para a coleção de cinco livros da Academia Brasileira de Letras sobre as correspondências do Bruxo do Cosme Velho, foi elaborado um projeto acadêmico de caráter vibrante e graficamente rico. Foram utilizados recursos como olhos de texto, que enfatizam momentos importantes, bem como pesquisa iconográfica, que também inclui a história do país. O projeto busca atrair um público mais amplo, incluindo jovens e estudantes.

bien.al/12_correspondencia-machado

ACADÊMICO

COLEÇÃO DE JOIAS DELAUNAY

AUTORIA
Bel Andrade Lima e Silvia da Fonte, 2016

EQUIPE
Criação: Bel Andrade Lima, Silvia da Fonte;
Assistente de criação: Paula da Fonte Freitas

CLIENTE
Silvia da Fonte Joias

DESCRIÇÃO
A marca pernambucana de joias Silvia da Fonte convocou, pela primeira vez em 27 anos, uma artista para elaborar uma coleção. A ilustradora Bel Andrade Lima inspirou-se na pioneira artista russa Sonia Delaunay (1885-1979) para criar dezessete desenhos convertidos em quarenta variações de peças (brincos, braceletes e anéis) feitas artesanalmente em prata e com pedras brasileiras, como ônix, topázio e calcedônia. Uma coleção de joias atual e contemporânea, com forte inspiração no passado, que une e retrata o talento de três mulheres de diferentes gerações e áreas de atuação.

bien.al/12_colecao-delaunay

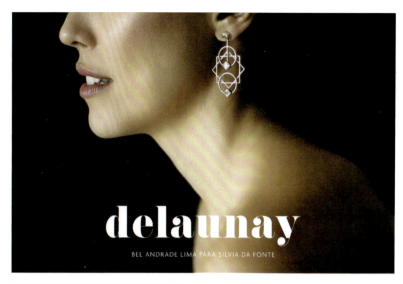
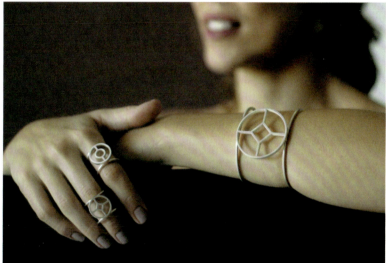

COLEÇÃO DIÁLOGOS SILENCIOSOS

AUTORIA
Guilherme Ferreira, 2016

CLIENTE
Projeto acadêmico

DESCRIÇÃO
Para um trabalho acadêmico sobre a vivência da surdez por parte dos ouvintes, com o objetivo de mostrar a vida sem o sentido da audição – a dificuldade da comunidade surda em se relacionar com o mundo que a cerca–, foram desenvolvidos *posters* para revelar as diferenças e as eventuais semelhanças entre o que os surdos vivenciam e o que é encontrado por quem pode ouvir. A coleção proporciona experiências ao ouvinte, levando-o a explorar um novo hábito de comunicação: a visual. Além de afirmar a importância do respeito às pessoas com deficiência, o projeto leva à reflexão sobre a necessidade do ensino da Linguagem Brasileira de Sinais – Libras na escola. Também pretende saciar a curiosidade do consumidor interessado em ampliar sua cultura geral, inteirando-se dos rumos da sociedade. Cada cartaz exige repensar a própria linguagem dessa mídia, tendo em vista tanto as características estipuladas por ela – que não podem ser negligenciadas – quanto as necessidades específicas do projeto. Para fazer ver algo efetivamente invisível, a experiência da surdez, os *posters* serão expostos ao ar livre, como lambe-lambes.

bien.al/12_dialogos-silenciosos

ACADÊMICO

COLEÇÃO DOMUN

AUTORIA
Andréa de Castro Moreira, 2016

EQUIPE
Orientação: profs. Airton Cattani, Jaire Passos

DESCRIÇÃO
Aliando estamparia, conceitos do *slow fashion* (forma de produção preocupada com os processos que envolvem a fabricação), gestualidade e significação, nasceu o projeto Domun. Oriundo da palavra *Domus* (casa, em latim), o projeto de conclusão de curso em Design Visual propõe a criação de uma superfície que estabeleça interações representacionais e relacionais com o usuário. A estampa é composta por sete módulos reorganizáveis em diversas composições, sempre partindo da linha como elemento básico e tendo a casa como escolha temática e estética. O projeto explora o interesse gráfico e semântico que essa referência gera nos indivíduos, permitindo livre interpretações das imagens semiabstratas, que invocam memórias e correspondências.

bien.al/12_colecao-domun

ACADÊMICO

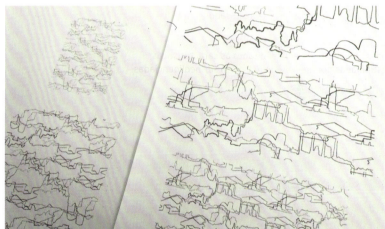

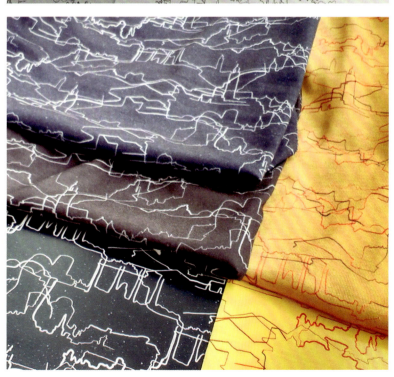

COLEÇÃO MINHOCCO NELES

AUTORIA
Mário Grandi Kertész, 2015

EQUIPE
Isadora Tupinambá, Isabel Borba, Natália Tiago

CLIENTE
Minhocco Roupas Infantil

DESCRIÇÃO
Buscando criar roupas infantis que oferecessem liberdade e conforto para as crianças e, ao mesmo tempo, atendessem às demandas de sustentabilidade e durabilidade dos pais, foi criada uma coleção de roupas slow fashion, divertidas e interativas. As peças buscam estimular a criatividade por meio de personagens, cores, estampas e texturas, tendo sido confeccionadas em algodão, com tecidos sintéticos apenas em detalhes fora de contato com a pele das crianças, sem botões e com zíperes seguros. A modelagem foi ajustada para acompanhar o crescimento da criança de 1 a 7 anos.

bien.al/12_minhocco-neles

COLEÇÃO MO:VEL SHOES – EDIÇÃO INSPIRADA NA MÚSICA BRASILEIRA

AUTORIA
André Coelho, 2015

EQUIPE
Design gráfico: André Coelho; **Agência:** Ergo (Londres);
Fotógrafo: Stuart Mackay (Ergo)

CLIENTE
Mo:vel shoes

DESCRIÇÃO
Buscando atender a um mercado de calçados saturado como o inglês, cujo público é cosmopolita, urbano e antenado nas tendências do mercado, foi criada uma coleção inspirada no gingado brasileiro, associada à diversão, à alegria, à beleza e ao ritmo do país. Baseada em dois dos mais conhecidos estilos musicais brasileiros, a bossa nova e o axé, foram desenvolvidas estampas para decorar a nova coleção da marca. A estampa Bossa Nova é retrô, com formas geométricas que exploram os espaços vazios, derivadas de arranjos tipográficos inspirados em capas de discos dos anos 1950 e 1960, bem como nas curvas do calçadão de Copacabana. A estampa Axé é intensa e carregada de energia, inspirada nas tradições culturais e nas raízes africanas da Bahia. Misturando texturas e cores, a estampa cria um senso de ritmo e exuberância, num *pattern* expressivo que traz consigo a ginga do Brasil.

bien.al/12_movel-footwear-musica-brasileira

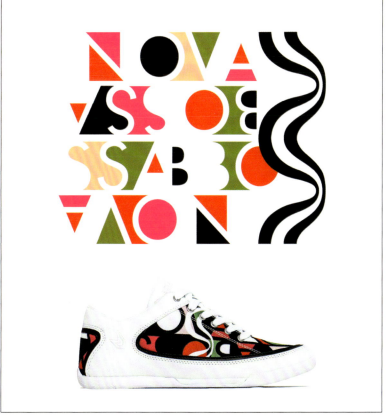

COLEÇÃO PAISAGENS

AUTORIA
Grande Circular, 2015

EQUIPE
Projeto gráfico, composição e ilustração: Grande Circular; **Escrita e edição:** Nurit Bensusan; **Escrita:** Ana Paula Prates (escritora), Eneida Eskinazi Sant'Anna

CLIENTE
Editora IEB

DESCRIÇÃO
Para uma coleção de livros sobre os biomas brasileiros voltada para o público jovem, foi elaborado um projeto gráfico lúdico e descontraído, repleto de ilustrações e curiosidades históricas e culturais, como a origem do nome dos biomas, a sua influência na cultura da região e até mesmo que dinossauros já passaram por cada um desses lugares. O projeto busca popularizar a ciência e estimular a reflexão de crianças e adolescentes sobre questões socioambientais.

bien.al/12_colecao-paisagens

COLEÇÃO PÁSSARO COM AMOR

AUTORIA
Joana Lira, 2015

CLIENTE
Dalle Piagge

DESCRIÇÃO
Oferecendo um produto diferenciado no mercado dos azulejos hidráulicos, carregado de brasilidade e com uma liberdade de composição bem-humorada e alegre, a linha Pássaro com Amor é composta por duas matrizes, uma com o desenho de um pássaro e outra que traz o desenho de uma interpretação do amor. Com combinações variadas de cores, a linha possibilita que o cliente crie sua própria disposição de peças e sua paleta de cores.

bien.al/12_passaro-com-amor

COLEÇÃO PEDRO FUGIU DE CASA

AUTORIA
Raquel Matsushita, 2015

EQUIPE
Design: Raquel Matsushita; **Assistência de arte:** Cecilia Cangello

CLIENTE
Edições da Janeiro

DESCRIÇÃO
Para uma coleção com um único personagem – Pedro – que se aventura em um local diferente da cidade do Rio de Janeiro a cada um dos sete livros, foi elaborado um tratamento visual que lhe dá identidade. A imagem de capa se estende para a quarta capa, e nas orelhas foi aplicada a cor respectiva de cada livro, definida em uma paleta de cores. No verso da capa, há uma fotografia antiga do lugar onde o personagem se encontra. Essa foto é completada com o desenho na primeira página do miolo, revelando o mote da narrativa, misturando ficção e realidade. Na quarta capa, há uma foto atual do mesmo local, também completada com desenho. O projeto visual da luva é composto com elementos visuais de cada livro, dando unidade à coleção.

bien.al/12_pedro-fugiu-de-casa

COLEÇÃO VALTER HUGO MÃE

AUTORIA
bloco gráfico, 2016

EQUIPE
Gabriela Castro, Gustavo Marchetti, Paulo André Chagas, Stephanie Y. Shu (assistente)

CLIENTE
Editora Globo – Selo Biblioteca Azul

DESCRIÇÃO
Para a coleção de livros do escritor português, foi elaborado um projeto gráfico que comportasse os livros já publicados e os que viessem a sê-lo, com uma comunicação clara do seu nome em três linhas com uma tipografia monoespaçada e com a maior largura possível na capa. Os nomes dos livros teriam, então, sempre o mesmo tamanho, três vezes menor que o do autor, com a mesma fonte monoespaçada, escolhida pela variação da escolha do autor de utilizar, em alguns livros, apenas a caixa-baixa. Cores fortes e vivas (Pantone Lumiset) foram escolhidas para dar personalidade a cada livro e, ao mesmo tempo, aproximar os estilos dos diferentes artistas que ilustram as capas.

bien.al/12_valter-hugo-mae

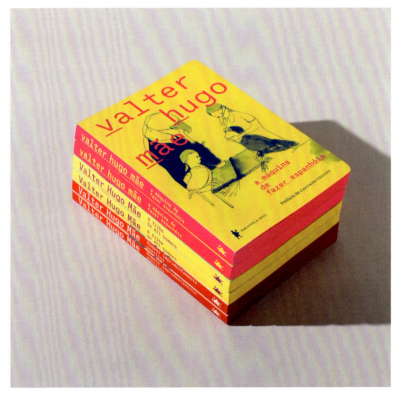

COLETÂNEA DE ESTUDOS E RELATÓRIOS PROBIOGÁS

AUTORIA
Estúdio Marujo, 2015

EQUIPE
Henrique Meuren, Ricki Lustoza, Teo Horta

CLIENTE
GIZ Brasil e Ministério das Cidades

DESCRIÇÃO
Para uma coletânea de estudos e relatórios de um projeto Brasil-Alemanha que busca inserir o biogás na matriz energética brasileira, foi elaborada uma coleção de livros sobre diferentes temas, enfatizando o teor técnico do conteúdo e acomodando grande quantidade de texto, imagens, gráficos e tabelas. Foram elaborados quatro livros, um sobre o mercado de biogás e três sobre a utilização do biogás: oriundo do tratamento de esgoto sanitário, de resíduos sólidos urbanos e de resíduos agropecuários. As capas partiram do conceito de transformação, que foi também enfatizado por um código de transição de cores (sendo uma cor principal para cada tema, na capa e na parte interna) e um conjunto de ilustrações temáticas com estilo de desenho técnico. Internamente, a margem esquerda foi expandida para figuras, tabelas, legendas e notas. O projeto está disponível para leitura impressa e online.

bien.al/12_coletanea-probiogas

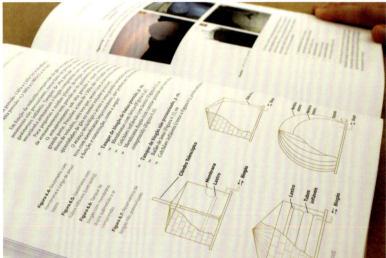

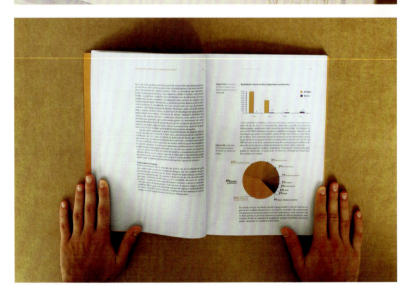

COLETIVO GRÁFICA TÁTICA

AUTORIA
Gráfica Tática, 2016

EQUIPE
Aline Rabello, Ana Utsch, Bruno Guimarães, Cláudio Santos, Fábio Martins, Fernanda Goulart, Flávio Vignoli, Rafael Neder, Sérgio Silva, Sonia Queiroz e muitos outros estudantes, artistas e ativistas.

DESCRIÇÃO
Como manifestação do descontentamento com as mudanças políticas em 2016, o coletivo surgiu com o intuito de oferecer oficinas abertas para elaborar *posters* e materiais (faixas, folhetos, cartões) que pudessem ser utilizados em manifestações e afixados em diferentes locais de Belo Horizonte. Concentrado no complexo cultural Casa do Conde, o coletivo organizou três oficinas sob os motes de "Tipografia para Resistir" e "Qual afeto nos governa?", que produziram um manifesto e três *posters* em *letterpress* (66cm × 48cm), além de uma série de outros impressos que foram distribuídos.

bien.al/12_grafica-tatica

COMERCIAL ADIDAS ERREJOTA

AUTORIA
Hardcuore, 2016

EQUIPE
Produção e pós-produção: Hardcuore; **Direção e arte:** Breno Pineschi, Rafael Cazes; **Produção executiva:** Renata Garcia; **Direção de fotografia:** Pedro Cardillo; **Trilha sonora:** João Brasil, Nego do Borel

CLIENTE
Adidas

DESCRIÇÃO
Para apresentar a Errejota, a bola de futebol oficial da Adidas para os Jogos Olímpicos Rio 2016, foi produzido um filme com o conceito "incendeie o jogo". Uma mescla de *live action* com *motion graphics*, em que a bola transita pelo Rio de Janeiro e cruza com jogadores de futebol, atletas olímpicos e personalidades da música e da internet.

bien.al/12_adidas-errejota

COMERCIAL CERVEJA COLORADO – INGREDIENTES

AUTORIA
Hardcuore, 2016

EQUIPE
Agência: Santa Clara; **Produção:** Hardcuore; **Direção:** Breno Pineschi, Rafael Cazes; **Direção de arte:** Breno Pineschi, Rafael Cazes; **Produção executiva:** Renata Garcia; **Direção de fotografia:** Marcelo Corpanni

CLIENTE
Agência Santa Clara | Ambev

DESCRIÇÃO
Como parte da campanha "Desiberne!" da cerveja Colorado, foram desenvolvidos quatro filmes que convidam o consumidor a conhecer melhor cada um dos ingredientes especiais presentes nos rótulos da marca. Os filmes apresentam diversas situações em que cada um dos ingredientes é encontrado, incluindo na cerveja, mostrando rapidamente o processo de fabricação da bebida. No final, a câmera sai de uma caverna e encontra uma embalagem, numa referência ao ato de desibernar e ao urso, símbolo da marca.

bien.al/12_cerveja-colorado-ingredientes

COMERCIAL DO BEM™ – SNOW MONKEY

AUTORIA
Hardcuore, 2015

EQUIPE
Direção criativa e roteiro: Hardcuore; **Direção:** Breno Pineschi, Rafael Cazes; **Direção de arte:** Breno Pineschi, Rafael Cazes; **Animação e produção:** Paolo Conti, Animaking; **Pós-produção:** Animaking, Hardcuore; **Trilha sonora:** Diogo Strausz; **Dublagem:** Paulinho Serra

CLIENTE
do bem™

DESCRIÇÃO
Para apresentar o Matcha, novo chá do portfolio da marca de bebidas do bem™, foi realizado um filme de lançamento nos canais digitais da empresa para explicar a novidade de maneira didática e bem-humorada. O filme consiste em uma animação em *stop motion* na qual um macaco da neve japonês apresenta e explica as características e as qualidades da bebida. O macaco da neve – um boneco com mais de cem articulações – foi escolhido por pertencer ao imaginário japonês, além de ser um representante legítimo da natureza.

bien.al/12_do-bem-snow-monkey

COMERCIAL FESTIVAL ROCK THE MOUNTAIN

AUTORIA
Hardcuore, 2015

EQUIPE
Direção e direção de arte: Breno Pineschi, Rafael Cazes; **Ilustração:** João Zanin; **Design:** João Zanin, Lais Tavares; **Animação:** Paulo Simi, Fernando Maia, Rafael Cazes

CLIENTE
Blackhaus

DESCRIÇÃO
Para divulgar a terceira edição do festival de música Rock the Mountain, realizada em 2015 em Itaipava, região serrana do Rio de Janeiro, foi produzido um filme em *cell animation* apresentando o *line-up* do evento e a identidade visual, remetendo sempre ao espírito do festival.

bien.al/12_festival-rock-the-mountain

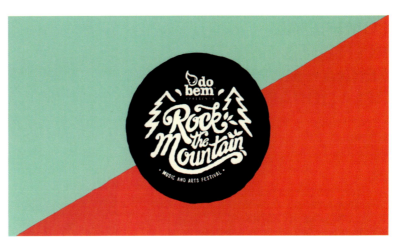

COMERCIAL INSTITUTO AYRTON SENNA – MARKETING RELACIONADO À CAUSA

AUTORIA
D4G, 2015

EQUIPE
Produção: D4G; **Direção de criação:** André Salerno, Jorge Monge; **Direção:** André Salerno; **Roteiro:** Felipe Soutello; **Planejamento e gestão:** Marô Campos Mello; **Direção de arte:** Diego Bellorin; **Animação:** Paulo Caldas, Rafael Battella; **Trilha e** *sound design*: Carbono Sound Lab

CLIENTE
Instituto Ayrton Senna

DESCRIÇÃO
Numa forma de convidar as marcas a assumirem um compromisso social de longo prazo com a educação, foi elaborado um filme para o Instituto Ayrton Senna baseado em dados estatísticos, mas que servisse a múltiplas funções, de apresentação institucional a peça de assessoria de imprensa. O filme retrata uma oportunidade única para as marcas, argumentando, nos âmbitos emocional e racional, que este é um momento de atenção para as relações com os consumidores, que estão interessados em saber o que suas marcas estão fazendo para um mundo melhor.

bien.al/12_marketing-relacionado-a-causa

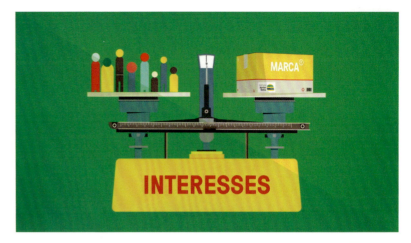

COMERCIAL PLATAFORMA SOBRE NOSSA VISÃO DISTORCIDA

AUTORIA
Estúdio MOL, 2015

EQUIPE
Fernando Jurado, Rafa Miqueleto, Sofia Colautti, Paula Kim, Cássio Kioshi, Gabriel Rezende, Jin Tsui, Joaquim Carriço, Galileo Giglio, Audrey Nobrega, Fernanda Miranda, Pedro Belluomini

CLIENTE
Samkapur Filmes

DESCRIÇÃO
Para apresentar histórias de pessoas que sofreram de distúrbios alimentares, como bulimia e anorexia, o filme foi pensado para não esconder o tema, mas torná-lo mais acessível ao público em geral, com depoimentos em áudio, cores pastéis, ilustrações e animações suaves. Com foco principalmente em meninas adolescentes, o vídeo também utiliza transparências de retroprojetor, evocando um sentimento de solidão, mas também de esperança.

bien.al/12_sobre-nossa-visao-distorcida

COMERCIAL REDUCA – A ESCOLA É SEMPRE O MELHOR CAMINHO

AUTORIA
D4G, 2016

EQUIPE
Produção: D4G; **Direção:** André Salerno; **Roteiro:** Felipe Soutello, Luiz Eduardo Soutello; **Planejamento e gestão:** Marô Campos Mello; **Direção de arte:** André Salerno, Jorge Monge; **Ilustração:** Guilherme Ashtma; **Animação:** Paulo Caldas, Marco Wey; **Trilha e *sound design*:** Carbono Sound Lab; **Locução em espanhol:** Maria Cuevas

CLIENTE
Todos Pela Educação

DESCRIÇÃO
Buscando conscientizar as pessoas da situação precária da educação na América Latina e no Caribe, foi feito um vídeo para a Rede Latino-Americana pela Educação – Reduca mostrando que todos os caminhos de melhoria das desigualdades, da cidadania e da sociedade passam pela escola de qualidade.

bien.al/12_reduca-escola-sempre-melhor

COMERCIAL TIP TOEY JOEY

AUTORIA
Hardcuore, 2015

EQUIPE
Direção criativa e direção de arte: Breno Pineschi, Rafael Cazes; 3D: Hardcuore; *Motion graphics*: Paulo Simi, Rafael Cazes; **Design gráfico:** João Zanin; **Trilha sonora:** Diogo Strausz

CLIENTE
Tip Toey Joey

DESCRIÇÃO
Para explicar a inspiração intimista, o processo artesanal e os detalhes do design dos calçados infantis de couro desta marca brasileira/australiana, foi feita uma animação em 3D com referências de *stop motion*, com o visual mais realista possível, mostrando as texturas dos objetos dos artesãos da marca, como martelos, lápis, moldes e os próprios sapatos. A trilha sonora foi elaborada a partir de sons extraídos do corpo, de forma a reforçar o caráter artesanal da marca.

bien.al/12_tip-toey-joey

COMERCIAL TSE
– ORIGAMI

AUTORIA
Visorama, 2016

EQUIPE
Direção: Visorama; **Animação:** Luciano do Amaral, Pedro Iuá; **Áudio:** Jamute; **Produção executiva:** Samanta Martins; **Atendimento:** Ligia Susini; **Agência:** Mullen Lowe Brasil; **Criação:** Ana Ribeiro, Idelbo Júnior, André Macena; **Direção de criação:** Eduardo Salles; **Direção geral de criação:** José Borghi

CLIENTE
Tribunal Superior Eleitoral

DESCRIÇÃO
Para alertar sobre segurança nas urnas, a pedido do Tribunal Superior Eleitoral – TSE foi elaborado um comercial 100% recortado, modelado e animado em papel, fazendo referência à transição da antiga cédula de voto para o atual sistema de urnas eletrônicas.

bien.al/12_tse-origami

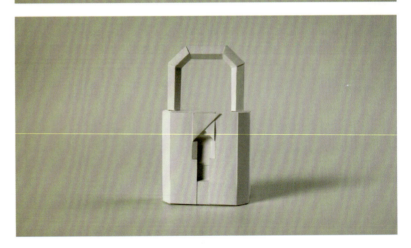

DESIGN DE SUPERFÍCIE TRIDIMENSIONAL PARA INDIVÍDUOS COM DEFICIÊNCIA VISUAL

AUTORIA
Willian Amphilóquio e Lucas de Jesus Martins, 2016

EQUIPE
Orientação: prof. Haro Ristow Schulenburg

CLIENTE
Universidade da Região de Joinville – Univille

DESCRIÇÃO
Unindo o *design thinking* ao design centrado no humano, este projeto acadêmico propõe uma solução para facilitar as atividades diárias de deficientes visuais partindo diretamente das suas necessidades, colhidas em entrevistas. O resultado foi uma série de doze adesivos impressos em 3D, com diferentes texturas em alto-relevo e cores sólidas variadas. As cores dizem respeito à abrangência da deficiência visual, que vai da cegueira total à baixa visão. As etiquetas permitem diferenciar objetos de mesmo formato, distinguir botões, classificar objetos etc. O projeto supre uma carência de iniciativas voltadas para esse público, dando-lhes visibilidade e trazendo a discussão sobre técnicas e produtos para acessibilidade, utilizando o design como ferramenta de mudança social.

bien.al/12_design-deficientes-visuais

ACADÊMICO

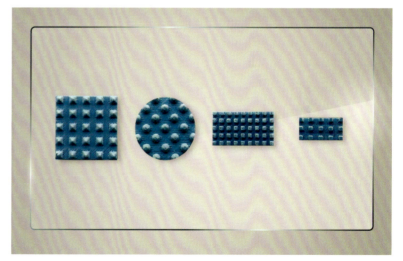

DINGBATS BRASÍLIA

AUTORIA
Grande Circular, 2015

EQUIPE
Design: Grande Circular, Bernardo Prates, Pedro Machado; **Coordenação do projeto, pesquisa iconográfica e direção de arte:** Bruno Porto, Santiago Mourão

CLIENTE
CCBB e Correio Braziliense

DESCRIÇÃO
Como parte do projeto *Retrato Brasília*, que mapeou as iniciativas criativas relacionadas à cultura local de Brasília, a fonte pictórica Dingbats Brasília tem por objetivo difundir a iconografia e preservar a memória afetiva da capital brasileira. A partir de uma interpretação minimalista e modular de elementos iconográficos e culturais pouco explorados da capital brasileira, distanciando-se dos conhecidos marcos arquitetônicos, a fonte, de distribuição livre e fácil utilização, permite a utilização por qualquer um que queira valorizar os ícones e a variedade cultural de Brasília.

bien.al/12_dingbats-brasilia

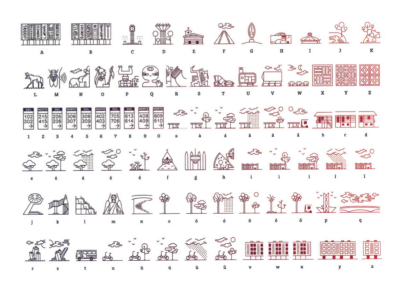

DINGBATS GRANDE VITORINHA

AUTORIA
Locomotipo, 2016

EQUIPE
Alex Furtado, Filipe Motta, Paulo Caldas, Thais Melotti

CLIENTE
Secretaria de Estado da Cultura – Secult

DESCRIÇÃO
Para apresentar a diversidade cultural e a iconografia capixabas, foi desenvolvida uma fonte pictórica com 98 caracteres, representando diversos pontos turísticos, monumentos, características da fauna e da flora locais, além de cenas do cotidiano de Vitória, valorizando as belezas naturais, históricas e culturais da região. Para criar uma unidade, foi definida uma base para cada desenho, que serviria como ligação e alinhamento entre eles, facilitando a criação de diferentes composições como se fossem um único desenho. As bases, de mesma altura, foram padronizadas em cinco: água, areia, grama, asfalto e calçamento. Foram criados ícones alternativos para substituir os numerais da fonte, possibilitando *patterns* mais livres, sem que os alinhamentos ficassem restritos às bases definidas. Como último detalhe na definição do estilo de desenho, foi adotado o uso de pequenas hachuras para atribuir mais singularidade aos desenhos e maior preenchimento das formas. A fonte pode ser aplicada em diversas mídias, impressas e digitais, além de peças gráficas, artesanato etc.

bien.al/12_grande-vitorinha

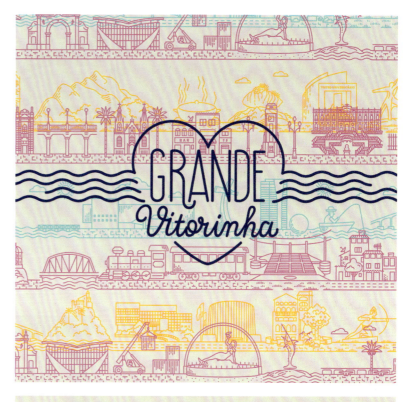

DIREÇÃO DE ARTE EDITORIAL A REDESCOBERTA DO COCO

AUTORIA
Revista Saúde, 2016

EQUIPE
Design: Letícia Raposo; **Ilustração:** Nik Neves; **Fotografia:** Dulla; **Produção:** Ina Ramos; **Direção de arte:** Robson Quinafélix

CLIENTE
Editora Abril

DESCRIÇÃO
Para uma matéria sobre o fruto e seus derivados, foi desenvolvido um design com ilustrações em xilogravura, no estilo dos cordéis do nordeste brasileiro. A mistura de fotos em fundo branco com ilustrações contextualiza o leitor e guia-no por toda a reportagem de dez páginas. A reportagem é dividida nas duplas pelos derivados do fruto: água, óleo, açúcar, leite e farinha. As informações correm pelas duplas divididas em quadros com mapas, tabelas, gráficos e linhas do tempo. A escolha por representar o fruto seco traz unidade para as fotos, todas na mesma paleta de cores (branco e marrom), dando destaque às ilustrações. Matéria vencedora da prata na 38ª edição do The Best of News Design, da Society for News Design.

bien.al/12_a-redescoberta-do-coco

DIREÇÃO DE ARTE EDITORIAL A REVOLUÇÃO DO BICHO

AUTORIA
Thales Molina e Mayra Fernandes, 2015

EQUIPE
Reportagem: Bruno Machado; **Design:** Thales Molina, Mayra Fernandes; **Ilustração:** Alexandre Jubran; **Edição de texto:** Victor Bianchin

CLIENTE
Revista Mundo Estranho

DESCRIÇÃO
Para ilustrar e informar uma matéria sobre o universo canino, numa revista cujo público tem um interesse natural por pautas sobre animais e busca matérias científicas de forma mais acessível, os infográficos apresentam dados, curiosidades e fatos sobre os animais, da comparação entre o corpo humano e o do cão a um cladograma simplificado do *Canis familiaris*, baseado em descobertas recentes de que os cães não são descendentes diretos do lobo, passando por infográficos clássicos da anatomia do animal e diversos gráficos e dados numéricos contemporâneos em relação à espécie e suas raças. Recebeu o Prêmio Abril de Infografia, o prêmio The Best of News Design, concedido pela Society of Newspaper Design, na categoria Information Graphics, e o prêmio ÑH – Lo Mejor del Diseño Periodístico España, na categoria Infografia.

bien.al/12_a-revolucao-do-bicho

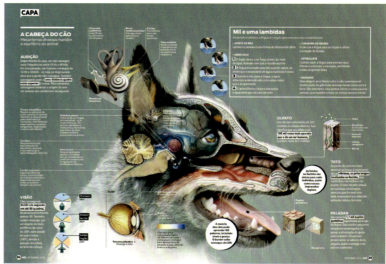

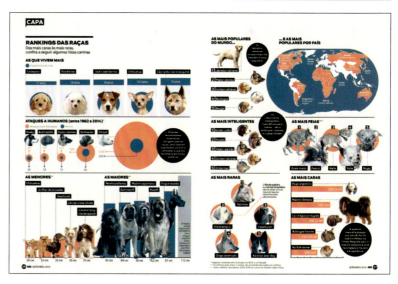

DIREÇÃO DE ARTE EDITORIAL ANTIMATÉRIA

AUTORIA
Feu e Fernanda Didini, 2016

EQUIPE
Direção de arte: Fernanda Didini; **Design:** Feu, João Pedro Brito; **Estagiária:** Mayra Martins; **Ilustração:** Pedro Piccinini, Victor Beuren, Estúdio Barca

CLIENTE
Revista Galileu – Editora Globo

DESCRIÇÃO
Para uma seção de seis duplas e duas simples que traz notas picadas de vários assuntos (nessa edição, sobre *startups*) de forma concisa e peculiar, foi criado um design diferente e balanceado, harmonizando notas, tamanho, hierarquia, cores, traço e acabamento. Uma paleta única por edição se harmoniza com um time misto de ilustradores (que varia a cada mês), dando características gráficas fortes a vozes diferentes, num projeto editorial bem-amarrado. Recebeu o Award of Excellence na 38ª edição da premiação da Society for News Design.

COMENTÁRIO DO JÚRI
Excelente combinação de composição, ilustração, paleta cromática e infografia para tratar de diversos assuntos com hierarquias e vozes diferentes, mas mantendo características gráficas fortes o suficiente para amarrá-los como uma grande matéria.

bien.al/12_antimateria

DESTAQUE

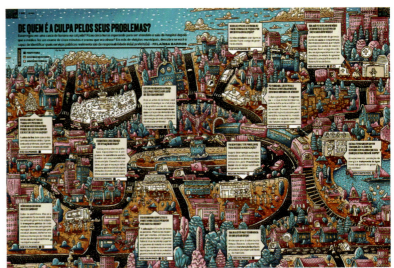

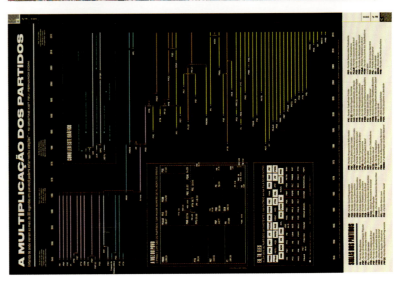

DIREÇÃO DE ARTE EDITORIAL CIRCO DOS HORRORES

AUTORIA
Feu e Fernanda Didini, 2016

EQUIPE
Direção de arte: Fernanda Didini; **Design:** Feu, Jõao Pedro Brito; **Estagiária:** Mayra Martins; **Ilustração:** Marcio Moreno

CLIENTE
Revista Galileu – Editora Globo

DESCRIÇÃO
Para uma matéria de capa que trata de acidentes e denúncias de maus tratos a animais em cativeiro em circos, zoológicos e parques, foram desenvolvidas ilustrações infografadas, procurando interagir com o leitor. Foi utilizada uma estética marcada pela mistura de ilustração tradicional, horror e uma paleta amarrada que conduz e diferencia as informações. Recebeu o Award of Excellence no 38º Society for News Design e o Award of Excellence no SPD52, da Society of Publication Designers.

bien.al/12_circo-dos-horrores

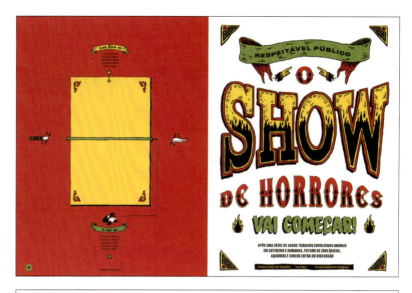

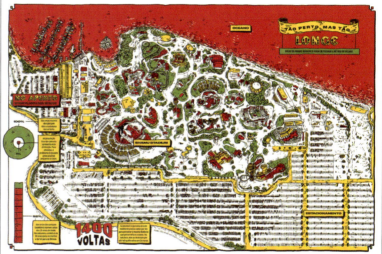

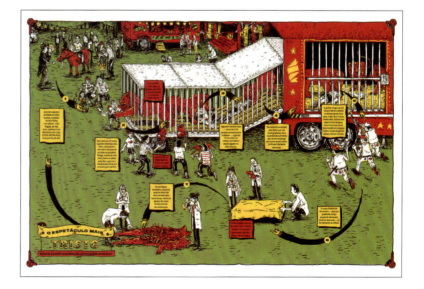

DIREÇÃO DE ARTE EDITORIAL DESTRINCHANDO O COMÉRCIO MUNDIAL

AUTORIA
Fabio Bosque, Fabio Sasaki, Mario Kanno e Marcelo Soares, 2016

EQUIPE
Direção de arte: Fabio Bosque; **Infográfico:** Mario Kanno; **Edição:** Fabio Sasaki; **Reportagem:** Marcelo Soares

CLIENTE
Editora Abril

DESCRIÇÃO
Numa proposta de apresentar temas da atualidade por meio de representações visuais de dados, desenvolvendo e treinando o leitor na interpretação desse tipo de linguagem, o Guia do Estudante Atualidades em questão trouxe uma narrativa consistente sobre o comércio mundial, repleta de recursos visuais, que se integram em um visual informativo e harmônico. Com clareza e originalidade, o mapa-múndi foi apresentado dentro do modelo de Buckminster Fuller, com estatísticas e pequenos textos analisando os dados.

bien.al/12_destrinchando-comercio-mundial

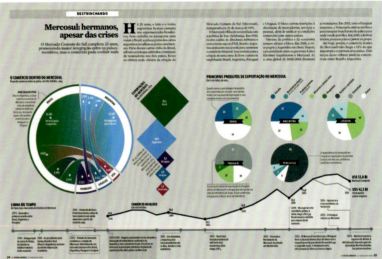
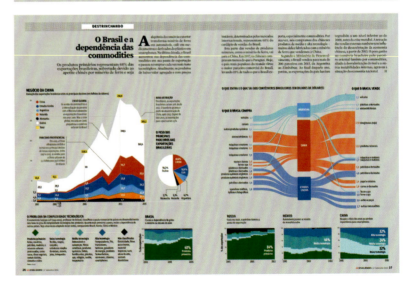

DIREÇÃO DE ARTE
EDITORIAL MAR MORTO

AUTORIA
Feu, 2016

EQUIPE
Direção de arte: Fernanda Didini; **Design:** Feu, João Pedro Brito; **Estagiária:** Mayra Martins; **Ilustração:** Guilherme Henrique

CLIENTE
Revista Galileu – Editora Globo

DESCRIÇÃO
Para uma matéria que retrata um problema ambiental grave de contaminação dos oceanos, de forma clara e direta, foi utilizada uma estética de cartografia antiga, na qual o *layout* aproveita o formato do suporte para dividir as informações do infográfico em fatias de informação. Finalista na categoria Information Graphics do SPD52, da Society of Publication Designers.

bien.al/12_mar-morto

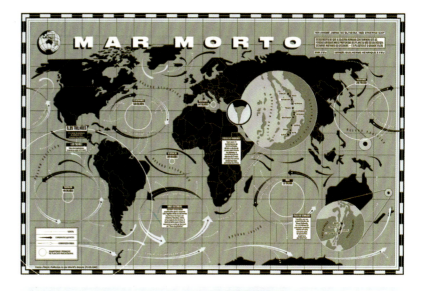

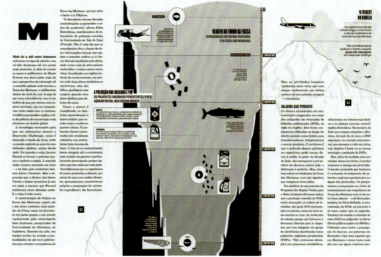

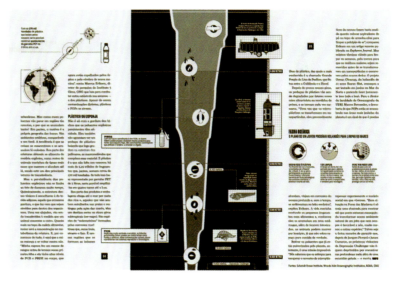

DIREÇÃO DE ARTE EDITORIAL NOVE PONTOS DE VISTA SOBRE O PAÍS

AUTORIA
Fernanda Didini, 2016

EQUIPE
Direção de arte: Fernanda Didini; **Design:** Feu, João Pedro Brito; **Estagiária:** Mayra Martins

CLIENTE
Revista Galileu – Editora Globo

DESCRIÇÃO
Para uma matéria feita durante o processo de *impeachment* da presidente Dilma Rousseff, a revista trouxe nove artigos escritos por especialistas em três áreas distintas – política, economia e sociedade –, cada um defendendo um ponto de vista. As páginas duplas são diagramadas para levar o leitor a exercitar novas maneiras de ler e ser enfrentado por opiniões conflitantes. Artigos divergentes são colocados lado a lado, e em muitas ocasiões o leitor tem de virar a página de ponta-cabeça, numa analogia a ver as coisas por novas perspectivas.

bien.al/12_nove-pontos-de-vista

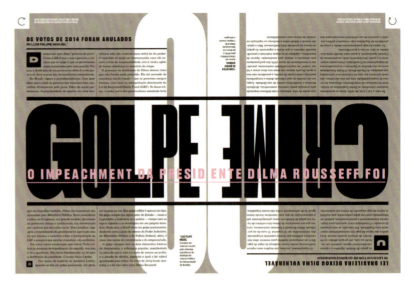

DIREÇÃO DE ARTE EDITORIAL O NOBEL DYLAN

AUTORIA
Correio Braziliense, 2016

EQUIPE
Direção de redação: Ana Dubeux; **Equipe da primeira página:** Luis Tajes, Marcelo Agner, Plácido Fernandes, Varilandes Junior; **Ilustração:** Kleber Sales

DESCRIÇÃO
A primeira página do jornal é tomada por uma impactante caricatura do letrista, músico e ícone estadunidense Bob Dylan, a quem fora outorgado o Nobel de Literatura.

bien.al/12_o-nobel-dylan

DIREÇÃO DE ARTE EDITORIAL PASSADO ADIANTE

AUTORIA
Folha de S.Paulo, 2016

EQUIPE
Edição de arte: Thea Severino, Fernanda Giulietti;
Ilustração: Ariel Severino; **Design:** Theo Lamar;
Infografia e ilustração: William Mur; **Infografia:** Mario Kanno; **Infografia e vídeo:** Eduarto Asta; **Digital:** Pilker;
Edição de foto: Marcelo Justo; **Áudio e vídeo:** Fabio Marra, Melina Cardoso, Marcus Leoni, André Felipe, Victor Parolin

DESCRIÇÃO
Para um caderno que aponta os desafios da crise política em curso no país, foi elaborado um projeto impresso e digital que busca ressaltar a divisão e as diferenças, com comparações e análises, incorporando informações concisas à dramaticidade do momento. O trabalho possui forte impacto visual com bastante didatismo, tornando um tema espinhoso mais palatável ao leitor.

bien.al/12_passado-adiante

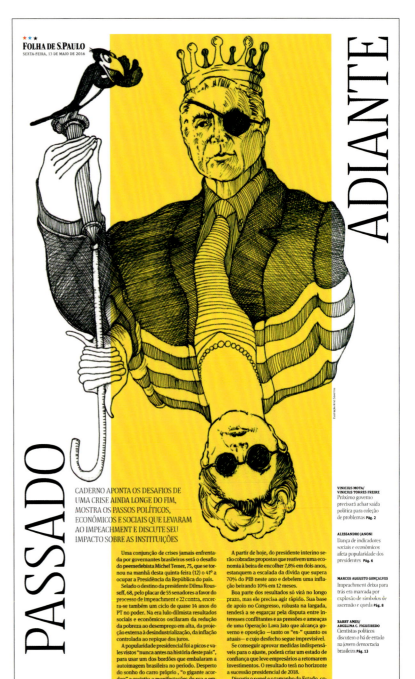

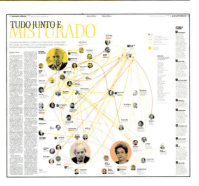

DIREÇÃO DE ARTE EDITORIAL QUE FALTA VOCÊ VAI FAZER, POETA

AUTORIA
Correio Braziliense, 2016

EQUIPE
Direção de redação: Ana Dubeux; **Edição de cultura:** José Carlos Vieira; **Ilustração:** Kleber Sales; **Diagramação:** Laerte Filgueira

DESCRIÇÃO
Para apresentar a notícia da morte do grande poeta brasileiro Ferreira Gullar de forma mais leve, foi utilizada uma ilustração com tons caricaturais.

bien.al/12_ferreira-gullar

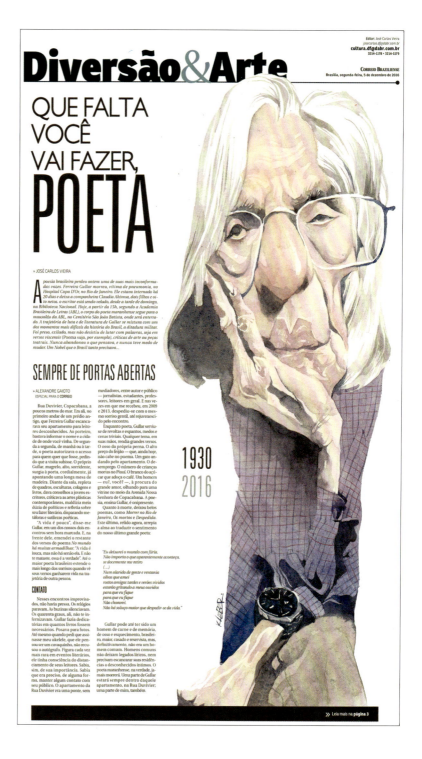

DIREÇÃO DE ARTE EDITORIAL RELEMBRE A SAGA STAR WARS

AUTORIA
Folha de S.Paulo, 2015

EQUIPE
Direção de arte: Thea Severino, Kleber Bonjoan; **Ilustração e animação:** William Mur; **Design, reportagem e desenvolvimento digital:** Alex Kidd; **Design e reportagem:** Clayton Bueno

DESCRIÇÃO
Para celebrar a estreia do sétimo episódio da saga de ficção científica, foi elaborada uma matéria didática, divertida e visualmente contundente que detalha cada episódio, seus personagens e suas curiosidades, com ilustrações e textos. Uma versão digital também foi elaborada com áudio e conteúdo interativo.

bien.al/12_relembre-saga-star-wars

DISCOBJETO MORRO DO CHAPÉU

AUTORIA
Goma Oficina, 2016

EQUIPE
Projeto e desenvolvimento: Goma Oficina por Guilherme Tanaka e Maria Cau Levy; **Montagem:** Guilherme Tanaka, Marcelo Jun, Henrique Girão, Ricardo Marujo; **Produção executiva:** Maria Cau Levy; **Arte do encarte:** Carol Scagliussi; **CNC:** Guga Landi; **Vídeo:** Fernando Banzi; **Distribuidora:** Trattore; **Apoio:** Red Bull Studios

CLIENTE
Selo Risco, banda Charlie e os Marretas

DESCRIÇÃO
Série limitada de quinhentas unidades numeradas da embalagem artesanal "discobjeto" para o álbum *Morro do Chapéu*, da banda Charlie e os Marretas. Produzida em máquina de corte a *laser*, a embalagem se torna um quadrinho de parede e permite variações da capa utilizada.

COMENTÁRIO DO JÚRI
O projeto se mostra inovador ao ressignificar a função da embalagem de CD – artefato em franco processo de extinção em uma já combalida indústria fonográfica – valorizando-a como objeto de decoração, colecionável e mesmo passível de reúso.

bien.al/12_morro-do-chapeu

> **DESTAQUE**

DOSSIÊS GALILEU

AUTORIA
Fernanda Didini, Feu e João Pedro Brito, 2016

EQUIPE
Direção de arte: Rafael Quick, Rodolfo França, Fernanda Didini; **Design:** Feu, João Pedro Brito; **Estagiários de arte:** Mayra Martins, Ricardo Napoli; **Ilustração:** Vini Valente; **Fotografia:** Tomás Arthuzzi

CLIENTE
Editora Globo

DESCRIÇÃO
Para transmitir uma variedade de aspectos de um determinado tema a cada edição, a revista *Galileu* utiliza textos curtos, fotos, ilustrações, mapas e visualização de dados, elaborando páginas duplas com informações não lineares que podem ser lidas individualmente. O leitor pode escolher um diagrama, gráfico ou texto específico e lê-lo de forma isolada, sem que sua compreensão seja prejudicada. Temas com abordagens mais genéricas recebem ilustrações e soluções fotográficas, enquanto apurações mais densas se valem de infográficos.

bien.al/12_dossies-galileu

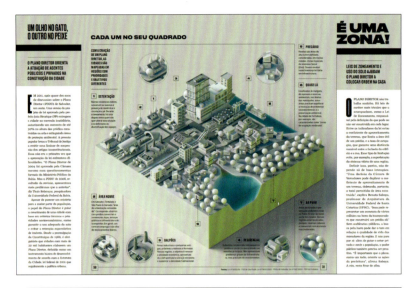

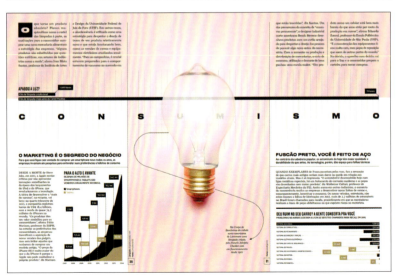

E-BOOK DOS CURSOS EAD DA UNICORREIOS

AUTORIA
Alexsandro Almeida e Mila Costa, 2016

EQUIPE
Design gráfico: Alexsandro de Brito Almeida, Mila Guimarães Costa; **Orientação:** profs. Bruno Porto, Maria Helena Pereira da Silva

CLIENTE
UniCorreios

DESCRIÇÃO
Para um melhor alinhamento da identidade visual da marca Correios com os materiais educativos da UniCorreios, o projeto gráfico estabeleceu um padrão visual e estrutural dos seus cursos EaD, melhorando o conforto visual e de legibilidade dos seus conteúdos – fortalecendo ainda a imagem institucional da UniCorreios e, consequentemente, dos Correios. Por meio de um sistema modular de ilustração criado especificamente para essa modalidade, o projeto contribuiu para o processo de ensino e aprendizado de empregados, parceiros e colaboradores, além de reduzir o tempo e o preço de produção de seus materiais EaD. Desenvolvido como projeto de conclusão de curso da Pós-Graduação em Design Editorial do Istituto Europeo di Design – IED Rio/Centro Universitário IESB (DF).

bien.al/12_e-book-ead-unicorreios

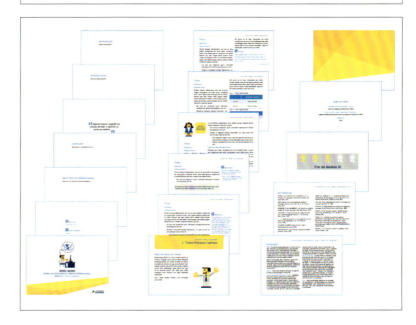

E-PUB VEJA EDIÇÃO ESPECIAL OLIMPÍADA RIO 2016

AUTORIA
Rafael Costa, 2016

EQUIPE
Design gráfico: Rafael Costa, Gilda Castral, Alexandre Reche, Ana Paula Galisteu, Isamel Canosa, Daniel Marucci, Marcos Vinícius Rodrigues, André Luis Chagas, Douglas Bressar, Isabel Gontijo Hamdan, Leonardo Eichinger, Marcelo Minemoto, Ricardo Ferrari, Ricardo Horvat Leite, Adriano Pidone, Anderson Marçal Leandro, Wander Moreira Mendes, Eco Moliterno

CLIENTE
Revista Veja

DESCRIÇÃO
Buscando criar uma nova experiência para os leitores em um momento tão histórico, foi desenvolvida uma edição especial da revista semanal *Veja* sobre os Jogos Olímpicos Rio 2016. Voltada para *tablets*, a edição apresenta conteúdos exclusivos interativos, ensaios olímpicos, tabelas de medalhas, vídeos e realidade virtual com design e projeto gráfico específicos para essa interface.

bien.al/12_veja-olimpiada-rio-2016

EMBALAGEM ÁGUA DE COCO DO BEM™ X ADIDAS

AUTORIA
Hardcuore, 2016

EQUIPE
Direção criativa e direção de arte: Breno Pineschi, Rafael Cazes; **Ilustração e design:** João Zanin; **Fotografia:** Demian Jacob

CLIENTE
do bem™

DESCRIÇÃO
Como estratégia de marketing durante os Jogos Olímpicos Rio 2016, foi desenvolvida uma embalagem especial da água de coco do bem™ em parceria com a Adidas. Sem mudar o formato da caixa de um litro da água de coco, a embalagem recebeu um novo padrão que faz uma associação direta com a funcionalidade da bebida (a água de coco é um isotônico natural) e celebra a parceria (o personagem da embalagem regular pratica esportes e usa equipamentos Adidas).

bien.al/12_agua-coco-do-bem-adidas

EMBALAGEM AROMATIZADOR DE AMBIENTES THE BODY SHOP

AUTORIA
Casa Rex, 2016

EQUIPE
Direção de design: Gustavo Piqueira; **Design:** Gustavo Piqueira, Samia Jacintho, Ingrid Lafalce; **Equipe:** Danilo Helvadjian, Andrés Acosta, Daniel Mortara, Vanessa Miura

CLIENTE
The Body Shop

DESCRIÇÃO
Apresentando uma linha de aromatizadores e difusores de ambientes, foi criada uma embalagem com uma estampa efusiva, que cria um jogo de transparências e brinca com a ideia de fragrâncias envolventes. As estampas trazem uma dimensão tátil para as fragrâncias, conferindo a elas também um *status* decorativo.

bien.al/12_aromatizador-body-shop

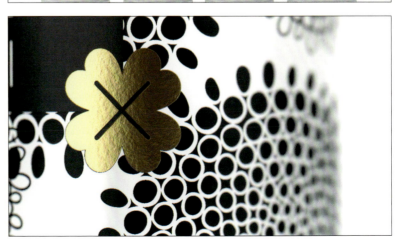

EMBALAGEM ASKUL

AUTORIA
Casa Rex, 2016

EQUIPE
Direção de design: Gustavo Piqueira; **Design:** Gustavo Piqueira, Samia Jacintho; **Equipe:** Ingrid Lafalce, Marcio Takeda

CLIENTE
Askul

DESCRIÇÃO
Para um aromatizador de ambientes japonês vendido online, foi desenvolvida uma embalagem que foge do padrão de produtos em gôndola. Apresentando uma manhã ensolarada, que remete a frescor, a embalagem apresenta um apelo visual que permite transformar um produto geralmente escondido em algo que pode ser facilmente integrado a um ambiente.

bien.al/12_askul

EMBALAGEM CACHAÇA LÚCIA VERÍSSIMO

AUTORIA
Labis Design, 2016

EQUIPE
Atendimento: Henrique Catenacci; **Direção de criação:** Henrique Catenacci; **Design:** Henrique Catenacci, Nataly Luana Nodari

CLIENTE
Lúcia Veríssimo

DESCRIÇÃO
Buscando posicionar o rótulo no mercado internacional de cachaça, com valor e qualidade *premium*, foram criadas novas marca, etiqueta e garrafa, dando mais autoridade e evidenciando suas características artesanais.

bien.al/12_cachaca-lucia-verissimo

EMBALAGEM CAIXA DOS DESEJOS EMPÓRIO BODY STORE

AUTORIA
Casa Rex, 2015

EQUIPE
Direção de design: Gustavo Piqueira; **Design:** Gustavo Piqueira, Samia Jacintho, Ingrid Lafalce; **Equipe:** Cristiano Machado, Letícia Genesini, Marcio Takeda

CLIENTE
The Body Shop

DESCRIÇÃO
Identificando uma coleção de produtos para o período das festas de fim de ano, foi elaborada uma caixa que presenteia o receptor com sabonetes sortidos com temas de desejos de Ano Novo. Cada desejo foi sintetizado em uma cor e um ícone: fortuna (diamante amarelo), sorte (trevo de quatro folhas verde), amor (coração vermelho) e paz (pomba branca). A parte externa da caixa conta com uma estampa que alterna entre o dourado e as cores de cada desejo.

bien.al/12_caixa-desejos-body-store

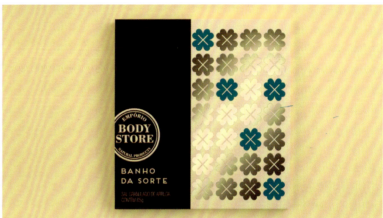

EMBALAGEM FUZE BEER

AUTORIA
Candy Shop, 2016

EQUIPE
Direção de criação: Bruno Regalo, Thiago Matsunaga;
Direção de arte: Thiago Matsunaga, Bruno Regalo;
Atendimento: Eduardo Johnscher; **Aprovação:** Daniel Klock

CLIENTE
Fuze

DESCRIÇÃO
Como forma de presentear clientes e parceiros, o estúdio Fuze Image Maker desenvolveu uma cerveja cuja embalagem deveria passar no rótulo o conceito do estúdio. O centauro foi escolhido como símbolo por unir a inteligência do homem e a força do cavalo.

bien.al/12_fuze-beer

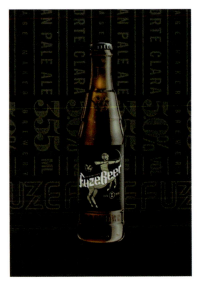

EMBALAGEM ITAIPAVA

AUTORIA
FutureBrand São Paulo, 2016

CLIENTE
Grupo Petrópolis

DESCRIÇÃO
Para revitalizar a marca, que se manteve desatualizada por muito tempo, acompanhando seu crescimento no mercado e angariando a simpatia de novos consumidores, a cerveja Itaipava realizou um redesign da sua embalagem. A tipografia centralizada e a paleta de cores em vermelho, branco e dourado foram mantidas, mas foram retirados elementos sobressalentes e criada uma nova estrutura diagonal para dar destaque na gôndola. Como símbolo que sintetiza a mudança e a essência do produto, foi inserida a coroa real acima do nome.

bien.al/12_embalagem-itaipava

EMBALAGEM KNORR SECOND COURSES

AUTORIA
Casa Rex, 2016

EQUIPE
Direção de design: Gustavo Piqueira; **Design:** Gustavo Piqueira, Ingrid Lafalce; **Equipe:** Danilo Helvadjian, Luiz Sanches Junior, Vanessa Miura

CLIENTE
Unilever

DESCRIÇÃO
Introduzindo uma nova linha de temperos para o mercado russo, a embalagem apresenta uma janela frontal que não apenas destaca o formato único do produto, mas integra-o à narrativa visual, apresentando os principais ingredientes de cada variante e seus possíveis pratos correspondentes.

bien.al/12_knorr-second-courses

EMBALAGEM PINGO DO MULA

AUTORIA
OESTE, 2015

EQUIPE
Direção de arte: Mariana Misk, Joana Alves; **Design:** Aline Ribeiro; **Produção gráfica:** Joana Alves; **Fotos:** Rafael Motta

CLIENTE
Paulo Henrique Matos

DESCRIÇÃO
Para conferir uma personalidade marcante e atual a um queijo, diferenciando-o dos demais da mesma região e destacando-o nos grandes centros onde é comercializado, foi desenvolvida uma identidade (nome, marca e embalagem) que se utiliza do humor. A partir da imagem da "mula" (apelido do produtor na região) e de outros elementos estéticos presentes no rótulo, foi conferida uma imagem divertida, regional e contemporânea ao produto.

bien.al/12_pingo-do-mula

EMBALAGEM SALUMERIA ROMANI

AUTORIA
Labis Design, 2015

EQUIPE
Atendimento: Bruna Pratis; **Direção de criação:** Henrique Catenacci; **Designer responsável:** Nataly Luana Nodari; **Redação:** Ana Flávia Bassetti

CLIENTE
Salumeria Romani

DESCRIÇÃO
Buscando conferir padrão internacional à linha de produtos, além de diferenciá-la dos competidores nacionais, foi desenvolvida uma embalagem que remetesse ao lado artesanal italiano e, ao mesmo tempo, conferisse um *status gourmet* ao produto. As embalagens possuem um selo distintivo que atesta a qualidade. A paleta de cores foi baseada na bandeira italiana, adicionada de preto e dourado para dar um tom sóbrio e sofisticado. O logotipo e o selo foram feitos a partir de uma releitura de logotipos e selos antigos utilizando diferentes formas de diagramação, com sobreposições de elementos e texturas. Papel kraft e materiais como barbantes e carimbos foram utilizados para enriquecer a identidade do produto artesanal.

bien.al/12_salumeria-romani

EMBALAGEM TÁ NA MÃO

AUTORIA
Quadrante, 2016

EQUIPE
José Antonio Ramos Junior, Marcelo Figueirêdo, Marianny Carvalho, Yuri Nogueira

CLIENTE
Quadrante Studio

DESCRIÇÃO
Desenvolvendo um sistema de embalagem que estimulasse a curiosidade do consumidor sobre um produto lúdico e inteligente – usado como prateleira suspensa e suporte organizador para pequenos objetos –, foi elaborada uma embalagem de baixo custo que contém: uma luva de quatro fios que reveste o produto (e pode ser reutilizada), uma *tag* informativa com as características técnicas e um visor triangular recortado que permite identificar a cor da peça.

bien.al/12_ta-na-mao

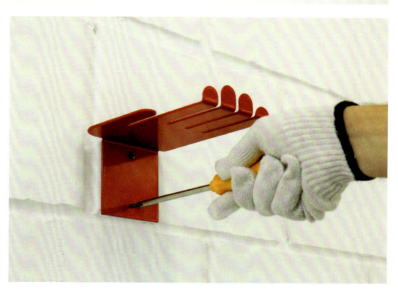

EMBALAGEM TASTILLERY

AUTORIA
Mauro Martins, 2016

EQUIPE
Mauro Martins, Waldemar Wegelin

CLIENTE
Tastillery

DESCRIÇÃO
Para apresentação de uma coleção de pequenas doses de bebidas escolhidas pelos clientes, foi desenvolvida uma caixa totalmente coberta por ilustrações em tom de cobre, que remetem ao universo das bebidas, com suas histórias e seus imaginários. A caixa torna-se uma experiência visual que acompanha a degustação. Se porventura desmontada, a caixa traz a seguinte mensagem escondida: "os melhores *drinks* são difíceis de encontrar".

bien.al/12_tastillery

EMBALAGENS AMÓ

AUTORIA
Questto|Nó, 2015

EQUIPE
Leonardo Massarelli, Barão di Sarno, Andrea Kulpas, Rodrigo Santos, Lucas Costa, Maria Júlia Brito

CLIENTE
Natura

DESCRIÇÃO
Para revitalizar uma linha de perfumes já conhecida do público, as embalagens foram diferenciadas entre feminino e masculino, saindo da forma neutra que servia às duas fragrâncias. O desenho orgânico das embalagens faz com que elas se encaixem suavemente, remetendo à união de dois indivíduos e invocando a relação amorosa e sensual que se estabelece entre um casal, traço essencial da marca.

bien.al/12_amo

EMBALAGENS BARRINHAS DO BEM™

AUTORIA
Hardcuore, 2015

EQUIPE
Embalagens | Direção criativa e direção de arte: Breno Pineschi, Rafael Cazes; **Design gráfico:** João Zanin; **Filmes e campanha digital | Direção criativa e arte:** Breno Pineschi, Rafael Cazes; **Assistente de direção:** Ana Luiza Braga; **Direção de fotografia:** Andrea Capella; **Pós-produção e animação:** Rafael Cazes, Fernando Maia; **Trilha sonora:** João Brasil

CLIENTE
do bem™

DESCRIÇÃO
Para introduzir o novo segmento de barrinhas de cereal da marca do bem™, foram desenvolvidas embalagens, cartuchos e caixas que remetessem e se apropriassem do design hipercolorido e minimalista das caixinhas dos sucos naturais, que são um dos fundamentos da personalidade da marca.

bien.al/12_barrinhas-do-bem

EMBALAGENS BIRIDOG

ACADÊMICO

AUTORIA
Maurenilson Freire, 2015

EQUIPE
Design e ilustração: Maurenilson da Silva Freire;
Orientação: profs. André Maya, Bruno Cared

CLIENTE
Centro Universitário IESB

DESCRIÇÃO
Como parte da disciplina acadêmica de Processo de Criação, foram desenvolvidos três perfis diferentes para uma mesma bebida: uma cerveja para cachorros. A Biridog é divertida, fazendo referência à palavra "birita" – nome dado às bebidas alcoólicas – e contando com uma faixa transparente que dá a ilusão de que o cachorro no rótulo interage com o líquido. A Caninos é mais tradicional, com uma garrafa larga e baixa que faz referência ao bulldog do rótulo. Já a Tutano tem uma proposta mista, tradicional e divertida, sendo feita para ser colecionada. Cada rótulo possui um cão com uma característica humana baseada em seu tipo físico ou no imaginário que o cerca.

bien.al/12_biridog

EMBALAGENS CERVEJARIA BOHEMIA

AUTORIA
Colletivo Design, 2016

EQUIPE
Direção de criação e arte: Marcelo Roncatti, David Bergamasco; **Aplicação e desdobramentos:** David Bergamasco, Marcelo Roncatti, Issao Nakabashi; **Redação:** Lucas Vilaça, Bruna Corrêa; **Finalização:** Silas Yamakami

CLIENTE
Ambev

DESCRIÇÃO
Projeto de identidade para linha de cervejas com um sistema visual capaz de introduzir e ensinar a cultura do universo cervejeiro de forma fácil, contemplando diversos estilos clássicos de cerveja, com nomes, códigos de cores e ilustrações inspirados pela cidade fluminense de Petrópolis.

COMENTÁRIO DO JÚRI
Excelente uso de cores e originalidade na combinação de imagens e tipografia.

bien.al/12_cervejaria-bohemia

DESTAQUE

EMBALAGENS CLANDESTINA

AUTORIA
Mauro Martins, 2016

CLIENTE
Clandestina Produtos para Cabelo

DESCRIÇÃO
Para permitir que uma marca de pomadas para cabelo conversasse com seu público de maneira irreverente, remetendo a um estilo de vida ousado, foram desenvolvidas embalagens com rótulos com esse visual de ousadia, por meio de elementos das culturas *old school*, skate, *break*, pirata etc.

bien.al/12_clandestina

EMBALAGENS DOVE MEN ELEMENTS

AUTORIA
Casa Rex, 2016

EQUIPE
Direção de design: Gustavo Piqueira; **Design:** Gustavo Piqueira, Danilo Helvadjian, Ingrid Lafalce, Samia Jacintho; **Equipe:** Andrés Acosta, Lilian Meireles, Marcio Takeda

CLIENTE
Unilever

DESCRIÇÃO
Para a nova extensão global da linha de cuidados masculinos, as embalagens foram remodeladas com vistas a um universo de frescor movido por elementos naturais. Texturas desses elementos aparecem com uma crueza que remete ao apelo masculino, sem abandonar a sofisticação. A natureza abstrata das texturas permite uma alta flexibilidade para diferentes formatos e tamanhos de embalagens.

bien.al/12_dove-men-elements

EMBALAGENS FRUTAÊ

AUTORIA
Enredo Branding, 201

EQUIPE
Ciro Rocha, Lucas Peixoto, Tiago Rodrigues, Gustavo Gontijo, Julie Vieira, João Tiago Camargo

CLIENTE
Doce Vida

DESCRIÇÃO
Para uma marca de polpas de fruta que passava por um período de expansão, foi elaborada uma forma de destacar as embalagens, evidenciando sua qualidade superior e diferenciando-as das concorrentes, sempre muito similares, já pelo formato, sendo retangulares em vez de quadradas. Sua espessura mais fina facilita a abertura, e o visual é limpo, valorizando o nome e a cor natural das frutas.

bien.al/12_embalagens-frutae

EMBALAGENS KAEBISCH

AUTORIA
Mauro Martins, 2016

CLIENTE
Kaebisch Chocolate

DESCRIÇÃO
Para inserir-se em um mercado mais competitivo, o de chocolates nos Estados Unidos, foram desenvolvidas novas embalagens para os chocolates da marca, que se destacassem melhor nos pontos de venda. A embalagem é coberta com imagens que remetem a várias situações e ícones do mundo do chocolate e traz as informações específicas de cada variedade em um adesivo de cor vibrante.

bien.al/12_kaebisch

EMBALAGENS
LA FRUTTA JUICE

AUTORIA
FutureBrand São Paulo, 2016

CLIENTE
Nestlé Sorvetes

DESCRIÇÃO
Apresentando uma nova linha de sabores de picolés cujo catalisador é o suco de fruta, a embalagem traz o momento exato da mistura das frutas, que se mesclam e convidam à experiência do sabor.

bien.al/12_la-frutta-juice

EMBALAGENS LEÃO SENSES

AUTORIA
Pharus Bright Design, 2016

EQUIPE
Direção: Marcio Mota, Cris Inoue, Alex Libotte; **Liderança de projeto:** Vivi Kano; **Design:** Gabriel Fernandes, Pedro Mattos; **Ilustrações:** Diana Carneiro; **Fotografia:** Alex Libotte

CLIENTE
Coca-Cola Brasil

DESCRIÇÃO
Para apresentar uma linha *premium* de chás, foram desenvolvidas embalagens com forte apelo sensorial. O conceito "O Exotismo da Natureza" trazia o frescor e a intensidade dos ingredientes, totalizando um produto visual, aromático e convidativo.

bien.al/12_leao-senses

EMBALAGENS MATILHA

AUTORIA
Colletivo Design, 2015

EQUIPE
Direção de criação e design: Marcelo Roncatti, David Bergamasco; **Redação:** Marcelo Roncatti, Lucas Vilaça

CLIENTE
Colletivo Design | Agência Moonstro | Battle Lab

DESCRIÇÃO
Como forma de celebrar o aniversário do estúdio paulistano e de duas outras empresas do grupo, foram elaboradas três cervejas especiais inspiradas nas cachorras de estimação dos três sócios fundadores. Cada rótulo traduz a personalidade de cada animal com ilustrações, *leterring* e cores que remetem aos estilos das cervejas. Um kit de papelão serigrafado traz ilustrações das cadelas com um texto explicativo e, dentro, as três garrafas acompanhadas de um abridor e uma impressão em risografia.

bien.al/12_matilha

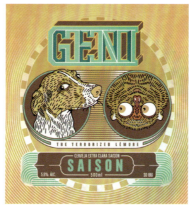
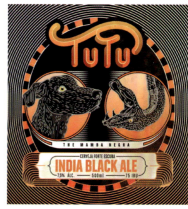
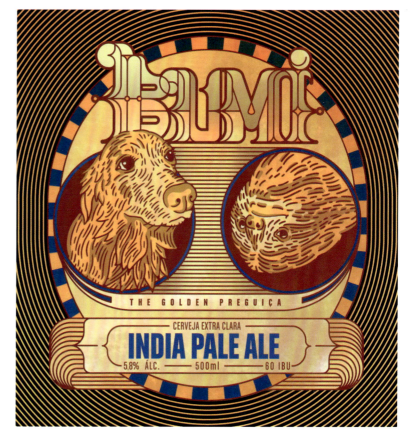

EMBALAGENS MITO CAFÉS ESPECIAIS

AUTORIA
Greco Design, 2016

EQUIPE
Direção de criação: Gustavo Greco; **Gerência de criação:** Tidé; **Gerência de projeto:** Victor Fernandes; **Design:** Diego Belo, Fernanda Monte Mor, Léo Rosário; **Ilustração:** Bruno Nunes; **Produção:** Alexandre Fonseca, Allan Alves

CLIENTE
Mito Cafés Especiais

DESCRIÇÃO
Para lançar uma nova marca de cafés especiais no mercado, mantendo a tradição de mais de cem anos da fazenda produtora, a embalagem recebeu ilustrações aquareladas que retratam mitos e lendas da região da fazenda e relacionam-se com cada *blend*. A marca teve o eixo da letra "O" inclinado, remetendo a um grão de café.

bien.al/12_mito-cafes-especiais

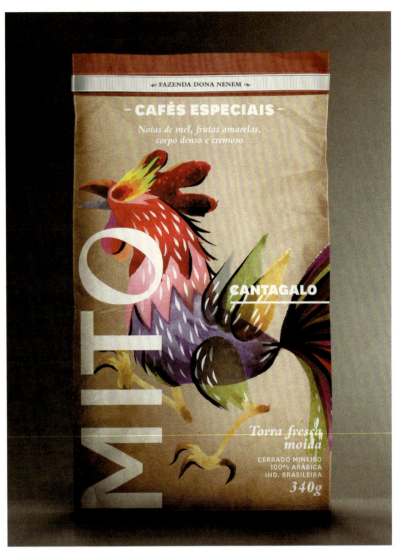

EMBALAGENS
PARDAL ORIGINAL

AUTORIA
Abracadabra, 2015

EQUIPE
Allyson Reis, Monike Oliveira, Erick Ferraz, Júlia Moésia, Mayra Guerreiro

CLIENTE
Pardal Sorvetes

DESCRIÇÃO
Buscando criar uma nova identidade para uma linha de produtos já conhecida no mercado, foram desenvolvidas embalagens que mantivessem a essência, mas adicionassem significado por meio de símbolos regionais e culturais que se identificassem com a marca. Os rótulos trazem influência dos ingredientes locais, gerando reconhecimento afetivo.

bien.al/12_pardal-original

EMBALAGENS PURO+

AUTORIA
A10 – Ideias que transformam, 2016

EQUIPE
Criação: Bruno Didário, Margot Doi Takeda, Rodrigo Brandão, Eudes Correia; **Atendimento:** Juliana Gonzales; **Produção de arte:** Edgar Marculino, Priscila Marques; **Cliente:** Aline Girardi, Cristina Partel

CLIENTE
Fazenda Amazonas – Puro+

DESCRIÇÃO
Para criar um universo visual que equilibrasse os códigos das embalagens de suco com elementos próprios da marca, foram desenvolvidas embalagens triangulares representando as relações entre indivíduo, natureza e vida. A linguagem visual foi inspirada nos movimentos dos alimentos e nas cores encontradas na natureza. O estilo de ilustração valoriza a presença dos principais ingredientes ativos da Amazônia, além de se aproximar do consumidor pelos traços mais gestuais. Além disso, o design serve para destacar o produto na gôndola e identificá-lo como um produto *premium* e natural.

bien.al/12_puro-mais

EMBALAGENS SAGATIBA

AUTORIA
Casa Rex, 2016

EQUIPE
Direção de design: Gustavo Piqueira; **Design:** Gustavo Piqueira, Ingrid Lafalce, Samia Jacintho; **Equipe:** Danilo Helvadjian, Cristiano Machado, Andrés Acosta, Eduarda Silva, Letícia Genesini, Lilian Meireles, Marcio Takeda, Marianne Meni, Vanessa Miura

CLIENTE
Gruppo Campari

DESCRIÇÃO
Conferindo uma nova identidade visual à marca de cachaça, mas mantendo sua proposta contemporânea, as novas embalagens trazem à tona as raízes nacionais do produto por meio de estampas efusivas que mesclam iconografias brasileiras da música à fauna, passando por diferentes paisagens, sempre vibrantes e multicoloridas.

bien.al/12_sagatiba

EMBALAGENS SADIA PAO JIAO

AUTORIA
Casa Rex, 2016

EQUIPE
Direção de design: Gustavo Piqueira; **Design:** Gustavo Piqueira, Ingrid Lafalce; **Equipe:** Danilo Helvadjian, Luiz Sanches Junior, Andrés Acosta, Daniel Mortara, Marcio Takeda, Vanessa Miura

CLIENTE
BRF

DESCRIÇÃO
Um projeto de identidade visual e embalagens para a linha de *snacks* de pés de galinha na China. As embalagens remetem aos utensílios da culinária chinesa usualmente utilizados para guardar os pés de galinha, conferindo uma identidade jovem e dinâmica ao produto.

bien.al/12_sadia-pao-jiao

EMBALAGENS SKOL

AUTORIA
Tátil Design de Ideias, 2015

EQUIPE
Criação: Fred Gelli, Renan Benvenuti, Rodrigo Bessa, Helena Hennemann; **Atendimento:** Ulli Ferrari; **Direção da marca:** Maria Fernanda Albuquerque; **Gerência da marca:** Lia Bertoni, Daniel Feitosa; **Embalagens:** Bernnardo Bonnard, Leticia Miyasaka

CLIENTE
Skol

DESCRIÇÃO
Para revitalizar e atualizar o visual da marca de cerveja mais consumida no país, a embalagem sofreu um redesign que valoriza os principais *assets* visuais da marca: o amarelo e a seta. O conceito "desce redondo" também foi recuperado.

bien.al/12_skol

EMBALAGENS SUCOS NAKE

AUTORIA
BR/BAUEN, 2016

EQUIPE
Direção de criação e design: Rodrigo Francisco, Braz de Pina; **Estratégia e** *naming*: Luís Feitoza; **Assistência de design:** Murilo Pascoal; **Planejamento:** Andrea Montoro, Rodrigo Lopes

CLIENTE
Nake Sucos Espressos

DESCRIÇÃO
Para introduzir no mercado uma nova linha de sucos que tem como diferencial a capacidade de preservar as características nutritivas de cada ingrediente – por ser produzido por meio do processo de prensagem a frio e não utilizar água, somente frutas e vegetais de alta qualidade –, foi desenvolvido um sistema de sinalização da composição, onde formas geométricas apontam a quantidade de ingredientes em cada sabor. A embalagem é transparente e composta desses elementos, com a diferenciação em gôndola dada pelas cores de cada líquido.

COMENTÁRIO DO JÚRI
Solução moderna, limpa, de forte apelo visual, integrada por uma coleção de ícones que inteligentemente se tornam símbolos da classificação do produto e seu elemento de diferenciação.

bien.al/12_sucos-nake

DESTAQUE

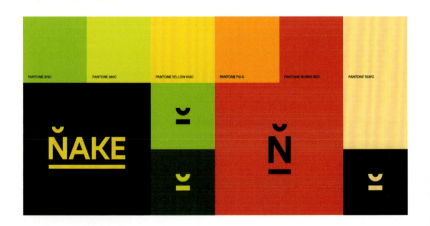

ESTAMPAS TELÚRICA

AUTORIA
Joana Lira, 2016

EQUIPE
Joana Lira, Ademir Bueno, Edson Coutinho, Amanda Fiore

CLIENTE
Tok&Stok

DESCRIÇÃO
Para criar uma linha de produtos para casa produzidos em larga escala, com desenhos que exaltassem a alegria e a vivacidade, as estampas foram inspiradas em sementes, flores e folhas em movimento, dispostas em cores fortes e vibrantes. A coleção contempla 27 itens para cama, mesa, banho e decoração, que cumprem a proposta equilibrando qualidade e acabamento.

bien.al/12_estampas-telurica

EXPOSIÇÃO 10 ANOS DO MUSEU DA GASTRONOMIA BAIANA

AUTORIA
Maria Helena Pereira da Silva, 2016

EQUIPE
Design visual: Maria Helena Pereira da Silva, Azeviche Design; **Textos expositivos:** Raul Lody; **Fotografias:** Marisa Vianna, Luciano Andrade, Jorge Sabino, Maria Helena Pereira da Silva, Gabriela Klink, Tatiana Lindenberg, Urânia Martins, Arquivo Senac Bahia, Pierre Verger (Fundação Pierre Verger); **Impressão e montagem:** JS Comunicação

CLIENTE
Senac Bahia

DESCRIÇÃO
Em comemoração aos 10 anos do Museu da Gastronomia Baiana – MGBA, fundado em 2006, foi criada uma exposição que recuperou a história da instituição, em consonância com sua identidade visual. Tipografias, temas, cores, texturas, vinhetas e ilustrações que representam a diversidade étnico-cultural da gastronomia baiana estavam presentes na Galeria Nelson Daiha, no MGBA, voltada para o Largo do Pelourinho.

bien.al/12_mgba-10-anos

EXPOSIÇÃO ABRAHAM PALATNIK – A REINVENÇÃO DA PINTURA

AUTORIA
Marina Ayra, Mariana Afonso e Luiz Dominguez, 2016

EQUIPE
Curadoria: Felipe Scovino, Pieter Tjabbes; **Idealização:** Art Unlimited, Pieter Tjabbes, Tânia Mills; **Projeto gráfico e comunicação visual:** Marina Ayra, Mariana Afonso, Luiz Dominguez; **Arquitetura da exposição:** George Mills Arquitetos, Gabriela Orlandi Fernandes

CLIENTE
Art Unlimited

DESCRIÇÃO
Para apresentar as obras de arte do artista plástico brasileiro Abraham Palatnik, foi projetada uma exposição itinerante que colocava as obras em primeiro lugar, como protagonistas dentro da exposição e como referências do lado de fora. Cerca de noventa obras foram dispostas em ambientes silenciosos, que atraíam primeiro o olhar do visitante. A sinalização da exposição, as paredes, os *banners*, o catálogo e todo o material gráfico de apoio levaram as cores, as texturas e a luminosidade do trabalho do artista. A identidade foi desenvolvida relacionando a marca da exposição (elaborada com uma tipografia arredondada de fácil leitura) com recortes de imagens ampliadas de diversas e variadas obras do artista. A exposição esteve nos Centros Culturais Banco do Brasil de Brasília e Rio de Janeiro, no Museu Oscar Niemeyer (Curitiba), no Museu de Arte Moderna de São Paulo e na Fundação Iberê Camargo (Porto Alegre).

bien.al/12_abraham-palatnik

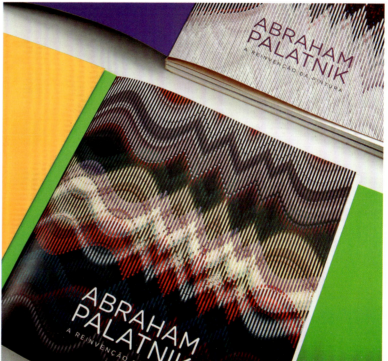

EXPOSIÇÃO CAIXA DE LETRAS

AUTORIA
Mandacaru e Henrique Nardi, 2015

EQUIPE
Curadoria: Henrique Nardi; **Produção executiva:** Bebel Abreu; **Projeto expográfico:** Bebel Abreu, Henrique Nardi, Fernanda Cruz; **Identidade visual:** Henrique Nardi; **Assistentes de produção:** Manaira Abreu, Letícia Marques; **Execução:** Marcos Albertin/Oficina de Artes (painéis), Diferente Marketing (plotagem)

CLIENTE
Colégios Albert Sabin | Vital Brazil | AB Sabin

DESCRIÇÃO
Para apresentar de forma didática e gráfica a importância da tipografia no cotidiano, a mostra apresenta um conteúdo abrangente, indo desde a anatomia das letras à história das fontes mais usadas no Brasil. Uma estrutura leve de painéis de MDF em tubos metalon continha desde textos de apresentação e curadoria até uma linha do tempo. As 26 tipografias selecionadas foram distribuídas no espaço interno do Museu da Língua Portuguesa, juntamente com equipamentos interativos como balões de fala com letras imantadas e um caça-palavras gigante. Uma máquina de impressão com uma gaveta de tipos foi posta em exposição, e uma intervenção foi realizada na parte externa do prédio, com curiosidades sobre algumas fontes colocadas nos arcos da fachada principal.

bien.al/12_exposicao-caixa-de-letras

EXPOSIÇÃO LÍVIO ABRAMO – INSURGÊNCIA E LIRISMO

AUTORIA
Marina Ayra e Mariana Afonso, 2016

EQUIPE
Curadoria: Paulo Herkenhoff; **Assistência de curadoria e pesquisa:** Leno Veras, Tete Amarante; **Direção de arte e projeto expositivo:** Isabel Xavier; **Produção executiva:** Jaqueline Neves, Pedro Abramo, Luis Abramo; **Projeto gráfico e comunicação visual:** Mariana Afonso, Marina Ayra

CLIENTE
Fundação Lívio Abramo

DESCRIÇÃO
Buscando rever a obra desse artista que dialoga com movimentos sociais e artísticos do século XX, foi elaborada uma exposição que traça um panorama da sua inserção na modernidade brasileira por meio da seleção de 120 obras do gravador, ilustrador e desenhista paulista. Tendo a gravura como sua autêntica linguagem de expressão, o artista criou soluções formais inovadoras para responder às angústias do seu contexto histórico. A curadoria prezou por uma linguagem leve e ao mesmo tempo firme, que ajuda a criar um fluxo através dos núcleos da exposição, enfatizando a poesia das obras. A tipografia moderna condensada aplicada sobre madeira segue o ato do artista de cravar a ferramenta na matriz da obra.

bien.al/12_exposicao-livio-abramo

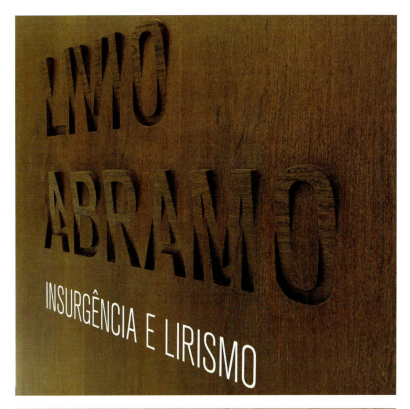

EXPOSIÇÃO MACANUDISMO: QUADRINHOS, DESENHOS E PINTURAS DE LINIERS

AUTORIA
Mandacaru, 2015

EQUIPE
Curadoria e coordenação: Bebel Abreu; **Produção executiva:** Letícia Marques, Fernanda Cruz; **Produção Buenos Aires:** Salvador Benedit; **Direção de arte:** Manaira Abreu; **Projeto expográfico:** Bebel Abreu, Fernanda Cruz; **Lettering:** André Valente; **Cenografia e pintura:** Oficina de Artes; **Luminotécnica:** Santa Luz; **Montagem de obras:** Rafael Filipe, Fabio Borges

CLIENTE
Centro Cultural Correios São Paulo

DESCRIÇÃO
Buscando apresentar as várias facetas do artista argentino Liniers, foi elaborada uma grande exposição contendo tiras, contos, pinturas, ilustrações etc., montada no Centro Cultural dos Correios, em São Paulo, onde um grande painel pintado pelo artista durante a abertura da exposição dividia espaço com uma linha do tempo de sua trajetória. O destaque da exposição foi um painel de 21m contendo quinhentas tirinhas do universo Macanudo, publicadas diariamente há treze anos no jornal argentino *La Nación* e em vários outros pelo mundo. Também foram expostos 150 trabalhos do artista argentino, entre capas e ilustrações de livros (como de Kurt Vonnegut), contos e capas de discos. Um espaço educativo com atividades paralelas, mesas e pufes também foi montado.

bien.al/12_exposicao-macanudismo

EXPOSIÇÃO MEMÓRIA DA AMNÉSIA

AUTORIA
Didiana Prata | Prata Design, 2015

EQUIPE
Idealização, pesquisa e realização: Giselle Beiguelman; **Direção de arte e projeto gráfico:** Prata Design – Didiana Prata, Lilian Og, Luisa Prat, Beatriz Doria; **Projeto expográfico:** Artur Cordeiro; **Ensaios fotográficos:** Ana Ottoni, Andre Turazzi; **Vídeo:** Cleisson Vidal, Lea Van Steen; **Mapas interativos:** Giovanna Casimiro, Marina Lima

CLIENTE
Secretaria Municipal de Cultura

DESCRIÇÃO
Buscando abordar a memória pelo prisma do esquecimento, focalizando a mudança de monumentos de lugar e o "desterro" de monumentos em depósitos, a exposição se deu por meio de uma intervenção no Arquivo Histórico de São Paulo, contemplando o traslado de monumentos de um depósito da Secretaria Municipal de Cultura, no bairro do Canindé, para o Arquivo, além de um mapeamento dos monumentos que mudaram de lugar na cidade de São Paulo (um mapa interativo pode ser acessado online). Com poucos recursos, a obra buscou repercussão nas redes, criando um sistema de identidade visual híbrido e colaborativo. O projeto gráfico seguiu uma linguagem bastante esquemática e documental, com uma marca criada a partir das linhas que são subtraídas do nome. A tipografia escolhida faz menção ao caráter documental e pode ser utilizada também online, buscando viralizar o conteúdo da mostra. Os movimentos dos seis monumentos nômades foram representados como rotas aéreas.

bien.al/12_memoria-da-amnesia

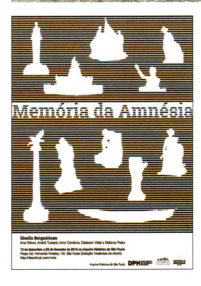

EXPOSIÇÃO MONDRIAN E O MOVIMENTO DE STIJL

AUTORIA
Marina Ayra e Mariana Afonso, 2016

EQUIPE
Concepção e coordenação geral: Gemeentemuseum Den Haag (Holanda) – Frans Peterse, Art Unlimited – Pieter Tjabbes, Tânia Mills; **Curadoria:** Benno Tempel, Hans Janssen, Pieter Tjabbes; **Arquitetura da exposição:** George Mills; **Projeto gráfico e comunicação visual:** Marina Ayra, Mariana Afonso

CLIENTE
Art Unlimited

DESCRIÇÃO
Buscando evidenciar a importância do pintor Mondrian (1872-1944) e do movimento *De Stijl* no século XX, foi elaborada uma exposição itinerante com 134 obras de museus e coleções particulares, facilitando o contato do público com a estética do movimento e oferecendo diversas possibilidades de leitura didáticas e lúdicas. O projeto gráfico deu-se por meio dos elementos gráficos mais conhecidos na obra de Mondrian (linhas pretas que delimitam áreas de cor chapadas sobre fundo branco). A tipografia escolhida é contemporânea e remete ao modernismo. Foi premiada no LAD Awards, do Latin American Design, de 2016 e selecionada para a 5ª Bienal Iberoamericana de Design.

bien.al/12_mondrian-movimento-de-stijl

EXPOSIÇÃO ORIGEM VEGETAL – A BIODIVERSIDADE TRANSFORMADA

AUTORIA
Jair de Souza Design, 2016

EQUIPE
Jair de Souza, Adélia Borges, Mina Quental, Débora Olsner, Natali Nabekura

CLIENTE
Sebrae | CRAB

DESCRIÇÃO
Buscando vencer o desprezo que cerca o artesanato brasileiro, atraindo o olhar do público para cada peça artesanal e enaltecendo-a, foi elaborada uma exposição no Centro Sebrae de Referência do Artesanato Brasileiro – CRAB que apresentava um panorama abrangente do artesanato nos 27 estados brasileiros, sem cair na segmentação geográfica. O recorte foi feito segundo a sabedoria dos artesãos em transformar a natureza, com uma qualidade criativa que utilizava predominantemente materiais de origem vegetal.

bien.al/12_exposicao-origem-vegetal

EXPOSIÇÃO PERERÊ DO BRASIL

AUTORIA
Manifesto Design, 2016

EQUIPE
Adriana Lins, Guto Lins

CLIENTE
Filmes de Minas

DESCRIÇÃO
Para comemorar os 55 anos de uma das primeiras histórias em quadrinhos com personagens genuinamente brasileiros, foi elaborada uma exposição itinerante comemorativa da Turma do Pererê, de Ziraldo. Tirando partido da linguagem gráfica do autor, a mostra contava com artes originais, livros e revistas de época, reproduções das capas de todos os números, imagens em movimento, entre outras raridades do universo da obra. Valorizando o diálogo com o público infantil, todo o projeto foi feito atendendo à escala ergonômica de uma criança. Foram criados espaços para experimentação lúdica e sensorial, buscando dialogar com diversas faixas etárias. Todo o mobiliário, em madeira, junco e sisal, busca transportar o visitante para a Mata do Fundão, onde vivem os personagens das histórias.

bien.al/12_exposicao-perere-do-brasil

EXPOSIÇÃO PICASSO E A MODERNIDADE ESPANHOLA

AUTORIA
ps.2 arquitetura + design, 2015

EQUIPE
Direção de arte: Fábio Prata, Flávia Nalon; **Design:** Fábio Prata, Flávia Nalon, Lisa Moura, Gabriela Luchetta, Lucas Machado

CLIENTE
Expomus | CCBB

DESCRIÇÃO
Evidenciando a influência do pintor espanhol na arte moderna do seu país e sua relação com os mestres dessa vertente como Gris, Miró, Dalí, Domínguez e Tàpies, foi elaborada uma exposição itinerante com mais de 90 obras oriundas do Museo Nacional Centro de Arte Reina Sofía, em Madri. A comunicação visual deslocou as legendas das obras para uma estrutura construída no chão, garantindo a distância do público e a segurança das telas. Em São Paulo, um móbile gigante foi construído no vão de um prédio, enquanto no Rio um labirinto trazia o nome da exposição e a lista dos 36 artistas participantes.

bien.al/12_picasso-modernidade-espanhola

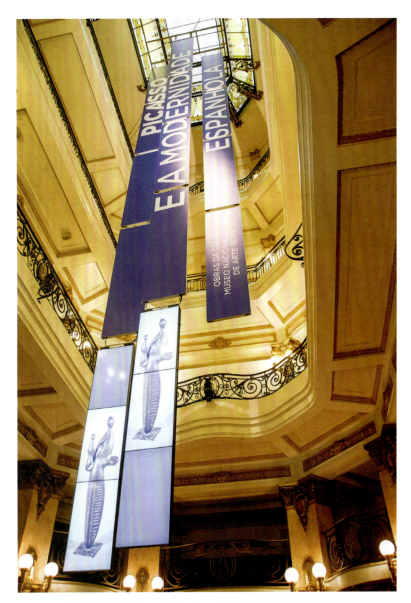

EXPOSIÇÃO QUERO QUE VOCÊ ME DETESTE

AUTORIA
Guayabo, 2016

EQUIPE
Design: Daniel Bilac, Luis Matuto, Patrícia Rezende, Valquíria Rabelo; **Registro fotográfico:** Daniel Mansur; **Renderização de modelo tridimensional:** Estúdio Maracujá

CLIENTE
Celma Albuquerque Galeria de Arte

DESCRIÇÃO
Para trabalhar as tensões e os contrastes sociais, políticos e ideológicos vividos no Brasil nos últimos anos, foi elaborada um exposição que utiliza limitações materiais como força criativa. Combinando severidade, afetividade e precariedade, as obras são feitas de materiais simples, como emborrachado EVA e papel mata-borrão, trazendo elementos afetivos, dóceis ou infantilizados em meio a uma atmosfera de imagens agressivas. A tipografia da sinalização foi a Mohave, impessoal e impositiva, em um enorme estêncil em uma parede e uma placa de compensado. Prateleiras, pufes, pintura rosa e cartazes lambe-lambe estavam presentes, contrastando com os elementos típicos de uma galeria de arte.

bien.al/12_quero-que-voce-me-deteste

EXPOSIÇÃO THE ART OF HEINEKEN

AUTORIA
Piero Lucchesi, 2016

EQUIPE
Ilustrações: Piero Lucchesi; **Direção de arte:** Rodrigo Abreu, Estúdio Like; **Motion design:** Piero Lucchesi, Daniela Serpa

CLIENTE
Heineken | Estúdio Like

DESCRIÇÃO
Como forma de oferecer uma experiência completa da marca, informando o público sobre o processo de fabricação da cerveja Heineken no Brasil, da trituração dos grãos à distribuição, foi elaborada uma exposição multissensorial com vinte ilustrações em painéis e LCD. De maneira clara e objetiva, as ilustrações ficaram em exposição por um mês no Museu de Arte Contemporânea da Universidade de São Paulo – USP.

bien.al/12_the-art-of-heineken

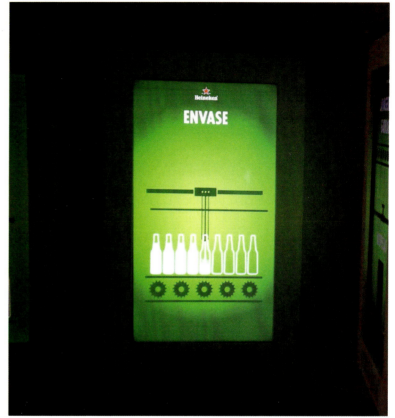

EXPOSIÇÃO TUOV 50 ANOS – EM BUSCA DE UM TEATRO POPULAR

AUTORIA
Ilana Tschiptschin, 2016

EQUIPE
Alexandre Benoit

CLIENTE
Teatro Popular União e Olho Vivo

DESCRIÇÃO
Para comemorar os 50 anos do grupo paulista Teatro Popular União e Olho Vivo – TUOV, foi elaborada uma exposição retrospectiva que dá forma ao universo próprio do teatro popular, trazendo releituras das referências visuais desse meio. Permeados por circo, samba e futebol de várzea, design gráfico e cenografia foram concebidos conjuntamente, com chapas de compensado de fácil transporte impressas e sem revestimento. Cores fortes e puras demarcavam os módulos de conteúdo, criando uma leitura didática, com tipografia em grandes formatos, como nos cartazes de rua e lambe-lambes. Fotos, recortes de jornal e outros documentos davam uma linguagem acessível e de impacto à história do grupo.

bien.al/12_tuov-50-anos

FAMÍLIA TIPOGRÁFICA BEFTER SANS

AUTORIA
Diego Maldonado, 2016

CLIENTE
Just in Type

DESCRIÇÃO
Para um projeto baseado em formas clássicas inspiradas nas capitulares romanas, mas que trouxesse soluções para projetos atuais de design gráfico, foi criada uma família tipográfica que mescla formas clássicas e contemporâneas. Com dezesseis estilos e oito pesos (entre romanas e itálicas), a família é ideal para títulos e textos curtos, permitindo que o designer a utilize em contraste com um *layout* ou a adapte exatamente à sua necessidade.

bien.al/12_familia-befter-sans

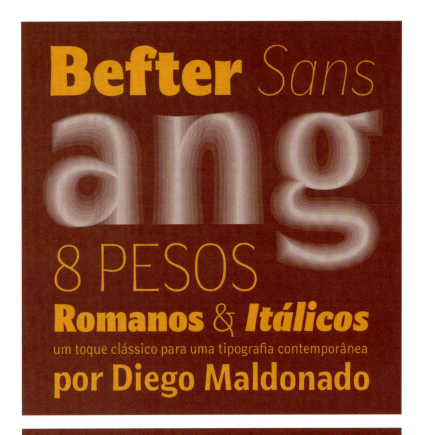

FAMÍLIA TIPOGRÁFICA BONDE

AUTORIA
Álvaro Franca, 2015

EQUIPE
Álvaro Franca; **Orientação:** prof. Rodolfo Capeto

CLIENTE
Escola Superior de Desenho Industrial

DESCRIÇÃO
A partir de uma pesquisa acadêmica sobre os letreiros pintados à mão nos bondes do Rio de Janeiro nos séculos XIX e XX, foi elaborada uma família tipográfica com nove larguras. As fontes originais, pintadas pelos engenheiros dos bondes, usavam a compressão e a expansão de letras para que nomes de estação de larguras diferentes ocupassem sempre o mesmo espaço horizontal. No entanto, sem um modelo a ser seguido, eram criadas soluções únicas para a variação da largura em diferentes letras. A família tipográfica se apropria dessas soluções, adaptando-as às formas das letras para o uso contemporâneo de sua função original: sinalização. Além disso, a tipografia serve como levantamento historiográfico das formas de letras usadas nos bondes que ocuparam a paisagem do Rio por mais de cem anos. Foi selecionada para a Pangramme International Type Expo, bem como para conferências nos Estados Unidos, em Portugal e no Brasil, sendo em breve publicada em livro.

bien.al/12_familia-bonde

ACADÊMICO

FAMÍLIA TIPOGRÁFICA EXPERIMENTAL FICUS

AUTORIA
Lucas Sposito Gini, 2016

EQUIPE
Criação: Lucas Sposito Gini; **Orientação:** prof. Crystian Cruz

CLIENTE
Pós-Graduação em Tipografia – Senac São Paulo

DESCRIÇÃO
Partindo do interesse no ciclo da figueira-mata-pau (*Ficus clusiifolia*), este projeto acadêmico desenvolveu uma família tipográfica que representa a biomimética deste processo. Atendo-se a certas legibilidade e cobertura de caracteres, que permitem um uso razoavelmente versátil (especialmente para títulos), a fonte utiliza formas, metáforas visuais tipográficas e recursos da construção de famílias para transmitir em seu design o processo da planta. A família tipográfica possui sete pesos que representam os estágios de crescimento da planta, que cresce lentamente em outra árvore, sem oferecer risco, até que suas raízes alcançam o solo e ela começa a envolver sua hospedeira até matá-la. A árvore apodrece e torna-se um mero suporte, com um vão onde alojam-se outros animais, completando o ciclo. Conforme as letras ficam mais pesadas, ganham contraste invertido, tornam-se mais estranhas, complexas e incomuns. As etapas de crescimento, finalmente, terminam com um peso "Inline", que representa o vão que a primeira árvore do processo deixa depois de apodrecer dentro da estrutura da figueira.

bien.al/12_familia-ficus

ACADÊMICO

FAMÍLIA TIPOGRÁFICA EXPERIMENTAL MANTENHA DISTÂNCIA

AUTORIA
Rafael Hoffmann, 2016

DESCRIÇÃO
Inspirada nos degradês, nome dado aos letreiramentos de carrocerias e lameiras de caminhões feitos por pintores anônimos pelo Brasil, a fonte decorativa tem o objetivo de resgatar e documentar essa manifestação informal por meio da tipografia. A Mantenha Distância busca valorizar e divulgar essa expressão da nossa memória gráfica, com sua base quadrada ou retangular, seu traço largo e pesado e seus cantos cortados com linhas curvas ou retas, reutilizando-a em novos suportes.

bien.al/12_mantenha-distancia

FAMÍLIA TIPOGRÁFICA FS BRABO

AUTORIA
Fernando Mello, 2015

CLIENTE
Fontsmith

DESCRIÇÃO
Buscando uma família tipográfica versátil para fins editoriais, mais especificamente para uso em livros de leitura contínua, foi criada uma fonte com quatro pesos: Regular, Itálico, Bold e Bold Itálico. Graciosa, bem desenhada e fácil de usar, a fonte possui diversas opções de embelezamento como *swashes* e ligaduras, destacando-se pelo excelente desempenho e pelo caráter robusto, menos delicada e mais contemporânea que as Garaldes mais clássicas. Foi premiada na 7ª Bienal de Tipografia Latino-Americana Tipos Latinos.

bien.al/12_familia-fs-brabo

DESTAQUE

Dalstonist
Surrey Quays to Westminster Bridge Pier
Kingsland Road
Shopkeepers protect East London from looters
Granjonèsque
MARCOS VALLE, ELIS REGINA & TOM JOBIM
Quagmire
Discovered bug which affects the newest Android system
Elis & Tom Jobim
recorded their 1st album in 1969 at the A&M Studios
River Scaldis

O DESIGN DESTA FONTE SERIFADA COMEÇOU a surgir em 2012, enquanto Fernando Mello estudava no curso 'Expert class Type design' ministrado pelo holandês Frank Blokland, pelo Plantin Institute for Typography, no aclamado *Museu Plantin-Moretus* na Antuérpia (Bélgica). O museu é um dos 'World Heritage Sites' da UNESCO e abriga as duas prensas tipográficas mais antigas do planeta, e um acervo inigualável e variado de material artístico e tipográfico. Fernando trabalhou por mais 3 anos na família após o curso, primeiro no estúdio da Fontsmith em Londres e finalmente em sua cidade natal de São Paulo, Brasil. O lugar de origem da fonte inspirou a escolha de seu nome: Brabo, por conta da figura de *Silvius Brabo*, o herói Romano lendário que batalhou por dias para liberar a Antuérpia da tirania no gigante diabólico, *Druon Antigoon*.

aa dd cc eee
tt rr rr ttt
nn gg gg zz

FAMÍLIA TIPOGRÁFICA GARIBALDI

AUTORIA
Henrique Beier, 2015

CLIENTE
Harbor Type

DESCRIÇÃO
Nascida de uma investigação sobre a origem dos traços de tipografias humanistas, a família foi desenvolvida para ter alta legibilidade e ser utilizada na composição de livros com grande quantidade de texto. Orgânica, ao mesmo tempo que preserva a construção romana tradicional, a família consiste em oito fontes, sendo quatro pesos (Regular, Medium, Bold e Black) e seus respectivos itálicos. Dentre vários recursos OpenType, cada fonte contém versaletes, ligaturas e alternativas contextuais, totalizando mais de 920 glifos e suportando pelo menos oitenta idiomas, incluindo o vietnamita. A fonte possui eixo de 20°, contraste médio baseado na translação e na expansão da pena, serifas assimétricas e terminais relacionados ao traço da pena de ponta quadrada. Foi selecionada pelo website *Typographica* como uma de suas tipografias favoritas de 2015.

bien.al/12_familia-garibaldi

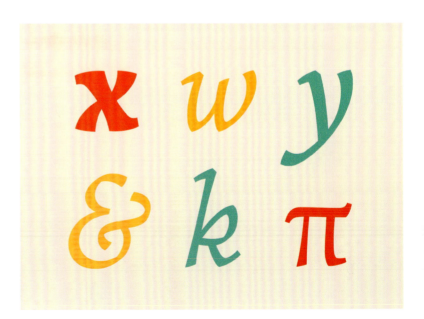

FAMÍLIA TIPOGRÁFICA GRAVIOLA SOFT

AUTORIA
Henrique Beier, 2016

CLIENTE
Harbor Type

DESCRIÇÃO
Adaptando uma família tipográfica já existente – premiada na 7ª Bienal de Tipografia Latino-Americana Tipos Latinos – para criar uma versão mais amigável, adequada para a composição de títulos, logotipos e embalagens, foi criada uma tipografia sem serifas de aparência macia e suave. Possui dezesseis fontes, do Thin ao Black, e seus respectivos itálicos, cada fonte contendo mais de 530 glifos e suportando mais de noventa idiomas. Dois conjuntos estilísticos oferecem desenhos alternativos para os caracteres "avwy" e "Gg&". A família compartilha os traços diagonais em curva da sua homônima, porém teve seus terminais redesenhados para assegurar uma transição suave entre retas e curvas. Seus pesos intermediários funcionam relativamente bem na composição de textos longos, mas ela se sobressai em títulos e tamanhos grandes.

bien.al/12_familia-graviola-soft

FAMÍLIA TIPOGRÁFICA LEMBRA

AUTORIA
Fabio Haag, 2016

CLIENTE
Fabio Haag Type

DESCRIÇÃO
Família tipográfica inspirada no passado e no presente, no cruzamento entre as formas contemporâneas e as origens caligráficas da escrita, como os detalhes sutis da pena caligráfica que quebram as limpas formas sem serifa. Equilibrando funcionalidade e distinção, a família possui doze estilos, versaletes, quatro conjuntos de numerais e suporte para quase uma centena de idiomas baseados no alfabeto latino. Tem grande personalidade em títulos, mas também é flexível, sendo minimizada em tamanhos menores e possibilitando a leitura confortável de textos curtos.

bien.al/12_familia-lembra

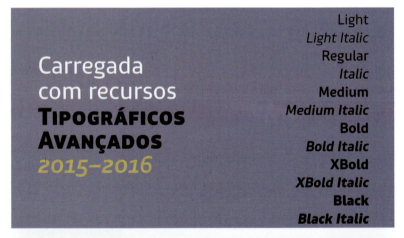

FAMÍLIA TIPOGRÁFICA MALVA

AUTORIA
Henrique Beier, 2016

CLIENTE
Harbor Type

DESCRIÇÃO
Para desenvolver uma família tipográfica que pudesse ser utilizada como elemento-chave de uma identidade visual corporativa, com aparência neutra e formas que não chamassem a atenção, foi desenvolvida uma família tipográfica sem serifas, com dezoito fontes distribuídas entre nove pesos, do thin ao black, além de seus respectivos itálicos. Cada fonte contém 424 glifos e suporta mais de duzentos idiomas, inclusive o guarani. De aparência profissional e levemente amigável, a família é versátil o suficiente para ser utilizada em textos longos e em títulos. Para uma melhor legibilidade, seus caracteres ambíguos (I, i, l e 1) foram desenhados de forma a serem facilmente identificados e distinguidos entre si.

bien.al/12_familia-malva

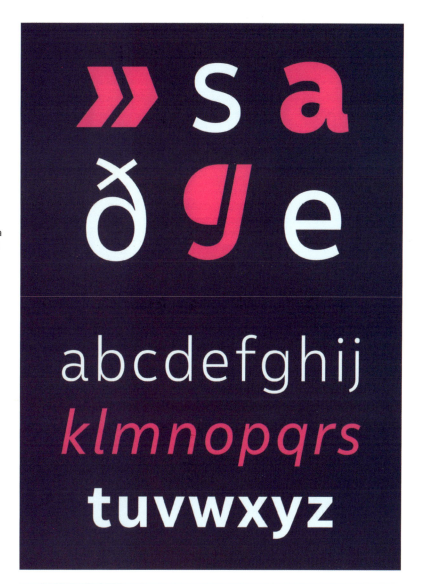

FAMÍLIA TIPOGRÁFICA NOKA

AUTORIA
Daniel Sabino, 2016

CLIENTE
Blackletra

DESCRIÇÃO
Buscando desenvolver um tipo versátil e com personalidade única, ideal para logotipos, capas de livros, *posters* e quaisquer outros usos em tamanhos médios ou grandes, foi criada uma Sans geométrica cheia de personalidade, que substitui as formas e as contraformas triangulares por trapézios. Sua estrutura, limpa e simples, dialoga com uma atmosfera digital e tecnológica. A letras F, T e L são mais condensadas a fim de diminuir espaços laterais, e as letras V, v, W, w e A tem hastes paralelas.

bien.al/12_familia-noka

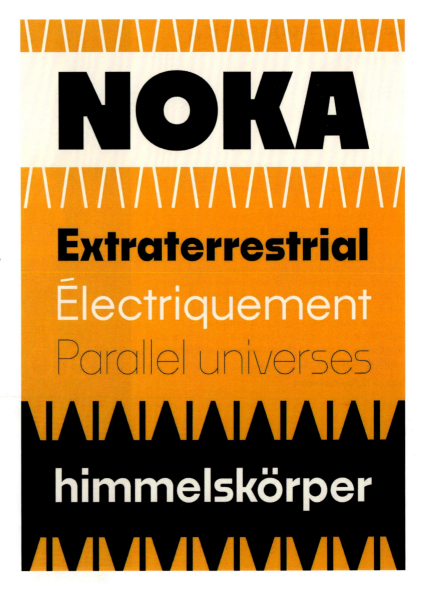

FAMÍLIA TIPOGRÁFICA ODISSEIA

AUTORIA
Plau, 2016

EQUIPE
Desenho tipográfico: Rodrigo Saiani, Flora de Carvalho;
Specimen: Lucas Campoi, Flora de Carvalho, Carlos Mignot, Felipe Casaprima e Rodrigo Saiani

DESCRIÇÃO
Para criar uma fonte monoespaçada de leitura confortável e raiz humanista, para uso em identidades visuais e ferramentas de programação, divulgada de forma que esta fonte relativamente neutra fosse notada pela comunidade do design, foi criada uma família com oito estilos. Como toda fonte monoespaçada, todas as letras se alinham verticalmente ao longo dos parágrafos, formando uma matriz perfeita e criando textura e ritmo peculiares. A família possui quatro pesos diferentes: Light, Regular, Bold e Black, fazendo com que o desenho de cada letra precise ser adaptado para que, mesmo nos pesos mais escuros, a proporção entre os claros e escuros da fonte se mantenha constante. Em comparação com outras fontes de mesmo tipo, as dessa família se apresentam um pouco mais baixas, dado que as formas foram deixadas o mais arredondadas possível, mantendo uma altura-de-x bem alta. Suas utilizações vão de programação a identidades visuais, envolvendo sempre ordem e sistematização.

bien.al/12_familia-odisseia

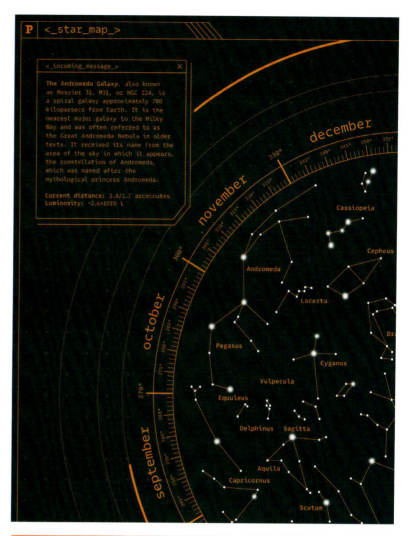

FAMÍLIA TIPOGRÁFICA REPRESENT

AUTORIA
Tony de Marco, 2016

EQUIPE
Erin Pinheiro

CLIENTE
Just in Type

DESCRIÇÃO
Para representar da maneira mais clara possível a diversidade sexual, de gênero e de orientação sexual do mundo atual, foi criada uma família tipográfica para ajudar a reconhecer seus símbolos. A família Represent traz quinze símbolos com doze pesos (do Skinny ao Plus Size) em três estilos: Sans, Rounded e Stencil.

bien.al/12_familia-represent

FAMÍLIA TIPOGRÁFICA SICA

AUTORIA
dooType, 2015

EQUIPE
Volnei Antônio Matté, Eduilson Wessler Coan

DESCRIÇÃO
Para desenvolver uma família de formas abertas que proporcionasse maior legibilidade e uma mancha de texto mais limpa, além de manter detalhes particulares, foi desenvolvida uma fonte que pode ser utilizada tanto para títulos como para a composição de textos, impressos ou digitais. Mesclando características geométricas e humanistas, a família possui três larguras – Condensed, Normal e Expanded –, cada uma com seis pesos e seus respectivos itálicos, resultando num conjunto de 36 fontes. Apresenta 774 glifos, abrangendo mais de cinquenta idiomas. As principais funções OpenType são compostas por dois conjuntos de ligaturas, além de versaletes, algarismos alinhados e de texto, tabulares e proporcionais, superiores e inferiores, e frações. Foi selecionada para a 7ª Bienal de Tipografia Latino-Americana Tipos Latinos.

bien.al/12_familia-sica

FAMÍLIA TIPOGRÁFICA SORVETTERO

AUTORIA
Diego Maldonado, 2015

EQUIPE
Diego Maldonado (com colaboração de Tony de Marco)

CLIENTE
Just in Type

DESCRIÇÃO
Inspirada na sinalização vernacular entalhada na madeira em placas da região de Descansópolis, em Campos do Jordão (SP), foi elaborada esta família com seis camadas que podem se sobrepor de acordo com a necessidade, além de uma fonte Dingbat de caracteres temáticos de verão/praia. Também foi desenvolvida uma camada com temática de Dia das Bruxas, com a qual se presentearam os compradores da tipografia na pré-venda. A família busca explorar formas únicas e com camadas, sendo voltada para títulos e funcionando bem em embalagens, impressos e projetos que desejem chamar atenção. Foi selecionada para a 7ª Bienal de Tipografia Latino-Americana Tipos Latinos.

bien.al/12_familia-sorvettero

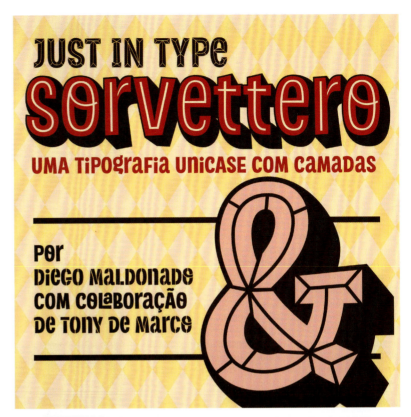

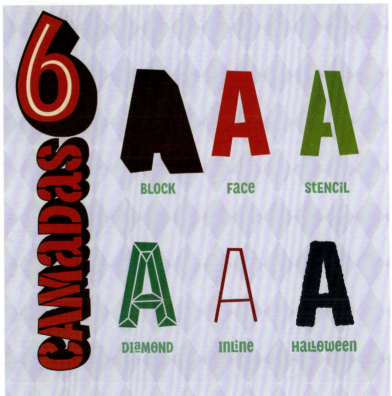

FAMÍLIA TIPOGRÁFICA TENEZ

AUTORIA
Plau, 2015

EQUIPE
Design de tipos: Rodrigo Saiani; **Specimen e hotsite:** Rodrigo Saiani, Lucas Campoi, Flora de Carvalho, Daniel Rocha, Dominique Kronemberger, Gabriel Galc; **Programação:** Rodrigo Muniz, Gustavo Saiani, Rodrigo Saiani

DESCRIÇÃO
Criada inicialmente como *lettering* para um logotipo dentro de um projeto de identidade visual e inspirada pela caligrafia de pena de ponta flexível, a família possui quatro pesos em estilo romano e itálico, somando oito variações no total. É ideal para conferir distinção a títulos e textos curtos, especialmente em caixa-alta. Seu desenho é orgânico, com alto contraste fino-grosso. Alguns caracteres se destacam individualmente, como o R (fruto de sua origem como *lettering*), desenhado como uma forma bastante peculiar que dá personalidade, elegância e sofisticação à família. Foi selecionada para a 7ª Bienal de Tipografia Latino-Americana Tipos Latinos.

COMENTÁRIO DO JÚRI
O projeto se destaca por sua peculiaridade de desenho, de alto contraste fino-grosso, aliada à elegância no tratamento das formas orgânicas. Algumas soluções para suas terminações formais são pouco convencionais, conferindo distinção a títulos e textos curtos, especialmente na composição em caixa-alta. Além disso, seu equilíbrio de formas e contraformas é muito bem projetado, construindo belas palavras ao fim.

bien.al/12_familia-tenez

DESTAQUE

FAMÍLIA TIPOGRÁFICA ZEGA

AUTORIA
Isac Corrêa Rodrigues, 2016

EQUIPE
Conceito, desenvolvimento e produção: Isac Corrêa Rodrigues

DESCRIÇÃO
Inspirada nas imprecisões dos tradicionais métodos de impressão como tipografia com tipos metálicos, carimbos ou flexografia, quando a tinta, às vezes, espalha-se de modo desigual no contato com o papel, foi criada uma família de fontes sem serifa, com a parte superior dos glifos mais pesada e terminações arredondadas e espessas. Com duas versões, a família tem 28 estilos ao todo, entre romanas e itálicas. A versão "Text" tem uma estrutura mais simples, objetiva e com entrelinha menor. Já a versão "Grot" é menos séria, tendo proporções verticais mais antigas, com maiúsculas, ascendentes e descentes mais extensos e diferença de altura entre ascendentes e maiúsculas. A versão "Grot" também difere em vários caracteres que lhe dão um tom menos formal que o da "Text", com formas mais arredondadas e alegres. As fontes têm um conjunto de caracteres expandido para suportar linguagens de Europa Central, Báltico, Turquia e escritas ocidentais. A família tipográfica evoca a antiguidade, remetendo aos tempos do *layout* feito à mão, da composição manual e das impressões mecânicas antes da editoração eletrônica, tendo como referência fontes sem serifa do início e da metade do século passado, como Akzidenz Grotesk e Univers.

bien.al/12_familia-zega

FANZINES BAILES

AUTORIA
Danilo de Paulo, 2016

EQUIPE
Projeto gráfico e edição: Danilo de Paulo; **Edição e textos:** Cecília Araújo; **Impressão:** Pancrom; Edições gráficafábrica

CLIENTE
Autopublicação – Edições gráficafábrica

DESCRIÇÃO
Para resgatar um momento importante da história da comunidade negra de São Paulo, quando os bailes eram plataformas de afirmação e resistência, foi elaborado um projeto editorial que deu voz a cinco discotecários da cidade nas décadas de 1960 e 1970. Tendo como eixos estruturais a memória oral de cada personagem, relacionando-a com uma das cinco zonas da metrópole (norte, sul, leste, oeste e centro), foi publicada a história de vida do entrevistado com textos, ilustrações e fotografias de acervo. Foi feita uma pesquisa gráfica sobre os circulares (nome dado a volantes e convites de festas na época), impressos em tipos móveis. Os fanzines são lâminas em formato aberto, impressas em 2 × 2 cores. Com o uso de uma faca especial, obteve-se aproveitamento total do papel: a publicação fica com o formato fechado de 16cm × 21cm.

COMENTÁRIO DO JÚRI
Beleza aliada à valorização da memória gráfica, da cultura oral, urbana e social. Projeto gráfico muito original, consistente e criativo na sua produção, que utiliza de forma exemplar as linguagens do fanzine e do cartaz com recursos de faca e dobras, resgatando e mostrando histórias musicais de vida.

bien.al/12_fanzines-bailes

DESTAQUE

FEIRA PLUGPLAY

AUTORIA
Regularswitch, 2016

EQUIPE
Regularswitch

CLIENTE
C!Print | 656 Éditions

DESCRIÇÃO
Para apresentar as novas possibilidades de impressão digital industrial na feira PlugPlay 2015/16 em Lyon (França) e Madri (Espanha), a marca experimental Plug Play foi criada buscando incorporar o máximo das necessidades de uma marca real, como decoração de interiores, sinalização interior e exterior e personalização do produto. Foram criados uma *pop-up store*, uma sala de reuniões e um restaurante que demandaram identidade, campanha, tipografia, website e cenografia, com uma linguagem visual transversal também utilizada no evento.

bien.al/12_feira-plugplay

FILME GRUPO SAL 10 ANOS

AUTORIA
Grupo Sal, 2016

EQUIPE
Direção: Juarez Escosteguy, Marcelus Viana, Rafael Mellin; **Gerência de criação:** Ana Correia; **Gerência de pós-produção:** Tássia da Hora; **Gerência de produção:** Renata Balthazar; **Design:** Thiago Modesto; *Motion*: Fabio Zamborlini; **Edição:** Juliane Westin; **Finalização:** Juliana Villar; **Mixagem:** Sonido, Silvia Abreu; **Locução:** Pascoal Conceição; **Edição de áudio:** Jayme Monsanto

CLIENTE
Grupo Sal

DESCRIÇÃO
Para celebrar os 10 anos da agência de comunicação Grupo Sal e a abertura da sede em São Paulo, foi produzido um filme de 21 minutos mostrando o significado do *slogan* "A gente vive trabalhando" de uma maneira divertida e dinâmica. Um apresentador de voz robótica, mas bem-humorado, chamado MC Telão, apresentou o vídeo durante uma festa para duzentos convidados no Museu da Imagem e do Som – MIS de São Paulo.

bien.al/12_grupo-sal-10-anos

FOLDER MODULÁVEL FUNDAÇÃO LEMANN

AUTORIA
Estúdio Labirin.to, 2015

EQUIPE
Design: Amélia Paes, Thiago Lyra; **Equipe de comunicação, cliente e conteúdo:** Lara Alcadipani, Amanda Aliende da Mata

CLIENTE
Fundação Lemann

DESCRIÇÃO
Para unir os projetos de um *folder* institucional de divulgação e um material de apresentação dos vinte projetos apoiados em cada área de funcionamento da fundação de educação brasileira, foi elaborado um *folder* modulável de 133mm × 242mm em papel duplex 350g e laminação fosca. Fechado com um elástico cruzado, o *folder* possui material interno composto de cinco lâminas que, frente e verso, apresentam os projetos de uma área, com leitura rápida, ícones identificadores e uma cor predominante. O material pode ser combinado de diferentes formas, para públicos distintos, ou completo, compondo um "cardápio" institucional.

bien.al/12_fundacao-lemann

FONTE TIPOGRÁFICA COINY

AUTORIA
Marcelo Magalhães Pereira, 2016

CLIENTE
Google Fonts

DESCRIÇÃO
Desenvolvida para títulos e parágrafos, esta tipografia gorda e arredondada, de inspiração vernacular, foi elaborada inteiramente utilizando *softwares* livres e ferramentas colaborativas, contemplando os alfabetos latino e tamil. Possui alta legibilidade em telas para títulos, funcionando como uma peça importante para diversas combinações com as extensas famílias sem serifa.

bien.al/12_coiny

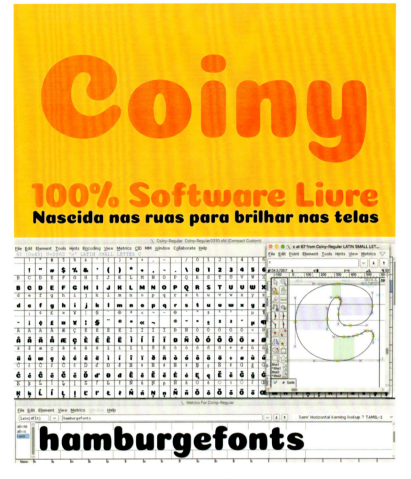

FONTE TIPOGRÁFICA LELUJA REGULAR

AUTORIA
Andrea Kulpas, 2015

CLIENTE
Universidade de Buenos Aires

DESCRIÇÃO
Como projeto de conclusão de uma pós-graduação em Tipografia, esta fonte foi inspirada nos *wycinankies*, tradicionais artesanatos poloneses feitos a partir de desenhos simétricos, utilizando tesoura em papel ou outros materiais como couro, para decorar casas, móveis e janelas. É uma fonte serifada com peso regular e características humanistas. Seus traços rústicos são inspirados nas irregularidades dos cortes de estilete ou tesoura. É uma fonte com personalidade para títulos e legibilidade para textos menores. Além do *set* de ornamentos, também foram desenvolvidos diacríticos para os idiomas português, inglês, espanhol, polonês e guarani. Suas contraformas irregulares conferem melhor legibilidade em reduções por atenuarem distorções geralmente ocasionadas por curvas. Também foram desenvolvidas letras de caráter diagonal (K, M, N, V, W, X, Y, Z) mais suavizadas, para deixar o texto dos idiomas polonês e guarani, que possuem palavras com muitos encontros consonantais, principalmente de letras diagonais, mais fluido.

bien.al/12_leluja-regular

ACADÊMICO

264

FONTE TIPOGRÁFICA OFELIA

AUTORIA
Daniel Sabino, 2016

CLIENTE
Blackletra

DESCRIÇÃO
Buscando criar um tipo extremamente versátil, para ser usado tanto em corpos pequenos quanto grandes, foi desenvolvida essa Sans geométrica com uma personalidade mais humanista por causa de letras como A, F, entre outras. A fonte consegue ser neutra e, ao mesmo tempo, oferecer uma personalidade discreta, que a diferencia das demais fontes dessa categoria. Letras triangulares, como A, V e W, têm ápice pontiagudo em todos os pesos. A fonte possui excelente desempenho em corpos de texto e é elegante em títulos. A versão PRO tem caracteres alternativos para as letras A e L.

bien.al/12_ofelia

GAME POPMOB

AUTORIA
Little Leds, 2016

EQUIPE
Design e gestão de projeto: André Alves de Oliveira; **Programação:** Guilherme Defreitas Juraszek; **3D:** Luis Eduardo de Souza; **Áudio e músicas:** Vinícius Krüger Martins

CLIENTE
Ministério da Ciência, Tecnologia, Inovações e Comunicações

DESCRIÇÃO
Jogo criado com o objetivo de apresentar mais didática e intuitivamente a Política Nacional de Mobilidade Urbana. O usuário deverá, na figura do engenheiro-chefe de uma obra, controlar o orçamento, orientar as máquinas e os trabalhadores e construir obras dentro do prazo estipulado, sob risco de estourar o orçamento ou ter a construção embargada, de maneira muito próxima à realidade. O objetivo é que o usuário compreenda os aspectos mais profundos da aplicação dessa política pública.

bien.al/12_game-popmob

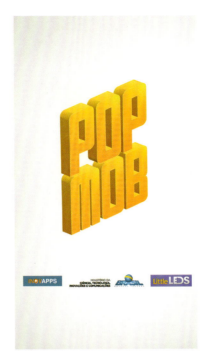

GRAPHIC NOVEL RASGA-MORTALHAS

DESTAQUE

AUTORIA
Diogo Bercito, Pedro Vergani e Arthur Vergani, 2016

EQUIPE
Roteiro: Diogo Bercito; **Desenhos:** Pedro Vergani; **Projeto gráfico:** Arthur Vergani; **Editor:** Claudio R. Martini; **Revisão:** Marília Cotomacci

CLIENTE
Zarabatana Books

DESCRIÇÃO
Nesta rubronegra *graphic novel* autoral repleta de referências à cultura árabe, um babuíno descortês visita a sala do trono e, sem delongas, diz ao rei: "Essa curiosa esfera úmida que vocês chamam de planeta vai se despedaçar". A visita do primata faz com que palácios sejam montados nas costas de elefantes de longas pernas finas e transportados através do deserto na expectativa de escapar da hecatombe anunciada. Foi selecionada pelo edital ProacSP 2015 – Programa de Ação Cultural da Secretaria da Cultura do Governo do Estado de São Paulo.

COMENTÁRIO DO JÚRI
A impactante jornada visual da narrativa, rica em detalhes, ritmo e planos, destaca-se em meio à produção nacional de quadrinhos por apontar alternativas temáticas e gráficas, em uma bem-cuidada publicação.

bien.al/12_rasga-mortalhas

GUIA DAS MODALIDADES RIO 2016

AUTORIA
Ary Moraes, 2016

EQUIPE
Infografia e ilustração: Ary Moraes; **Direção de arte:** Fabio Sales; **Edição:** Fernando Paulino Neto, Paulo Favero; **Coordenação de infografia:** Glauco Lara

CLIENTE
O Estado de S. Paulo

DESCRIÇÃO
Para apresentar clara e objetivamente as modalidades olímpicas em disputa nos Jogos Olímpicos Rio 2016, o trabalho reuniu informações básicas para o acompanhamento dos jogos, sem ser superficial. Feito como um guia de bolso, os infográficos continham duas páginas para cada esporte (exceto natação e atletismo), com um grande volume de informação organizado e hierarquizado, estabelecendo níveis de leitura refletidos na tipografia empregada e nos tipos de ilustrações e diagramas correspondentes.

bien.al/12_guia-modalidades-rio-2016

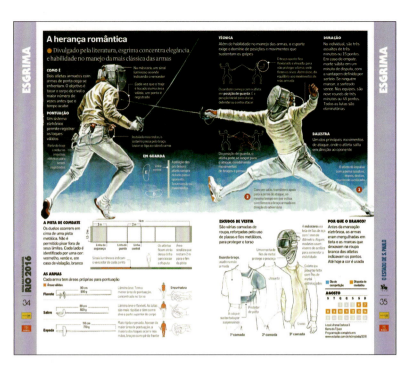

GUIA DE ARQUITETURA DO RIO DE JANEIRO

AUTORIA
Dupla Design, 2016

EQUIPE
Direção de criação: Claudia Gamboa, Ney Valle; **Design:** Fabiana Takeda; **Assistência de design:** Camilla Pinheiro

CLIENTE
Bazar do Tempo

DESCRIÇÃO
Para um guia de quase quinhentas páginas do Rio de Janeiro sob um viés arquitetônico, foi criado um projeto gráfico complexo e dinâmico, com soluções que organizam conteúdos de diversos tipos, com diferentes complexidades e níveis de hierarquia. Voltado para os públicos especializado e leigo, o projeto busca tornar o assunto atraente, de leitura clara e leve e com destaque para as fotos. O livro possui o formato tradicional de guias, com papel fino, capa dura flexível e fitilho marcador, sendo de fácil manuseio. A capa *all type* e as cores do miolo marcam a diferença das línguas (azul para português, laranja para inglês). A construção do título remete a mapas urbanos, com traços *art déco*. O *grid* proposto, em duas colunas, permite uma maior flexibilidade na criação dos mosaicos fotográficos e na diagramação dos verbetes. Os textos mais densos ficaram em uma coluna, proporcionando mais conforto na leitura. Para os mapas, foi criada uma paleta de cores específica para garantir a unidade e a facilidade de leitura e localização.

bien.al/12_guia-de-arquitetura-rj

GUIA DE PROGRAMAÇÃO CONFERÊNCIA ATYPI 2015

AUTORIA
Crystian Cruz, 2015

EQUIPE
Direção de arte e diagramação: Crystian Cruz; **Mapa:** Diego Maldonado; **Fotos de São Paulo:** Flavio Samelo; **Transcrição fonética:** Andrea Zakime; **Revisão:** Barbara Jarzyna, Henrique Nardi; **Tipografias fonéticas:** Rafael Dietzsch, Ana Megda, Pablo Ugerman

CLIENTE
ATypI

DESCRIÇÃO
O projeto gráfico do livreto da 57ª conferência anual da Association Typographique Internationale – ATypI seguiu o do evento, que buscava uma identidade com alguma característica brasileira. Realizado pela primeira vez no hemisfério sul, o evento norteou-se pelo conceito fonético mais distinto da língua portuguesa, o "ã". Foi pensada uma peça rápida de ser produzida, de conteúdo muito variável. Impresso em preto e pantone verde, o livro apresentava os nomes dos setenta palestrantes em alfabeto fonético. As fotos foram aplicadas em tons de cinza para deixá-las mais homogêneas. O *grid* foi composto para comportar grandes variações de texto. Três tipografias com suporte fonético foram criadas: Voces Thin, Voces Black e Brasílica Phonetics.

bien.al/12_guia-conferencia-atypi-2015

HQ DUAS LÂMINAS

AUTORIA
Bruno Freire, 2016

CLIENTE
IED-SP

DESCRIÇÃO
Traçando paralelos com temas pertinentes à realidade, como exclusão social, preconceito e representatividade, a história em quadrinhos de fantasia conta a história de uma menina que nasceu maga e luta para esconder seus poderes e os de seu irmão de uma sociedade que caça e executa os magos do reino. O primeiro volume, fruto de um projeto acadêmico, conta com oitenta páginas coloridas.

bien.al/12_duas-laminas

ACADÊMICO

HQ GNUT

AUTORIA
Paulo Crumbim, 2015

EQUIPE
Colaboração geral: Cristina Eiko; **Revisão:** Emanuel Cantanhêde; **Texto "Um comentário sobre quadrinhos abstratos":** Lucas Gehre; **Participação** *Livro Prólogo*: Tiago Elcerdo, Magno Costa, Marcelo Costa, Magenta King, Vitor Cafaggi, Bernardo França, Ricardo Tokumoto

DESCRIÇÃO
Convidando à realização de leituras diversas e subjetivas, individuais e conjuntas, num esforço colaborativo entre autor e leitor, *Gnut* é composto por três livros que exploram as possibilidades da linguagem dos quadrinhos e da interpretação de signos e sinais. O *Livro Prólogo* tem um propósito introdutório, sendo o leitor convidado a utilizar o óculos 3D Anaglifo, que serve como um símbolo de imersão no universo da HQ. O *Livro Principal* desenvolve a história, e o *Livro Extra* expõe o processo, o raciocínio e a proposta de quadrinhos abstratos por meio de textos e imagens. *Gnut* conta ainda com uma *webcomic* em atividade e um projeto de *game* a ser produzido.

bien.al/12_gnut

HQ UM PISTOLEIRO CHAMADO PAPACU

AUTORIA
Victor Amirabile, 2016

EQUIPE
Victor Amirabile, Ana Lúcia Reboledo Sanches

CLIENTE
Centro Universitário Senac

DESCRIÇÃO
Adaptação em quadrinhos da famosa pornochanchada homônima de Mário Vaz Filho, mantendo a irreverência do filme. Nesta proposta acadêmica, os personagens foram adaptados para que refletissem melhor a pluralidade do povo brasileiro, com uma protagonista negra, uma personagem transexual e muitas mulheres poderosas, todos muito confortáveis com seus corpos. A capa, inspirada pelos *posters* do cartazista Benicio, traz duas versões: uma censurada, com todos os personagens vestidos, e uma sem censura, com nudez, fazendo referência ao período ditatorial em que o filme foi produzido.

bien.al/12_um-pistoleiro-chamado-papacu

ACADÊMICO

IDENTIDADE VISUAL 11ª BIENAL DE ARQUITETURA DE SÃO PAULO

AUTORIA
Estúdio Lógos, 2016

EQUIPE
Julio Mariutti, Alice Viggiani, Bruno Araújo

CLIENTE
IAB-SP

DESCRIÇÃO
Para atender ao tema "em projeto", a identidade do evento devia prever formas de intervir graficamente no espaço, dando ênfase ao processo e à participação do público. A Bienal foi identificada principalmente por uma cor que se destaca na cidade: o rosa neon. Um alfabeto foi criado especificamente para a identidade, sendo cada letra desenhada, a partir de cortes e dobras numa folha A4, em um *grid* de 4 × 4. O alfabeto foi usado tanto digital quanto fisicamente, para sinalização. Foi criado um manual de identidade, além de diversos *templates* e peças gráficas, como cartões de visita, cartazes, assinaturas de e-mail etc.

bien.al/12_11-bienal-arquitetura-sp

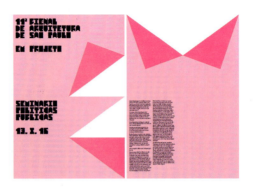
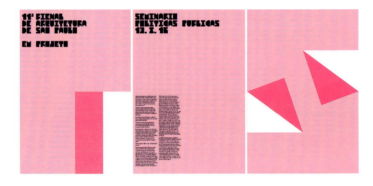

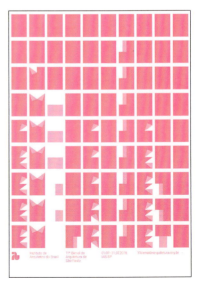

IDENTIDADE VISUAL
17ª BIENAL DO LIVRO
RIO DE JANEIRO

AUTORIA
TUUT, 2015

EQUIPE
André Lima, Luisa Borja, Juliana Yue, Luisa Quentel

CLIENTE
Fagga

DESCRIÇÃO
Buscando desenvolver uma identidade visual que representasse a multiplicidade de públicos do maior evento literário do país, ressaltando suas diferenças e exaltando a paixão pela leitura, o projeto trabalha a dualidade entre o individual e o coletivo com ilustrações que mostram o evento como um lugar que reúne diferentes tribos, todas ligadas pela leitura. A múltipla seleção de cores reforça o conceito, bem como a proporção entre a diversidade de cada indivíduo e o livro como bem maior.

bien.al/12_17-bienal-do-livro-rj

IDENTIDADE VISUAL 32ª BIENAL DE SÃO PAULO – INCERTEZA VIVA

AUTORIA
Design Bienal, 2015

EQUIPE
Design: Adriano Campos, Aninha de Carvalho, Roman Iar Atamanczuk

CLIENTE
Fundação Bienal de São Paulo

DESCRIÇÃO
Para a identidade do evento com a ideia de "incerteza viva", a linguagem visual foi pensada como uma entidade dinâmica e viva, com a qual não devemos apenas conviver, mas nos relacionar. Foram utilizados sinais geométricos desenhados à mão, uma família tipográfica não convencional (Knockout) e um trio de cores primárias. A identidade é menos sistemática e mais figurativa, ecoando questões como perigo, medo, atenção, bioma, extinção, vida e morte. Resultou em *layouts* bastante concisos, de leitura rápida e desmistificada.

bien.al/12_32-bienal-de-sao-paulo

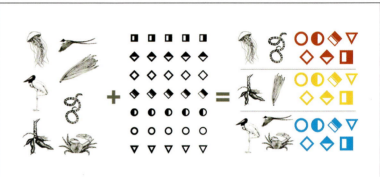

IDENTIDADE VISUAL 42º FESTIVAL SESC MELHORES FILMES

AUTORIA
bloco gráfico, 2016

EQUIPE
Gabriela Castro, Gustavo Marchetti, Paulo André Chagas

CLIENTE
Cinesesc SP

DESCRIÇÃO
A identidade visual deste festival de cinema partiu do alinhamento dos "e", comuns a todas as palavras do nome. Em caixa-alta, alinhados e sem as hastes verticais, as letras remetiam ao universo gráfico do cinema, à perfuração da película e aos *frames* das cenas. A identidade foi aplicada em todos os materiais, das fichas de júri ao catálogo, bem como em vinhetas e cartazes.

bien.al/12_42-sesc-melhores-filmes

IDENTIDADE VISUAL
A SUA MERCÊ

AUTORIA
StudioBah, 2015

EQUIPE
Chefe de design: Felipe Amaral, Gustavo Amaral;
Estratégia e *naming***:** Felipe Amaral, Natália Porto;
Design: Camila Sanzi, Rafael Leão, Lara Rei; **Ilustração:**
Alice de Castro; **Arquitetura:** Irmãs de Criação

CLIENTE
A Sua Mercê

DESCRIÇÃO
Para criar a identidade visual de uma mercearia de produtos artesanais e frescos em um bairro tradicional de Porto Alegre, foi desenvolvido um projeto que pudesse ser replicado em todos os pontos de contato da marca. A cor laranja vibrante foi escolhida por remeter a um dos pilares da marca: a intensidade, na exaltação dos sentidos e na descoberta de cores, cheiros e sabores. A tipografia feita à mão do logotipo e as pinturas em aquarela remetem ao caráter caseiro e artesanal dos seus produtos. As faixas em diagonal que acompanham a identidade da marca remetem à tradição das antigas pequenas feiras, conversando com a essência de uma mercearia de bairro.

bien.al/12_a-sua-merce

278

IDENTIDADE VISUAL AGÊNCIA UM

AUTORIA
Blackbird Branding, 2016

EQUIPE
Direção de criação e design gráfico: Simone Lagares;
Motion: Fernando Machado

CLIENTE
Agência UM

DESCRIÇÃO
Para refazer a identidade visual de uma agência de comunicação pernambucana, foi desenvolvida uma marca ousada, divertida e única, com um ambigrama que traduzisse o propósito da agência: oferecer soluções 360º. As silhuetas criam cenas que subvertem e desafiam conceitos estabelecidos. A linha contínua que desenha as inúmeras imagens permitiu maiores diversidade e flexibilidade. A marca é múltipla e coerente com todas as plataformas, on e offline.

bien.al/12_agencia-um

IDENTIDADE VISUAL AIMÊ

AUTORIA
Abracadabra, 2016

EQUIPE
Allyson Reis, Monike Oliveira, Sidney Marcos, Karine Felipe

CLIENTE
Aimê Café

DESCRIÇÃO
Para definir a identidade visual de um café inspirado na Fortaleza antiga, do final do século XIX, foram evocados os sabores, os cheiros e as sensações, as memórias dessa *belle époque* cearense, tão influenciada pela cultura francesa. A marca evoca nostalgia e fantasia, trazendo a carga poética e mágica de imagens surrealistas e delicadas.

bien.al/12_aime

IDENTIDADE VISUAL ATA – AGRUPAÇÃO TEATRAL AMACACA

AUTORIA
Patrícia Meschick, 2015

CLIENTE
Agrupação Teatral Amacaca

DESCRIÇÃO
Para a identidade visual de um importante grupo teatral brasiliense, foi criada marca com a figura de uma macaca desenhada com traços retos e formas assimétricas. Versátil e articulada, a macaca pode ser reajustada em diferentes posições, expressando a liberdade de movimentos do processo criativo e investigativo do teatro físico.

bien.al/12_ata-agrupacao-teatral

IDENTIDADE VISUAL BISTRÔ ACASO

AUTORIA
Enredo Branding, 2016

EQUIPE
Tiago Rodrigues, Gustavo Gontijo, Ciro Rocha, Julie Vieira, Iânila Ulhoa, Karolina Caetano, João Tiago Camargo, Gabriela Pavan

CLIENTE
Bistrô Acaso

DESCRIÇÃO
Para desenvolver o nome e a identidade visual de um bistrô que nasceu do encontro fortuito de duas amigas que gostavam de cozinhar, foi feita uma homenagem ao acaso. Com despretensão e poesia, a marca une letras soltas que também – e por acaso – formam ilustrações que compõem toda a comunicação. Como suporte, foi criado um *script* que utiliza diversas fontes de maneira randômica para escrever textos.

bien.al/12_bistro-acaso

IDENTIDADE VISUAL BORANDÁ

AUTORIA
Barca, 2015

EQUIPE
Jun Ioneda, Gabriela Namie, Teo Garfunkel

CLIENTE
WWF

DESCRIÇÃO
Para criar uma identidade de fácil aplicação por gestores e funcionários de trilhas na Mata Atlântica, que atraísse o público urbano a passar mais tempo nas unidades de conservação, foi criado um nome de sonoridade indígena, convidativo e bem-humorado, a partir do acrônimo das expressões "bora" e "andar". O logotipo e a identidade se baseiam no contorno das linhas das trilhas que formam o Caminho da Mata Atlântica – que percorre a Serra do Mar, indo do Rio de Janeiro a Santa Catarina. Para utilização em diferentes ocasiões, foram criadas diversas versões em todas as cores da paleta, que faz alusão aos *dégradés* do céu ao longo de um dia (passado numa trilha). Uma família de ilustrações que mesclam as ideias de trilhar caminhos e descobrir a fauna e a flora do bioma foi criada, também com variações nas cores da paleta.

bien.al/12_boranda

IDENTIDADE VISUAL BRASIL: LABIRINTOS COMPARTILHADOS

AUTORIA
Laboratório Transdisciplinar de Cenografia, 2015

EQUIPE
Curadoria e coordenação geral: Sonia Paiva; **Design gráfico:** Patrícia Meschick; **Assistência de design:** Matheus MacGinity, Rafael Botelho; **Expografia e produção:** Eric Costa, Guto Viscartti; **Assistência de produção:** Ana Carolina Conceição, Caio Sato, Lucas Freitas; **Luminotécnica:** Raquel Rosildete, Caco Tomazolli; **Fotografia e vídeo:** Helano Stuckert

CLIENTE
Quadrienal de Praga

DESCRIÇÃO
Para criar a identidade da exposição que levou 33 trabalhos de design da performance de centros de ensino brasileiros para a Quadrienal de Praga, foi desenvolvida uma programação visual com o papel de aproximar, na comunicação e no mapeamento dos núcleos. Construída por meio de um jogo digital que serviu de base modular para a criação de uma identidade visual coletiva, foi desenvolvida uma unidade nacional a partir da relação entre símbolos distintos criados por cada um dos quinze núcleos participantes. Este projeto apresenta o design como uma importante ferramenta de ação política e social, responsável por unir e inter-relacionar a diversidade regional na busca de uma representação nacional, permitindo que cada parte se reconheça dentro de um processo como peça fundamental de um resultado coletivo e único. Foi elaborada uma linguagem visual presente em diversas aplicações, desde um catálogo bilíngue a uma barraca que preenchia e coloria o espaço expositivo.

bien.al/12_brasil-labirintos-compartilhados

IDENTIDADE VISUAL BRESSER ASSET MANAGEMENT

AUTORIA
ps.2 arquitetura + design, 2016

EQUIPE
Direção de arte: Fábio Prata, Flávia Nalon; **Design:** Fábio Prata, Flávia Nalon, Gabriela Luchetta, Helena Sbeghen, Lucas Machado.

CLIENTE
Bresser Asset Management

DESCRIÇÃO
Para atualizar a marca e a identidade e criar um novo projeto gráfico para o site de uma empresa de administração de recursos, foi proposta uma marca simples, objetiva e visualmente forte, que explora a presença de duas letra "s", presentes no nome Bresser. Sua posição comum, lado a lado, foi deslocada para uma em cima da outra, e um pequeno intervalo branco foi criado na vertical das letras, criando a relação com o cifrão, símbolo do capital financeiro.

bien.al/12_bresser-asset

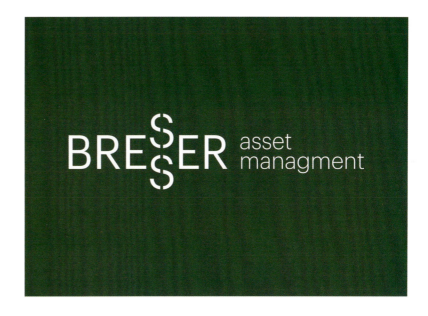

IDENTIDADE VISUAL CABÍRIA – PRÊMIO DE ROTEIRO

AUTORIA
Luiz Arbex e Rita Faria, 2016

EQUIPE
Idealização do prêmio e produção: Marília Nogueira; **Design visual:** Luiz Arbex, Rita Faria; **Animação:** Juliana Fasuolo; **Impressão:** Zen Serigrafia

CLIENTE
Ipê Rosa Produções

DESCRIÇÃO
Para a identidade da primeira edição de um prêmio que busca aumentar a quantidade e a qualidade da representação feminina nas telas e atrás das câmeras, foi desenvolvida uma linguagem visual aplicada a elementos gráficos e digitais que procurou evidenciar a natureza particular da premiação. Evitando clichês visuais ligados ao feminino, a marca parte de um elemento textual, o asterisco, que remete a uma estrela e aos conceitos de propagação e dispersão. Nomes femininos surgem como constelações em meio a letras aleatórias, remetendo à possibilidade de infinitos roteiros que podem ser escritos. A identidade serviu para peças gráficas, redes sociais e animações, viabilizadas por meio de um financiamento coletivo.

bien.al/12_cabiria-premio-de-roteiro

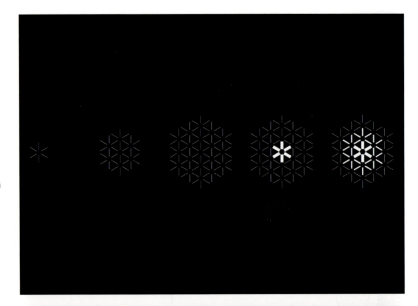

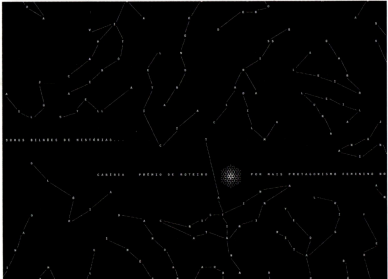

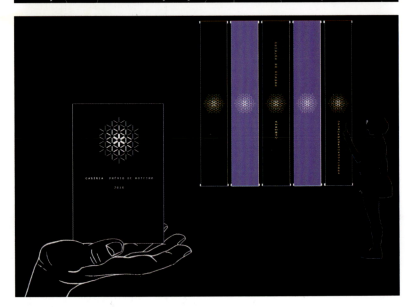

IDENTIDADE VISUAL CAFÉ FAZENDA VENTURIM

AUTORIA
Balaio Design + Estratégia, 2016

CLIENTE
Fazenda Venturim

DESCRIÇÃO
O projeto se vale de características retrô e forte apelo sensorial a sabores e cores relacionados ao universo do café – em especial o conilon, produzido pela empresa familiar, de origem da região de Veneto, Itália – para desenvolver uma identidade visual com os dois pés na tradição, mas a partir de um olhar atual.

COMENTÁRIO DO JÚRI
Consistência entre conceito e linguagem, atenção e riqueza de detalhes, excelente trabalho de tipografia e iconografia.

bien.al/12_cafe-fazenda-venturim

DESTAQUE

IDENTIDADE VISUAL CAFÉ LEÃO

AUTORIA
Pharus Bright Design, 2016

EQUIPE
Direção: Marcio Mota, Cris Inoue, Alex Libotte; **Líder de projeto:** Vivi Kano; **Lead designer:** Pedro Mattos; **Time extendido:** Leopoldo Leal, Marcela Scheid, Estefan Richter, Ligia Nogueira, Henrique Lucio, Maria Sforcin, Rodrigo d'Horta, Gabriel Fernandes, Luca Bacchiocchi, Jade Aiello; **Redação:** Tatiana Rossi, Gabriel Lisboa; **Vídeo:** Takeuchis

CLIENTE
Coca-Cola Brasil

DESCRIÇÃO
Para introduzir a primeira marca de café *premium* em uma já consolidada linha de chás e refrigerantes, foi pensada uma identidade que se mantivesse fiel aos valores da sua marca originária, evitando os clichês da linguagem para cafés *premium* no país. Distanciando-se da comunicação mais luxuosa e elitista, a nova marca convida os usuários a provar o melhor café do mundo: o nosso – criando, então, o conceito "exportado do Brasil para os brasileiros".

bien.al/12_cafe-leao

IDENTIDADE VISUAL CANGA COMFY BEACH

AUTORIA
Joana Passarelli | Estúdio Híbrido, 2016

EQUIPE
Joana Passarelli, Fernanda Schmidt

CLIENTE
Canga Comfy Beach

DESCRIÇÃO
Para dar força à canga no mercado australiano, ofuscando sua concorrente, a toalha de praia, a marca Canga Comfy Beach traz na identidade visual, nas estampas e na comunicação institucional três valores: conforto, versatilidade e estética. Os desenhos exclusivos buscam tornar a marca jovem e moderna, evidenciando os benefícios do produto. A tipografia se utiliza de um jogo de sombras que remete ao sol, com um aspecto minimalista e atemporal, permitindo uma comunicação visual colorida e divertida.

bien.al/12_canga-comfy-beach

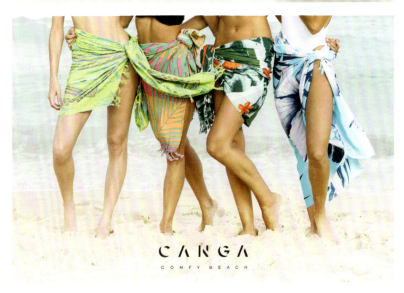

IDENTIDADE VISUAL CANTO DA PRIMAVERA

AUTORIA
Enredo Branding, 2016

EQUIPE
Tiago Rodrigues, Gustavo Gontijo, Ciro Rocha, Iânila Ulhoa, João Tiago Camargo, Karolina Caetano, Julie Vieira

CLIENTE
Governo de Goiás

DESCRIÇÃO
Para um festival anual de música na cidade de Pirenópolis, em Goiás, foi criada uma nova identidade visual que ressalta sua importância e valoriza sua cultura regional. O ponto de partida foi o sabiá, pássaro típico da região central do país, que anuncia a primavera com seu canto. As ondas sonoras do canto foram representadas visualmente, criando uma marca capaz de envolver as pessoas em um movimento para compartilhar os encantos da pequena cidade. A marca revela, sob um novo olhar, a paisagem histórica, natural e artística da região.

bien.al/12_canto-da-primavera

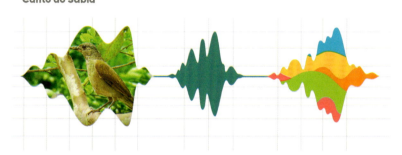

IDENTIDADE VISUAL CIRCOS

AUTORIA
Julia Masagão + Vapor 324, 2015

EQUIPE
Julia Masagão, Fabio Riff, Fabrizio Lenci, Rodrigo Oliveira, Thomas Frenk

CLIENTE
Sesc SP

DESCRIÇÃO
Para a identidade do Festival Internacional Sesc de Circo 2015, realizado em São Paulo, foi criado um projeto gráfico baseado em peças geométricas, que constroem o universo espacial circense, livre e propositivo. As quarenta peças apresentadas sintetizam diversas características intrínsecas ao circo, possibilitando inúmeras composições gráficas e espaciais a cada vez que são reorganizadas. O conteúdo gráfico se desenrola em diferentes plataformas, com cada peça de comunicação carregando um conjunto de peças, ao mesmo tempo que faz parte de um todo, integrando os meios e as plataformas comunicativos do festival.

bien.al/12_circos

IDENTIDADE VISUAL CIRGRÁFICA

AUTORIA
BR/BAUEN, 2016

EQUIPE
Direção criativa e design: Braz de Pina, Rodrigo Francisco; **Estratégia de *branding*:** Luís Feitoza; **Desenvolvimento de design:** Verônica Sauthier, Murilo Pascoal; **Impressão:** Cirgráfica

CLIENTE
Cirgráfica

DESCRIÇÃO
Buscando aumentar a percepção de uma empresa de impressão e publicação e distingui-la no segmento, foi desenvolvida uma identidade atemporal, independente das tecnologias de impressão. A marca é visualmente forte e funcional, adaptado-se facilmente a todos os tipos de superfície e buscando ser mais sensorial que visual. Uma iconografia foi criada, inspirada nas marcas de impressão gráfica e na operação de grandes máquinas de impressão e projetada para que pudesse ser usada em vários tipos de acabamentos gráficos, explorando todas as possibilidades de sua sensorialidade, como em amostras de impressão, catálogos etc.

bien.al/12_cirgrafica

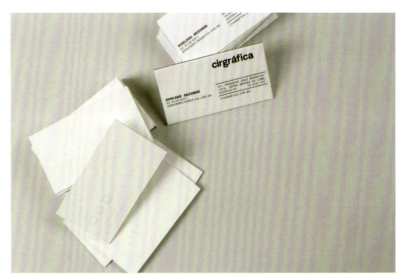
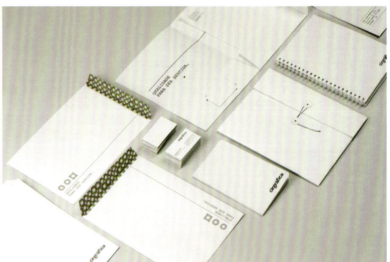
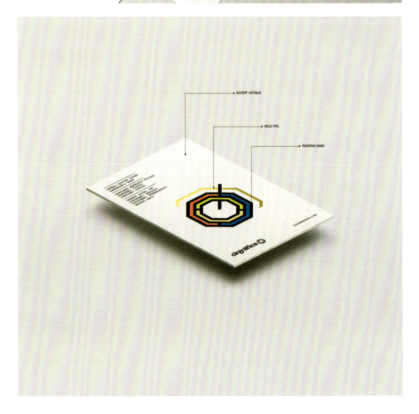

IDENTIDADE VISUAL COCA-COLA

AUTORIA
Tátil Design de Ideias, 2015

EQUIPE
Criação: Ricardo Bezerra, Ilana Bandarovsky, Felipe Aguiar, Renan Benvenuti, Daniel Souza, Mariana Hermeto, Cecilia Costa, Bruna Aragão, Fabrizzio Nascimento, Fred Gelli; **Atendimento:** Mariana Soccodato, Camila Rodrigues; **Time de Design Coca-Cola Global:** James Sommerville, Cristiana Grether, Rebecca McCowan; **Time de Design Coca-Cola Brasil:** Brenda Lucena

CLIENTE
Coca-Cola Brasil

DESCRIÇÃO
Para unificar as marcas de uma das empresas mais famosas do planeta, pela primeira vez em 130 anos de história, foi criado um sistema de identidade visual que integrasse todas as embalagens traduzindo, em todos os produtos e variações, uma única ideia. Envolvendo outras agências internacionais – BVD, SDL, Moniker, Hey Studio e United Design – e o time de design da Coca-Cola global, o resultado apresenta o clássico disco vermelho compartilhado em todos os produtos da marca, unificando-os.

bien.al/12_identidade-cola-cola

IDENTIDADE VISUAL COLEÇÃO CIRCUS BERGERSON

AUTORIA
Taste.ag, 2016

EQUIPE
Ale Tauchmann, Eduardo Rebola, Thiago Benato, Rose Hatamoto, Betinha Parapinski

CLIENTE
Bergerson

DESCRIÇÃO
Para estruturar visualmente uma coleção de joias com temática circense, foi elaborada uma identidade visual inspirada no circo, mas que não caísse no óbvio. De reconhecimento imediato e forte impacto, a marca gera curiosidade e desejo, tendo sido utilizada em todas as mídias da empresa, de pontos de venda a catálogos.

bien.al/12_colecao-circus-bergerson

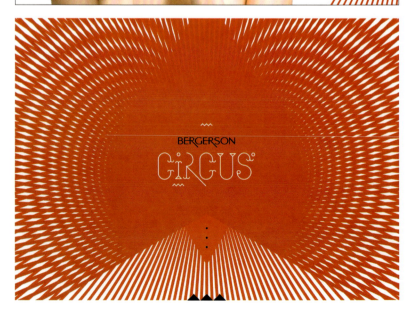

IDENTIDADE VISUAL CRAB – CENTRO SEBRAE DE REFERÊNCIA DO ARTESANATO BRASILEIRO

AUTORIA
Jair de Souza Design, 2015

EQUIPE
Jair de Souza, Rodrigo Barja, Fernando Chaves

CLIENTE
Sebrae | CRAB

DESCRIÇÃO
Para a identidade visual de um centro de referência do artesanato brasileiro, foi pensada uma marca que fosse seu próprio símbolo, sem ser uma síntese do significado do artesanato. A fonte é um desenho, como se cortada à mão, dobrada e desdobrada, e constrói as principais letras do nome, excluindo o "s" de Sebrae (que reaparece na assinatura) para torná-lo uma referência em si, além de manter a sonoridade forte do nome com quatro letras. A marca carrega o significado do manual sem deixar de ser contemporânea, mudando a visão banal que se tem do artesanato como algo tosco ou mal feito. A partir da fonte, foi criado um alfabeto de sinais abstratos, que fortalece a identidade própria à marca.

bien.al/12_crab

IDENTIDADE VISUAL CONFERÊNCIA ATYPI 2015

AUTORIA
Crystian Cruz, 2015

EQUIPE
Design gráfico: Crystian Cruz; **Fotos de São Paulo:** Flavio Samelo; **Vídeo promocional:** Visorama Diversões Eletrônicas; **Transcrição fonética:** Andrea Zakime; **Tipografias fonéticas:** Rafael Dietzsch, Ana Megda, Pablo Ugerman

CLIENTE
ATypI

DESCRIÇÃO
Em 2015, a Association Typographique Internationale – ATypI sediou sua conferência anual em São Paulo. O sistema de identidade incluiu aplicações como livro de programação, brindes (adesivos, camisetas, bolsas e bottons), divulgação em redes sociais, vídeo promocional, transição de tela entre palestras, sinalização e decoração de palco. Como a conferência era sediada pela primeira vez no hemisfério sul e metade do público era estrangeiro, todo o conceito da identidade foi baseado na forma peculiar como os estrangeiros pronunciam o som "ã", com o til vindo do marco mais icônico da cidade: o prédio do Copan, desenhado por Oscar Niemeyer. O logotipo tinha duas versões, convencional e em fonética, e foram criadas três tipografias customizadas com suporte fonético: Voces Thin, Voces Black e Brasílica Phonetics. Nas peças gráficas, algumas palavras em português foram traduzidas para sua representação fonética, proporcionando dicas de como pronunciá-las. Os nomes dos setenta palestrantes também foram utilizados em caracteres fonéticos na tela de projeção e no livro de programação.

COMENTÁRIO DO JÚRI
Partindo da representação do fonema "ã", típico da língua portuguesa, a solução projetual prima pela elegância, pela criatividade e pela excelência tipográfica, essencial ao assunto abordado, por meio do desdobramento do sistema nas diversas aplicações.

bien.al/12_conferencia-atypi-2015

> DESTAQUE

IDENTIDADE VISUAL CURSINHO POPULAR CAROLINA DE JESUS

AUTORIA
Renato Medeiros, 2016

EQUIPE
Direção de arte e design: Renato Medeiros; **Desenho do ícone:** Rodrigo Gomes Raposo; **Pesquisa:** Victor Assis, Brunna Rodrigues, Raissa Alves, Luiz Henrique Macedo, Renato Medeiros, Rodrigo Gomes Raposo

CLIENTE
Cursinho Popular Carolina de Jesus

DESCRIÇÃO
Numa parceria com o Cursinho Popular Carolina de Jesus, movimento social localizado no bairro do Capão Redondo, em São Paulo, foi elaborado um projeto acadêmico de construção de logotipo, manual de identidade visual, vídeo-manifesto com participação dos alunos, *layout* do website, *fanpage* do Facebook, papelaria, camisetas, cadernos e brindes, bem como um livro contendo toda a pesquisa monográfica. A identidade visual deveria representar não só o novo caminho que o projeto está tomando, mas abarcar toda a sua história, buscando um laço de identificação com os próprios professores voluntários e os alunos do cursinho. Também buscava dar maior visibilidade ao cursinho diante da sociedade, criando um sentimento de unificação entre alunos e professores e diferenciando-o dos outros cursinhos que existem no entorno e na cidade, dando mais legitimidade e profissionalismo ao trabalho dos organizadores e voluntários. Foi elaborada uma marca jovem e vibrante, cujas cores, formas e organização aludem aos diferentes posicionamentos e pensamentos que divergem, mas constroem o todo. O design é moderno, bebendo de grandes mestres do design gráfico e do construtivismo, sendo contemporâneo e atemporal.

bien.al/12_cursinho-carolina-de-jesus

ACADÊMICO

IDENTIDADE VISUAL DELI 43

AUTORIA
Saravah Comunicação e Design, 2016

EQUIPE
Direção de design: Mariana Hermeto; **Design:** Isabel Goulart; **Direção de estratégia:** Raquel Goulart; **Coordenação de estratégia:** Rafael Bittencourt; **Atendimento:** Renata Ladogano; **Direção de criação:** Cristiano Junqueira

CLIENTE
Deli 43

DESCRIÇÃO
Para reinventar uma marca do ramo da gastronomia que nasceu de uma parceria de negócios e agora voa solo, foi preciso revisitar os atributos visuais, conferindo-lhe propriedade sem distanciá-la dos seus diferentes públicos. Utilizando o conceito de "origem", foi construído um ícone expressivo, sem referências aos parceiros anteriores, com uma forte massa vermelha que revela em seus detalhes a origem serrana e os elementos de artesanalidade. A partir dele, foram criadas novas narrativas em que outros elementos se misturam, gerando novas manchas gráficas e segmentando a oferta, além de servirem à sinalização e às embalagens. O resultado final é um universo visual rico e pregnante, repleto do cuidado, do zelo e da contemporaneidade que uma marca urbana, nascida para conectar pessoas, comidas e lugares, demanda.

bien.al/12_deli-43

IDENTIDADE VISUAL DESENHO DE CENA #1

AUTORIA
Julia Masagão + Bloco Gráfico, 2016

EQUIPE
Gabriela Castro, Gustavo Marchetti, Julia Masagão, Paulo André Chagas

CLIENTE
Sesc São Paulo

DESCRIÇÃO
Buscando identificar uma exposição de performances, foi desenvolvido um projeto que utiliza referências gráficas das obras com conceitos como espaço, traje, luz, som e movimento. O design basou-se na criação de um sistema visual versátil e eficiente, que atendesse às demandas de exposição em diferentes suportes e escalas, integradas em uma mesma linguagem. A fonte New Grotesk Square inspirou um *lettering* que se constrói em camadas e cuja leitura só se dá por meio da soma por sobreposição e transparência. Foi também elaborada a sinalização e a fachada, além de catálogos e postais.

bien.al/12_desenho-de-cena-1

IDENTIDADE VISUAL E VINHETA SUPER MÁQUINAS

AUTORIA
Beeld., 2016

EQUIPE
Direção e aprovação: Vik Junod; **Direção criativa:** Victor Seabra; **Direção de arte, design e animação:** Beeld.; **Áudio:** Juan Belgodere; **Beeld.:** Papito, Marcelo Mourão, Greco Bernardi, Eduardo Tosto, Filippo Johansson, Flavia Baltz, Rico Alves

CLIENTE
Discovery Networks Brasil

DESCRIÇÃO
Para desenvolver a nova identidade visual voltada para uma faixa de programação do canal Discovery Kids, foi elaborado o projeto de uma marca divertida que envolvesse a temática dos personagens robóticos e/ou veículos motorizados, em que cada um representa uma letra. A partir deles, foram gerados elementos gráficos, suportes para informações e uma abertura de 15" que dá o tom do conteúdo exibido. A paleta de cores equilibra a alegria da programação com a frieza dos elementos robóticos.

bien.al/12_super-maquinas

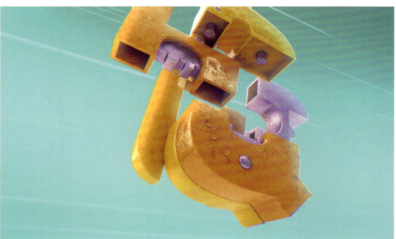

IDENTIDADE VISUAL EICHENGLOBAL

AUTORIA
BR/BAUEN, 2016

EQUIPE
Direção criativa e design: Rodrigo Francisco, Braz de Pina; **Assistente de design:** Verônica Sauthier; **Departamento de marketing:** Samira Issa, Valeriu Vetiul

CLIENTE
EichenGlobal

DESCRIÇÃO
Para a identidade de uma empresa do mercado imobiliário alemão, foi desenvolvida uma solução gráfica e conceitual que gerasse reconhecimento e familiaridade. O nome foi direcionado para evocar as características do carvalho (*Eichen*, em alemão), árvore símbolo da cultura alemã e que passa a ideia de longevidade, dado que a marca tem 110 anos de experiência herdados de sua antiga controladora. No entanto, por tratar-se de uma marca nova, foi preciso equilibrar o projeto com as desvantagens de sua falta de percepção de marca. Buscando ser familiar e reconhecível, foi construída uma abordagem visual simples e clara para representar o núcleo da empresa, de forma racional, geométrica e sofisticada, com influências da Bauhaus.

bien.al/12_eichenglobal

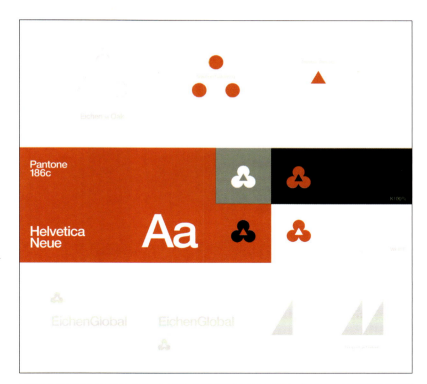

IDENTIDADE VISUAL EMPÓRIA BRANDING

AUTORIA
Empória Branding, 2016

EQUIPE
Thales Lucas Duarte, Dácio Alexandrino, João Vitor Severo, Fernando Martins, Mauro Fabian, Maria Luiza Pickler, Patrícia Mendes, Diego Piovesan

DESCRIÇÃO
Para a nova identidade visual de uma empresa de *branding*, foram criados dois conjuntos de peças: um de peças predominantemente limpas, que compõem a linha institucional, e outro para comunicação com o público. Para transmitir o perfil cocriativo, autêntico e transformador da empresa, foram feitas colagens de fotos retrô e ilustrações vitorianas com intervenções contemporâneas. Foi também criado um monograma com as iniciais "E" e "B", que forma uma bandeira. O projeto foi reconhecido dentre seus pares, sendo eleito para o Behance Design.

bien.al/12_emporia-branding

IDENTIDADE VISUAL ESTÚDIO MARACUJÁ

AUTORIA
Guayabo, 2016

EQUIPE
Design: Valquíria Rabelo

CLIENTE
Ana Carolina Costa | Nayara Zagnoli | Tatiane Caetano

DESCRIÇÃO
Para a identidade visual de uma plataforma online de serviços em arquitetura e design de interiores, foi criada uma marca que apresenta uma solução econômica, acessível, criativa e carismática. Os conceitos foram identificados em dois elementos: o tecelão social (pássaro que constrói ninhos comunitários), que inspirou o símbolo, e o maracujá (fruta de sabor aconchegante, tropical e popular), que deu nome ao estúdio. O símbolo é formado por estruturas geométricas simples, que dão ideia de acessibilidade. Um conjunto de ilustrações feitas à mão de forma espontânea e esquemática integra a identidade, dando um visual acolhedor e envolvente. A paleta de cores foi baseada em uma atmosfera tropical, com tons rebaixados para gerar combinações mais harmônicas e aconchegantes. As aplicações da identidade na papelaria reforçam a criatividade e a economia, com adesivos e outros recursos personalizando peças de baixo custo, como envelopes pardos e sacolas de lona.

bien.al/12_estudio-maracuja

IDENTIDADE VISUAL FESTA SANTOS POPULARES PORTUGUESES

AUTORIA
TUUT, 2016

EQUIPE
Theo Carvalho, Carlos Eduardo Bocai, Lucas Gomez

CLIENTE
ZooCom

DESCRIÇÃO
Para uma festa que levou tradição e cultura portuguesas ao centro do Rio de Janeiro, foi elaborada uma identidade que refletisse a essência do imaginário português com símbolos, cores e diferentes aspectos do país, sem cair em clichês. O ponto de partida foram símbolos tradicionais como a andorinha, a sardinha, a guitarra portuguesa, o coração de Viana e os Três Santos, gerando uma identidade que se desdobrou em meios impressos e digitais.

bien.al/12_santos-populares-portugueses

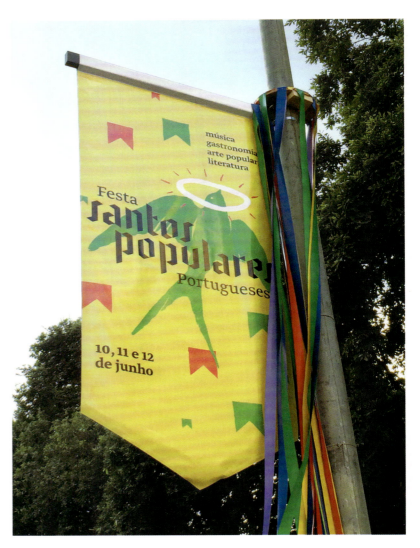

IDENTIDADE VISUAL FLUPP – FESTA LITERÁRIA DAS PERIFERIAS 2016

AUTORIA
TUUT, 2016

EQUIPE
Theo Carvalho, Juliana Yue, Cadu

CLIENTE
FLUPP

DESCRIÇÃO
Ilustrações modulares que trazem a diversidade humana que habita o cenário urbano, mescladas a cartas de tarot, referências astrológicas e linhas que remetem à cidade, foram a solução para o sexto encontro anual que visa formar novos leitores e autores nas periferias brasileiras.

COMENTÁRIO DO JÚRI
O projeto equilibra lindamente apelo cultural e popular com muito bom gosto e sensibilidade.

bien.al/12_flupp-2016

DESTAQUE

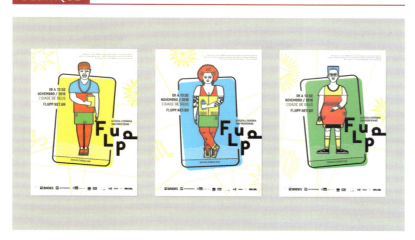

IDENTIDADE VISUAL FOLKZ

AUTORIA
Enredo Branding, 2016

EQUIPE
Ciro Rocha, Tiago Rodrigues, Gustavo Gontijo, Julie Vieira, Iânila Ulhoa, João Tiago Camargo, Gabriela Pavan, Karolina Caetano

CLIENTE
Folkz Pizzas & Saladas

DESCRIÇÃO
Para criar uma marca de restaurante e pizzaria em um mercado extremamente saturado, foi pensado um projeto que questionasse paradigmas, incentivando a liberdade de ser e criar do cliente, que pode escolher seus ingredientes. Abraçando a liberdade de escolha como bandeira, a marca entende que o comportamento da nova geração não é atendido pelo mercado atual.

bien.al/12_folkz

IDENTIDADE VISUAL GERMAN LORCA – ARTIFÍCIO ARTE OFÍCIO

AUTORIA
Elisa von Randow + Julia Masagão, 2016

EQUIPE
Elisa von Randow, Julia Masagão, Nina Farkas (assistente)

CLIENTE
Sesc SP

DESCRIÇÃO
Para a identidade de uma exposição de um fotógrafo brasileiro, foi elaborado um projeto que reflete e brinca com os três momentos distintos da produção do fotógrafo, representados na mostra. Foram elaborados sinalização, convite e catálogo, além de peças de mediação com o público.

bien.al/12_german-lorca

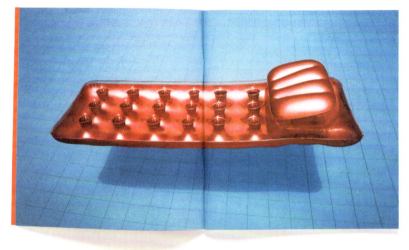

IDENTIDADE VISUAL GUAJA COWORKING

AUTORIA
Greco Design, 2016

EQUIPE
Direção de criação: Gustavo Greco; **Gerência de criação:** Tidé; **Gerência de projeto:** Laura Scofield; **Design:** Fernanda Monte-Mór; **Produção:** Alexandre Fonseca, Allan Alves; **Ilustração:** Claudia Lambert

CLIENTE
Guaja

DESCRIÇÃO
Para o primeiro café-*coworking* do Brasil, foi criada uma nova planta: a guaja. Uma equipe de designers, um botânico e uma ilustradora científica criaram uma planta que traduz os atributos da empresa por meio de suas raízes (fomento do conhecimento), flores (vida em comunidade) e frutos (compartilhamento). O projeto singular e único – a planta foi desenvolvida segundo o bioma da região da empresa, Minas Gerais – pode estender-se a produtos, como um suco exclusivo. O projeto foi selecionado para a Bienal Ibero Americana de Design em 2016.

bien.al/12_guaja-coworking

IDENTIDADE VISUAL GURI 21 ANOS

AUTORIA
D4G, 2016

EQUIPE
Produção: D4G; **Direção de criação:** André Salerno, Felipe Soutello, Jorge Monge; **Redação:** Felipe Soutello; **Planejamento e gestão:** Marô Campos Mello; **Direção de arte:** Diego Bellorin; **Ilustração 3D:** Paulo Caldas

CLIENTE
Projeto Guri

DESCRIÇÃO
Para celebrar os 21 anos do maior projeto sociocultural da América Latina, sediado em São Paulo, foram desenvolvidos conceitos e uma identidade visual que pudessem nortear e acompanhar a comunicação durante o ano de celebrações. Fundamentado no ensino musical, com mais de quinhentos mil alunos durante sua história, o projeto adotou o manifesto "Música e Vida – A gente se comunica por ondas", unindo o conjunto sensorial de recepção do som ao das percepções que temos e deixamos nas outras pessoas por meio de memórias, emoções e experiências, tocando e deixando registros.

bien.al/12_guri-21-anos

IDENTIDADE VISUAL HARVEST

AUTORIA
BR/BAUEN, 2016

EQUIPE
Direção criativa e design: Braz de Pina, Rodrigo Francisco; **Estratégia:** Luís Feitoza; **Desenvolvimento de design:** Murilo Pascoal, Veronica Sauthier

CLIENTE
Harvest

DESCRIÇÃO
Para uma empresa brasileira de planejamento e *coaching* financeiro, foi desenvolvida uma identidade baseada em três fatores: a atuação internacional, a percepção da credibilidade e a segurança futura. O nome surge de uma qualidade fonética e gráfica que serve ao contexto internacional, além de, estrategicamente, transmitir o conceito de segurança que a empresa oferece (*harvest* é colheita, em inglês). O logo também busca gerar segurança, bem como paz e conforto. O monograma traz elementos que remetem ao universo mais luxuoso do perfil de cliente que a marca possui, que preza pelo anonimato e pela discrição dos seus negócios.

bien.al/12_harvest

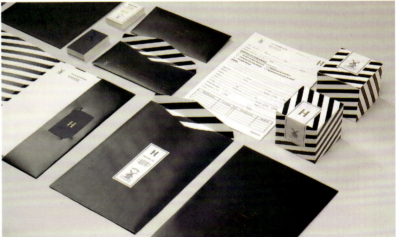

IDENTIDADE VISUAL
IDA – INTERNATIONAL DESIGN AWARDS

AUTORIA
Casa Rex, 2016

EQUIPE
Direção de design: Gustavo Piqueira; **Design:** Gustavo Piqueira, Samia Jacintho; **Equipe:** Cristiano Machado, Marianne Meni, Letícia Genesini

CLIENTE
International Design Awards

DESCRIÇÃO
A identidade de um prêmio internacional de design foi inspirada no seu elemento mais icônico: seu troféu. No entanto, mais que criar uma versão para impressão, foi criado um universo visual próprio para esse símbolo simples e marcante. Por meio da sobreposição de suas formas icônicas, a identidade traduz as múltiplas faces do troféu, que ganham uma infinidade de combinações de cores permitindo uma grande gama de aplicações, desde assinaturas até *patterns* e colagens.

bien.al/12_ida

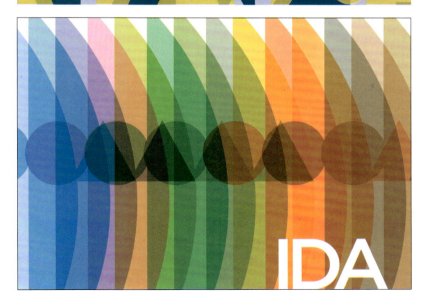

IDENTIDADE VISUAL KODA PUB & KITCHEN

AUTORIA
TDS Design, 2015

EQUIPE
Thamise Lopes, Guilherme Gonçalves

CLIENTE
Koda Pub & Kitchen

DESCRIÇÃO
Para criar uma identidade institucional e de *merchandising* para um *pub* curitibano, foi desenvolvido um logotipo no qual a silhueta do urso é vista de forma subliminar. Uma estampa com tipografia também foi criada, juntamente com ícones para aplicações em fachadas, materiais de papelaria e outros produtos de *merchandising*.

bien.al/12_koda-pub-kitchen

IDENTIDADE VISUAL MACHADO MEYER

AUTORIA
Tátil Design de Ideias, 2016

EQUIPE
Criação: Fernanda Saboia, Camila Canavalle; **Atendimento:** Andressa Vieira; **Estratégia e conteúdo:** Tania Savaget, Paula Marchiori; **Gerência de comunicação e marca:** Fernanda Carneiro (Machado Meyer); **Análise de comunicação e marca:** Patricia Schiaveto, Isabela Faggion (Machado Meyer); **Design:** Erika Ostorari

CLIENTE
Machado Meyer

DESCRIÇÃO
Para realizar o *rebranding* de um dos maiores escritórios de advocacia do país, foi identificada a necessidade de um trabalho de cultura que ajudaria a entregar a promessa do escritório de dentro para fora. A nova marca, um símbolo consistente e forte, com tradição e inovação, tem como desafio encontrar caminhos para um posicionamento diferenciado, valores comuns e um propósito capaz de engajar todos em torno de uma ideia coerente e única.

bien.al/12_machado-meyer

IDENTIDADE VISUAL MAKE B. AFRICANÍSSIMA

AUTORIA
Taste.ag, 2016

EQUIPE
Ale Tauchmann, Eduardo Rebola, Pedro Gonzalez, Ana Caroline Correa, Rose Hatamoto

CLIENTE
O Boticário

DESCRIÇÃO
Do *naming* ao tom de voz dos produtos, dos elementos gráficos às embalagens, a identidade da Coleção Make B. da marca O Boticário tem como inspiração direta a África e a tribo dos masai, grupo étnico seminômade localizado no Quênia e no norte da Tanzânia.

COMENTÁRIO DO JÚRI
O projeto se destaca por apresentar linguagem expressivamente adequada ao conceito e grande força de identidade.

bien.al/12_make-b-africanissima

DESTAQUE

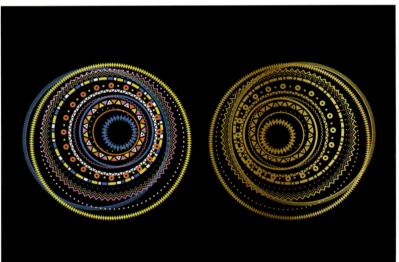

IDENTIDADE VISUAL MARIA DOLORES

AUTORIA
Brandigno, 2015

EQUIPE
Direção de criação e design: Alexandre Nami; **Design:** Thiago Rodrigues da Silva; **Atendimento:** Pedro Nami, Yumi Sakamoto, Walter Korneiczuk

CLIENTE
Maria Dolores

DESCRIÇÃO
Buscando redesenhar a marca de uma designer de joias, ampliando sua presença no mercado – inclusive internacionalmente –, foi evidenciada a estética exclusiva de suas peças, aumentando a percepção de valor agregado e de *status*. A nova marca é inspirada nos traços geométricos e modernos das joias e na extensão de cores e formas, criando uma variedade de versões alternativas.

bien.al/12_maria-dolores

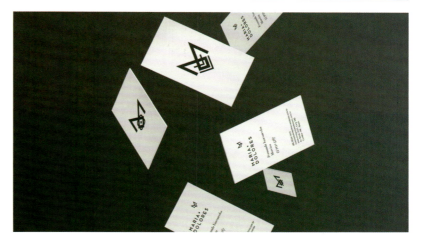

IDENTIDADE VISUAL MCB – MUSEU DA CASA BRASILEIRA

AUTORIA
Rico Lins +Studio, 2016

EQUIPE
Rico Lins, Julieta Sobral, Nicolas Camargo, Marco Ruotolo

CLIENTE
Museu da Casa Brasileira

DESCRIÇÃO
Buscando reestruturar a área de comunicação do museu no seu trigésimo aniversário, ampliando seus canais de comunicação e interação com o público, foi elaborado um projeto para reforçar a percepção da instituição. A identidade visual foi atualizada graficamente e teve um padrão definido, garantindo o reconhecimento e sistematizando os elementos visuais que caracterizam o museu. Para os novos materiais institucionais, foram criadas peças de divulgação, sinalização, definição tipográfica, família de pictogramas e paleta de cores.

bien.al/12_mcb-museu-casa-brasileira

IDENTIDADE VISUAL MESA

AUTORIA
Estúdio Mola, 2015

EQUIPE
Daniel Pinheiro, Raquel Uchôa

CLIENTE
Mesa

DESCRIÇÃO
Para reprojetar a identidade visual de uma empresa de aplicativos para *mobile*, o ecossistema da marca foi atualizado e alinhado ao seu propósito, com um *lettering* dinâmico que remete à própria natureza *mobile*, sempre em movimento. A iconografia foi redesenhada dentro da mesma *grid* que compõe a marca, mantendo a angulação e a ação para os elementos. A apresentação institucional, adaptada às diferentes plataformas do universo digital, expõe a competência e a capacidade da empresa, sem perder o clima descontraído.

bien.al/12_mesa

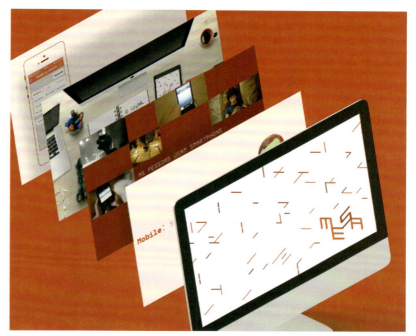
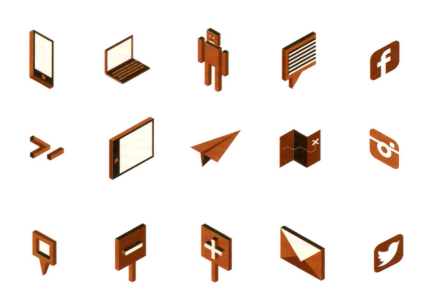

IDENTIDADE VISUAL MIRA

AUTORIA
Grande Circular, 2016

CLIENTE
Mira Educação

DESCRIÇÃO
Para desenvolver a identidade visual de uma plataforma de aprendizado no mercado há pouco tempo, foi elaborado um projeto que não só transmitisse os conceitos ligados à educação, mas criasse um ambiente interessante e lúdico para facilitar o processo de estudo e acompanhamento. Foi escolhido o cenário de estrelas e constelações, remetendo aos conceitos de conexão, ideias, sonhos e objetivos. Um astronauta foi utilizado como símbolo, reforçando as ideias de estudo e exploração. Uma variedade de elementos gráficos foi criada, permitindo a aplicação tanto no meio digital quanto em impressos e promocionais.

bien.al/12_mira

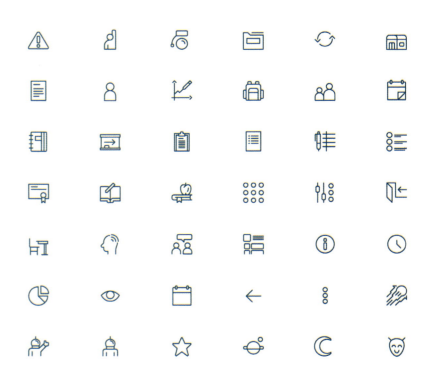

IDENTIDADE VISUAL MOCA ARQUITETURA

AUTORIA
miligrama design, 2016

EQUIPE
Direção criativa e design: Rodrigo Gondim, Rebeca Prado, Victor Garcia; **Motion design:** Rebeca Prado

CLIENTE
Moca Arquitetura

DESCRIÇÃO
Para criar a identidade visual de um escritório de arquitetura e design, foi criado um logotipo modular em que cada combinação de espaços vazios gera uma composição diferente, criando uma marca mais interessante e alinhada ao perfil da empresa maranhense, que preza pela unicidade de cada projeto. Geométrica, a marca deveria associar-se a uma relação primordial da arquitetura, a de adequar e moldar elementos dentro de um espaço. Assim, o logotipo ultrapassa os limites das letras para mostrar uma assinatura que traduz o espírito da marca. Na expansão desse sistema, as próprias letras do logotipo tornaram-se padronagem, em que os mesmos espaços vazios tornam-se áreas preenchidas no verso do material.

bien.al/12_moca-arquitetura

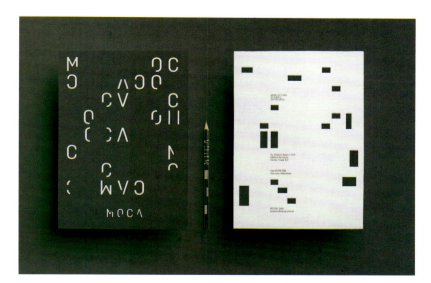

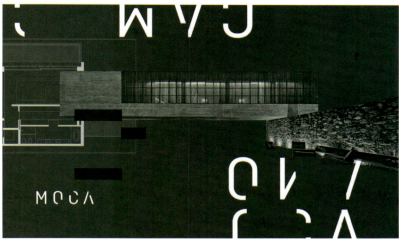

IDENTIDADE VISUAL MOCCATO

AUTORIA
Plau, 2015

EQUIPE
Design: Rodrigo Saiani, Lucas Campoi, Dominique Kronemberger, Flora de Carvalho; **Programação:** Dimas Cyriaco, Gustavo Saiani; **Fotografia:** Marcello Cavalcanti

CLIENTE
Moccato

DESCRIÇÃO
Para criar a identidade de uma marca de cafés em cápsulas que preza pelo frescor, foi criado um projeto que representasse conceitos aparentemente conflitantes (natural e instantâneo, sustentável e urbano) utilizando uma linguagem familiar, mas com um toque diferente. O logotipo em estêncil parte da semente do café e torna-se uma fonte completa, que dita o estilo da ilustração e aplica-se a diferentes meios, da embalagem ao site. As pequenas caixas foram elaboradas para facilitar o manuseio, da fábrica ao consumidor final. Cada sabor recebe uma cor, mas os recortes nas letras dos rótulos são aleatórios, dando um toque colecionável, cujo desafio é completar o nome da marca. Foi premiada com o TDC Excellence in Typography, selecionada na 7ª Bienal Tipos Latinos e destacada como Tendência em Embalagens pela Worth Global Style Network – WGSN.

bien.al/12_moccato

IDENTIDADE VISUAL MOOD REAL FOOD

AUTORIA
mooz, 2015

EQUIPE
Direção de criação: Daniel Edmundson; **Atendimento:** Maria Cecília Xavier; **Design:** Felipe Rocha, Humberto Beltrão, Lucas Bacic, Rhanna Andrade, Tomaz Alencar; **Redação:** Alinne Rocha, Marcela Primo

CLIENTE
Mood Real Food

DESCRIÇÃO
Para um restaurante que oferece comida pronta 100% saudável, livre de conservantes e ingredientes industrializados, foi elaborada uma identidade visual que transmitisse a sua proposta de trazer mais praticidade e leveza para o dia a dia. Inspirada no lado sensorial e na valorização dos ingredientes que compõem as receitas e os produtos do restaurante, a identidade utiliza ilustrações modernas, intercaladas com ícones e fundos chapados, buscando um contraste entre tons pastel e cores mais fortes. A paleta selecionada se aproxima de uma faceta urbana, mais brasileira e tropical. Foi desenvolvido um estilo tipográfico próprio, jovem e inteligente, que marca toda a comunicação da marca. A dinâmica entre cores, texturas e espaços de respiro dá um tom leve, moderno e, ao mesmo tempo, simpático.

bien.al/12_mood-real-food

IDENTIDADE VISUAL MUTANT

AUTORIA
FutureBrand São Paulo, 2016

CLIENTE
Genesys Prime

DESCRIÇÃO
Para identificar uma empresa focada em *customer experience* com interações humanizadas, que se libertava de uma empresa americana para inaugurar um novo momento solo, foi elaborada uma identidade virtual que passasse a mensagem de uma marca em constante transformação. O logo foi o ponto central da nova identidade. A palavra *mutant* aparece em caixa-alta, representando os resultados concretos atingidos pela empresa. Quatro variações de grafismos coloridos completam o logo para mostrar a mutação em andamento. Os grafismos expandem-se para o restante da identidade, compondo os demais materiais da marca.

bien.al/12_mutant

IDENTIDADE VISUAL NATURA EKOS

AUTORIA
Tátil Design de Ideias, 2015

EQUIPE
Tátil | Criação: Fernanda Saboia, Renan Benvenuti, Paloma Valls, Luis Freitas; **Estratégia e conteúdo:** Elen Campos; **Atendimento:** Ulli Ferrari, Renan Proença; **Natura | Direção Global para Cuidados Pessoais:** Claudia Klingelfus Pinheiro; **Gerência de marca:** Carolina Secchin

CLIENTE
Natura

DESCRIÇÃO
Buscando reforçar a íntima relação da linha de produtos de beleza com a Amazônia, toda a linguagem visual da marca foi reformulada, trazendo códigos de sofisticação e contemporaneidade. A partir de uma linguagem fotográfica e do redesign dos rótulos, foi conferido um tom proprietário ao conceito de valorização da biodiversidade amazônica que a marca traz.

bien.al/12_natura-ekos

IDENTIDADE VISUAL NATURA TODODIA

AUTORIA
Tátil Design de Ideias, 2015

EQUIPE
Tátil | Criação: Fernanda Saboia, Renan Benvenuti, Camila Canavale, Luis Freitas; **Atendimento:** Andressa Vieira, Ulli Ferrari; **Estratégia e conteúdo:** Tânia Savaget, Vanessa Rodirgues, Elen Campos; **Natura | Gerência de Tododia e Séve Global:** Liliane Lima; **Gerência de marca:** Fernanda Lopes; **Coordenação de marketing:** Bruna de Paula

CLIENTE
Natura

DESCRIÇÃO
Trazendo um novo olhar para a maior linha de cuidados pessoais do país, foi elaborado um projeto que buscava criar uma expressão da nova organização do portfólio, destacando os seus benefícios funcionais e sensoriais e trazendo a beleza para o centro da marca. Além de expressar de maneira clara os benefícios funcionais dos produtos, a nova linguagem estabeleceu uma relação com as consumidoras, celebrando a beleza como uma forma de destaque e valorização e refletindo a personalidade da marca.

bien.al/12_natura-tododia

IDENTIDADE VISUAL NÉKTAR DESIGN

AUTORIA
Néktar Design, 2016

EQUIPE
Paula Langie Araujo, Fábio Haag, Monike Borsoi, Maira Vogt, Gabriela Landeira, Camila Grosser

CLIENTE
Néktar Design

DESCRIÇÃO
Para atualizar a identidade visual do estúdio de design com 12 anos de história, buscando não perder o vínculo com os clientes, as linhas da marca tornaram-se sutilmente mais harmônicas, com uma linguagem gráfica mais atual, conferindo mais profissionalismo à empresa. O *lettering* ganhou novas curvas inspiradas na fluidez do néctar, líquido das flores que alimenta várias espécies, como o design alimenta as empresas. O acento do nome lembra uma gota, e a letra "k", que remete à origem grega da palavra e confere originalidade ao nome, ganhou um desenho que lembra uma asa. Dessa asa, foi criado um elemento gráfico novo: uma abelha geométrica. Foi elaborada também uma contração entre as letras "n" e "k", marcantes na fonética do nome, que pode ser usada como um selo. O laranja foi escolhido como cor principal, e a combinação entre laranja, azul-turquesa e cinzas confere personalidade para os símbolos desse sistema.

bien.al/12_nektar-design

IDENTIDADE VISUAL ORIGEM VEGETAL – A BIODIVERSIDADE TRANSFORMADA

AUTORIA
Jair de Souza Design, 2016

EQUIPE
Jair de Souza, Natali Nabekura, Fernando Chaves

CLIENTE
Sebrae | CRAB

DESCRIÇÃO
Para a identidade visual da exposição inaugural do Centro Sebrae de Referência do Artesanato Brasileiro, foi elaborado um conceito que apresentasse um panorama abrangente dos 27 estados brasileiros. Em vez de criar uma única marca, foram desenvolvidas cinco, formando uma identidade que representasse o processo criativo de transformar matéria bruta em um produto criativo e sofisticado. Vencendo a banalidade e a indiferença comuns ao artesanato brasileiro, o projeto enalteceu as peças, culminando em um *motion design* que mostrava o processo de transformação de matéria bruta em artesanato.

bien.al/12_origem-vegetal

IDENTIDADE VISUAL PATRICIA BONALDI

AUTORIA
Pharus Bright Design, 2016

EQUIPE
Direção de criação: Marcio Mota; **Direção de design:** Cris Inoue; **Design:** Pedro Mattos, Jade Aiello, Luca Bacciochi, Gabriel Fernandes

CLIENTE
Patricia Bonaldi e grupo Nohda

DESCRIÇÃO
Para reposicionar a marca de uma estilista brasileira, bem como da sua grife, foi preciso entender quais elementos tornavam seu trabalho tão único. A partir da noção da aura de encantamento que surge das suas roupas, foi redefinida toda a sua expressão de linguagem com o conceito Luz, no qual o vestido torna-se um prisma que potencializa a luz interior de cada mulher. Uma comunicação única e delicada foi criada, transmitindo o conceito de maneira direta para o público e preparando a marca para o mercado internacional.

bien.al/12_patricia-bonaldi

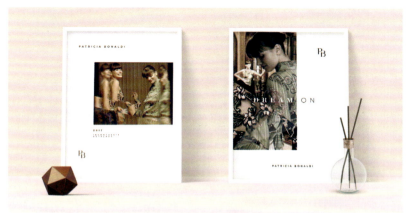

IDENTIDADE VISUAL PAVILION

AUTORIA
ps.2 arquitetura + design, 2016

EQUIPE
Direção de arte: Fábio Prata, Flávia Nalon; **Design:** Fábio Prata, Flávia Nalon, Lucas Machado, Helena Sbeghen, Gabriela Luchetta.

CLIENTE
Pavilion Education

DESCRIÇÃO
Para criar a identidade visual de uma plataforma online de ensino de arquitetura, foi explorado o conceito que direciona o próprio nome da empresa. O pavilhão é uma construção anexa a um edifício principal que, em geral, tem um caráter mais dinâmico, móvel e de uso flexível. Por meio da representação gráfica por linhas paralelas, a marca pode assumir diferentes configurações espaciais, similares a diferentes implantações de um conjunto de edificações. As linhas fazem referência ao elemento arquitetônico do *brise-soleil* (quebra-sol) e ao universo digital, de telas e dispositivos eletrônicos. Segundo esse aspecto, também foram desenvolvidos a interface do site e os *templates* utilizados nas videoaulas.

bien.al/12_pavilion

IDENTIDADE VISUAL PECHAKUCHA

AUTORIA
Taste.ag, 2015

EQUIPE
Ale Tauchmann, Thiago Benato, Eduardo Rebola

CLIENTE
PechaKucha

DESCRIÇÃO
Para a identidade de um evento internacional de palestras criativas idealizado em Tóquio, no Japão, e espalhado para mais de quinhentas cidades no mundo, foi materializado o conceito de *outsider*, aquele que sai da zona de conforto e explora novos projetos e ideias. Foram elaboradas fotografias que buscam trazer a sensação de rompimento da "membrana" que separa uma ideia da realidade. Foi explorada a ideia de sair de dentro do casulo, remetendo ao renascimento.

bien.al/12_pecha-kucha

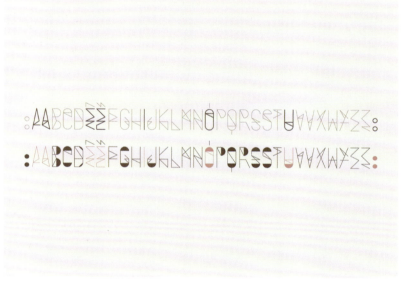

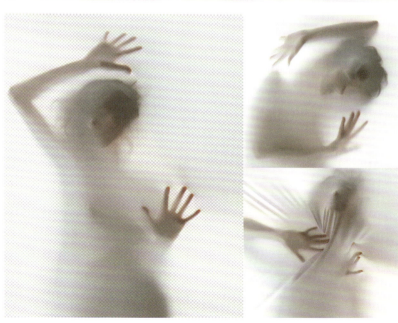

IDENTIDADE VISUAL
PENSE DENTRO DA CAIXA

AUTORIA
Labis Design, 2015

EQUIPE
Atendimento: Henrique Chaves; **Direção de criação:** Henrique Catenacci; **Design responsável:** Diego Carneiro

CLIENTE
Pense Dentro da Caixa

DESCRIÇÃO
Para reposicionar uma marca de venda online de móveis DIY ("faça você mesmo") localizada em São Bento do Sul (SC), foi trazida a ideia do pássaro joão-de-barro, que constrói os próprios ninhos. A partir desse pássaro tão conhecido, presente no folclore de várias regiões do país e protagonista de lendas e músicas, foi criada uma marca que expressasse um maior número de valores da empresa e de seus produtos. A marca precisava ser contemporânea e inovadora, mas manter o visual clássico, visto que os móveis são feitos com madeira maciça e técnicas de marcenaria clássica. A tipografia acompanha essa ideia, com fontes clássicas e contemporâneas combinadas.

bien.al/12_pense-dentro-da-caixa

IDENTIDADE VISUAL PERRO LOCO 6 – FESTIVAL DE CINEMA UNIVERSITÁRIO LATINO-AMERICANO

AUTORIA
Victor L. Pontes, 2016

EQUIPE
Design e direção criativa: Victor L. Pontes, Rodolfo Brasil; **Fotografia:** Raphaela Boghi; **Fotografia do projeto:** Raphaela Boghi

CLIENTE
Coletivo Perro Loco

DESCRIÇÃO
Para criar a identidade visual de um festival de cinema universitário latino-americano, foi representado o momento do cinema produzido nas universidades. Dialogando com os movimentos e as estéticas atuais, foram abordadas as ocupações que ocorriam na época de forma subjetiva e poética, posicionando-se politicamente sem perder o aspecto lírico. A identidade posicionou o festival profissionalmente, mantendo-o voltado ao público universitário. O projeto teve grande envolvimento nas redes sociais, utilizando ferramentas de personalização de avatar, imagens e *gifs*.

bien.al/12_perro-loco-6

IDENTIDADE VISUAL PIZZAS DOM BOSCO

AUTORIA
Matheus Gomes, Vitor Marques e João Cláudio, 2016

EQUIPE
Matheus Gomes de Vasconcelos, Vitor Marques de Oliveira Teixeira, João Cláudio Oliveira Magalhães;
Orientação: profs. André Imbroisi, Cristiane Arakaki

CLIENTE
Centro Universitário IESB

DESCRIÇÃO
Para modernizar a marca da mais tradicional pizzaria de Brasília, este projeto acadêmico propõe moldar a história da empresa em paralelo à história da cidade, alcançando um maior público. Foi desenvolvida uma linguagem atual que desperta a atenção não só do novo público, mas também daqueles que já frequentavam a casa. Um site com informações, serviços e facilidades para os usuários foi criado, aproximando a identidade da filosofia tradicional da pizzaria.

bien.al/12_pizzas-dom-bosco

ACADÊMICO

IDENTIDADE
VISUAL PLANTA

AUTORIA
Firmorama, 2015

EQUIPE
Criação: Firmorama; **Design:** Fabiano Procópio, Alexandre Kumm; **Redação:** Priscila Midori; **Design de** *software*: Dimitre Lima; **Ilustração rendi:** Franco Giovanella; **Programação:** NOV3; **Fotografia:** Ricardo Perini; **Produção de vídeo:** Bulletree

CLIENTE
Duas Rodas Industrial

DESCRIÇÃO
Para elaborar a estratégia de uma plataforma de inovação aberta do ramo alimentício, foi pensado um *mindset* voltado para o digital, que ajudasse a definir um tom de voz e uma linguagem visual. O projeto foi focado em jornada do usuário, direção criativa e desenvolvimento, com o objetivo de engajar as pessoas por meio de um propósito claro e não estático. A plataforma deveria ser viva e convidativa, sendo os usuários os grandes protagonistas. A partir de processos de imersão e *workshops* com diferentes grupos, foram elaborados o funcionamento e os fundamentos da plataforma. A linguagem visual e verbal do mercado tradicional de alimentação foi desconectada, baseando a estratégia de comunicação no pessoal e no profissional como combustível para o engajamento.

bien.al/12_planta

IDENTIDADE VISUAL POÉTICAS I

AUTORIA
Gabriel Menezes, 2016

EQUIPE
Concepção e organização: Karina Dias, Iracema Barbosa, Bruna Neiva, Luiz Olivieri, Luciana Paiva, Iris Helena, Nina Orthof, Gabriel Menezes, Tatiana Terra, Júlia Milward, Ludmilla Alves, Gisele Lima, Jaline Pereira

CLIENTE
Universidade de Brasília

DESCRIÇÃO
Para um encontro internacional em poéticas contemporâneas realizado em Brasília, foi desenvolvida uma identidade visual que apresentasse o campo de produção em artes visuais, arquitetura e design. Foi desenvolvida uma família tipográfica cujas fontes eram colocadas sobre um fundo predominantemente branco sem nenhum outro elemento. O título foi fragmentado, permitindo o uso dos tipos em grande escala e enaltecendo a beleza do desenho das letras. O projeto foi utilizado em impressos, sinalização, site, redes sociais e também em kits de produtos entregues a participantes e convidados.

bien.al/12_poeticas-i

IDENTIDADE VISUAL RIO CONTENT MARKET

AUTORIA
TUUT, 2016

EQUIPE
Lucas Gomes, Theo Carvalho, Daniel Kucera

CLIENTE
Fagga Eventos

DESCRIÇÃO
Para criar a identidade do maior evento audiovisual da América Latina, foi desenvolvida uma linguagem visual que coloca em evidência o principal produto do evento: o audiovisual, exaltando sua multiplicidade de conteúdos e abordagens e, ao mesmo tempo, mostrando o Rio de Janeiro como palco criativo de negócios. A identidade une graficamente a cidade com o audiovisual, com cores que remetem ao universo tropical carioca, por meio de colagens representativas. Traduzindo o conceito, foi utilizada a expressão típica "dê o *play*".

bien.al/12_rio-content-market

IDENTIDADE VISUAL ROOTS

AUTORIA
Pedro, Pastel & Besouro, 2016

EQUIPE
Design, concepção e ilustração: Eduardo Rosa, Gustavo Malucelli; **Assistente:** Gabriel Menezes; **Vídeo:** Giordano Maestrelli; **Fotografia:** Rafael Ancara

CLIENTE
Roots

DESCRIÇÃO
Para identificar um restaurante curitibano especializado em batatas fritas ao estilo belga, foi elaborada uma marca rústica, contemporânea e urbana que dialogasse com o movimento de "baixa gastronomia". A marca foi inspirada nas batatas, com diversos tipos trabalhados em diferentes composições, sendo cortadas, escaneadas, fritas, carimbadas e aplicadas em embalagens, copos e materiais internos. Foi criado um conjunto de ilustrações com referências de artistas belgas como Hergé (criador do personagem Tintin) e René Magritte mescladas com elementos da cultura de rua, que podem ser utilizadas como textura, individualmente ou combinadas. A identidade das embalagens seria ligada à da fachada, dos cartazes e da ambientação. O projeto é flexível e aplicável nas diversas mídias do restaurante.

bien.al/12_roots

IDENTIDADE VISUAL SEBRAELAB

AUTORIA
NewDesign, 2016

EQUIPE
Design: Andrea Costa Gomes, Fernanda Monte Mor; **Assistência de design:** Guilherme Jorge Porto; **Direção de atendimento:** Caroline Souto; **Atendimento:** Alice Azevedo

CLIENTE
Sebrae Minas

DESCRIÇÃO
Para desenvolver a identidade de um espaço do Sebrae voltado para a troca de conhecimento e estímulo ao potencial criativo, foi explorado o conceito de construção coletiva e experimentação. A inspiração vem dos cardumes de peixes, em que não há líderes ou sistemas hierárquicos, sendo a organização instintiva, para facilitar o trabalho e a sobrevivência de todos. O símbolo é formado por um módulo extraído da própria marca do Sebrae.

bien.al/12_sebraelab

IDENTIDADE VISUAL SO.SI

AUTORIA
Questto|Nó, 2015

EQUIPE
Leonardo Masselli, Levi Girardi, Eduardo Egydio, Anderson Koyama, Rafael Lourenço, Gabriela Oliveira, Talita Xavier, Fernando Galdino, Ligia Coimbra, Rodrigo Santos, Andrea Kulpas, Maria Julia Brito, Lucas Costa

CLIENTE
Piccadilly

DESCRIÇÃO
Para introduzir uma linha de sapatilhas flexíveis, que se ajustam aos pés, em uma conhecida linha de calçados femininos, foi elaborado um projeto de identidade visual completo. O nome faz uma referência descontraída à palavra sociável, aludindo a um cenário urbano, plural e dinâmico. A paleta de cores apoia-se na leveza e na sofisticação dos tons pasteis, proporcionando versatilidade em suas diferentes combinações. Uma família de grafismos, criada a partir da caligrafia pincelada do logotipo, foi criada para dar apoio à marca: parênteses (evocando a atitude do discurso da marca), círculo (remetendo ao ponto do logo) e listras (inspiradas pelas intensidades de luz e cor ao longo do dia).

bien.al/12_so-si

IDENTIDADE VISUAL SPOT FURNITURE & LIGHTING

AUTORIA
FAL Design Estratégico, 2015

EQUIPE
Direção de identidade de marca: Carlos Iglesias; **Coordenação de identidade de marca:** Gabriel Fakri; **Design gráfico:** Mariano Zanotti; **Coordenação de arquitetura:** Ana Eliza Guedelha; **Coordenação de visual *merchandising*:** Claudia Peres; **Arquitetura:** Caio Gonzales; **Design de interiores/3D:** Bárbara Almeida, Kaue Fonseca; **Direção de arquitetura:** Manoel A Lima, Ricardo Cardoso

CLIENTE
SPOT Furniture & Lighting

DESCRIÇÃO
Buscando desenvolver uma identidade para uma empresa nova no ramo de mobiliário e iluminação, com apelo para arquitetos e designers, foi desenvolvida uma linguagem que demonstrasse sinergia com esse público. A marca foi criada a partir do conceito de indicar o local ideal, dialogando com a palavra *spot* (ponto, local, em inglês). A fonte é marcante, mas com traços neutros e de fácil legibilidade. A cor amarela aplicada na letra "o" reforça ainda mais o conceito, estando diretamente ligada ao contexto da iluminação. A assinatura comunica claramente o que a marca entrega, sem restringir a linha de produtos.

bien.al/12_spot-furniture-lighting

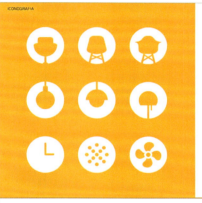

IDENTIDADE VISUAL SUBTROPIKAL – FESTIVAL DE CRIATIVIDADE DE CURITIBA

AUTORIA
Taste.ag, 2016

EQUIPE
Ale Tauchmann, Eduardo Rebola, Alexandre Corrêa, Rose Hatamoto

CLIENTE
Hot Content

DESCRIÇÃO
Para criar a identidade visual do maior festival de criatividade de Curitiba, foi elaborada a ideia "viva sua nova cidade", revelando diferentes camadas da cena cultural da cidade por meio de texturas e imagens projetadas em mapping. Trazendo o conceito de forma lúdica e integrada, o clima "tropical urbano" tomou conta da cena cultural da cidade, convidando o público a mergulhar em novas experiências envolvendo o lugar, as pessoas e as diferentes formas de expressão.

bien.al/12_subtropikal

IDENTIDADE VISUAL SUGAR LOAF

AUTORIA
Marcelo Gonçalves Miguel, 2016

EQUIPE
Criação e direção de arte: Marcelo Gonçalves Miguel (designer – Aero Comunicação); **Gerência de contas:** Alexandre Carvalho (Axle Brand Engineering)

CLIENTE
Sugar Loaf

DESCRIÇÃO
Para identificar uma padaria de pães artesanais com toques brasileiros na cidade de Toronto, no Canadá, foi desenvolvido um projeto que captasse a essência urbana e alternativa da casa. Um ícone com pães típicos remete às curvas do Pão de Açúcar, no Rio de Janeiro (inspiração do nome). A tipografia é de inspiração vitoriana, com texturas que lembram giz de cera e remetem às farinhas e outros pós utilizados na confeitaria, traduzindo a vocação artesanal da casa. Foi criada uma malha com *letterings* inspirados em cartazes vitorianos, mesclando fontes mais industriais com fontes cursivas e ícones de culinária e confeitaria. O amarelo foi escolhido por lembrar os pães tostados, os cereais e o sol brasileiro. O azul foi escolhido como cor de apoio por lembrar o mar e os azulejos das padarias portuguesas típicas do Rio de Janeiro. O fundo em cinza escuro lembra um quadro-negro e pedras de corte e aquecimento. O projeto foi aplicado em toda a identidade visual, dos menus aos uniformes, da papelaria à sinalização.

bien.al/12_sugar-loaf

IDENTIDADE VISUAL SUNGLASSES

AUTORIA
Papanapa, 2015

EQUIPE
Design: André Arruda, Gustavo Garcia; **Produção:** Multicase Shows e Eventos; **Fotos:** Thiago Tsung (Flashbang)

CLIENTE
Multicase Shows e Eventos

DESCRIÇÃO
Para um festival brasileiro de música itinerante, foi elaborado o redesign dando uma nova proposta para a identidade visual e a comunicação. Com cores vivas e traços manuais, a nova identidade representa a liberdade e o tropicalismo presentes nas festas. Cada edição do evento ganha uma personalidade pela composição de diversos elementos de apoio, sem perder sua unidade como marca.

bien.al/12_sunglasses

IDENTIDADE VISUAL TC URBES

AUTORIA
TUUT, 2016

EQUIPE
Theo Carvalho, Daniel Kucera, Lucas Gomes

CLIENTE
Tc Urbes

DESCRIÇÃO
Para desenvolver a identidade visual de um escritório de arquitetura e urbanismo, foi pensado o conceito da união entre o indivíduo e o urbano, dois organismos vivos e em constantes movimento e transformação. Buscando representar fielmente as figuras da cidade, do ser humano e da infinita movimentação de ambos os pontos, o indivíduo foi colocado como principal agente de transformação no meio urbano. Foi criada uma marca modular com múltiplas versões de movimentos formados pelas linhas da cidade, que se interligam para formar o ser urbano. A paleta cromática faz referência às sinalizações das grandes cidades.

bien.al/12_tc-urbes

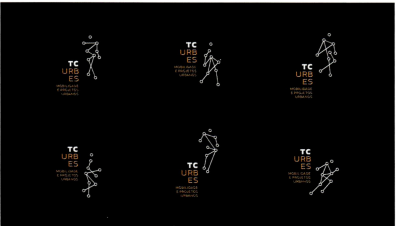

IDENTIDADE VISUAL TOCA DO BRINQUEDO

AUTORIA
Néktar Design, 2016

EQUIPE
Paula Langie Araujo, Camila Grosser, Monike Borsoi, Maira Vogt, Gabriela Landeira, Margarida Galafassi, Cristina Hentschke

CLIENTE
Néktar Design

DESCRIÇÃO
Para uma loja de brinquedos que se diferencia das demais, valorizando a experiência acima da compra, foi criada uma identidade visual inspirada numa fábula sobre uma coruja que ajuda os animais da floresta a encontrar e guardar seus brinquedos. A narrativa ganhou vida em todos os elementos da identidade visual, dos papéis de presente ao site. A marca transmite o espírito encantado da história, com olhinhos escondidos no meio do *lettering*, remetendo ao imaginário da floresta e à brincadeira de "esconde-esconde". O ambiente físico da loja é repleto de elementos da floresta e lúdicos, convidando crianças e pais a terem uma nova experiência de brincar, e os brinquedos são organizados por idade, não por gênero.

bien.al/12_toca-do-brinquedo

IDENTIDADE VISUAL TRÓPICO

AUTORIA
Carlos Bauer e Nicholas Pierre, 2015

CLIENTE
Trópico

DESCRIÇÃO
Para desenvolver a identidade visual de uma produtora audiovisual, foi elaborado um projeto que transmitisse os diferenciais e a personalidade da marca, preocupada em abordar questões da sociedade contemporânea e gerar engajamento social. Foram definidos três *drivers* que inspiraram o projeto: trans, abraçar e vozes. A partir do conceito de que os trópicos regulam a circulação atmosférica no mundo, foi desenhado um logotipo sintético como ponto de partida para a narrativa da marca, além de um grafismo modular e dinâmico inspirado no vento. A identidade é uma metáfora para circulação de ideias, leveza e envolvimento que posiciona a produtora como agente de diálogo e mudança.

bien.al/12_tropico

IDENTIDADE VISUAL TULASI

AUTORIA
Estúdio Mola, 2016

EQUIPE
Daniel Pinheiro, Raquel Uchôa, Ananda Amaral, Eduardo Rodrigues

CLIENTE
Tulasi Mercado Orgânico

DESCRIÇÃO
Para a criação da identidade visual de um mercado orgânico virtual, foi elaborado um projeto robusto e diferenciado que mantivesse os valores cuidado e atenção tão caros à empresa. Foram traduzidas graficamente características como proximidade, cuidado, seriedade, orgânico e vivo, com um desenho orgânico de formas que conversam em harmonia com cores vibrantes em um sistema integrado.

bien.al/12_tulasi

IDENTIDADE VISUAL VERAVIN

AUTORIA
Barca, 2015

EQUIPE
Jun Ioneda, Gabriela Namie

CLIENTE
Veravin

DESCRIÇÃO
Para criar o sistema de identidade de uma empresa que busca tornar os vinhos franceses mais acessíveis no mercado brasileiro, foi desenvolvido um projeto que trouxesse um espírito mais casual ao universo dos vinhos, sem perder os códigos visuais que denotam qualidade e refinamento. O símbolo é inspirado nos movimentos circulares de degustação e na forma triangular do cacho de uvas. O dourado, usualmente presente nas representações mais sisudas do vinho, foi substituído pelo papel kraft aliado ao preto, estabelecendo uma atmosfera mais casual.

bien.al/12_veravin

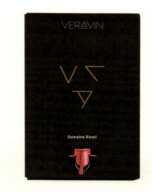

IDENTIDADE VISUAL VILLA AMAZÔNIA

AUTORIA
Naíma Almeida, 2016

CLIENTE
Villa Amazônia

DESCRIÇÃO
Para identificar um moderno hotel em Manaus, foi desenvolvida uma linguagem visual que aliasse a bagagem história ao projeto arquitetônico contemporâneo, diferenciando-o da maioria dos concorrentes. A marca foi elaborada a partir dos ornamentos da fachada original do edifício, um casarão histórico da época do ciclo da borracha (século XIX). Retrabalhados de maneira contemporânea, os ornamentos formam um monograma com as iniciais "V" e "A". A linguagem visual é composta por imagens de objetos antigos parcialmente mergulhados em branco, fazendo referência ao látex, a seiva da seringueira.

bien.al/12_villa-amazonia

IDENTIDADE VISUAL
VISO TOPOGRAFIA

AUTORIA
Carlos Bauer, 2015

CLIENTE
Viso Topografia | Carlos Alberto Pereira

DESCRIÇÃO
Para criar a identidade visual de um escritório de topografia de Santa Catarina, foi criado o conceito "conhecer o caminho", que deu origem às expressões da marca. O nome "Viso" significa mirar ou ter por objetivo, uma alusão ao gesto do topógrafo ao utilizar seu equipamento nas medições. A identidade visual tem como base o funcionamento do símbolo, o selo com a inicial "V" que aponta para o elemento secundário, como uma bússola. A paleta de cores sóbria tem o laranja como destaque, em contraste com cores escuras.

bien.al/12_viso-topografia

IDENTIDADE VISUAL YVY RECICLAGEM

AUTORIA
Maquinário Laboratório Criativo, 2016

EQUIPE
Bruno Scodeler, Cindy Nakashima, Davi Hammer, Danilo Velez, Thiago Reginato

CLIENTE
YVY Reciclagem

DESCRIÇÃO
Para criar uma marca totalmente inovadora para uma empresa de reciclagem que estava se reestruturando, foi elaborado um projeto completo de identidade visual, que começou com o nome. *Yvy* significa "terra" em tupi, representando a preocupação da empresa em dar um novo sentido aos resíduos produzidos pelas grandes indústrias. Em seguida, a identidade visual com forte apelo conceitual foi desenvolvida e desdobrada nos seus diversos pontos de contato, da papelaria ao site, sempre com elementos, formas e cores que transmitissem os ideais da empresa, 100% brasileira.

bien.al/12_yvy-reciclagem

ILUSTRAÇÕES EDITORIAIS CORREIO BRAZILIENSE

AUTORIA
Maurenilson Freire, 2015

CLIENTE
Correio Braziliense

DESCRIÇÃO
Sintetizando ideias em formas gráficas que representam o conteúdo do texto, essa série de ilustrações editoriais do jornal *Correio Braziliense* data dos anos de 2015 e 2016. Rendeu seis prêmios da The Society for News Design e um Prêmio Esso de Artes Gráficas.

bien.al/12_ilustracoes-correio-brasiliense

ILUSTRAÇÕES TOYS

AUTORIA
Rodrigo Mafra, 2016

EQUIPE
Rodrigo Mafra, Natalia Calamari

CLIENTE
André Garcia

DESCRIÇÃO
Como incentivo à produção literária, descoberta de novos talentos e fomento à produção audiovisual, o projeto surgiu durante um concurso de contos literários em Brasília, que propunha não só a publicação do vencedor, mas a elaboração de um curta-metragem em *stop motion*. Foram concebidas esculturas para cinco contos selecionados, sendo cada uma projetada para corte a *laser*, posteriormente montada e pintada à mão, para ser, em seguida, fotografada.

bien.al/12_ilustracoes-toys

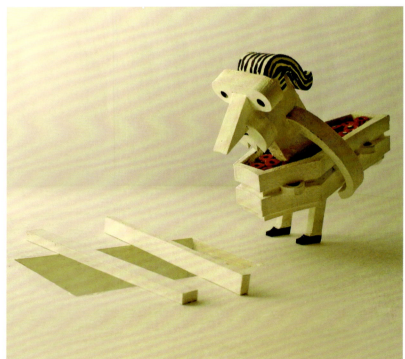

INSTALAÇÃO MEU RIO HACKEADO

AUTORIA
Ambos&&, 2016

EQUIPE
Equipe Ambos: Barbara Castro, Luiz Ludwig; **Estagiários:** Arthur Carvalho, Letícia Leão; **Designer gráfico:** Gabriel Lira; **Realização:** Estúdio M'Baraká, Museu do Amanhã | Laboratório de Atividades do Amanhã – LAA; **Concepção:** Estúdio M'Baraká

CLIENTE
Museu do Amanhã

DESCRIÇÃO
A instalação – apresentada no Museu do Amanhã (RJ) entre outubro de 2016 e abril de 2017 – procurou dar voz a cariocas e turistas mapeando os desejos para cada um dos 161 bairros do Rio de Janeiro. Uma tela interativa possibilitava ao visitante escolher um bairro e até três elementos que gostaria de mudar lá, despertando o sentimento de que é possível interferir no local em que vive e convidando-os a pensar na realidade vivida na cidade.

bien.al/12_meu-rio-hackeado

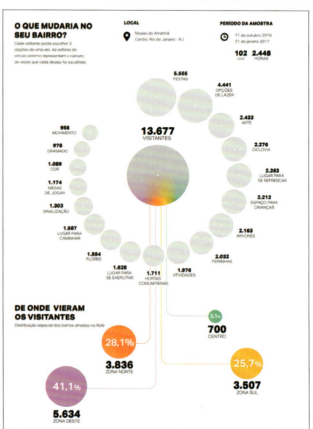

JOGOS DE MONTAR
LOJA NINHO

AUTORIA
Natália Calamari, 2015

EQUIPE
Natália Calamari, Rodrigo Mafra

CLIENTE
Loja Ninho

DESCRIÇÃO
Para obter uma linha de produtos exclusivos que dialogasse com a nova identidade visual da Loja Ninho, especializada em produtos para crianças, foram desenvolvidos jogos de montar que representassem e valorizassem a fauna e a flora brasileiras. Uma seleção de doze personagens, sendo dez animais (mico-leão-dourado, onça-pintada, tamanduá-bandeira, bicho-preguiça, capivara, boto-cor-de-rosa, peixe-boi, arara-azul, lobo-guará e tucano) e duas plantas (buriti e flor de vitória-régia), norteou a criação gráfica dos jogos cortados a *laser* em MDF e pintados à mão com tinta à base d'água.

bien.al/12_jogos-loja-ninho

JORNAL DE BRASÍLIA

AUTORIA
Renon Pena de Sá, 2016

EQUIPE
Criação do novo projeto gráfico, implementação na redação, customização do projeto e treinamento de equipe: Renon Pena de Sá; **Diagramação de páginas:** Tatiane Barbosa, Iury Rafael Alves

CLIENTE
Jornal de Brasília

DESCRIÇÃO
Para repensar as estratégias editoriais e redesenhar os produtos impressos e digitais de um grande jornal de Brasília, foi pensado um projeto de redesign que, além de seguir o novo *branding* do grupo de comunicação, dialogasse com o projeto do website para que os leitores sentissem os dois produtos da mesma forma, apesar das suas particularidades. O ponto de partida foi o redesenho do logotipo, e uma nova paleta de cores, mais moderna e dinâmica, foi adotada. As novas fontes digitais possuem alta legibilidade, alto valor estético e total harmonia com a nova marca. A diagramação é mais limpa, direta e impactante, com páginas duplas e capas que lembram revistas.

bien.al/12_jornal-de-brasilia

JORNAL DEUS AJUDA QUEM MADRUGA

AUTORIA
Luisa Prat e Mily Mabe, 2015

EQUIPE
Luisa Prat, Mily Mabe; **Orientador:** Daniel Trench

CLIENTE
ESPM SP

DESCRIÇÃO
A partir de um estudo de campo de um ano realizado em feiras livres da cidade de São Paulo, foi elaborado um projeto acadêmico de jornal que faz um panorama da feira buscando falar com ela, sobre ela e para ela. Por meio de uma linguagem bem-humorada, o jornal conta a história e a origem da feira, descrevendo sua estrutura e seu funcionamento na cidade e relacionando suas características (preços, produtores, públicos e comportamentos) às regiões da cidade. Apresenta as rotinas dos feirantes descrevendo o dia a dia de diferentes personagens, do pasteleiro ao ambulante. Ao fim, apresenta seis trechos de entrevistas: um peixeiro, um consumidor, um verdureiro, um gari, um fruteiro e um feirante conhecido por suas placas. O projeto contém ainda mosaicos de fotos que exploram os elementos gráficos característicos do lugar.

bien.al/12_deus-ajuda-quem-madruga

ACADÊMICO

JORNAL O QUE AS VANDAS NÃO CONTAM

AUTORIA
Greco Design, 2016

EQUIPE
Direção de criação: Gustavo Greco; **Gerenciamento de criação:** Tidé; **Gerenciamento de projeto:** Emilia Junqueira; **Designers:** Ricardo Donato

DESCRIÇÃO
Veículo semestral de publicação de pensamentos, projetos e cultura da agência mineira Greco Design, a publicação funciona também como um portfólio. O nome foi inspirado em uma orquídea (*Vanda curuleae*) presente na sala de reuniões e no jardim de entrada. Ali, como espectadoras silenciosas, elas observam tudo o que acontece dentro da agência. A edição em questão apresenta a marca tipográfica e o projeto gráfico do dossiê para a candidatura da Pampulha como Patrimônio Mundial da Humanidade.

bien.al/12_o-que-as-vandas-nao-contam

JORNAL PIMBA

AUTORIA
Pimba Press, 2016

EQUIPE
Leandro Honda, Caio Gomez, Felipe Sobreiro, Daniel Carvalho, Danylton Penacho, Sarah Saddo

DESCRIÇÃO
Editado em Brasília, o jornal é uma produção independente de quadrinhos e literatura que contém colaborações de autores de todo o Brasil.

bien.al/12_jornal-pimba

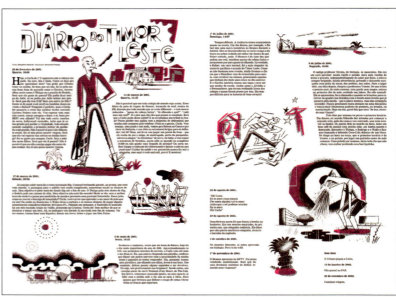

KIT DE PROSPECÇÃO ATHALAIA

AUTORIA
Avocado Design, 2016

EQUIPE
Akemi Kanegusuku, Giovani Mariani, Gleydson Lima

CLIENTE
Athalaia Gráfica e Editora

DESCRIÇÃO
Para conectar-se com seus clientes antigos e em potencial, divulgando os seus serviços gráficos, uma tradicional empresa brasiliense enviou um kit de prospecção que explora as novas possibilidades da tecnologia HP SmartStream Mosaic, que permite a geração de milhares de combinações gráficas a partir de uma única estampa, por meio de redimensionamentos, transposições e rotações. O kit é composto por um caderno (cada capa é estampada com uma combinação única), um minibaralho de ferramentas de *brainstorming*, um cartaz e um cartão. O kit incentiva a criação, a conexão e o compartilhamento de ideias e, em paralelo, fortalece os laços entre a gráfica e seus clientes, posicionando-a como parceira, apta a ajudar cada um a alcançar seus objetivos.

bien.al/12_kit-prospeccao-athalaia

LINHA DE CADERNOS BANANEIRA, SEI LÁ

AUTORIA
Bento de Abreu, 2016

EQUIPE
Criação, direção de arte, fotografia e design gráfico: Bento de Abreu; **Impressão e acabamento gráfico:** Impressos Portão; **Tradução:** Joice Brito; **Divulgação:** Gira Comunicação e Conteúdo; **Fotos de divulgação:** Fernando Pires, Leonardo Kerkhoven

CLIENTE
Associação dos Amigos do Jardim Botânico do Rio de Janeiro

DESCRIÇÃO
Para criar uma coleção de *sketchbooks* que trouxesse detalhes da exuberante natureza do Jardim Botânico do Rio de Janeiro, foi criado um projeto de capas atraente, prático e econômico, com detalhes dessa natureza, oferecendo ao público visitante um produto com características brasileiras que remetem ao local.

bien.al/12_bananeira-sei-la

LIVRETO GREEN

AUTORIA
A10 – Ideias que transformam, 2016

EQUIPE
Criação: Pedro Araujo, Margot Doi Takeda, Rodrigo Brandão; **Atendimento:** Thamires Fabris; **Produção de arte:** Edgar Marculino, Leonardo Boulos, Priscila Marques; **Cliente:** Márcia Oura, Flávia Mattos, Dominique Ramalho de Sá

CLIENTE
Green By Missako

DESCRIÇÃO
Para apresentar informações sobre a marca de roupas infantis, foi elaborada uma publicação inspirada em zines, que, de forma simples e leve, materializam a imaginação de seus autores. O projeto cria um universo visual que traz a alegria e a leveza do universo infantil, ao mesmo tempo que transmite os valores da marca: irreverência, inovação e um tom mais *premium*, buscando atrair franqueados.

bien.al/12_livreto-green

LIVRO A ALEGORIA DA MONOGRAFIA

AUTORIA
Estúdio Claraboia, 2015

EQUIPE
Projeto gráfico e diagramação: Estúdio Claraboia (Luciana Orvat, Ricardo Daros, Felipe Daros, Mayara Miriuk); **Consultoria em produção gráfica:** Walter Moreira; **Impressão e montagem dos volumes:** Gráfica Águia; **Produção dos carimbos:** Carimbos União; **Impressão com carimbos:** Renata Ribas

CLIENTE
Renata Ribas

DESCRIÇÃO
Buscando criar um volume que expusesse, ao mesmo tempo, uma tese, um processo construtivo e a própria obra *A Alegoria da Monografia*, o projeto gráfico tinha importância central na materialização da obra, que produziria um novo texto a partir de excertos de outros três. A partir dos temas centrais abordados, paixão e erotismo, foram eleitos os materiais para a produção do volume. Uma lixa na capa empurra a experiência sensorial para a dimensão tátil e discute a ambiguidade de um sentimento que encanta, mas machuca. Três papéis diferentes marcam as três partes da publicação, dentre eles o manilha (utilizado para embalar carne em açougues). Um carimbo foi confeccionado para ser empregado em um processo manual de reprodução que pudesse identificar a autora pessoalmente.

bien.al/12_a-alegoria-da-monografia

LIVRO A ARTE E A CIDADE: LUGARES E EXPRESSÕES TEATRAIS DE BELO HORIZONTE

AUTORIA
verdevermelho design, 2015

EQUIPE
Projeto gráfico: Jefferson Carlindo, Mariana Guimarães Brandão; **Ilustração:** Mariana Guimarães Brandão; **Ilustração da capa:** Lucas de Avelar

CLIENTE
Diretoria de Patrimônio Cultural | Fundação Municipal de Cultura de Belo Horizonte

DESCRIÇÃO
Para divulgar o processo de Registro Imaterial do Teatro em Belo Horizonte, realizado com um circuito composto por diversos grupos teatrais, foi elaborado um livro/DVD que analisa a trajetória da expressão artística na cidade e suas diversas técnicas, linguagens e formas de expressão. O projeto foi concebido com referências ao universo teatral, sendo elaborado segundo o modelo básico de roteiro para dramaturgia na fonte, no formato e nas intervenções à mão ao longo do texto.

bien.al/12_a-arte-e-a-cidade

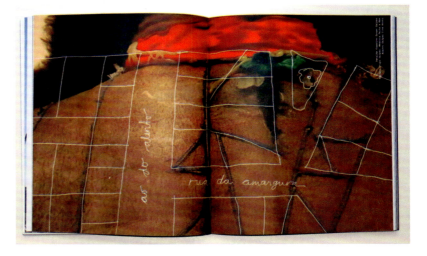

LIVRO A COSTURA DA CIDADE

AUTORIA
Angelo Allevato Bottino, 2016

EQUIPE
Projeto gráfico: Angelo Allevato Bottino, Fernanda Mello; **Ensaio fotográfico:** Valda Nogueira; **Tratamento de imagens:** Leandro Collares; **Impressão e acabamento:** Rona

CLIENTE
Editora Bazar do Tempo

DESCRIÇÃO
Para um livro que acompanha a evolução do Rio de Janeiro do século XIX até os dias atuais, investigando os caminhos da mobilidade urbana na cidade, foi elaborado um projeto gráfico que posicionasse a obra entre as categorias de livro histórico, de arte e de crônicas. O espaço negativo deixado pelas vias que cortam a cidade foi o mote para os elementos gráficos que permeiam o livro e marcam as aberturas de cada capítulo. A tipografia e o diagrama das páginas constroem um recorte histórico extenso e de conteúdo heterogêneo, de charges a imagens de satélite. O fio gráfico foi utilizado como metáfora da linha de costura, formando as capitulares e os anos que delimitam cada período temporal, e também como elemento organizador, emoldurando os boxes com curiosidades, como em mapas antigos. Uma combinação de cores fixa ajudou a separar esses boxes da narrativa principal. O ensaio da fotógrafa Valda Nogueira, produzido exclusivamente para a edição, foi impresso em papel couché, destacando-o do restante da obra, impresso em papel offset. Uma amostra das fotos foi reproduzida num livreto em um terceiro tipo de papel (Pólen), preso à capa por costura frontal, também de modo aparente.

bien.al/12_a-costura-da-cidade

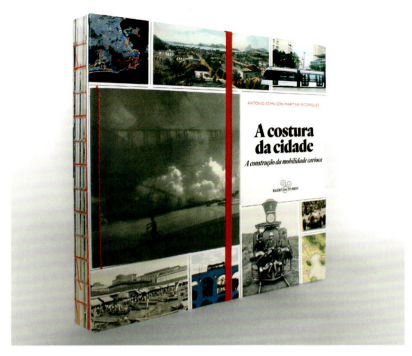

LIVRO A ERÓTICA JAPONESA NA PINTURA E NA ESCRITURA DOS SÉCULOS XVII A XIX

AUTORIA
Casa Rex, 2016

EQUIPE
Direção de design: Gustavo Piqueira; **Design:** Gustavo Piqueira, Samia Jacintho; **Equipe:** Danilo Helvadjian, Caroline Vapsys

CLIENTE
Edusp

DESCRIÇÃO
Para um livro em dois volumes sobre a erótica japonesa, apresentando pinturas e esculturas dos séculos XVII a XIX, foi elaborado um projeto gráfico que destaca as pinturas e as gravuras antigas, utilizando composições tipográficas econômicas que não apenas trazem o livro para a contemporaneidade, como também contribuem para um tom geral de pesquisa sobre um tema que, se apresentando com uma ótica desregulada, poderia facilmente resvalar no bizarro.

bien.al/12_a-erotica-japonesa

LIVRO A FUSÃO DAS IDEIAS

AUTORIA
Matheus Augusto Gomes Valentim, 2016

CLIENTE
Universidade do Estado de Minas Gerais – Escola de Design

DESCRIÇÃO
Para um livro sobre filosofia e design editorial, este trabalho acadêmico elaborou um projeto gráfico que trata dos dois temas de forma paralela. O livro acompanha a evolução do pensamento filosófico e dos projetos editoriais em meados do século XX (1920-1960). Com textos de Franz Kafka, Theodor Adorno, Walter Benjamin, Simone de Beauvoir e Hannah Arendt, bem como projetos gráficos retirados dos livros *Bibliográfico – 100 Livros Clássicos sobre Design Gráfico* e *História do Design Gráfico*, o livro demonstra que, quanto mais se transitava em direção à pós-modernidade, menos regrados se tornavam o design e a filosofia.

bien.al/12_a-fusao-das-ideias

ACADÊMICO

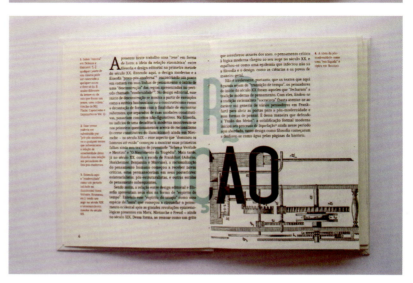

LIVRO A MAÇÃ: O DESIGN GRÁFICO, AS MUDANÇAS DE COMPORTAMENTO E A REPRESENTAÇÃO FEMININA NO INÍCIO DO SÉCULO XX

AUTORIA
Aline Haluch, 2016

CLIENTE
Editora Senac Rio

DESCRIÇÃO
Para o livro de uma dissertação de mestrado que explora a existência da prática profissional do design antes de seu ensino sistematizado no Brasil, bem como a representação feminina e os comportamentos do começo do século passado, foi elaborado um projeto gráfico que traduzisse o espírito do design na década de 1920, associando as linguagens visual e escrita, forma e conteúdo, e construindo estilos gráficos associados à moda e à arquitetura da época, especialmente do Rio de Janeiro. As imagens são valorizadas, as margens são confortáveis e o *grid* permite as variações necessárias, sem abandonar a linguagem definida.
De capa dura, foi impresso em 4/4 cores sobre papel couché mate, que valoriza ainda mais as imagens. Capa, miolo, emendas e finalização foram todos elaborados pela autora, conferindo uma unidade sólida ao produto final. Foi selecionado para a exposição do 30º Prêmio Design do Museu da Casa Brasileira, em São Paulo.

bien.al/12_a-maca

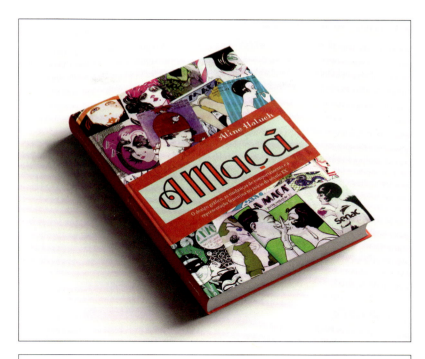

LIVRO BERNICE CORTA O CABELO

AUTORIA
Daniel Justi, 2016

EQUIPE
Projeto gráfico: Daniel Justi; **Ilustração:** Mika Takahashi

CLIENTE
Lote 42

DESCRIÇÃO
Para apresentar um conto do autor estadunidense F. Scott Fitzgerald (1896-1940), já em domínio público, que escancara o jogo de relações sociais de um grupo de adolescentes ricos, foi elaborado um projeto que valorizasse ao máximo o objeto-livro, tornando-o parte da narrativa e entregando mais que só um texto ao leitor. Um fitilho, feito com a linha de costura dos cadernos, simula cabelos pendurados no livro. Originalmente publicado em jornal, a edição conta com tipografia e disposição similares. A fonte do texto é Berenjena, enquanto títulos, números de capítulos e outros apoios foram compostos em Dalla Moa, atualizando o projeto. Complementando o texto, há ilustrações de Mika Takahashi.

bien.al/12_bernice-corta-o-cabelo

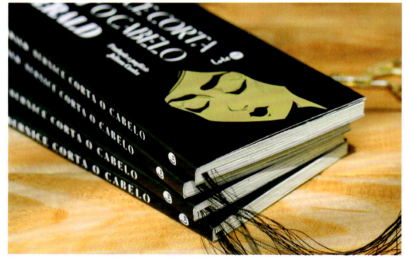

LIVRO BIBLIOMANIA

AUTORIA
Casa Rex, 2015

EQUIPE
Direção de design: Gustavo Piqueira; **Design:** Gustavo Piqueira, Samia Jacintho; **Equipe:** Caroline Vapsys; **Impressão:** Marianne Meni, Michele Santos, Victor Sassaki

CLIENTE
Ateliê Editorial

DESCRIÇÃO
Para um livro sobre livros com contos, ensaios e passagens de dois autores, o projeto gráfico explora a metalinguagem da obra, separando os escritos de cada autor em tomos separados, um vermelho e outro azul, com capas revestidas por adesivos que revelam um conjunto de letras na respectiva cor designada. As combinações aparentemente desconexas das letras dos adesivos dialogam entre si. Criados manualmente a partir de duas matrizes de *letterpress*, quinhentos adesivos de uma matriz foram impressos em azul e quinhentos da segunda em vermelho, aplicados sobre seus respectivos livros. Ao somar a impressão das duas matrizes sobre um mesmo adesivo, as letras se completam, soletrando o nome do conjunto na arte da luva que os envolve.

bien.al/12_bibliomania

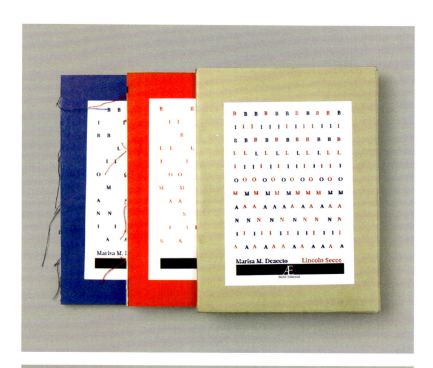

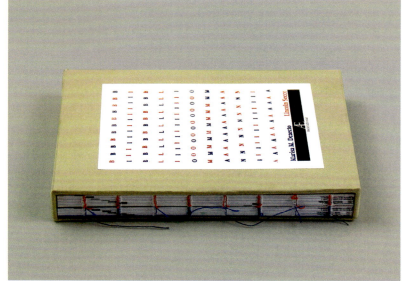

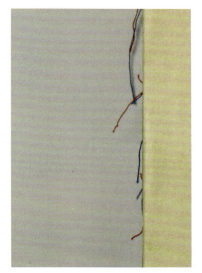

LIVRO BICHOS VERMELHOS

AUTORIA
Lina Rosa, 2015

EQUIPE
Idealização, textos e direção de criação do projeto gráfico: Lina Rosa; **Ilustração:** Erick Vasconcelos; **Engenharia de papel:** Rebeca Melo; **Fotografia:** Helder Ferrer

DESCRIÇÃO
Para um livro com histórias criativas e lúdicas sobre vinte animais em extinção, foi elaborado um projeto gráfico poético e sensível, ilustrando o livro de 55 páginas com uma técnica mista que envolve desenho, engenharia de papel e fotografia. Estimulando o hábito da leitura como mecanismo fundamental para o conhecimento e a conscientização, o livro teve metade da sua tiragem distribuída gratuitamente em escolas e bibliotecas pelo Brasil.

bien.al/12_bichos-vermelhos

LIVRO BOA NOITE, MARIA!

AUTORIA
Verônica Saiki, 2016

EQUIPE
Projeto gráfico, roteiro, ilustrações, capa, diagramação e design editorial: Verônica Saiki

CLIENTE
Estação Gráfica

DESCRIÇÃO
Para um livro infantil de imagens com pouco texto, sobre uma garota interagindo com seu quarto à noite, o projeto gráfico (todo elaborado pela autora) buscava transmitir uma história de modo rápido e simples. Cada cena ocupa uma página dupla, apresentada do plano de cima do teto do quarto, mostrando sempre o mesmo cenário ilustrado de um quarto que a protagonista e os demais personagens e acessórios usam para se movimentar, transmitindo uma situação a cada cena e uma história completa ao final do livro. O projeto utiliza uma estrutura dinâmica com roteiro e imagens para trabalhar a questão do medo na hora de dormir, motivar o hábito da leitura, estimular a imaginação e despertar novas ideias.

bien.al/12_boa-noite-maria

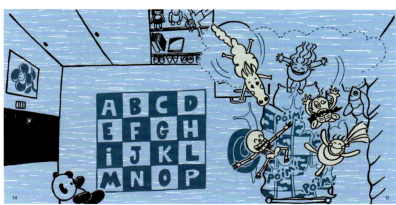

LIVRO BOCA A BOCA

AUTORIA
Estúdio Claraboia, 2016

EQUIPE
Projeto gráfico e diagramação: Estúdio Claraboia (Luciana Orvat, Ricardo Daros, Felipe Daros, Mayara Miriuk); **Consultoria em produção gráfica:** Walter Moreira; **Impressão do miolo e montagem dos volumes:** Gráfica Águia; **Impressão da capa:** Sala de Serigrafia

CLIENTE
Roberto Azevedo Capobianco

DESCRIÇÃO
Para o livro que apresenta uma tese acerca de um trabalho de arte que pretendia, com o som, (re)produzir experiências de trabalhos anteriormente desenvolvidos na Fundação Armando Alvares Penteado – FAAP, o projeto gráfico tomou a narrativa oral como matéria constitutiva. Partindo da ideia de uma história recontada, as linhas de texto foram tomadas como barras de equalização, e a tentativa de reprodução foi sugerida pelo espelhamento das manchas nas páginas duplas. O miolo é preso à capa por uma costura simples, numa menção delicada ao "fio condutor da história". Capa e quarta capa mantêm o mesmo procedimento do miolo e brincam com a repetição das palavras na expressão título.

bien.al/12_boca-a-boca

LIVRO CHOVE

AUTORIA
Henrique Martins, 2015

EQUIPE
Conceito, imagens e design: Henrique Martins, Lacuna: design + artes visuais; **Fotografia:** Analu Farhat, Henrique Martins, Rafael Bertelli; **Produção executiva:** Ana Rocha (Art Projects)

DESCRIÇÃO
Para um "livro de chuva", que busca explorar o potencial da linguagem visual em sua forma mais elementar como ferramenta de comunicação, recriando experiências sensoriais diversas, foi elaborado um projeto gráfico em dois volumes: o primeiro (*Narrativa*), essencialmente gráfico, conta histórias de chuva com uma linguagem sintética. Os elementos do código criado são apresentados pouco a pouco, sendo arranjados em composições simples, que permitem que o leitor identifique o significado de cada um deles. O segundo volume (*Processos*), de páginas cinzas, apresenta o desenvolvimento conceitual do trabalho. Expõe estudos, anotações, referências, conceitos e métodos empregados no decorrer do projeto.
Os dois volumes têm os cadernos que os compõem e suas costuras expostos, sem a lombada, o que permite a abertura completa de suas páginas e, com isso, a melhor apresentação de suas imagens.

bien.al/12_livro-chove

LIVRO COLECIONANDO O TEMPO

AUTORIA
Zoludesign, 2016

EQUIPE
Direção de arte: Luciana Calheiros; **Coordenação gráfica:** Aurélio Velho; **Design:** Gabriela Araújo

CLIENTE
Trocando em Miúdos

DESCRIÇÃO
Para o livro dedicado à comemoração de 10 anos da marca pernambucana de acessórios criada por duas designers, foi elaborada uma compilação de fatos, memórias e dados que revivem a história da marca por meio de textos, imagens, linha do tempo, glossário e editorial de moda. O projeto gráfico transmite a elegância, o dinamismo e a singularidade presentes em cada peça. O resultado é um livro elegante, dinâmico e colorido, no qual a narrativa flutua pelas coleções com leveza e consistência, mesclando o conteúdo com a criatividade. Enquanto o *grid* é consistente e as colunas de texto e a diagramação são dinâmicas, a paginação alterna de lugar de acordo com a página, mantendo sempre a coerência e a elegância. O livro possui uma luva em papel kraft com título impresso em *hot stamping*, misturando simplicidade e sofisticação.

bien.al/12_colecionando-o-tempo

LIVRO CONJUNTIVO

AUTORIA
Julia Angulo, 2015

CLIENTE
Fundação Armando Alvares Penteado

DESCRIÇÃO
Para um livro de proposta coletiva que procura criar espaço para uma nova possibilidade de aprendizado, com até seis pessoas podendo se dispor ao redor dele e ler simultaneamente sobre diversos temas que se comunicam, foi elaborado um projeto acadêmico que trabalha com estética, uso de materiais, tipografias, composições imagéticas e diagramação, buscando promover a interação entre as pessoas e o livro.
É estruturado em torno de seis temas, sendo os cinco primeiros relativos ao Brasil: design gráfico, design de produto, arquitetura, artes plásticas, história e, finalmente, história mundial. Todas as escolhas estéticas foram feitas para melhor retratar o período histórico de cada sessão, configurando-a como uma linha do tempo. Formalmente, foram relatadas as décadas de 1980 a 2000 e elaboradas algumas brincadeiras lúdicas sobre o hoje e o amanhã.

bien.al/12_livro-conjuntivo

ACADÊMICO

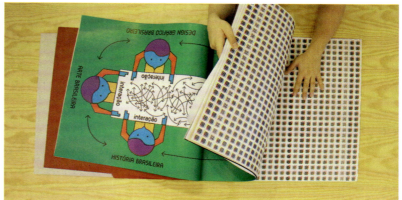

LIVRO CONSTRUINDO SÃO JOÃO DA GUANABARA

AUTORIA
Estudio Claraboia, 2016

EQUIPE
Projeto gráfico e diagramação: Estúdio Claraboia (Luciana Orvat, Ricardo Daros, Felipe Daros, Mayara Miriuk); **Impressão do miolo:** Gráfica Águia; **Douração do corte (miolo):** Gomes Encadernação; **Impressão da capa e montagem dos volumes:** Atelier Luiz Fernando Machado

CLIENTE
João Campos Fasolino

DESCRIÇÃO
Para o livro da tese sobre uma obra do artista carioca João Campos Fasolino, que problematiza o processo de construção de uma imagem, foi elaborado um projeto gráfico que empresta características marcantes das bíblias na sua concepção: capa em couro, douração no corte, família tipográfica gótica, uso de capitulares e diagramação em colunas. As cores eleitas para o projeto derivam da bandeira do estado fictício de São João da Guanabara, criado pelo artista. O resultado final é um livro com uma delicada camada de humor e absurdo.

bien.al/12_sao-joao-da-guanabara

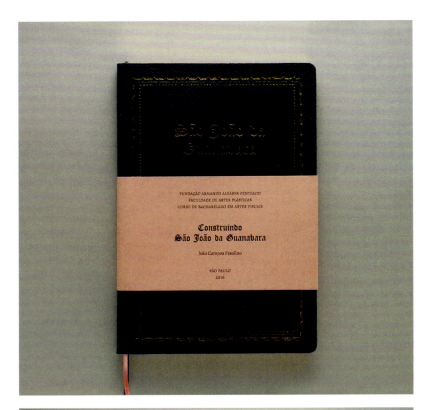

LIVRO CONTA MAIS UMA?

ACADÊMICO

AUTORIA
Gabrielle Matos, 2016

CLIENTE
FAAP

DESCRIÇÃO
Projeto acadêmico que deu origem a um livro-quebra-cabeça que une a milenar arte de contar histórias ao mundo do entretenimento, capaz de concorrer com os produtos tecnológicos, como *tablets*. O livro não possui um fólio, mas seis páginas soltas denominadas cartas-guia. Essas páginas guiam a narrativa, sendo acompanhadas de quatro peças contendo um texto-guia e ilustrações, com representações pictóricas e pouco figurativas, além de elementos texturizados, permitindo aprofundamento nas figuras, inclusive por crianças com deficiência visual.

bien.al/12_conta-mais-uma

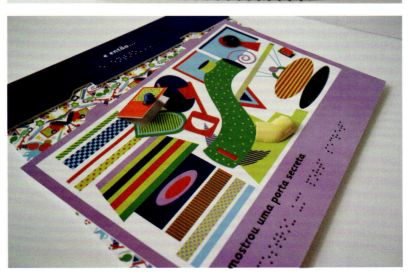

LIVRO COTIDIANO INVISÍVEL: A DELICADEZA DO OLHAR

ACADÊMICO

AUTORIA
Giselle Taynara C. de Souza, 2015

EQUIPE
Orientação: profa. Simone Souza de Oliveira;
Co-orientação: prof. Galton Vasconcelos

CLIENTE
Escola de Design – Universidade do Estado de Minas Gerais

DESCRIÇÃO
Buscando responder como o design editorial pode contribuir para exemplificar o daltonismo, minimizando a carência de editorial específico e explicativo, foi elaborado um projeto acadêmico que demonstra as experiências dos próprios portadores para uma reflexão sobre essa deficiência invisível. Por meio de desenhos coloridos pelos portadores da deficiência, o projeto demonstra, principalmente para os designers, frequentes manipuladores de cor, que eles podem evitar as combinações de cores prejudiciais aos daltônicos, como altos contrastes de vermelho e verde, em prol da visibilidade.

bien.al/12_cotidiano-invisivel

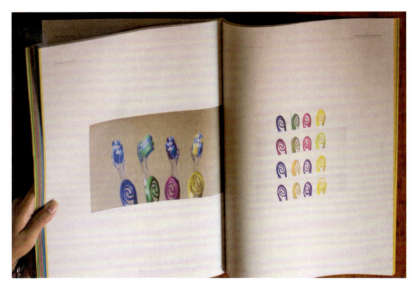

LIVRO CRAVO NA CARNE

AUTORIA
Casa Rex, 2015

EQUIPE
Direção de design: Gustavo Piqueira; **Design:** Gustavo Piqueira, Samia Jacintho; **Equipe:** Alex Gyurkovicz, Caroline Vapsys, Daniel Mortara

CLIENTE
Editora Veneta

DESCRIÇÃO
Para um livro sobre o intrigante e inesperado universo do faquirismo feminino no Brasil, foi elaborado um projeto gráfico que apresenta ilustrações combinando fotografias de anúncios antigos, imagens icônicas e grafismos que incorporam silhuetas da serpentes, numa reinterpretação contemporânea dos antigos cartazes/anúncios que comunicavam seus shows.

bien.al/12_cravo-na-carne

LIVRO DELÍCIAS DA VOVÓ DEDETE

AUTORIA
verdevermelho design, 2016

EQUIPE
Jefferson Carlindo, Mariana Guimarães Brandão

CLIENTE
Mônica Rocio Neves

DESCRIÇÃO
Para criar um livro de receitas de uma matriarca que pudesse ser distribuído para cada núcleo familiar e ser complementado com mais receitas, foi elaborado um projeto gráfico com lâminas soltas que alternassem as receitas, com fotos de famílias e padrões gráficos elaborados com elementos referentes à infância na casa da vó. Nos versos das receitas, encontra-se uma ficha de avaliação em que cada um pode escrever observações e complementar a receita. Fichas em branco permitem que novas receitas sejam adicionadas. Todas as lâminas são acondicionadas em uma marmita de alumínio fechada por uma cinta de tecido, por sua vez selada com um lápis com pingente de colher, utilizado para preencher as fichas. Internamente, as lâminas são embrulhadas com papel manteiga selado com barbante Bakers Twine vermelho e branco.

bien.al/12_delicias-da-vovo-dedete

LIVRO DESIGN STEAMPUNK – GUIA 2016

ACADÊMICO

AUTORIA
Isaias Costa da Silveira, 2016

CLIENTE
Universidade Unigranrio

DESCRIÇÃO
Para um projeto acadêmico que reúne as diversas áreas do design em que o estilo *steampunk* pode ser aplicado, foi elaborado um projeto de livro de arte que congrega o maior número possível de obras que retratam o estilo, além de identificar as obras mais recentes que podem ser classificadas como tal.

bien.al/12_design-steampunk

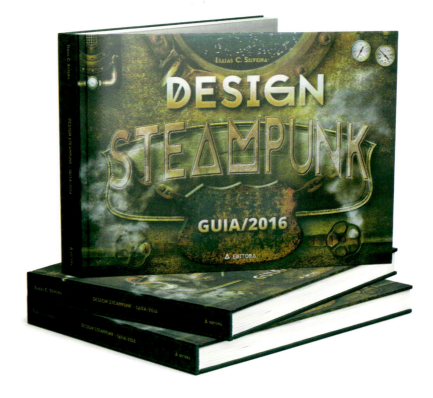

LIVRO DOM CASMURRO

AUTORIA
Machado de Assis, 2016

EQUIPE
Design gráfico: Tereza Bettinardi; **Ilustração:** Carlos Issa; **Produção gráfica:** Lilia Goes

CLIENTE
Editora Carambaia

DESCRIÇÃO
Para a reedição de uma das obras mais importantes da língua portuguesa, foi elaborado um projeto gráfico que traduzisse e respeitasse todos os superlativos que essa obra carrega. A edição traz ilustrações do artista Carlos Issa, que fez intervenções gráficas sobre fotografias do Rio de Janeiro do século XIX. O livro possui capa dura, protegido por luva e numerado (mil exemplares, sendo cem com capas individualmente ilustradas). O formato tem as mesmas dimensões da primeira versão, de 1899. O Pão de Açúcar e os Arcos da Lapa estão alternados nas margens laterais, revelando-se no estender das páginas e permanecendo ocultos com o livro fechado, numa referência à presença da cidade como um personagem da história.

bien.al/12_dom-casmurro

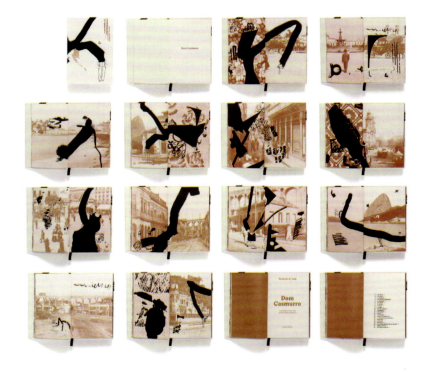

LIVRO E CARTILHA ZONEAMENTO ILUSTRADO

AUTORIA
coletivo oitentaedois, SMDU, DEUSO, UNESCO, 2016

EQUIPE
Coordenação geral: Secretaria Municipal de Desenvolvimento Urbano – SMDU, Departamento de Uso do Solo – Deuso; **Equipe coletivo oitentaedois | Design gráfico:** Caio Yuzo, Douglas HIga; **Esquemas gráficos e ilustração:** Alexandre Sato, João Tranquez, Thiago Rocha Ribeiro, Tiago Martinelli; **Gerenciamento de equipe:** Otavio Nagano

CLIENTE
Prefeitura de São Paulo

DESCRIÇÃO
Para informar de forma didática e fácil uma das políticas da gestão 2013-2016 da cidade de São Paulo (Lei n. 16.402, de parcelamento, uso e ocupação do solo), foi elaborado, nos formatos impresso e digital, um livro com conteúdo completo e uma cartilha com informações mais enxutas, abrangendo diferentes estratégias de distribuição. Além do conteúdo principal da Lei, com textos, tabelas, mapas e vetos, a publicação acompanha materiais de apoio que auxiliam o entendimento e a aproximação do tema: infográfico do processo de revisão e elaboração da lei, estratégias ilustradas destacando conceitos principais, ilustração geral de como as diversas zonas se relacionam na cidade, diagramas explicativos de pontos específicos da lei, glossário de termos técnicos, guia de consulta e uso das tabelas, mapas e ferramentas online. A publicação mantém a coerência das publicações anteriores da prefeitura, mas acrescenta novas soluções, adicionando para as futuras edições. O apelo gráfico e a qualidade do tratamento do tema nortearam o projeto, demonstrando uma postura diferenciada do setor público com o cidadão.

bien.al/12_zoneamento-ilustrado

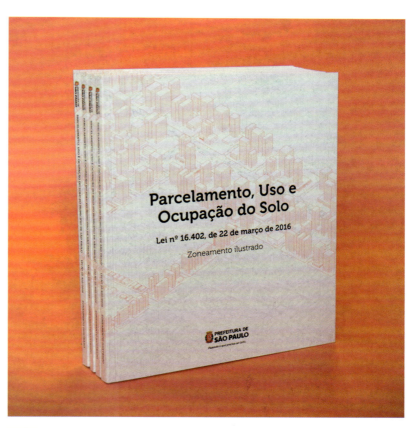
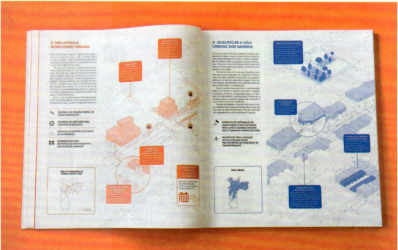

LIVRO ENQUANTO VOCÊ LÊ

AUTORIA
André Maya e Rafael Dietzsch, 2016

EQUIPE
Design e edição: André Maya, Rafael Dietzsch

CLIENTE
Estereográfica Editorial

DESCRIÇÃO
Para um livro sobre o processo da leitura sob a ótica da tipografia, investigando o papel ativo de designers e tipógrafos na legibilidade de um texto, foi desenvolvido um projeto gráfico que faz referência à edição original holandesa, de Gerard Unger. Sendo uma adaptação do original para uma edição mais econômica, sem perder a essência, o projeto toma a tipografia como partido gráfico principal, utilizando exclusivamente fontes desenvolvidas pelo autor. Em termos cromáticos, há uma preferência subjetiva pelo roxo, cor que foi incorporada à capa.

bien.al/12_enquanto-voce-le

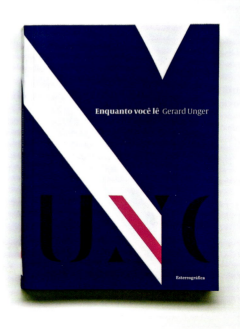

LIVRO ENTRELINHAS URBANAS

AUTORIA
Fábrica de Ideias Brasileiras, 2016

EQUIPE
Produção: Silvia Jorge, Maria Clara Feitosa; **Projeto gráfico:** Rodrigo Puelles, Thiago Limón; **Diagramação:** Rodrigo Puelles, Ana Lúcia Ribeiro; **Capa e *lettering*:** Thiago Limón; **Preparação de texto:** Rodrigo Puelles; **Revisão:** Juliane Matsubayashi

CLIENTE
Sê-lo – Práticas Independentes

DESCRIÇÃO
Para um livro que apresenta 96 artistas representando cada um dos 96 bairros da capital paulistana, foi elaborado um projeto gráfico que fosse claro, objetivo e inspirador, promovendo a arte urbana da cidade de São Paulo.

bien.al/12_entrelinhas-urbanas

LIVRO IFIGÊNIA

AUTORIA
bloco gráfico, 2016

EQUIPE
Design: Gabriela Castro, Gustavo Marchetti, Paulo André Chagas; **Produção gráfica:** Lilia Góes

CLIENTE
Editora Carambaia

DESCRIÇÃO
Para um livro denso, que narra a vida de uma garota que se muda da França para a Venezuela nos anos 1920, foi elaborado um projeto gráfico que proporcionasse um grau de experimentação para a leitura. O livro é envolvido por uma sobrecapa envelope, com fechamento por um cordão, simulando o diário da jovem. A tipografia Bifur refere-se diretamente ao tempo e ao lugar em que o romance foi escrito. As partes de letras na capa são uma metáfora gráfica da desconstrução da protagonista. As cores foram emprestadas do artista gráfico brasileiro José Carlos de Brito e Cunha (1884-1950).

bien.al/12_ifigenia

LIVRO INCERTEZA VIVA: DIAS DE ESTUDO

AUTORIA
Design Bienal, 2016

EQUIPE
Concepção: Jochen Volz, Isabella Rjeille; **Design:** Adriano Campos, Aninha de Carvalho

CLIENTE
Fundação Bienal de São Paulo

DESCRIÇÃO
Para resgatar os trajetos que levaram à 32ª Bienal Internacional de Arte de São Paulo e oferecer material para novas pesquisas e discussões sobre arte contemporânea, foram elaborados uma brochura de 240 páginas e um cartaz que combinam textos, ensaios visuais, relatos, fotografias e desenhos de alguns dos participantes de uma série de quatro encontros que fez parte da pesquisa curatorial. O projeto articula conteúdos diversos, de entrevistas a ensaios visuais produzidos especificamente para a publicação. O registro fotográfico de trabalhos site-specific e performances foi intercalado ao texto, conectando dois momentos distintos: a conceituação e a realização da 32ª Bienal.

bien.al/12_livro-incerteza-viva

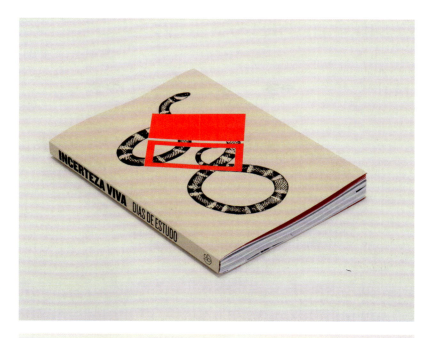

LIVRO INHOTIM 10 ANOS

AUTORIA
Liliane Kemper e Priscila Lopes, 2016

EQUIPE
Concepção e projeto editorial: Anna Dantes; **Design:** Liliane Kemper, Priscila Lopes; **Assistente de design:** Fernanda Kassar; **Mapa da Vila Inhotim:** Gabriel Takashi; **Fotografia da capa Artenatureza:** Nelson Kon; **Fotografia da capa Futuromemória:** Camilla Coutinho Silva; **Tratamento de imagens e impressão:** Ipsis Gráfica e Editora

CLIENTE
Instituto Inhotim | Dantes Editora

DESCRIÇÃO
Comemorando os 10 anos do Instituto Inhotim, foi desenvolvida uma publicação bilíngue que percorre a história e projeta o futuro da instituição. Uma caixa traz os três volumes: o primeiro (*Um estado de Espírito*) tem imagens internas e externas que expressam a exuberância do Instituto e evidenciam sua forte relação com a arte e a natureza; o segundo (*Futuromemória*) conta a trajetória do instituto, desde a povoação da região de Brumadinho; e o terceiro (*Artenatureza*) narra a evolução da coleção de arte e a beleza do acervo botânico do instituto. A escolha de cores do projeto veio de um estudo de paletas recolhido da flora e da fauna da região. O *hot stamping* interno sugere o espelho d'água do local. Encartes, monotipias e minicadernos estão incluídos como surpresas entre os livros, completando o trajeto pela história, similar ao trajeto pelo próprio Inhotim.

bien.al/12_inhotim-10-anos

LIVRO INQUÉRITO POLICIAL

AUTORIA
Casa Rex, 2016

EQUIPE
Direção de design: Gustavo Piqueira; **Design:** Gustavo Piqueira, Samia Jacintho; **Equipe:** Caroline Vapsys, Marianne Meni

CLIENTE
Lote 42

DESCRIÇÃO
Para um livro que mistura ficção e realidade, foi criado um projeto similar e inusitado, que utiliza o design como elemento transformador da leitura. Escrito por um autor acusado de falsificar documentos, criados para sua série de livros de ficção, o projeto gráfico parte da estética e do formato de um inquérito policial real. Sua narrativa é apresentada como "provas impressas de investigação", em encartes de diversos tamanhos, formatos e papéis fixados com um grampo metálico em uma pasta azul.

bien.al/12_inquerito-policial

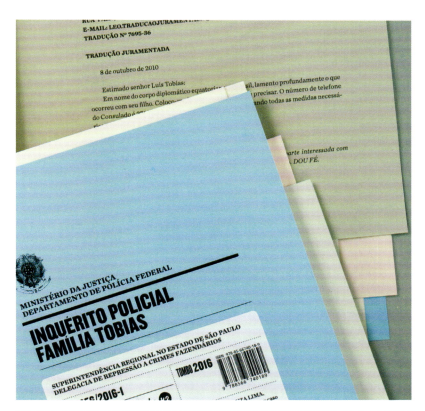

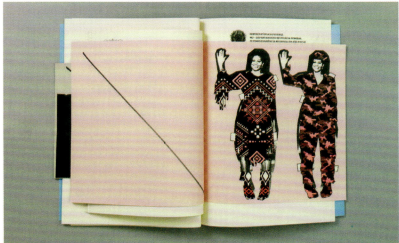

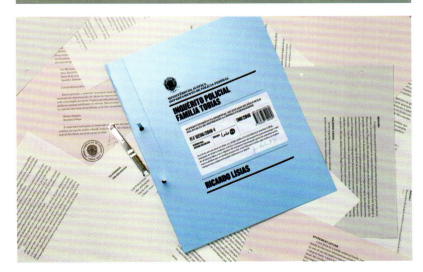

LIVRO INTERATIVO DE PRODUÇÃO GRÁFICA

AUTORIA
Jéssica Cristina Ferreira Diogo, Luísa Abrahão e Renato de Paula Mesquita, 2016

EQUIPE
Criação: Jéssica Cristina Ferreira Diogo, Luísa Abrahão, Renato de Paula Mesquita; **Orientação:** prof. Ravi Figueiredo Passos

CLIENTE
Faculdade de Artes Visuais – Universidade Federal de Goiás

DESCRIÇÃO
Para o protótipo de um livro introdutório de produção gráfica que utiliza mecanismos oriundos de livros móveis e infográficos, direcionado a iniciantes no tema, foi elaborado um projeto gráfico que pudesse potencializar a experiência do usuário ao assimilar o conteúdo. Foram utilizados o método cartesiano e o design de informação para tratar do tema na construção do artefato. O livro propõe uma experimentação lúdica de explicação dos processos, como métodos de impressão, explicados por infográficos. O projeto acadêmico possibilita ao leitor uma experiência tátil, com amostras de papel, acabamentos e encadernações.

bien.al/12_livro-producao-grafica

ACADÊMICO

LIVRO LAPSO

AUTORIA
Camila Palhares, 2016

EQUIPE
Design gráfico: Camila Palhares

CLIENTE
Escola de Design – Universidade do Estado de Minas Gerais

DESCRIÇÃO
Para um projeto de representação visual da primeira tópica freudiana, este trabalho acadêmico buscou autenticidade ao representar graficamente os conceitos de pré-consciente, consciente e inconsciente. São utilizados diferentes tipos de linguagem, além do design sensorial, buscando estimular sensações e a imaginação do leitor acerca do tema.

bien.al/12_livro-lapso

ACADÊMICO

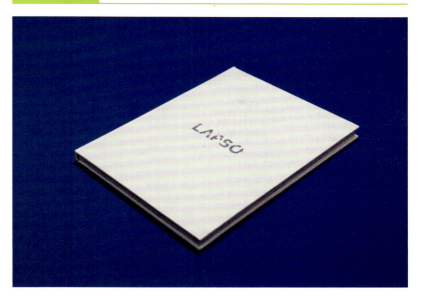

LIVRO LINHAS DE GUERRA 1933-45

AUTORIA
Gustavo Vitulo, 2015

EQUIPE
Conteúdo e projeto gráfico: Gustavo Vitulo; **Fotografia:** Arquivo Nacional americano, bancos de imagem; **Orientação:** profs. Daniela Luz, Ricardo Portilho, Sérgio Luciano

CLIENTE
Escola de Design – Universidade do Estado de Minas Gerais

DESCRIÇÃO
Para um livro-objeto que explora a história do design durante a Segunda Guerra Mundial, desde a evolução da tecnologia até o seu uso como ferramenta de divulgação do conflito, passando pelo surgimento de movimentos artísticos como o modernismo, este trabalho acadêmico analisa paralelamente os dois assuntos, mostrando como eles caminharam juntos em direção ao design contemporâneo. O livro divide-se em duas linhas do tempo paralelas: a do design, objetiva e moderna, em preto e branco; e a da guerra, sangrenta e angustiante, em vermelho. A capa traz, em alto-relevo, as duas linhas do tempo utilizadas no miolo: uma modernista pontilhada para o design e uma traçada que remete às rotas dos mapas para a guerra. A encadernação é em capa dura e costura, garantindo resistência ao projeto, além de remeter aos diários dos soldados da época. A sobrecapa retrata o *grid* do miolo por meio do mapa-múndi, com latitudes e longitudes. Alguns postais de momentos importantes da guerra foram adicionados para aprimorar a experiência, sofrendo intervenções como dobras, rasgos e queimaduras, para simular o desgaste do tempo.

bien.al/12_linhas-de-guerra

ACADÊMICO

LIVRO LORDE CREPTUM

AUTORIA
Casa Rex, 2015

EQUIPE
Direção de design: Gustavo Piqueira; **Design:** Gustavo Piqueira; **Equipe:** Samia Jacintho, Caroline Vapsys, Marianne Meni

CLIENTE
Editora Pulo do Gato

DESCRIÇÃO
Para uma história policial bem-humorada e enigmática, foi elaborado um projeto gráfico que combina diferentes recursos visuais, dando ao design e à narrativa o mesmo grau de protagonismo na construção do livro. As fotografias de época, os anúncios antigos e os ornamentos tipográficos impressos são os mesmos observados e comentados pelos narradores do livro, construindo uma inventiva narrativa que caminha junto com a linguagem visual, mas de forma interdependente, falando do próprio processo de criação literária.

bien.al/12_lorde-creptum

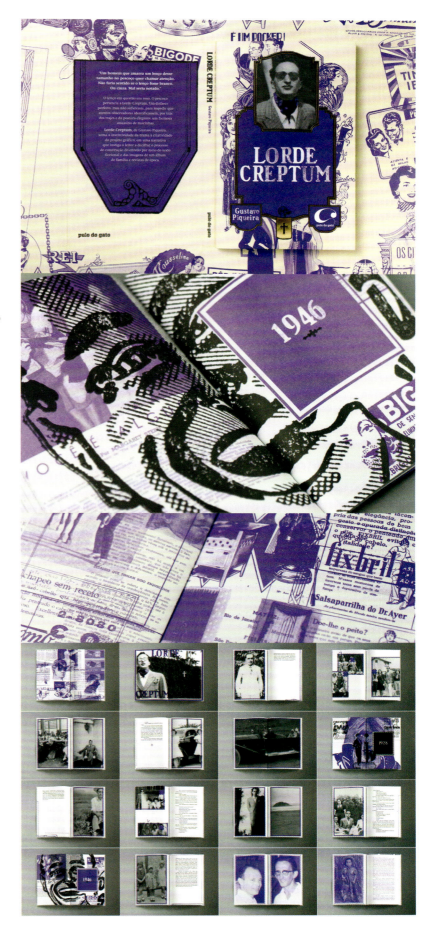

LIVRO LULULUX

AUTORIA
Casa Rex, 2015

EQUIPE
Direção de design: Gustavo Piqueira; **Design:** Gustavo Piqueira; **Equipe:** Samia Jacintho, Marianne Meni; **Impressão:** Victor Sassaki, Michele Oliveira

CLIENTE
Lote 42

DESCRIÇÃO
Para um livro que questiona os limites das linguagens verbais e visuais, o fim dos livros impressos e mesmo o da própria leitura, foi elaborado um projeto gráfico que contesta a definição de livro. O livro é o formato, o conteúdo ou a combinação de todos os fatores? O projeto retira qualquer estrutura fixa, apresentando a narrativa de um livro por outros meios. Um jogo de jantar, com vinte guardanapos, seis jogos americanos e oito porta-copos, contém os 34 fragmentos da narrativa, criando inúmeras possibilidades de leitura, quebrando barreiras comumente postas entre narrativas visuais e escritas e utilizando o design como um elemento transformador da experiência de leitura.

COMENTÁRIO DO JÚRI
Dona de um significativo conjunto de projetos editoriais, a Casa Rex constantemente explora diferentes materiais, espaços e formas de interação com os leitores/usuários, sempre com apuro impecável. Este projeto subverte o códex como forma de narrativa, ressignificando o livro com muito bom humor.

bien.al/12_lululux

DESTAQUE

LIVRO MACUNAÍMA

AUTORIA
Casa Rex, 2016

EQUIPE
Direção de design: Gustavo Piqueira; **Design:** Gustavo Piqueira; **Equipe:** Samia Jacintho, Alex Gyurkovicz, Marianne Meni; **Impressão:** Caroline Vapsys, Deborah Salles, Laura Haffner, Marcela Souza, Michele Oliveira, Victor Sassaki

CLIENTE
Ateliê Editorial

DESCRIÇÃO
Para um dos maiores ícones da literatura modernista, foi elaborado o projeto gráfico de um livro vivo. Com formato "dobra-desdobra", o livro apresenta dezesseis ilustrações em *silkscreen* que deixam o leitor explorar as possibilidades estéticas do objeto e decidir como prefere vivenciá-lo. As imagens compõem mosaicos que podem ser vivenciados, refeitos ou ignorados, revelando um prisma de construções gráficas, um "foguetório frenético" próprio da obra, do autor e da época. O projeto foi premiado no The One Show 2017.

bien.al/12_macunaima

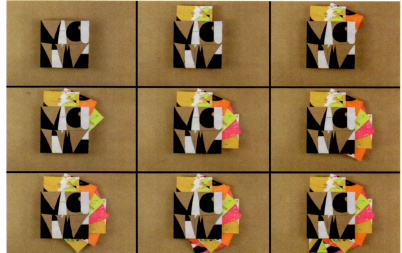

LIVRO MARIA & JOÃO

AUTORIA
Gabriel Nascimento, 2015

DESCRIÇÃO
Releitura da tradicional história de João e Maria em 25 xilogravuras e gravuras em linóleo, em edição numerada, costurada e montada manualmente. Em uma narrativa sequencial gráfica sem palavras, o livro reconta uma história tradicional a partir de estudos recentes do campo História e Gênero, que reconsideram o papel da mulher na Idade Média e nos séculos posteriores. Com diálogo entre o conteúdo e o projeto gráfico – e ampliando, assim, a percepção de ambos –, a produção do livro faz referência a antigos modos de produção.

COMENTÁRIO DO JÚRI
Experimentação gráfica, valorização e resgate de técnicas artesanais em um trabalho autoral original e de excelente qualidade.

bien.al/12_livro-maria-joao

DESTAQUE

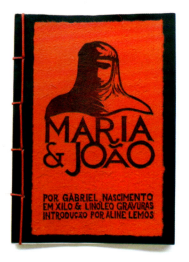

LIVRO MESTRES DA OBRA

AUTORIA
Rico Lins +Studio, 2016

EQUIPE
Projeto gráfico: Rico Lins (+Studio); **Design e direção de arte:** Rico Lins; **Diagramação:** Fernanda Abe; **Fotografia:** Agência Ophelia, Bianca Salay, Gabriel Boieras, Fernando Ricci, Marcia Ferraz; **Tratamento de imagem e produção gráfica:** GFK Comunicação; **Impressão:** Ipsis

CLIENTE
Mestres da Obra

DESCRIÇÃO
Para um livro que documenta a trajetória do projeto com operários da construção civil a fim de desenvolver suas capacidades artísticas e criativas dentro dos canteiros de obra, foi elaborado um projeto gráfico que, além de ser um registro das atividades realizadas, é também um diário afetivo dos idealizadores. Por meio de diferentes texturas de papéis, fitas adesivas, sujeiras e borrões e da inserção de *post-its*, notas manuscritas e fotografias instantâneas, o livro passa ao leitor toda a materialidade de um objeto de afeto sem perder a sobriedade de um livro institucional.

bien.al/12_mestres-da-obra

LIVRO MIL ROXOS E VERMELHOS

AUTORIA
Danielle Teixeira, Jamil Ghani, 2016

EQUIPE
Danielle Teixeira, Jamil Ghani; **Orientação:** profs. Bruno Porto, Maria Helena Pereira da Silva

CLIENTE
Centro Universitário IESB

DESCRIÇÃO
Mil Roxos e Vermelhos, expressão chinesa que significa "uma explosão de cores", traz dezenove símbolos recorrentes na arte chinesa, explicando e comentando seus significados, enquanto traça um panorama histórico e cultural da China e evoca, na diagramação e no acabamento, os livros tradicionais chineses. Impresso em papel Pólen, com encadernação sanfonada e costura aparente, suas 48 páginas repletas de aquarelas, histórias e legendas bilíngues trazem ao leitor as milenares simplicidade e sutileza chinesas, numa experiência tátil e visual. Desenvolvido como projeto de conclusão de curso da Pós-Graduação em Design Editorial do Istituto Europeo di Design do Rio de Janeiro – IED Rio/Centro Universitário IESB (DF).

bien.al/12_mil-roxos-e-vermelhos

ACADÊMICO

LIVRO MOVIMENTO ESTÁTICO

AUTORIA
Mateus Valadares, 2016

EQUIPE
Fotografia e concepção: Lucas Lenci; **Tratamento de imagem:** Marcos Ribeiro, Rodrigo Padin; **Projeto gráfico:** Mateus Valadares; **Consultoria e produção gráfica:** Jairo da Rocha

CLIENTE
Lucas Lenci | Valongo Editora

DESCRIÇÃO
Para um ensaio fotográfico sobre tempo, espaço e infinito, em dezessete cenas nas quais pessoas exercem protagonismo sobre um espaço congelado construído por imagens espelhadas de uma mesma paisagem, foi elaborado um projeto gráfico em que o design e a obra do fotógrafo se confundem. O livro é encadernado em espiral, sem início, meio ou fim. Todas as obras podem ser guardadas como capa dentro de uma sobrecapa transparente, que apresenta todas as informações da edição. A tipografia impressa em serigrafia na sobrecapa faz uma analogia ao processo construtivo das imagens. As letras que escrevem o título do livro e o nome autor são impressas em separado na frente e no verso da sobrecapa. Só é possível formar completamente as palavras quando o livro é retirado do invólucro, criando interesse genuíno dirigido à segunda peça.

bien.al/12_movimento-estatico

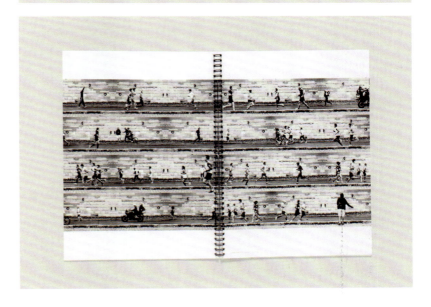

LIVRO MUSEU DE SANT'ANA

AUTORIA
NewDesign, 2016

EQUIPE
Direção de criação: Angela Dourado; **Design:** Bernardo Lessa; **Produção gráfica:** Carolina Fernandes

CLIENTE
Instituto Flávio Gutierrez

DESCRIÇÃO
Para um livro bilíngue sobre a preciosa coleção de imagens barrocas do Museu de Sant'Ana, em Tiradentes (MG), foi elaborado um projeto gráfico que apresentasse o acervo de 291 peças de forma clara e didática, retratando as características históricas e devocionais dessa santa em diferentes épocas e estilos.

bien.al/12_museu-de-sant-ana

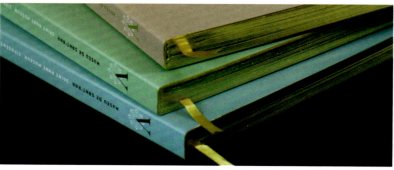

LIVRO O CIRCO VOA: UM ENSAIO SOBRE A ESTÉTICA DO IMPROVISO

ACADÊMICO

AUTORIA
Priscila Bodin, Julia Albuquerque e Lucas Luz, 2016

CLIENTE
PUC-Rio

DESCRIÇÃO
Para um projeto acadêmico que documenta influências, referências e recursos gráficos disponíveis nos anos de 1980 e 1990, buscando compreender o processo criativo do Circo Voador, um dos espaços culturais mais importantes do Rio de Janeiro, foi desenvolvido um projeto gráfico que propaga o espírito revolucionário presente no espaço, inspirando as novas gerações por meio de "pílulas provocativas", que relacionam características desta produção específica com movimentos do design e da arte em âmbito internacional.

bien.al/12_o-circo-voa

LIVRO O IMPÉRIO DO MEIO

AUTORIA
André Maya e Rafael Dietzsch, 2015

EQUIPE
Design e edição: André Maya, Rafael Dietzsch

CLIENTE
Estereográfica Editorial

DESCRIÇÃO
Este é um livro que registra o processo de imersão de dois fotógrafos brasileiros na cultura chinesa entre 2010 e 2012, utilizando câmeras de plástico para documentar hábitos cotidianos num dos países que mais modificaram sua história no último século. O projeto gráfico envolveu uma publicação trilíngue (mandarim, português e inglês) sobre fotografia documental. Parâmetros para harmonização dos textos em mandarim e português foram definidos, para que os diferentes sistemas de escrita produzissem um valor de cinza equivalente em páginas equilibradas, respeitando suas particularidades e mantendo a leitura confortável.

bien.al/12_o-imperio-do-meio

LIVRO O SUPERMACHO – ROMANCE MODERNO

AUTORIA
Elaine Ramos, 2016

EQUIPE
Ilustração: Andrés Sandoval; **Assistência de design:** Livia Takemura; **Produção gráfica:** Aline Valli

CLIENTE
Ubu Editora

DESCRIÇÃO
Para um romance provocador, irreverente e erótico, que flerta até mesmo com a ficção científica, com influência dos movimentos dadaísta e surrealista, foi elaborado um projeto gráfico que mantém as características bem-humoradas e despojadas do texto, fazendo do livro um objeto convidativo à leitura e interessante visualmente. O mote é a repetição e a ênfase nos números, inspiradas no dadaísmo. Os fólios se repetem muitas vezes, bem como as chamadas das notas, dando às páginas um desenho inusitado. As ilustrações foram feitas com carimbos repetidos e recombinados, formando figuras híbridas que misturam elementos humanos e naturais com máquinas.

bien.al/12_o-supermacho

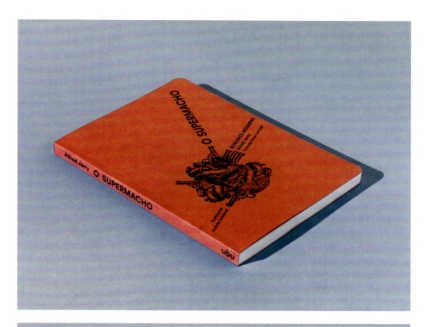

LIVRO OS SERTÕES – EDIÇÃO CRÍTICA

AUTORIA
Flávia Castanheira, 2016

EQUIPE
Design assistente: Nathalia Cury; **Produção gráfica:** Aline Valli

CLIENTE
Ubu Editora

DESCRIÇÃO
Para a reedição de um marco fundamental nos estudos sobre a formação brasileira, contando com uma extensa crítica, reproduções das cadernetas do autor e registros fotográficos do conflito, foi elaborado um projeto gráfico que contemplasse os requisitos de uma edição crítica, como a contagem de linhas e as variantes, bem como todos os anexos, privilegiando uma leitura confortável. A linguagem cartográfica é a principal referência para o design da edição. Mapas topográficos da região de Canudos estampam a caixa, a capa e a abertura do livro. A cada passagem, a escala se amplia e o leitor se aproxima de Canudos. As margens têm marcações que lembram as escalas gráficas e ajudam a situar o leitor nas três principais divisões da obra. Quadrantes cartográficos organizam as aberturas de cada seção e a capa do volume *Variantes e Comentários*. Esse *grid* dá a modulação que alinhou todos os elementos das páginas, inclusive os números para a contagem de linhas, necessária em uma edição crítica. No capítulo de imagens, essa estrutura se subdivide e acompanha o quadriculado da caderneta do autor.

COMENTÁRIO DO JÚRI
O trabalho é impecável em todos os aspectos do projeto gráfico: construção e uso do *grid*, escolhas e decisões tipográficas, uso da linguagem cartográfica e produção gráfica.

bien.al/12_os-sertoes

DESTAQUE

LIVRO OUTRAS MENINAS

AUTORIA
Manu Cunhas, 2016

DESCRIÇÃO
Para um livro construído colaborativamente que traz depoimentos anônimos das participantes sobre as relações com seu próprio corpo, foi elaborado um projeto gráfico que gerasse autoidentificação e empatia, ilustrando os depoimentos de forma realista, mas lúdica. O projeto se iniciou virtualmente, coletando histórias e ilustrações postadas nas redes, desenvolvendo-se até a publicação impressa, que apresenta as dificuldades enfrentadas por mulheres presentes em diversos círculos sociais. Cada texto é ilustrado com aquarelas e outras experimentações, dando uma leitura pessoal sobre a beleza contida na história e no nu femininos. Título, autoria e sinopse estão presentes somente na cinta, que, ao ser retirada, representa simbolicamente o ato de despir.

bien.al/12_outras-meninas

LIVRO PELA LUZ DOS OLHOS TEUS

AUTORIA
Mateus Valadares, 2016

EQUIPE
Ilustração: Filipe Jardim

CLIENTE
Companhia das Letras

DESCRIÇÃO
Para uma antologia que reúne 22 poemas do poeta carioca Vinicius de Moraes (1913-1980), foi elaborado um livro pequeno e despojado, perpassado pelo tema principal do encantamento amoroso. O projeto gráfico utilizou pinceladas, desenhos abstratos e figurativos livres encomendados ao artista plástico Filipe Jardim. Imagens foram coloridas, recortadas, fundidas e usadas em diferentes escalas. A variação de cor junto com o traço preto e a multiplicidade de imagens, auxiliados por uma mancha de texto assimétrica, ditaram um ritmo em que cada página pode ser contemplada de forma poética em conjunto com os textos.

bien.al/12_pela-luz-dos-olhos-teus

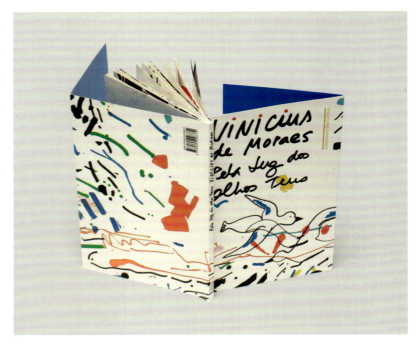

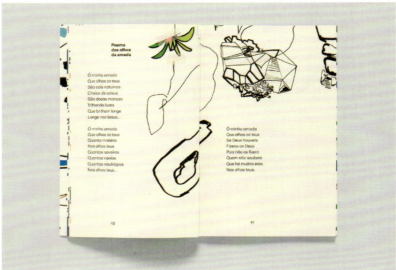

LIVRO PRELO: O ÁLBUM

AUTORIA
Rafael Neder, Raquel Pinheiro e Pedro Leitin, 2016

EQUIPE
Ademir Matias, Caroline Gischewski, Fábio Martins, Flávio Vignoli, Luis Matuto, Olavo D'Aguiar, Pedro Leitin, Rafael Neder, Raquel Pinheiro, Ricardo Donato.

CLIENTE
Tipografia Matias

DESCRIÇÃO
Para um livro-DVD em homenagem ao mestre tipógrafo mineiro Ademir Matias de Almeida, foi elaborado um projeto gráfico que explorasse a materialidade e a transformação do impresso tipográfico por meio de formato, [tipo]gravuras e acabamentos. Doze [tipo]gravuras foram criadas por dez designers e artistas convidados. As imagens, além de terem a tipografia como tema, exploram a relação pessoal com o mestre tipógrafo, que mantém vivo o ofício há quase sessenta anos, além de dedicar-se ao ensino da tipografia. A produção do livro foi iniciada durante a gravação do curta-documentário homônimo, que faz um breve registro de uma vida em meio a máquinas, tipos, tintas e papéis.

COMENTÁRIO DO JÚRI
O sofisticado projeto destaca-se por qualidade, experimentação e excelência na condução do processo que une produção gráfica e diagramação.

bien.al/12_prelo-o-album

DESTAQUE

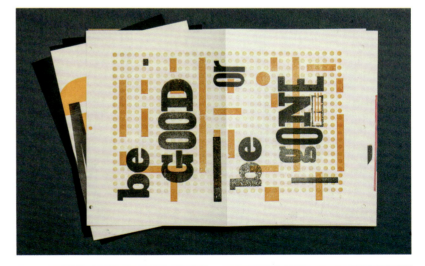

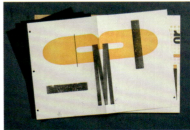

LIVRO QUEM TE VÊ NÃO TE CONHECE MAIS

AUTORIA
Imaginária, 2015

EQUIPE
João Faissal, Thiago Castor

CLIENTE
Marcus Vinícius Dantas de Queiroz

DESCRIÇÃO
Para este livro que apresenta o crescimento urbano e arquitetônico na cidade de Campina Grande durante as décadas de 1930 a 1950, com uma estética arrojada e um design pensado com base no conteúdo, foi elaborado um projeto gráfico que convertesse um texto técnico denso em algo prazeroso de ler e navegar. O projeto partiu de uma diagramação utilizando três cores Pantone mais o preto, trazendo uma separação de conteúdos e uma organização dos tipos de informação. O livro se divide em cinco grandes capítulos, em que o primeiro e o último são preto e branco e os centrais são coloridos, cada um de uma cor. Dentro da abertura de cada capítulo, é inserido um livreto com imagens de apoio relacionadas ao conteúdo. Para tornar a informação dessa memória histórica acessível, foram recuperadas imagens de baixíssima qualidade e refeitos mapas e gráficos. O livro é costurado manualmente e possui verniz na capa e diferentes tipos de papel dentro.

bien.al/12_quem-ve-nao-conhece-mais

LIVRO RETRATO BRASÍLIA

AUTORIA
Danielle Teixeira, Santiago Mourão, Bruno Porto, 2015

EQUIPE
Organização e coordenação editorial: Jackson Araújo, Luca Predabon; **Projeto gráfico:** Danielle Teixeira, Santiago Mourão, Bruno Porto; **Direção de arte:** Santiago Mourão, Bruno Porto; **Diagramação:** Danielle Teixeira; **Ilustração de capa:** Grande Circular (baseada na fonte Dingbats Brasília); **Logotipo:** Vitor Cesar

CLIENTE
Banco do Brasil | Correio Braziliense

DESCRIÇÃO
Este livro, que traz um panorama do cenário criativo da capital brasileira, teve seu projeto gráfico elaborado para reunir e exaltar, num só lugar, o conteúdo da pesquisa etnográfica realizada pela Mindset/WGSN nas áreas de arte, design, empreendedorismo e cultura urbana da cidade. O livro apresenta um mapeamento de 25 influenciadores e dezessete novos pioneiros no cenário brasiliense e como sua produção dialoga com narrativas de outras cidades do Brasil e do mundo. A capa é ilustrada pela fonte Dingbats Brasília – também selecionada para esta Bienal –, que explora a iconografia afetiva da cidade.

bien.al/12_retrato-brasilia

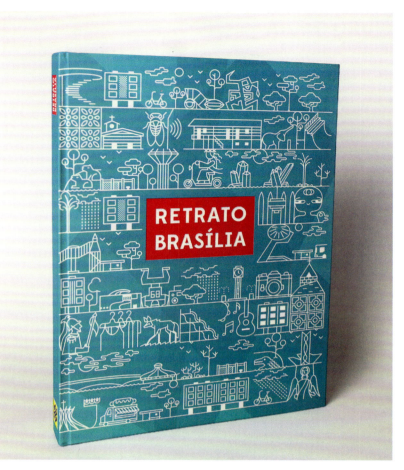

LIVRO SABIÁ

AUTORIA
Eye Design, 2015

EQUIPE
Direção de arte: Claudia El-moor; **Ilustração:** Adriana Nunes; **Assistente de design:** Matheus Wilhelms; **Música:** Marcello Linhos; **Animação:** Aleixo Leite

CLIENTE
Adriana Nunes | C de Coisas

DESCRIÇÃO
Numa proposta multimídia de adequar a canção "Sabiá lá na gaiola", de Mario Vieira e Hervê Cordovil, a atriz e ilustradora Adriana Nunes idealizou colagens delicadas para a letra da canção em um livro. A proposta vai além do pictórico, apresentando uma regravação da música em uma linda animação, em um QR code na última página. A ideia tornou-se ainda a Oficina de Artes Sabiá para crianças, em que a história é contada, cantada e recontada pelas crianças, que recortam, pintam e produzem um brinquedo inspirado na canção e na ideia.

bien.al/12_livro-sabia

LIVRO SALÕES DE PARIS

AUTORIA
Tereza Bettinardi, 2015

EQUIPE
Produção gráfica: Lilia Goes

CLIENTE
Editora Carambaia

DESCRIÇÃO
Para esta seleção de 21 crônicas jornalísticas escritas pelo consagrado autor Marcel Proust (1871-1922), o projeto gráfico elaborado buscou transportar os leitores à *belle époque* por meio do uso da capa ornamentada e das bordas em dourado. O contraste da capa com as páginas internas é enfatizado pelo tratamento tipográfico do texto, que buscou ser o mais silencioso e direto possível.

bien.al/12_saloes-de-paris

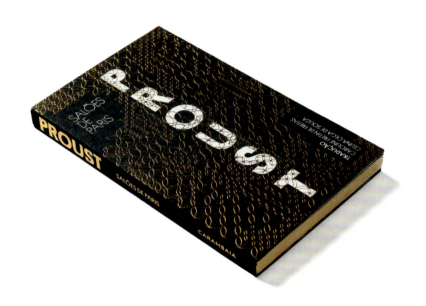

LIVRO SÓ O ERRO TEM VEZ

AUTORIA
Giuliano Perretto, Max Kampa, 2016

EQUIPE
Design: Max Alan Kampa, Giuliano Perretto;
Orientação: Ken Flavio Ono Fonseca; **Co-orientação:** Rosana Vasques

CLIENTE
Universidade Federal do Paraná

DESCRIÇÃO
Em um cenário onde o design prende-se a métodos e processos preestabelecidos para o desenvolvimento de projetos, este trabalho acadêmico pega a contramão e decide se aventurar em um experimentalismo desregrado. Trata-se de um documento experimental e provocativo que transita entre elementos analógicos e digitais, controle e descontrole, criando composições para valorizar, no documento escrito, o uso de materiais inusitados do produto final. Uma colcha de retalhos processuais e fragmentos fotográficos. Um processo de desconstrução com apelo multissensorial. Segue um processo hermético, sem desenhos, sem tradicionalismos, focado nas eventualidades que nos cercam diariamente e nos fragmentos formadores das identidades. A união entre todas essas características cria um produto carregado de histórias, de marcas, de acasos que, por sua vez, criam um método próprio. O livro busca instigar o processo de design fora de limites e padrões metodológicos projetuais, subvertendo-os e criando novos a partir de eventualidades, de descontroles, de um experimentalismo marginal que tira da reta e guia ao desenvolvimento poético latente.

bien.al/12_so-o-erro-tem-vez

ACADÊMICO

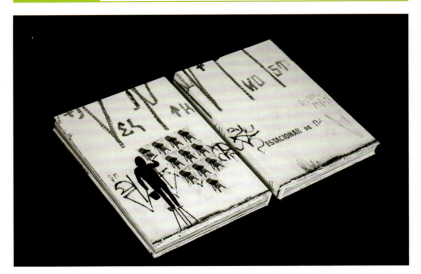

LIVRO SURUBA PARA COLORIR

AUTORIA
Bebel Books, 2015

EQUIPE
Editoração: Bebel Abreu; **Prefácio:** Xico Sá; **Ilustrações:** André Valente, Feppa, Janara Lopes, João Montanaro, Laerte, Luciano Feijão, Max Kisman, Oga Mendonça, Orlando, Adão Iturrusgarai, Ale Kalko, Alejandro Magallanes, Eduardo Belga, Fabio Zimbres, Lady Guedes, Renata Miwa, Santiago Mourão, Carlo Giovani e mais dezessete autores

DESCRIÇÃO
Buscando reunir, numa publicação independente e, portanto, de baixo custo, a visão artística e despretensiosamente bem-humorada de 35 autores do Brasil e do exterior sobre essa "modalidade de encontro", o projeto possibilita que as páginas sejam destacadas para serem coloridas separadamente e, eventualmente, compartilhadas. Lançado em fevereiro de 2015, poucos meses antes da avassaladora onda dos livros de colorir feitos para adultos no Brasil, era o único não aconselhável para crianças.

bien.al/12_suruba-para-colorir

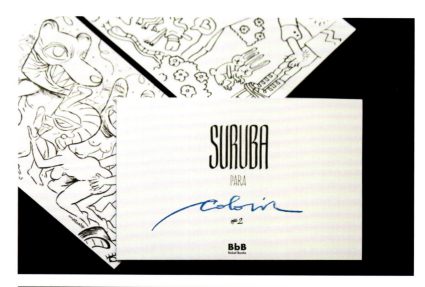

LIVRO TEUDA BARA: COMUNISTA DEMAIS PARA SER CHACRETE

AUTORIA
Estúdio Lampejo, 2016

EQUIPE
Projeto gráfico e pesquisa: Filipe Costa, João Marcelo Emediato (Estúdio Lampejo); **Ilustração:** Maíra Botelho

CLIENTE
João Santos

DESCRIÇÃO
Para este perfil biográfico da mitológica atriz mineira, cuja trajetória vai do Grupo Galpão ao Cirque du Soleil, foi elaborado um projeto gráfico norteado pelo afeto. Buscando traduzir a irreverência e o carisma da atriz, com sua simplicidade cômica e despudorada, é oferecida ao leitor uma experiência fluida e tão rica visualmente quanto suas narrativas. O projeto reproduz as diferentes vozes que se revezam no livro: autor (preto) e atriz (vermelho). O livro é repleto de detalhes que ilustram cada capítulo, em um trabalho minucioso de composição entre texto e imagem (como uma pequena nota reproduzida na epígrafe do livro). O Pantone Warm Red faz alusão às publicações comunistas e também à vibrante e afetuosa personagem do livro. A tipografia ITC Souvenir, com suas formas gordinhas e sensuais, foi escolhida para representar a voz da protagonista, dentro de um *grid* que parece querer transbordar da página. O projeto gráfico conta ainda com as singelas ilustrações de Maíra Botelho.

bien.al/12_teuda-bara-comunista-demais

LIVRO TIPOS EM TRÂNSITO

AUTORIA
Cristiano Gonçalo, 2015

EQUIPE
Criação e design: Cristiano Gonçalo; **Orientação:** prof. Márcio Freitas; **Parecer:** prof. Rafael Neder

CLIENTE
Pós-Graduação em Tipografia – Senac São Paulo

DESCRIÇÃO
Para um trabalho acadêmico que buscou contribuir com novas referências para a seleção ou criação de uma tipografia para sistemas de identificação veicular, tratando da legibilidade e do reconhecimento do caractere pelos pontos de vista humano e eletrônico, foi elaborado um projeto gráfico inspirado na estética das placas de carros, explorando constantemente a relação entre preto e amarelo, que oferece ao leitor uma atmosfera industrial e mecânica. Cada abertura de capítulo se dedica a enaltecer um caractere por meio de seu tamanho na página, evidenciando seus desenhos, como um fragmento de uma placa de carro.

bien.al/12_tipos-em-transito

ACADÊMICO

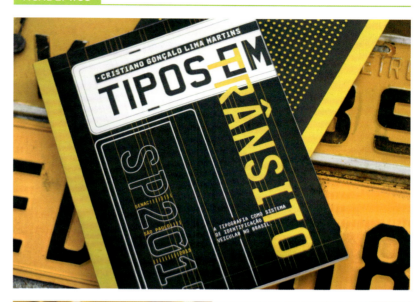

LIVRO VIAGEM COM UM BURRO PELAS CEVENAS

AUTORIA
ps.2 arquitetura + design, 2016

EQUIPE
Direção de arte e design: Fábio Prata, Flávia Nalon, Lucas Machado

CLIENTE
Editora Carambaia

DESCRIÇÃO
Para uma nova edição deste livro do autor escocês Robert Louis Stevenson (1850-1894), foi elaborado um projeto gráfico que buscou, desde a escolha do material de revestimento da capa, que simula a pele de um animal, aproximar o leitor da experiência narrada no livro. No miolo, a disposição do texto, alinhado apenas pelas margens e sem quebra de parágrafos, recria o universo visual do percurso, fazendo com que o leitor percorra as páginas do livro como quem segue uma trilha, pontuada por curvas, subidas, descidas, estreitos e planícies. Recebeu um LAD Award, do Latin American Design, em 2016.

bien.al/12_viagem-com-burro-pelas-cevenas

LIVRO YOUTUBE INSIGHTS

AUTORIA
Pharus Bright Design, 2016

EQUIPE
Direção de criação: Marcio Mota; **Direção de design:** Cris Inoue; **Lead designer:** Luca Bacciocchi, Pedro Mattos; **Time extendido:** Marcela Scheid, Lucas Blat, Heitor Góis, R/GA Creative Team São Paulo

CLIENTE
R/GA | Google

DESCRIÇÃO
Para a primeira publicação impressa do YouTube, que busca não apenas manter o livro como um veículo inspirador, mas mostrar a rede social como uma poderosa ferramenta para construção de marca, foi elaborado um projeto gráfico que auxiliasse a mudança de percepção de uma plataforma de vídeo para tal ferramenta. O livro oferece *insights* criativos, conhecimento teórico para planejamentos e dados quantitativos que validam o comportamento do consumidor para gestores de marca. O livro reconhece que cada usuário tem uma experiência única no YouTube e, assim, cria um projeto editorial que reflete as infinitas experiências que a interface digital possibilita: de capas que nunca se repetem até conteúdos que podem ser lidos na ordem que o leitor preferir (como *hyperlinks*).

bien.al/12_youtube-insights

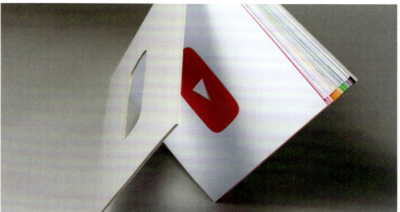

LOJA ONI-UNO ATELIÊ DE GELATO

AUTORIA
Avocado, 2016

EQUIPE
Alessandra Cavendish, Ana Cecilia Schettino, Giúlia Castro, Luísa Neves

CLIENTE
Vanessa Brito

DESCRIÇÃO
Buscando transmitir o conceito e os valores da marca, que coloca o gelato como algo que traz alegria, a loja foi adaptada para refletir essa personalidade contagiante. Por meio da adaptação dos elementos da identidade visual e da aproximação com a arquitetura, foi elaborado um ambiente descontraído, confortável e acolhedor, que utiliza embalagens na decoração e possui uma variedade de cores no interior, nas paredes e na varanda.

bien.al/12_oni-uno-atelie-de-gelato

LOOK OF THE GAMES DOS JOGOS OLÍMPICOS RIO 2016

AUTORIA
Diretoria de Marca do Rio 2016, 2015

EQUIPE
Direção de design: Claudia Gamboa, Ney Valle;
Gerência de design: Beatriz de Abreu; **Design:** João Ferraz, Julia Haiad, Marina Brant, Paulo Paixão, Elmo Rosa, Felipe Vassal, Marcos Behrens, Paula Monteiro, Paula Scarabelot, Emilio Dossi, Flavia Castro, João Peterli, Paulo Pela, Rissier Del Giudice, Luiza Modesto, Gilmar, Thiago Costa, Vinicius Pontes

CLIENTE
Comitê Organizador dos Jogos Olímpicos e Paralímpicos Rio 2016

DESCRIÇÃO
Buscando criar uma marca para ser a base do *Look of the Games*, com riqueza gráfica suficiente para ser a fonte de elementos necessários a todos os desdobramentos de um evento desse porte, foi elaborado um grafismo que estivesse em sintonia com a estratégia de imagem e com a linguagem visual Rio 2016, convivendo em sintonia com todas as demais propriedades visuais dos Jogos. O *Look of the Games* marca a época e a assinatura de todas as imagens que ficam do evento, criando a atmosfera dos jogos. O grafismo-base traduz visualmente o conceito "Megacidade, Meganatureza", numa ilustração integrada e vibrante na qual, em meio a formas orgânicas e traços fluidos, destacam-se ícones da cidade. Desse grafismo, saíram todos os cortes aplicados nos Jogos, dos ingressos aos estádios, das credenciais às plataformas online.

bien.al/12_look-of-the-games-rio-2016

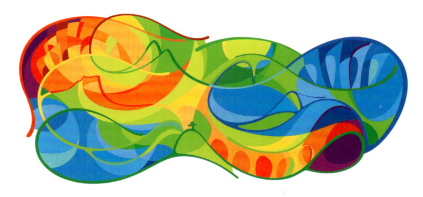

LP RELICÁRIOS DE SÃO TOLOSA

AUTORIA
Carlos Bauer, 2016

CLIENTE
Relicários de São Tolosa

DESCRIÇÃO
A imagem de capa deste álbum de estreia que mistura os rocks clássico, progressivo e psicodélico traz um copo se estilhaçando enquanto o líquido permanece inabalável. Três conceitos guiaram o design: "relicário", como invólucro ou recipiente, para apresentar a banda em seu primeiro disco; "busca", ligado às questões propostas em suas letras; e "explosão", para expressar o clímax que o disco representa. A imagem poética, surreal e aberta a leituras está diretamente ligada ao processo de desenhar os cacos a partir das fotos de um copo intencionalmente quebrado e utilizar esses mesmos cacos para produzir a imagem da contracapa.

COMENTÁRIO DO JÚRI
Um conceito de grande beleza e poesia, magnificamente executado.

bien.al/12_relicarios-sao-tolosa

DESTAQUE

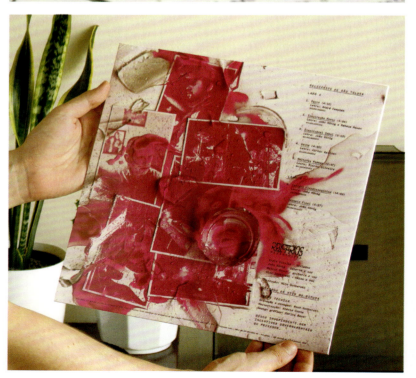

MANIFESTO DADÁ 1918

ACADÊMICO

AUTORIA
Júlia Gutierrez, 2016

EQUIPE
Projeto gráfico: Júlia Gutierrez; **Orientação:** Flávio Vignoli; **Fotografia:** Rafael Motta

CLIENTE
Universidade FUMEC

DESCRIÇÃO
Celebrando o centenário do dadaísmo, uma das principais vanguardas do ocidente, este trabalho acadêmico buscou criar uma experiência de leitura que dialogasse com características primordiais da estética e da linguagem dadaísta: a desconstrução, o deslocamento de significados e a experimentação. Por meio da sintaxe tipográfica e da experimentação, o manifesto ganha linearidade sequencial a partir do momento que são feitos os recortes e a ordenação das páginas.

bien.al/12_manifesto-dada-1918

MANUAL PRÁTICO DO ASTRÔNOMO MIRIM

AUTORIA
Fernanda Mello, 2015

CLIENTE
Casa da Palavra

DESCRIÇÃO
Para adaptar o material didático do Planetário do Rio de Janeiro, possibilitando que seja utilizado em eventos na instituição, além de comercializado em livrarias, foi criado um objeto atrativo e divertido, tendo um livro como peça principal, com diversas surpresas. O projeto gráfico confere unidade às ilustrações e encontra uma linguagem mais clara e leve para os dados técnicos, mantendo o interesse visual. Uma luva contém o livro e algumas duplas de lâminas com atividades de recorte e colagem, que não danificam o volume principal. As estampas impressas na face externa das lâminas auxiliam na identificação dos conjuntos de atividades quando fechadas.

bien.al/12_manual-astronomo-mirim

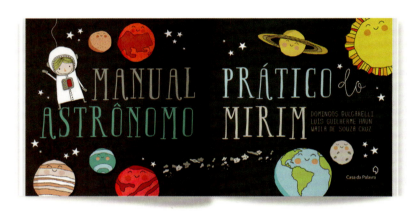

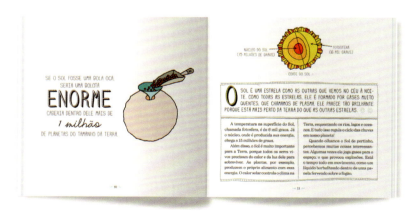

MANUZINES QUEBRADA

ACADÊMICO

AUTORIA
Paula Higa, Felipe Rocha, Magali Kitano e Kaike Ribeiro, 2016

EQUIPE
Paula Higa da Rocha, Felipe Rocha de Sousa, Magali Midori Kitano, Kaike Ribeiro Pereira; **Orientação:** prof. Raul Inácio Busarello

CLIENTE
Universidade Anhembi Morumbi

DESCRIÇÃO
Reunindo diversos tipos de interação com as produções independentes editoriais, este projeto acadêmico busca dar maior oportunidade para os novos produtores independentes, expandir os que já estão inseridos no mercado e passar noções de design voltadas para as demandas do mercado e para aqueles sem formação alguma em comunicação. O resultado é uma série de manuzines – manuais em forma de zines – divididos em duas dificuldades: suave (para os iniciantes) e *hardcore* (que se aprofunda nos temas). Todos estão em uma linguagem própria para ensinar noções de design de forma cômica, informal e descontraída, utilizando imagens publicitárias dos anos 1940 e 1960 e satirizando o mercado *mainstream*.

bien.al/12_quebrada

MARCA ACESSO

AUTORIA
FutureBrand São Paulo, 2015

CLIENTE
Acesso

DESCRIÇÃO
Para definir uma empresa cujo objetivo é facilitar a vida de pessoas e empresas, eliminando etapas e desburocratizando processos do dia a dia, foi desenvolvida uma marca que refletisse o propósito de promover a independência e a liberdade das pessoas, definindo um posicionamento que expressasse a relevância da empresa e representasse seu jeito de oferecer soluções.

bien.al/12_acesso

MARCA ACTTIVE

AUTORIA
Enredo Branding, 2015

EQUIPE
Tiago Rodrigues, Gustavo Gontijo, Ciro Rocha, Julie Vieira

CLIENTE
Acttive

DESCRIÇÃO
Buscando desenvolver uma nova marca que revelasse o DNA de inovação da empresa de tecnologia, para engajar seus colaboradores e atrair novos talentos e clientes, foi desenvolvida uma marca cocriativa levando em conta não a tecnologia em si, mas as pessoas por trás da inovação. Foi criado um sistema que gera variações da marca a partir de diferentes *inputs*, seja um IP, uma coordenada geográfica ou o nome de uma empresa, dando a clientes e colaboradores a possibilidade de criar seu próprio logo, vivo e interativo, que representa o papel da empresa: simplificar o mundo em constante mudança.

bien.al/12_acttive

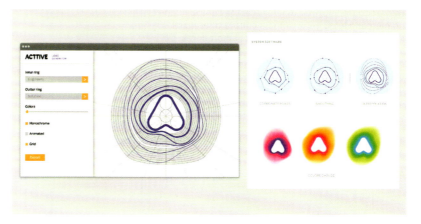

MARCA ÁPICE – INTELIGÊNCIA INTEGRADA EM GESTÃO

AUTORIA
Enredo Branding, 2015

EQUIPE
Ciro Rocha, Tiago Rodrigues, Gustavo Gontijo, João Tiago Camargo, Julie Vieira, Gabriela Pavan

CLIENTE
Ápice

DESCRIÇÃO
Buscando transformar a percepção da contabilidade no mercado local, reforçando a cultura diferencial de uma empresa diante dos seus colaboradores, foi elaborada uma marca que traduzisse a dinâmica cotidiana da empresa, adaptando-se a cada ocasião em que é utilizada. Os elementos gráficos sintetizam visualmente a oferta de serviços, dando a ideia de um agente transformador que se integra ao negócio do cliente, absorvendo todo o portfólio da empresa. Ilustrações foram adicionadas para trazer equilíbrio, leveza e aproximação à comunicação sóbria exigida pelo segmento.

bien.al/12_apice

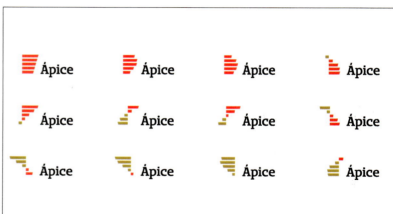

MARCA BANCADA ATIVISTA

AUTORIA
Foresti Design, 2016

CLIENTE
Bancada Ativista

DESCRIÇÃO
Para a criação da identidade de um grupo supraparti-dário de cidadãos e cidadãs de São Paulo, com atuação em múltiplas causas sociais, econômicas, políticas e ambientais, foi criada uma marca simples e memorável, que traz elementos presentes em manifestações, como amplificação da mensagem, perspectiva de faixas e letra estêncil.

bien.al/12_bancada-ativista

MARCA BIOSOFTNESS

AUTORIA
Atlas, 2016

EQUIPE
Direção de criação (CCO): ATLAS; **Direção de inovação (CIO):** Renan Serrano; **Direção técnica (CTO):** João Jönk; **Nanovetores:** Nanocapsules encapsulation technology

CLIENTE
Biosoftness

DESCRIÇÃO
Como forma de introduzir um produto inovador no mercado, foi desenvolvida a marca Biosoftness. O produto se propõe a aumentar o tempo de uso de peças de roupa, diminuindo a necessidade (e os danos) dos ciclos de lavagem, além dos gastos com amaciantes e desodorantes. Utilizando nanopartículas biodegradáveis ativadas pelas enzimas presentes no suor, aliadas a extratos de plantas que impedem a proliferação de bactérias e fungos, o produto pode ser adicionado à lavagem ou borrifado sobre a roupa.

bien.al/12_biosoftness

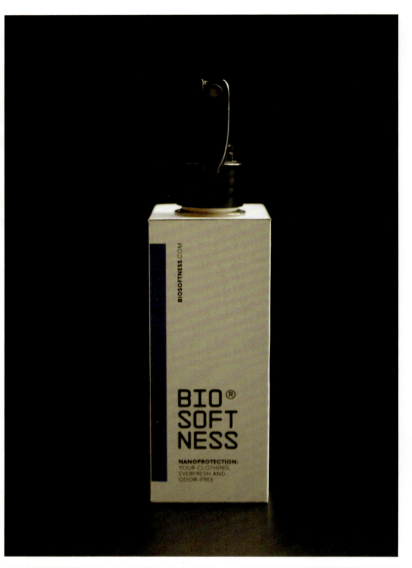

MARCA BITS PUB

AUTORIA
Gabriel Patrocinio, 2016

CLIENTE
Bits Pub (André Marcheto)

DESCRIÇÃO
Para identificar um bar temático com referências às culturas pop, nerd e *geek*, com lanches e drinks temáticos, jogos de videogame e exibições de filmes, foram colhidas referências nos jogos antigos, com poucos bits de resolução, dando evidência ao *pixel* e a seus ângulos retangulares. Uma tipografia de bits foi criada com *pixels* retangulares e espaço delimitado por quatro formas geométricas retas, dando total liberdade de orientação, horizontal e vertical, além de aceitar vários tipos de cores, servindo a vários temas e aplicações.

bien.al/12_bits-pub

MARCA BLKHAUS

AUTORIA
Bruno Lucini, Leen Kondakji, 2015

CLIENTE
Blkhaus

DESCRIÇÃO
Para tornar a marca do escritório de arquitetura refinada e visualmente atraente, o redesenho apresentou-a da mesma maneira que seu produto final: com alta qualidade, elegância e cuidado com os detalhes. Convivendo em harmonia com renders realistas 3D, a nova marca cria um ambiente sofisticado e sóbrio, com um *lettering* cuidadosamente moldado. O processo artesanal resultou em um logo sólido, com realismo fotográfico e que contém os elementos necessários para o posicionamento da marca em um ambiente de alto apelo visual.

bien.al/12_blkhaus

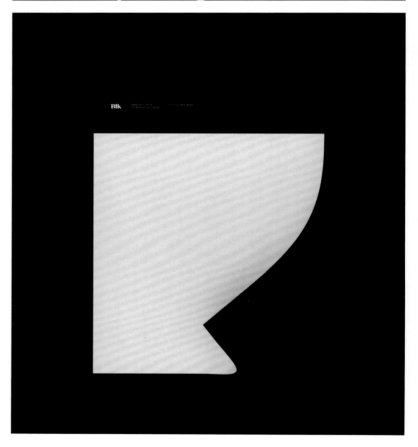

MARCA BP

AUTORIA
FutureBrand São Paulo, 2016

CLIENTE
BP

DESCRIÇÃO
Para encontrar uma identidade que diferenciasse a Beneficência Portuguesa dentro do mercado de saúde, foi pensada uma marca que rompesse com o tradicional, eliminando as mensagens clichês do segmento, mas mantendo-se humana e dando evidência aos seus principais atributos. Com uma arquitetura de marcas ampla e desalinhada, o ponto de partida foi a mudança do nome – para BP –, que serviu para consolidar o posicionamento como polo de saúde. A identidade seguiu uma linha mais moderna, mas mantendo sua essência humana e calorosa.

bien.al/12_bp

MARCA CANGAIAS COLETIVO TEATRAL

AUTORIA
miligrama design, 2016

EQUIPE
Direção de criação: Rodrigo Gondim, Rebeca Prado;
Design: José Victor Férrer, Lívia Perdigão

CLIENTE
Cangaias Coletivo Teatral

DESCRIÇÃO
Para sintetizar a diversidade visual de um coletivo teatral de variadas temáticas e públicos de diferentes idades, foi construída uma identidade que brincasse, de forma lúdica, com diferentes estilo tipográficos. Três tipografias diferentes foram escolhidas: uma moderna sem serifa para as peças mais contemporâneas, uma com serifa egípcia para as infantis e uma bodoniana para as mais clássicas. A ideia veio do recorte de papel, técnica bastante utilizada pelo coletivo, que confecciona manualmente figurinos e cenários. Como complemento ao logotipo, foi criada uma linguagem de colagem que gera seis opções diferentes de marca, criando tensão sem impor uma ideia.

bien.al/12_cangaias-coletivo-teatral

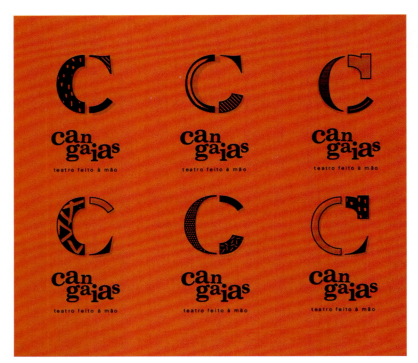

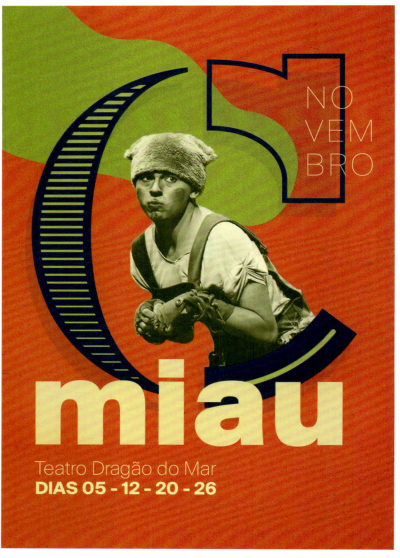

MARCA CASA JAMBÚ

AUTORIA
Estúdio Colírio, 2016

EQUIPE
Criação: Leonardo Uzai, Mariano Barreto, Teresa Grynberg, Marina Siqueira, Adailton Junior;
Atendimento: Waldemar Lerro Neto, Fernanda Sarno, Mariana Ribeiro, Gabriela Gávea

CLIENTE
Casa Jambú

DESCRIÇÃO
Para criar a identidade visual para um espaço de estudo e prática de ioga, foi evocado o mito indiano do Jambú, a árvore da vida. Sozinha em uma ilha, essa árvore dá origem a um líquido que escorre, forma um rio, vai para o mar e origina todas as outras formas de vida. Os elementos desse mito foram sintetizados em círculos concêntricos, remetendo à simbologia do idioma sânscrito.

bien.al/12_casa-jambu

MARCA CEL.LEP

AUTORIA
FutureBrand São Paulo, 2015

CLIENTE
Cel.Lep

DESCRIÇÃO
Para modernizar a marca de uma rede de escolas de idiomas, carregando os seus valores principais de centralidade do aluno e metodologias de ensino inovadoras, foi inserido um círculo no centro do nome, simbolizando o aluno. Por ser um nome naturalmente dividido em duas partes, não houve quebra, mas integração, como o aluno que se integra à escola. As transformações, a flexibilidade e as inovações são representadas pela variedade de texturas, ora dentro, ora fora da tipografia, que representam também as diferentes metodologias encontradas pelo mundo e trazidas para a escola, tornando-se parte dela.

bien.al/12_cel-lep

MARCA CYNTHIA DURANTE JEWELRY DESIGN

AUTORIA
Ricardo Colombo, 2015

CLIENTE
Cynthia Durante Jewelry Design

DESCRIÇÃO
Buscando representar visualmente as características e os valores da designer de joias contemporâneas e suas peças, foi criada uma identidade visual de papelaria, embalagem e website. O logotipo foi inspirado nas joias da designer, sendo simples, direto, minimalista e geométrico. As formas geram as iniciais C e D, do nome e do sobrenome da artista, e o monograma envolve o nome da artista composto em uma tipografia geométrica grotesca. O resultado final é um logotipo modular, com muitas possibilidades de composição e aplicação.

bien.al/12_cynthia-durante-jewelry

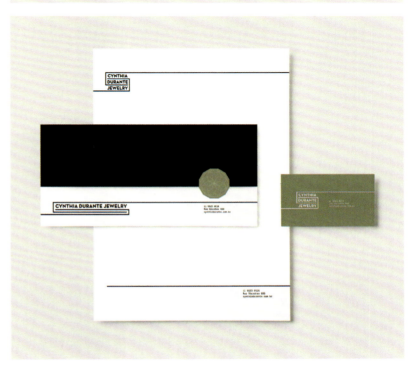

MARCA DAÁSU SUSHI BAR

AUTORIA
Brandigno, 2015

EQUIPE
Direção de criação e design: Alexandre Nami; **Design:** Thiago Rodrigues da Silva; **Atendimento:** Pedro Nami

CLIENTE
Daásu Sushi Bar

DESCRIÇÃO
Para exprimir o diferencial de um restaurante de alta gastronomia oriental, foi elaborada uma marca que fugisse dos conceitos preestabelecidos nesse mercado. O nome traduz a combinação de sabores e sentidos, pegando as iniciais dos cinco sabores do paladar (doce, amargo, ácido, salgado e umami). A identidade foi inspirada na deusa japonesa do arroz, Inari, representada pela raposa. Uma linguagem harmônica e sensorial transmite graficamente as sensações dos pratos, estando em todos os elementos, desde os cardápios aos porta-guardanapos do restaurante.

bien.al/12_daasu-sushi-bar

MARCA DIÁLOGOS AUSENTES

AUTORIA
Itaú Cultural, 2016

EQUIPE
Jader Rosa

DESCRIÇÃO
Para sinalizar e identificar a série de debates e exposições do projeto Diálogos Ausentes, do Itaú Cultural, foi pensada uma identidade visual que refletisse o trabalho de sensibilização e gestão institucional sobre questões raciais. Em um fundo branco, que expressa o universo da branquitude, bolas pretas emergiam como protagonistas, mesmo quando ignoradas – representadas pela meia circunferência. A aplicação é eficiente e a identidade estabelece uma relação forte com o conceito, dialogando com lacunas sem cair em soluções descritivas.

bien.al/12_dialogos-ausentes

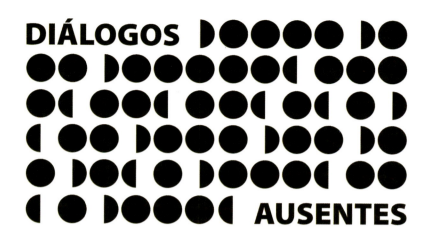

MARCA É DE CASA

AUTORIA
TV Globo, 2015

EQUIPE
Direção de criação: Sergio Valente; **Criação e direção de arte:** Alexandre Romano, Christiano Calvet; **Design de logo:** Christiano Calvet; **Motion design:** Renan de Moraes

CLIENTE
TV Globo

DESCRIÇÃO
Para criar a identidade visual de um novo programa matinal aos sábados, que aborda temas de casa, saúde e cultura, foi criada uma identidade que expressasse o enorme universo do lar de forma simples, acessível e identificável. A paleta de cores é de tons claros e pastéis, como as manhãs. O logotipo é baseado em uma única e constante linha multicolorida que cria, ao mesmo tempo, um balão de quadrinhos, uma casa e um verbo, sendo flexível o suficiente para ser utilizado como ícone ou assinatura.

bien.al/12_e-de-casa

MARCA E ESTAMPAS FREAKSTEIN

AUTORIA
miligrama design, 2016

EQUIPE
Direção criativa e design: Rodrigo Gondim, Rebeca Prado; **Design:** José Victor Férrer; **Print design:** Rodrigo Gondim, José Victor Férrer

CLIENTE
Freakstein

DESCRIÇÃO
Para uma marca de roupas voltada para a geração entre 18 e 24 anos, conectada com o urbano e o digital e imersa nas redes sociais, em que todos querem ser personagens de si mesmo, apresentando seu melhor lado, foi elaborada uma identidade visual que explorasse o conceito da falha, do erro, do desastre gráfico como linguagem. As estampas brincam com a ideia de que o erro também pode ser visual, utilizando fotocópias e *glitch art* digitalizadas. Foi elaborada uma assinatura que equilibrasse o erro e a legibilidade a partir de uma tipografia-base. A comunicação web foi feita com um padrão de linhas com alterações de fotocopiadora, manipuladas digitalmente por meio da *glitch art*. Foi elaborada também a primeira coleção de estampas da marca, que buscou dialogar com o conceito de falha, experimentando técnicas como efeito *moiré*, *glitch art*, colagem digital e surrealismo para criar uma coleção proprietária.

bien.al/12_freakstein

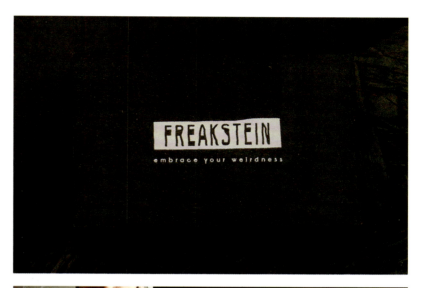

MARCA E IDENTIDADE VISUAL CAATYBA

AUTORIA
Foresti Design, 2016

EQUIPE
Filipa Pinto, Eduardo Foresti

CLIENTE
Caatyba

DESCRIÇÃO
Para criar a identidade deste coletivo de paisagismo especializado em projetos e implementações de jardins verticais e tetos verdes – *Caatyba* em Tupi significa "mata abundante" – foram usados apenas carimbos. Assim, os grafismos nunca são repetidos exatamente da mesma forma e cada elemento da papelaria é único, o que se alinha aos valores da empresa, que trabalha de uma forma próxima e artesanal. Teve baixo custo de implementação, pois o cliente recebeu todos os carimbos usados e pode produzir novas peças quando as que foram feitas terminarem.

COMENTÁRIO DO JÚRI
A técnica de impressão reflete o trabalho do paisagismo, em que nada se repete. Muito poético e atende de forma completa aos objetivos do cliente.

bien.al/12_caatyba

MARCA E IDENTIDADE VISUAL DROGARIA SÃO PAULO

AUTORIA
Ana Couto Branding, 2016

EQUIPE
Filipe Ozelin, Danilo Cid, Gustavo Carvalho, Marina Riecken, Rafael Torres, Tomás Miller, Christiane Lynn

CLIENTE
Drogaria São Paulo

DESCRIÇÃO
Buscando criar um conjunto de símbolos, imagens e ícones que traduzissem a nova personalidade da rede de farmácias com setenta anos de história, foi pensado um redesenho da identidade visual que atendesse às necessidades de comunicação e presença em lojas próprias. Mantendo a percepção da marca, o novo símbolo é formado com dois colchetes, numa nova leitura do símbolo de cruz das drogarias, trazendo o significado da soma no espaço negativo. O azul representa o bem-estar e é associado aos materiais institucionais, enquanto o vermelho traduz a oportunidade e refere-se às ofertas. A tipografia possui uma família com traços leves e boa legibilidade, tornando a marca mais próxima e amigável, e criando um contraponto com os colchetes do logotipo. A identidade de marca revela uma nova personalidade, inteligente, atual e versátil, combinando com o novo posicionamento – "Viver bem passa por aqui" – e atendendo a diferentes necessidades de aplicação.

bien.al/12_drogaria-sp

MARCA E IDENTIDADE VISUAL NEEMU

AUTORIA
Foresti Design, 2015

EQUIPE
Filipa Pinto, Eduardo Foresti

CLIENTE
Neemu

DESCRIÇÃO
Para promover a marca de *e-commerce*, foi elaborado um projeto que mostra um lado mais humano e inusitado das compras online. Foram feitas ilustrações em papel recortado, que foge do universo da tecnologia. O resultado foi uma identidade única e memorável, destacando-se das demais da categoria, utilizada na comunicação da marca e no novo site da empresa.

bien.al/12_neemu

MARCA E IDENTIDADE VISUAL VILA ROMANA

AUTORIA
Ana Couto Branding, 2015

EQUIPE
Danilo Cid, Fernanda Salgado, Laís Cobra, Thiago Tomé, Napoleon Fujisawa

CLIENTE
Vila Romana

DESCRIÇÃO
Para modernizar uma marca de ternos masculino com quase sessenta anos no mercado, os aspectos verbais e visuais foram inovados, buscando aumentar a percepção de valor da marca e deixar claro os seus novos posicionamento, personalidade e estilo. A marca adota traços precisos e diagonais marcantes, simbolizando o universo masculino, e um ícone proprietário estampa a marca em cada produto, reforçando o protagonismo dela na vida dos homens. Tradição e modernidade se misturam, representados visualmente por traços retos e cores singulares.

bien.al/12_vila-romana

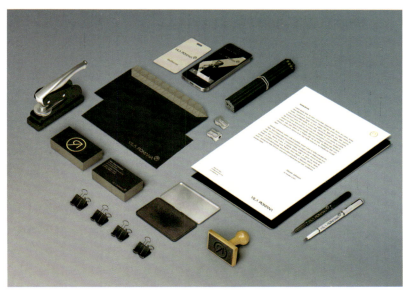

MARCA ESTÚDIO BRA

AUTORIA
Casa Rex, 2015

EQUIPE
Direção de design: Gustavo Piqueira; **Designers:** Gustavo Piqueira, Samia Jacintho; **Equipe:** Alex Gyurkovicz

CLIENTE
Estúdio BRA

DESCRIÇÃO
Desenvolvimento de identidade visual para o escritório de arquitetura paulistano conhecido por seu método manual de trabalho – especialmente seus croquis em caneta azul. Os traços azuis dos croquis do estúdio foram reinterpretados por meio de esboços manuais que formam seu nome – BRA. Essas três iniciais e a assinatura "Estúdio" constroem a identidade como elementos independentes, interagindo de formas variadas em seus materiais, resultando em um sistema visual extremamente flexível.

COMENTÁRIO DO JÚRI
O projeto traduz e incorpora de forma bem-sucedida o toque de um designer (no caso, arquiteto), ou a marca que eles pretendem deixar. Um estilo seguro, tranquilo e único, ao mesmo tempo aplicando contraste e tensão entre o aspecto tátil do BRA e a neutralidade de "estúdio" – tudo em uma consistente e precisa composição tipográfica.

bien.al/12_estudio-bra

DESTAQUE

MARCA ESTÚDIO DUNA

AUTORIA
Estúdio Duna, 2016

EQUIPE
Raimundo Britto

CLIENTE
Estúdio Duna

DESCRIÇÃO
Para criar uma marca para um estúdio de design gráfico da cidade de Salvador, foi feito um logo robusto, dinâmico e atraente. Posiciona-se priorizando a qualidade técnica, estética e funcional de cada trabalho, por meio de projetos que unam liberdade criativa a expressão e relevância, com uma linguagem conceitual, contemporânea e autoral.

bien.al/12_estudio-duna

MARCA FADO FESTIVAL

AUTORIA
Diogo Montes, 2016

EQUIPE
Direção de arte, design e ilustração: Diogo Montes;
Motion design: Santiago Gomez

CLIENTE
Consulado Geral de Portugal em Nova York
e Newark | Live Sounds

DESCRIÇÃO
Para a identidade visual do primeiro festival de fado em Nova York, foram utilizados dois elementos bastante comuns aos portugueses: os azulejos e a melancolia. Ao escolher um azulejo tradicional com um visual mais moderno, foi criado um elemento visual flexível o suficiente para se estender por toda a identidade. A melancolia aparece no detalhe do coração, que se tornou elemento principal da identidade, representando a característica pela qual o fado é mais conhecido. Com um visual contemporâneo formado por elementos de tradição, o logo se apresenta como a própria cultura do país europeu, comunicando bem o espírito português.

bien.al/12_fado-festival

MARCA GLOBO FILMES

AUTORIA
TV Globo, 2015

EQUIPE
Direção de criação: Sergio Valente, Mariana Sá; **Direção de arte:** Alexandre Romano, Renan Moraes, Rodrigo Gomes; **Animação e composição:** Renan Moraes; **3D:** Renan Moraes; **Design de logo:** Rodrigo Gomes

CLIENTE
TV Globo

DESCRIÇÃO
Buscando alinhamento visual com o novo direcionamento da empresa, em tons claros e minimalista, a marca de filmes foi redesenhada, mantendo o 3D, mas de forma integrada ao fundo quase branco, que se transforma em uma explosão de cores sólidas, mantendo-se bidimensional.

bien.al/12_globo-filmes

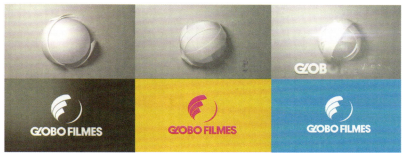

MARCA GRUPO JACTO

AUTORIA
FutureBrand São Paulo, 2015

CLIENTE
Grupo Jacto

DESCRIÇÃO
Para criar uma marca para um grupo de empresas de máquinas agrícolas, que transmitisse a história do fundador e orientasse a relação entre as empresas e o grupo, foi pensado um design que trouxesse consigo origem, história e valores. O trevo – brasão da família Nishimura, dona do negócio – representa, com simplicidade e beleza, a esperança, a confiança e, acima de tudo, a perseverança. O universo visual foi inspirado em uma técnica japonesa de recorte de papel chamada *Kirigami*. Uma tipografia e um *software* também foram desenvolvidos.

bien.al/12_grupo-jacto

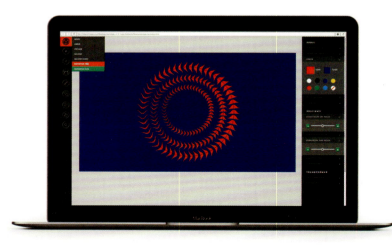

MARCA JAMELÃO SOUND SYSTEM

AUTORIA
Luisa Baeta, 2016

CLIENTE
Jamelão Sound System

DESCRIÇÃO
Para dar uma marca reconhecível a uma banda do Rio de Janeiro, foi criado um logotipo baseado essencialmente em um *lettering* customizado que pode ser usado de diferentes modos. Tendo como base os ritmos da Jamaica, o país é referenciado de forma informal e moderna, sem cair nos clichês gráficos de seu imaginário musical. As letras têm um formato forte e original, baseado em escrita em pincel, rápida e dinâmica, com um alinhamento solto e informal. Duas cores translúcidas (verde e rosa) quase fluorescentes, que sobrepostas formam verde-escuro, lembram a Jamaica de forma sutil, bem como a Mangueira e o mestre Jamelão (referenciado no nome da banda). A mistura de cores e referências faz alusão à mistura de ritmos jamaicanos com influências brasileiras e de outros países, como a tropicália e o punk.

bien.al/12_jamelao-sound-system

MARCA JC360º

AUTORIA
Savia Design&Branding, 2016

EQUIPE
Lucas Bacic Dias, Lucas Nascimento Marinho Falcão

CLIENTE
Sistema Jornal do Commercio de Comunicação

DESCRIÇÃO
Para desenvolver uma identidade visual que unisse a *expertise* e a credibilidade de uma grande agência de produção de conteúdo personalizado para empresas, foi criada uma marca que materializa a dinâmica e a fluidez oriundas de um conteúdo que rompe barreiras. É uma marca que se adapta, equilibrando herança e inovação. A identidade une logotipo e tipografias geométricas a vibração de cores, fotos e animações, conferindo inovação e maleabilidade à sua personalidade.

bien.al/12_jc360

MARCA LEITE DE ROSAS

AUTORIA
Hardcuore, 2015

EQUIPE
Direção criativa: Breno Pineschi, Rafael Cazes;
Planejamento estratégico: Leka Pinho; **Design gráfico:** Breno Pineschi, Rafael Cazes, Leandro Assis, Julia Bueno, Raphael Simoens, Rômulo Pinheiro, Lais Tavares; **Motion graphics:** Rafel Cazes, Rodrigo Borges

CLIENTE
Leite de Rosas

DESCRIÇÃO
Buscando reposicionar estrategicamente a tradicional marca de cosméticos brasileira, fundada em 1929, sua identidade visual foi redesenhada – ressignificando elementos gráficos da marca original – e sua linha de produtos, ampliada.

bien.al/12_leite-de-rosas

MARCA LINX

AUTORIA
FutureBrand São Paulo, 2015

CLIENTE
Linx

DESCRIÇÃO
Buscando criar uma marca viva, que representasse a empresa de *software* de gestão com mais de trinta anos de história, foi criado um projeto que mostrasse a tecnologia de maneira humanizada e integrada, traduzindo a sinergia entre as soluções de varejo, foco da marca. A nova identidade trouxe consistência à marca, organizando seus segmentos de atuação.

bien.al/12_linx

MARCA MAIS VOCÊ

AUTORIA
TV Globo, 2016

EQUIPE
Direção de criação: Sergio Valente, Mariana Sá;
Criação e direção de arte: Alexandre Romano, Christiano Calvet; **Design:** Christiano Calvet;
Motion design: Fabricio Duque

DESCRIÇÃO
Para conectar visualmente o mais popular programa matinal de variedades da TV aberta a um público mais jovem, foi desenvolvido um ícone aconchegante e contemporâneo que usa a linguagem de abreviação e é focado em plataformas transmídia, conectando-se facilmente com seus produtos derivados e o universo digital.

bien.al/12_mais-voce

MARCA MANDACARU

AUTORIA
Lucas Rampazzo, 2015

CLIENTE
Manaira Abreu e Bebel Abreu

DESCRIÇÃO
Para criar a nova identidade visual do estúdio paulistano de produção cultural e design que completa 10 anos, foi desenvolvido um *lettering* exclusivo que imprimisse a personalidade e o cuidado do estúdio com seus projetos. O cacto que nomeia o estúdio – e que era o ícone da identidade anterior, em homenagem à Paraíba, terra natal das sócias – inspirou o desenho das letras, orgânicas e consistentes. A inicial foi especialmente desenvolvida de modo a ter força suficiente para servir de ícone. Também foi criada uma textura que permeia toda a nova papelaria, de cartões de visita a cadernos de anotação, além das redes sociais.

bien.al/12_mandacaru

MARCA MARTA ALVES

AUTORIA
Ling Blues Neto, 2016

CLIENTE
Marta Maria de Jesus Alves

DESCRIÇÃO
Para o *rebranding* da marca de *lingeries* artesanais, foi desenvolvida uma marca sofisticada, simples e marcante. As letras "m" e "a" se reorganizam graficamente, sintetizando de forma icônica o produto final da marca, uma peça de *lingerie*. A tipografia foi desenvolvida com um espaçamento satisfatório, oferecendo legibilidade adequada. O nome, Marta Alves, utilizado desde o início, foi mantido por sua história e sua popularidade.

bien.al/12_marta-alves

MARCA MINHA PRIMEIRA COLEÇÃO

AUTORIA
Luiza Chamma, 2015

CLIENTE
Nankin Edições e Arte

DESCRIÇÃO
Para desenvolver uma marca vibrante e cheia de personalidade para um projeto que une arte, experiência e afeto para crianças (por meio de um livro e uma série de gravuras de artistas contemporâneos brasileiros), foi desenvolvido um *lettering* único e original, que enfatiza a experimentação artística. A marca carrega esse aspecto com os *splashes* de cor, aplicados nas cores primárias e em diferentes materiais – tinta, lápis, giz de cera e caneta Pilot. A versão monocromática possibilita a interação das crianças com a marca, que também pode ser colorida no site do projeto e em um carimbo com o logotipo. Essa interação torna o logotipo ainda mais vivo e divertido, além de possibilitar que a criança crie um vínculo visual ainda maior. Foi criada também uma versão animada para o site e as redes, dando ainda mais ritmo e movimento à marca.

bien.al/12_minha-primeira-colecao

MARCA MISTER PISTACHIO

AUTORIA
Brandigno, 2016

EQUIPE
Direção de criação e design: Alexandre Nami; **Design:** Thiago Rodrigues da Silva; **Atendimento:** Pedro Nami

CLIENTE
Mister Pistachio

DESCRIÇÃO
Para uma nova marca de sorvetes especiais, foi elaborado um projeto que representasse suas receitas exclusivas, seu sabor marcante e sua tradição. Tanto a marca quanto cada sabor foram tratados com o pronome de tratamento "Mr.", que reflete simultaneamente formalidade e irreverência. A identidade visual também foi inspirada no imaginário do nome "Mister", numa atmosfera que equilibra diversão, refinamento e cores, posicionando o produto no segmento de atuação pretendido, acima de picolés e sorvetes comuns.

bien.al/12_mister-pistachio

MARCA MONOTRIZ

AUTORIA
Savia Design&Branding, 2015

EQUIPE
Lucas Bacic Dias, Lucas Nascimento Marinho Falcão

CLIENTE
Monotriz

DESCRIÇÃO
Buscando criar uma identidade para uma agência digital que cria experiências além das plataformas convencionais, foi preciso desenvolver uma marca que fosse além das mídias digitais e abraçasse as experiências interativas. O pontapé inicial foi criar um sistema que desse base para essas interações. Inspirado no universo de impressão, o sistema de identidade visual é composto por três módulos, cada um representando diferentes volumes de tinta. A forma básica é o círculo, o oposto do *pixel*. Com cada módulo, foi possível criar uma série de interações cheias de personalidade. Como contraponto, o logotipo valoriza formas geométricas e circulares, mas com sobriedade e peso para evoluir. As cores escolhidas valorizam o segmento tecnológico e diferenciam a marca dos concorrentes diretos.

bien.al/12_monotriz

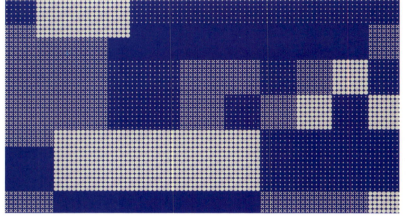

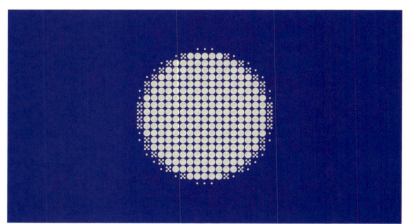

MARCA NÃO OBSTANTE

AUTORIA
Marcos Beccari, 2015

EQUIPE
Conceituação e direção de design: Daniel Portugal, Marcos Beccari; **Design:** Marcos Beccari

CLIENTE
Não Obstante

DESCRIÇÃO
Para criar a marca de um *podcast* que aborda temas diversos sob um prisma filosófico, destoando do comum no segmento nacional, foi preciso desenvolver uma base conceitual que sintetizasse o teor filosófico e representasse visualmente a contundência sonora do nome, apesar da sutileza do significado. Explorando um diagrama modular, com tipogramas que remetem a peças do jogo "Tetris", a marca evoca a dinâmica do pensamento filosófico: a convivência entre certezas e dúvidas. Formas simples e rígidas estão dispostas simetricamente, mas com certas lacunas. A ideia alcança uma solução visual pregnante, com utilização duradoura, de uma desconstrução sempre "em aberto", sugerida pelo espaço vazio no canto superior direito, pelas interrupções da moldura e pela própria divisão silábica.

bien.al/12_nao-obstante

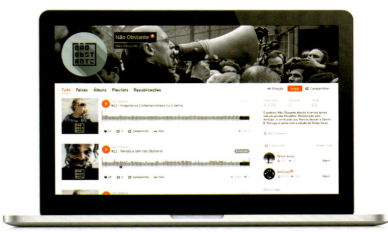

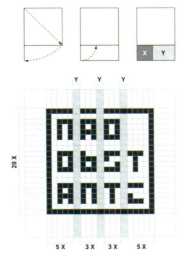

MARCA NEWIE

AUTORIA
FutureBrand São Paulo, 2015

CLIENTE
Cultura Inglesa RJ

DESCRIÇÃO
Oferecendo uma marca voltada às necessidades da classe média, a rede de cursos de inglês do Rio de Janeiro traz a ideia do novo como um saber a ser descoberto, oferecendo novas perspectivas e oportunidades de aprendizado. O projeto observa mudanças como a globalização, o acesso à internet, a ascensão social e, principalmente, as dificuldades e as limitações do ensino tradicional de inglês. Apropriando-se do contexto da língua inglesa, a marca cria uma relação sinestésica entre o verbal e o gráfico, o humano e o tecnológico.

bien.al/12_newie

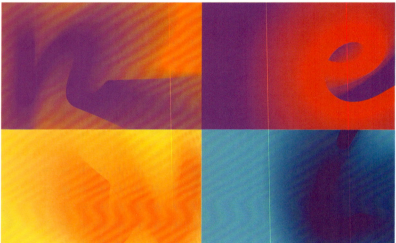

MARCA NUTRIEDUC

AUTORIA
Marcelo Siqueira, 2015

EQUIPE
Criação e design: Marcelo Siqueira; **Marketing e** *branding*: Heraldo Fantinatti

CLIENTE
Nutrieduc

DESCRIÇÃO
Para o redesign da marca de uma plataforma digital que ajuda as pessoas a cuidarem da alimentação, fornecendo *feedbacks* e estabelecendo metas, foram utilizados elementos minimalistas e funcionais, com um símbolo criado para funcionar de forma independente – mesmo como ícone, sempre mantendo a integridade e o apelo da marca. A tipografia foi feita exclusivamente, sendo que sua modularidade, seu fluxo e sua continuidade buscam transmitir harmonia e fluidez entre todos os elementos.

bien.al/12_nutrieduc

MARCA PERÍODO ESTENDIDO

AUTORIA
Casa Rex, 2016

EQUIPE
Direção de design: Gustavo Piqueira; **Design:** Gustavo Piqueira, Samia Jacintho; **Equipe:** Laura Haffner

CLIENTE
Escola Viva

DESCRIÇÃO
A criação da identidade visual para o programa de período integral de uma escola em São Paulo se inspirou no próprio formato da grade escolar, com linhas e traços lúdicos, estabelecendo uma relação de pregnância e memória, sendo uma chave de acesso a um imaginário específico sem cair em fórmulas ou estereótipos de símbolos e logotipos.

bien.al/12_periodo-estendido

MARCA PETZ

AUTORIA
FutureBrand São Paulo, 2015

CLIENTE
Petz

DESCRIÇÃO
Buscando conectar a marca de varejo para pets com seus consumidores de forma divertida e emocional, foi pensado um redesenho que gerasse uma experiência de marca memorável. Deixando para trás a referência da localização, a nova assinatura, Petz, é mais simpática e abrangente, possibilitando a expansão da marca. As identidades visual e verbal foram totalmente inspiradas em pets, e cada letra do logotipo tem personalidade própria.

bien.al/12_petz

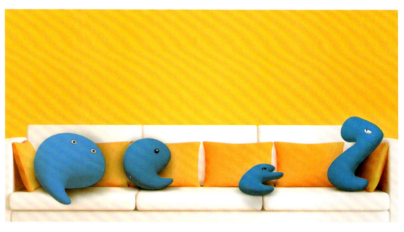

MARCA PUBLICITÁRIOS CRIATIVOS

AUTORIA
Pedro Panetto, 2016

CLIENTE
Publicitários Criativos

DESCRIÇÃO
Para o maior blog do segmento de publicidade no Brasil, com mais de quinhentos mil seguidores, foi criada uma identidade visual para expressar uma imagem enérgica e provocante, além de despertar movimentação nas redes sociais. Em contorno com traços grossos e fortes, as duas curvas foram feitas com quinas duras para dar um ar intimidador e enérgico. A proporção áurea foi utilizada do símbolo às variações de assinaturas visuais. O galo, mesmo de forma abstraída, representa a publicidade, e o fato de estar quebrado remete ao pensamento disruptivo necessário à criatividade.

bien.al/12_publicitarios-criativos

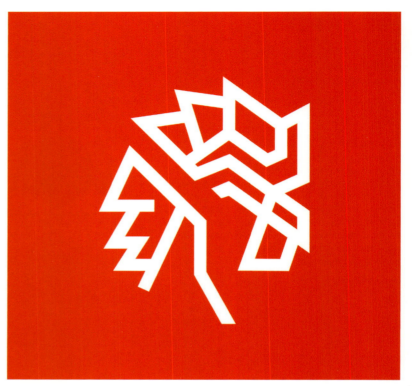

MARCA REAL
HOSPITAL PORTUGUÊS

AUTORIA
Gisela Abad, 2015

EQUIPE
Gustavo Peres, Iara Adeodato, Taissa Vasconcelos, Carlos Eduardo Lossio, Joicy Rocha, Patrícia Oliveira

CLIENTE
Real Hospital Português

DESCRIÇÃO
Para solidificar o nome e atualizar a imagem gráfica do maior complexo hospitalar do Norte-Nordeste, a antiga marca, de difícil aplicação e com falta de unidade, foi normatizada em uma versão com uma marca circular, chamada gala, e o nome completo da instituição.
A gala faz referência à diversidade de atividades que a instituição realiza, de bailes de Carnaval à concessão de diplomas e medalhas. Com o intuito de evitar selos de aniversário e a confusão com hospitais homônimos de outras regiões, foram incorporados "desde 1885" e "Pernambuco". Para facilitar sua aplicação, foi institucionalizado o encurtamento do nome em uma versão vertical e outra horizontal.

bien.al/12_real-hospital-portugues

MARCA RIO450

AUTORIA
Crama Design Estratégico, 2016

EQUIPE
Equipe Multidisciplinar Crama Design Estratégico

CLIENTE
Prefeitura Rio de Janeiro | Comitê Rio450

DESCRIÇÃO
Para engajar população e potenciais visitantes – de todas as idades e do mundo inteiro – em torno da comemoração e do momento histórico dos 450 anos da Cidade do Rio de Janeiro, foi utilizado o conceito de UX *branding* (*user experience*) para a construção de uma solução única, porém múltipla. O diferencial da marca é poder aceitar interferências gráficas de maneira planejada ou livre, ganhando vida e significado pleno somente quando cada pessoa customiza a sua versão pessoal – refletindo a nossa época de cocriação. O resultado é uma marca narrativa, que convidou todos a estarem em torno de uma mesma ideia e integrou-os, pois traduziu uma cidade que respeita as diferenças e promove expressões individuais. Projeto vencedor de concurso nacional promovido pela Prefeitura do Rio Janeiro, que contou com o apoio da ADG Brasil.

COMENTÁRIO DO JÚRI
Como aconteceu cinquenta anos antes com Aloisio Magalhães, a marca comemorativa dos 450 anos do Rio foi desenvolvida de forma a receber apropriações diversas não apenas em sua comunicação, mas pela população da cidade em expressões de arte popular e urbana. Mais que isso, o projeto, mesmo com forte base cultural, potencializou parcerias e licenciamentos com marcas famosas, representando como um todo uma fonte de renda para a cidade, e não de despesa.

bien.al/12_rio450

DESTAQUE

MARCA RISCA FACA

AUTORIA
Casa Rex, 2015

EQUIPE
Direção de design: Gustavo Piqueira; **Design:** Gustavo Piqueira, Samia Jacintho; **Equipe:** Alex Gyurkovicz

CLIENTE
F451

DESCRIÇÃO
Para desenvolver a identidade visual de uma plataforma de conteúdo cultural, foi composta uma assinatura que se fragmenta, decupando a palavra sem respeitar separações silábicas, para que a leitura transcendesse o seu significado original – fugindo das interpretações literais – e atingisse uma identidade própria e simples, ainda que complexa em sua versatilidade. A identidade se adéqua à pluralidade gráfica do website e à sua grande variedade de conteúdos imagéticos.

bien.al/12_risca-faca

MARCA SABOR DO BEM

AUTORIA
Casa Rex, 2016

EQUIPE
Direção de design: Gustavo Piqueira; **Design:** Gustavo Piqueira, Samia Jacintho; **Equipe:** Marcela Souza, Marianne Meni

CLIENTE
Sabor do Bem

DESCRIÇÃO
Para criar a identidade visual de um bistrô de comida saudável, foram utilizadas cores vivas em formas orgânicas que se misturam e sobrepõem, num festival de sabores e vivacidade que comunica o espírito da sua cozinha.

bien.al/12_sabor-do-bem

MARCA SOMA – HUB CRIATIVO

AUTORIA
Hardcuore, 2016

EQUIPE
Direção criativa e direção de arte: Breno Pineschi, Rafael Cazes; **Design gráfico:** Gabriela Diaz, João Zanin; **Fotos do local:** @cenabxd

CLIENTE
Soma

DESCRIÇÃO
Buscando criar a marca de um espaço multidisciplinar jovem e inspirador, cuja proposta e a programação unem elementos como música, gastronomia, surfe, moda e educação, foi elaborado um símbolo cuja composição tridimensional nasce a partir do signo "+" triplicado, traduzindo o desejo dos idealizadores de promover trocas e experiências entre os mais diversos segmentos.

bien.al/12_soma-hub-criativo

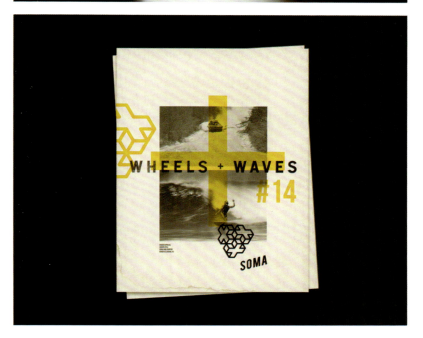

MARCA SPOT – CLUBE DE VANTAGENS

AUTORIA
Rafael Torres, 2015

CLIENTE
Spot – Clube de Vantagens

DESCRIÇÃO
Para criar a marca de um clube de vantagens voltado para a classe média, foram trabalhados dois conceitos antagônicos: *status* e pertencimento. O desenho da marca une três princípios: clube, ponto de encontro e empoderamento. Com duas interferências no clássico símbolo de localização, revela-se a letra "s", inicial do nome Spot. O símbolo assemelha-se a um escudo de time e também lembra os brasões de super-heróis. A tipografia em caixa-baixa torna a marca amigável e convidativa. A paleta cromática com tons de cinza garante um visual sofisticado, e os tons coloridos segmentam e identificam cada um dos *shopping centers* parceiros onde se localizam os quiosques.

bien.al/12_spot-clube-de-vantagens

MARCA SUPERNOVA COFFEE

AUTORIA
Candy Shop, 2016

EQUIPE
Direção de criação: Bruno Regalo, Thiago Matsunaga; **Direção de arte:** Thiago Matsunaga, Bruno Regalo; **Atendimento:** Eduardo Johnscher; **Aprovação:** Luiz Eduardo Melo

CLIENTE
Supernova Coffee Roasters

DESCRIÇÃO
Buscando apresentar todos os diferenciais de uma casa de cafés especiais de Curitiba, a marca foi pensada para transmitir a sensação de ser diferente e voltada para um público mais descolado, especialmente jovens. A letra "s" ganha bastante destaque nos materiais, sendo a única identificação nas fachadas e nas redes sociais.

bien.al/12_supernova-coffee

MARCA TERRA-ARTE

AUTORIA
Dupla Design, 2016

EQUIPE
Criação: Claudia Gamboa, Ney Valle; **Designer assistente:** Cleo Lacoste

CLIENTE
Paula Terra

DESCRIÇÃO
Para criar uma marca para a iniciativa da curadora Paula Terra, de criar nas redes sociais um território para a arte (além de uma pequena galeria no Reino Unido), foi criado um marco, um totem contemporâneo que delimita o território que a plataforma Terra-Arte quer explorar. É o selo que registra a produção crítica, a curadoria, a análise. Como um carimbo, assinala que isso é parte de um universo. O encontro entre os dois "a" forma uma ampulheta, uma estrutura humana em que se cruzam experiências e saberes através do tempo, do homem e sempre da arte. A marca em preto e branco traz força, feita para se relacionar com uma multiplicidade de cores e temas, da arte e do mundo, sendo capaz de conviver com os mais diversos formatos, mídias e manifestações sem perder a personalidade. Seu grafismo é dinâmico e lúdico, carregado de atitude, construindo formas de maneira livre.

bien.al/12_terra-arte

MARCA THE PACKAGING ACADEMY

AUTORIA
A10 – Ideias que transformam, 2016

EQUIPE
Criação: Pedro Araujo, Margot Doi Takeda, Rodrigo Brandão; **Atendimento:** Thamires Fabris; **Produção de arte:** Edgar Marculino, Leonardo Boulos; **Cliente:** Marcos Palhares, Renato Larocca

CLIENTE
Marcos Palhares

DESCRIÇÃO
Para a identidade de uma plataforma de ensino e desenvolvimento de profissionais no setor de embalagem, foi elaborado um conceito inspirado na linha de produção da embalagem. Por meio de uma linguagem simples e significativa, o projeto resultou numa identidade proprietária, norteada pelos principais aspectos do design desse setor: a simplicidade e a contemporaneidade.

bien.al/12_the-packaging-academy

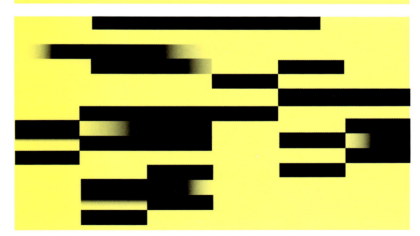

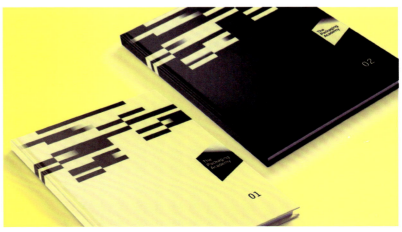

MARCA ZINCO

AUTORIA
Ana Couto Branding, 2015

EQUIPE
Danilo Cid, Fernanda Salgado, Laís Cobra, Erika Pinheiro, Lucas Paiva, Christiane Lynn

CLIENTE
Zinco

DESCRIÇÃO
Para o redesign de uma marca de vestuário feminino, o direcionamento foi fugir do óbvio buscando a mesma ousadia presente em suas roupas. Usando bom humor e espontaneidade, foi criado um universo visual com paleta cromática, regras para uso de fotografias, desenvolvimento de grafismos e uma nova marca, aplicável em vários materiais, que diferencia-a das demais com uma identidade proprietária e resolve seu problema de identidade.

bien.al/12_zinco

MATTULA SOUVENIRS

AUTORIA
Vilarejos Branding, 2016

EQUIPE
Branding: Livio Lourenzo; **Design:** Lucas Loiola; **Gerência de marketing:** Vanessa Pessoa; **Gerência de comunicação:** Renata Leite; **Equipe de apoio:** Henrique Ferrera (fotografia), Milena Sampaio (design), Rafael Lopes (direção de arte), Thaisa Martins (direção de arte)

CLIENTE
Mattula Souvenirs

DESCRIÇÃO
Para criar uma marca de *souvenirs* que homenageasse e traduzisse o espírito da Chapada dos Veadeiros, na região Centro-Oeste do país, foi desenvolvida uma identidade visual carregada da energia do lugar. O nome é inspirado na comida que se leva a uma viagem, geralmente enrolada em um pano, com um "t" a mais para se diferenciar da palavra original e otimizar as buscas na rede. A primeira coleção de produtos foi pensada para trazer o DNA da Chapada, possibilitando que as pessoas se lembrem das boas sensações vividas nesse ambiente místico e único. Foram produzidos *posters*, canecas, ímãs de geladeira, cadernos, ecobags e cangas com estampas de sete animais da fauna do lugar, numa estética que reforça a beleza e o perigo de extinção destes. Além disso, uma pipoca *gourmet*, um difusor de aromas e velas completam a linha, evocando as sensações do paraíso natural.

bien.al/12_mattula-souvenirs

MEDALHAS DOS JOGOS OLÍMPICOS RIO 2016

AUTORIA
Diretoria de Marca do Rio 2016, 2015

EQUIPE
Direção de design: Claudia Gamboa, Ney Valle;
Gerente de design: Dalcácio Reis; **Designers:**
Diana Fidélis, Julia Haiad

CLIENTE
Comitê Organizador dos Jogos Olímpicos
e Paralímpicos Rio 2016

DESCRIÇÃO
O Programa de Design dos Jogos Olímpicos e Paralímpicos é um dos mais completos e complexos do mundo, tendo suas medalhas como um dos principais itens. A tradicional folha de louro foi redesenhada com os traços orgânicos e fluidos da identidade visual Rio 2016. Os seixos retratados na medalha dos Jogos Paralímpicos Rio 2016 simbolizam sementes, em uma referência à jornada de coragem, persistência e desenvolvimento dos atletas. As medalhas de prata e bronze foram fabricadas pela Casa da Moeda do Brasil com 30% de material reciclado, sem que a beleza e a pureza características dos metais nobres se perdessem. As medalhas de ouro foram cunhadas em ouro proveniente de minas artesanais brasileiras, que não utilizam mercúrio no processo de extração preservando, assim, a saúde dos mineradores e o meio ambiente. Nas fitas das medalhas – produzidas com 50% de PET –, a presença dos grafismos *Look of the Games* integraram as cerimônias de premiação com a ambientação dos locais de competição. Pautadas pelo conceito da acessibilidade, as medalhas paralímpicas traziam guizos em seu interior, produzindo sons diferentes para ouro, prata e bronze ao serem chacoalhadas. Os estojos das medalhas, em formato de seixo – forma básica do projeto de design Rio 2016–, foram produzidos em madeira freijó certificada pelo Forest Stewardship Council® – FSC, uma garantia de proveniência de áreas com manejo ambiental sustentável e socialmente responsável.

COMENTÁRIO DO JÚRI
Além de trabalhar símbolos únicos, valorizando o local de forma global, a equipe de design abriu mão de desenvolver medalhas olímpicas de aparência heroica, optando por uma abordagem muito mais divertida e jovial. Design inclusivo, instigante e funcional, que transmite diversão e alegria em vez de conceitos como lutar, combater e vencer. Dessa forma, a solução se conecta ao ideal olímpico de reunir jovens do mundo todo para jogar.

bien.al/12_medalhas-rio-2016

DESTAQUE

MOTION GRAPHICS FREENET

AUTORIA
D4G, 2015

EQUIPE
Produção: D4G; **Direção de criação:** André Salerno, Jorge Monge; **Direção:** André Salerno; **Planejamento e gestão:** Marô Campos Mello; **Animação:** Paulo Caldas, Rafael Battella; **Direção de arte:** Diego Bellorin

CLIENTE
Freenet

DESCRIÇÃO
Buscando dar dinâmica e fluidez para o documentário Freenet, sobre a democratização do acesso à internet e a sua importância para o desenvolvimento e os direitos humanos, foi elaborada uma série de *motion graphics* que evidenciam os pontos altos do conteúdo, dando força e complexidade ao tema e à abordagem.

bien.al/12_freenet-project

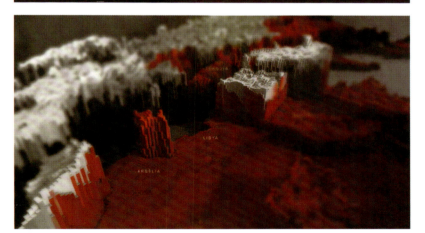

MR. BURTON

AUTORIA
Bradda, 2016

EQUIPE
André Holzmann, Bruno Ferreira, João H. Guizzo Sauceda, Marcus Vinícius Goulart Matos, Mariana Koslosky, Pedro Henrique Bertoncini, Vinicios Ferreira

CLIENTE
Mr. Burton

DESCRIÇÃO
Para inserir o cachorro-quente no mercado *gourmet* e criar uma marca forte dentro do mercado saturado de Florianópolis, o projeto de *branding* funda-se em um *storytelling* envolvente, que delimita toda a linguagem verbal e visual. O ponto de partida é a figura de um explorador que viajou o mundo colecionando aventuras e receitas de cachorro-quente, um alimento cosmopolita, consumido em todo o mundo. Os lanches receberam os nomes de algumas cidades ao redor do globo, e todos os itens fazem alusão a um item ou ideia do imaginário de viagens e explorações. Referências de diários de viagem, rascunhos manuais, *scrapbooks*, ilustrações e mapas permeiam a atmosfera retrô do lugar, carregada de entusiasmo e alegria, dando um tom de voz às vezes documental, às vezes ficcional.

bien.al/12_mr-burton

NARRATIVA LITERÁRIA- -URBANA-POSTAL VALFRIDO?

AUTORIA
Casa Rex, 2016

EQUIPE
Direção de design: Gustavo Piqueira; **Design:** Gustavo Piqueira; **Equipe:** Danilo Helvadjian, Samia Jacintho, Alex Gyurkovicz, Caroline Vapsys, Marianne Meni, Victor Sassaki

CLIENTE
Lote 42

DESCRIÇÃO
Para embaralhar e questionar os limites entre ficção e não ficção, o experimento literário-urbano-postal Valfrido? foi realizado no final de 2015, nos bairros de Santa Cecília e Higienópolis, na cidade de São Paulo. Durante cerca de um mês, nove mil residências receberam, sem solicitação, uma série de dez folhetos denunciando os trambiques de um certo Valfrido. Com o tempo, objetos mencionados nos folhetos começaram a surgir pelas ruas ao redor (homens- -placas, kombis, uma coroa de flores etc.). Tudo se encerrou sem explicações ou uma conclusão. O projeto foi o ponto de partida para um livro homônimo, que prossegue o questionamento e utiliza o design gráfico não apenas como tradutor, mas como um dos protagonistas da narrativa.

bien.al/12_valfrido

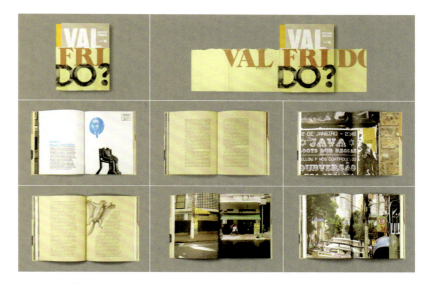

OCUPAÇÃO DONA IVONE LARA

AUTORIA
Itaú Cultural, 2015

EQUIPE
Direção de arte: Jader Rosa; **Projeto expográfico:** Vânia Medeiros, Grissel Piguillem; **Projeto gráfico:** Jader Rosa, Estevan Pelli; **Diagramação:** Estevan Pelli; **Produção editorial:** Livia Hazarabedian, Raphaella Rodrigues

DESCRIÇÃO
Para reafirmar a importância da música popular e das manifestações afro-brasileiras na constituição da cultura brasileira, a 23ª Ocupação do Itaú Cultural homenageou uma das primeiras mulheres a compor para o grupo de elite das escolas de samba do Rio de Janeiro. Buscando trazer esse universo de forma mais lúdica e sensorial, a comunicação visual e o espaço foram construídos seguindo os conceitos da miscigenação, das memórias, do candomblé e do samba, a partir de pinturas, rendas, miçangas, barro, estandartes e vídeos projetados em tecidos.

bien.al/12_ocupacao-dona-ivone-lara

OCUPAÇÃO GLAUCO

AUTORIA
Itaú Cultural, 2016

EQUIPE
Direção de arte: Jader Rosa; **Comunicação visual:** Liane Iwahashi, Yoshiharu Arakaki; **Letrista:** Lilian Mitsunaga; **Projeto expográfico:** Thereza Faria

DESCRIÇÃO
Para apresentar a vida e a obra do cartunista de traços leves e sinuosos, que deu uma nova cara aos quadrinhos brasileiros nos anos 1980, foi pensada uma exposição com uma grande e contínua parede branca, simulando uma fluida folha de papel, em que textos, desenhos e vídeos eram exibidos. Os textos e os balões dos personagens se assemelhavam à letra do cartunista, por meio de uma tipografia inspirada nele. Os personagens tiveram os traços realçados pelo recorte em acrílico preto e pelos balões que rompiam os limites da parede. Recursos de acessibilidade permitiam ao público cego e de baixa visão ter contato com desenhos em placas de relevo tátil e com audiodescrição, além de balões com alertas táteis dispostos no chão.

bien.al/12_ocupacao-glauco

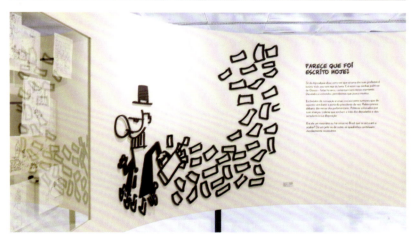

PASTA ARTESOL

AUTORIA
Papanapa, 2015

EQUIPE
Design: André Arruda, Gustavo Garcia; **Ilustrações:** Gustavo Garcia; **Textos:** Artesol; **Impressão:** Grafica Printon

CLIENTE
Artesol

DESCRIÇÃO
Para uma organização não governamental que elabora projetos e ações voltados para a valorização da atividade artesanal de referência cultural brasileira, foi elaborada uma peça que tivesse uma função prática e informativa, podendo ser utilizada com uma ferramenta de comunicação visual. A ideia foi uma pasta com uma faca de corte que permite explorar suas diferentes faces, contando gradualmente a história do artesanato, apoiado pela organização. As ilustrações retratam as principais atividades artesãs tradicionais e receberam uma textura aplicada ao papel que gera uma experiência tátil com a peça gráfica. O projeto colabora para a salvaguarda do patrimônio cultural imaterial e a inclusão cidadã e produtiva dos artesãos.

bien.al/12_pasta-artesol

PICTOGRAMAS MINI RIO

AUTORIA
Fabio Lopez, 2016

DESCRIÇÃO
O projeto foi criado com o objetivo de homenagear e apresentar visualmente o patrimônio cultural da cidade do Rio de Janeiro, por meio de uma extensa coleção de pictogramas, ilustrações, padronagens, tipos exclusivos e aplicações derivadas. O conjunto de pictogramas está dividido em: atrações turísticas, cultura (música, arte, museus, tradições, eventos), estilo de vida (costumes, hábitos, *points*), cotidiano (objetos do dia a dia, serviços, equipamentos urbanos), natureza (fauna, flora, geografia) e problemas. Atualmente, o projeto conta com 250 pictogramas, cerca de cem ilustrações derivadas e padronagens, um site, dois vídeos de apresentação, quatro tipos exclusivos distribuídos gratuitamente e quase cem produtos à venda por meio de plataformas digitais.

COMENTÁRIO DO JÚRI
O trabalho estabelece um novo parâmetro para a dimensão de projetos de levantamento iconográfico, no que diz respeito ao escopo dos projetos desta natureza. O volume e a diversidade de elementos representados, bem como seus desdobramentos, merecem destaque.

bien.al/12_mini-rio

DESTAQUE

PLAQUETE BAILES – 50 CANÇÕES

AUTORIA
Danilo de Paulo e Gilberto Tomé, 2016

EQUIPE
Projeto gráfico: Danilo de Paulo, Gilberto Tomé;
Impressor: Roberto Rossini, Gráfica Rossini, Edições gráficafábrica

CLIENTE
Edições gráficafábrica

DESCRIÇÃO
Como forma de resgatar a memória gráfica dos circulares, importante meio de divulgação dos bailes *black* de São Paulo nos anos 1960/1970, foi elaborado o plaquete com uma reunião de imagens impressas nos antigos convites de baile, ilustrando as dez músicas mais importantes na carreira dos discotecários paulistanos Charles Team, Osvaldo Pereira, Tony Hits, Johnny e Eduardo Oliveira. O projeto gráfico reúne um pequeno acervo de clichês da gráfica Rossini, com trechos de músicas da época e listas compostas em linhas de linotipo. Suprindo uma lacuna de registros desse tipo de material gráfico, esse projeto colabora para a recuperação da memória – e o incentivo à pesquisa – da gráfica urbana da cidade.

bien.al/12_baile_50_cancoes

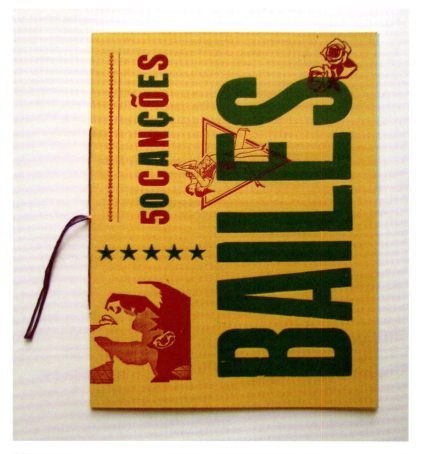

PLATAFORMA MAPA NAS NUVENS – CARTOGRAFIA CULTURAL DO DISTRITO FEDERAL

AUTORIA
Universidade de Brasília | Observatório de Economia Criativa, 2016

EQUIPE
Ana Claudia Maynardes, Andrea Castelo Branco Judice, Marcelo Judice, Kareen Litaiff, Santiago Augusto Silva, Carolina Souza e Palos, Luiza Camelo, Helena Simões, Wesley Rocha, Nelson Gustavo Borges, Ana Paula Santana, Diego Justino

CLIENTE
Secretaria de Cultura do DF

DESCRIÇÃO
Como forma de mapear a diversidade cultural do Distrito Federal, o Mapa nas Nuvens nasce como um espaço colaborativo no qual se registram pessoas, lugares, territórios e ações culturais. O projeto foi elaborado a partir do *software* livre Mapas Culturais, atentando-se para as necessidades e as características da região. A plataforma possibilita que os profissionais de cultura do DF se registrem em características predeterminadas e componham um mapa georreferenciado do local, tendo seu perfil, sua área de atuação e sua localidade disponíveis online. O projeto contribui para a criação de um sistema de informações culturais no DF, além de fortalecer a identidade cultural da região.

bien.al/12_mapa-nas-nuvens

PLATAFORMA OBSERVATÓR!O2016

AUTORIA
VISGRAF – Laboratório de Visão e Computação Gráfica, 2016

EQUIPE
Concepção e design: Júlia Rabetti Giannella;
Concepção e coordenação do projeto: Luiz Velho

CLIENTE
Laboratório de Visão e Computação Gráfica

DESCRIÇÃO
Com o objetivo de destacar as múltiplas perspectivas, controvérsias e temáticas sobre os Jogos Olímpicos Rio 2016, a plataforma online foi criada para monitorar, organizar e visualizar os debates sobre os jogos no Twitter. O projeto, apresentando em seminários e eventos, resultou em um relatório técnico publicado em dezembro de 2016, além de receber menções por utilizar visualização dinâmica de dados, interagindo com a informação e permitindo leituras melhores e mais detalhadas.

bien.al/12_observatorio-2016

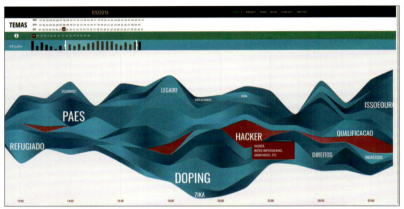

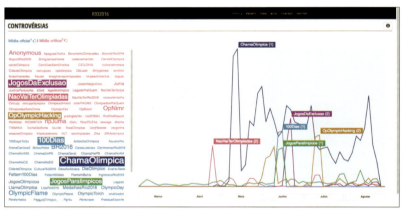

PÓDIOS DOS JOGOS OLÍMPICOS RIO 2016

AUTORIA
Diretoria de Marca do Rio 2016, 2015

EQUIPE
Direção de design: Claudia Gamboa, Ney Valle;
Gerência de design: Dalcácio Reis; **Design:**
Diana Fidélis, Julia Haiad, Rico Bacellar

CLIENTE
Comitê Organizador dos Jogos Olímpicos e Paralímpicos Rio 2016

DESCRIÇÃO
Considerando que o pódio é parte fundamental da grande operação dos Jogos Olímpicos, foi elaborado um completo programa de design para desenvolver os pódios olímpicos e paralímpicos Rio 2016, focado em inovação e na construção de um legado para as edições subsequentes. Desenhados com formas e materiais orgânicos, o projeto se manteve em sintonia com todo o design. A decoração foi baseada no grafismo das medalhas, e sua confecção levou a essência tropical do Brasil para o ponto mais cobiçado pelos atletas. Pela primeira vez na história, plantas conviveram com os atletas no pódio. Os pódios foram pensados em módulos que possibilitavam uma infinidade de combinações, de um atleta a times inteiros por nível, além de se transformarem em mobiliário após os jogos. De montagem e desmontagem ágeis, os pódios paralímpicos possuíam uma rampa.

bien.al/12_podios-rio-2016

PORTAL GIZ

AUTORIA
Estúdio Mamelucos, 2016

EQUIPE
Direção de criação: Léo MacVal, Piero Lucchesi;
Arquitetura de informação: Léo MacVal; **Design:** Deni Medero; **Projeto gráfico:** Mariana Ochs; **Programação de** *back-end*: Léo MacVal; **Programação de** *front-end*: Augusto Zimiani; **Atendimento:** Sabrine Barbosa

CLIENTE
Revista GIZ

DESCRIÇÃO
GIZ é uma plataforma multimídia reunindo conteúdo online, revista impressa e espaço cultural. É um portal de *lifestyle* segmentado com perfil 360° para os desdobramentos de uma das maiores economias do país, a construção civil – que engloba os setores de arquitetura, decoração e design –, reunindo atualizações diárias de notícias, projetos, serviços, entrevistas e ensaios artísticos balizadores do consumo nesses segmentos. O projeto gráfico dialoga com a revista impressa por meio de tipografia, paleta de cores e aplicação das imagens e apresenta navegação setorizada em que cada tema tem seus conteúdos agrupados e passíveis de cruzamento para gerar correspondência e relevância.

COMENTÁRIO DO JÚRI
Com as hierarquias de informação muito bem definidas e ótimo uso de tipografia, este projeto cria uma agradável experiência aos usuários dando objetividade à navegação.

bien.al/12_portal-giz

> DESTAQUE

PORTFÓLIO GRÁFICA VIVA

AUTORIA
Casa Rex, 2015

EQUIPE
Direção de design: Gustavo Piqueira; **Design:** Gustavo Piqueira; **Equipe:** Samia Jacintho, Danilo Helvadjian, Marianne Meni

CLIENTE
Escola Viva

DESCRIÇÃO
Portfólio de trabalhos de design gráfico desenvolvidos durante duas décadas para a Escola Viva, localizada em São Paulo. Os projetos tornam-se parte integral do projeto gráfico, criando uma narrativa paralela e não servindo somente como ilustração. As seções do livro se adaptam de acordo com os diferentes períodos e estilos de identidade da escola, permitindo uma imersão completa na sua evolução gráfica.

bien.al/12_grafica-viva

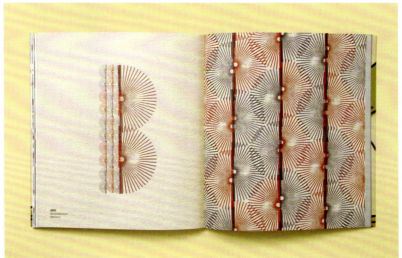

PORTFÓLIO RONALDO ARTHUR VIDAL

AUTORIA
Ronaldo Arthur Vidal, 2016

DESCRIÇÃO
Buscando realizar uma apresentação detalhada de projetos selecionados após o fim da graduação em Design Visual, este projeto acadêmico seleciona trabalhos realizados pelo autor, dividindo-os em quatro categorias: impresso, digital, feito à mão e fotográfico. O portfólio apresenta uma unidade e, no decorrer das páginas, são promovidas interações físicas entre os seus projetos, gerando maior entendimento e contato com cada um.

bien.al/12_ronaldo-arthur-vidal

ACADÊMICO

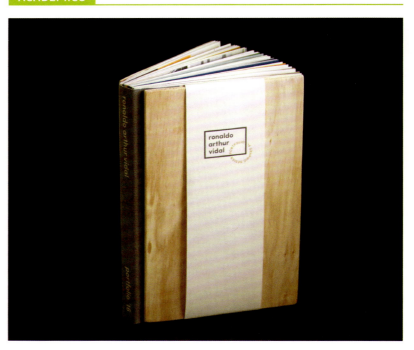

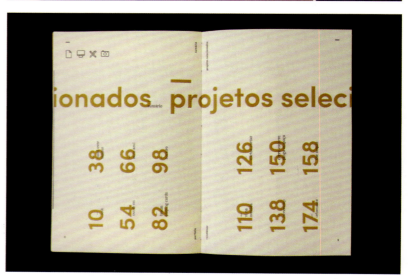

POSTAIS DE VITÓRIA PARA COLORIR

AUTORIA
Marina Cardoso, 2016

EQUIPE
Marina Cardoso; **Orientação:** profa. Myriam Salomão

CLIENTE
Universidade Federal do Espírito Santo

DESCRIÇÃO
Série de cartões-postais para colorir, em bloco destacável, que tem como tema a cidade de Vitória. Caracterizada por uma linguagem autoral, proporciona uma experiência lúdica e pessoal de aproximação ao patrimônio natural, urbano, artístico e cultural da cidade por meio da prática de colorir.

COMENTÁRIO DO JÚRI
Envolver o usuário na criação dos postais é muito inteligente, pois não apenas promove a interação dos turistas com o produto, mas também aproxima os destinatários da correspondência da experiência da viagem. O trabalho se destaca ainda pelo traço seguro e sensível e pela proposta relevante para a valorização do patrimônio local.

bien.al/12_postais-de-vitoria-para-colorir

ACADÊMICO DESTAQUE

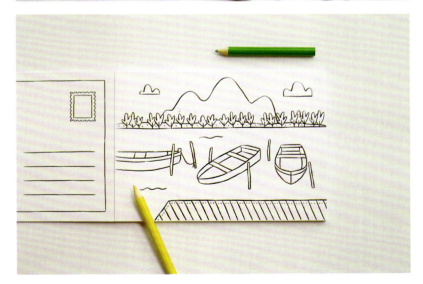

POSTAIS LEVE A MINHA CIDADE – COLEÇÃO PORTO ALEGRE

AUTORIA
Leandro Selister, 2016

DESCRIÇÃO
Para o resgate visual das belezas e dos encantos de cidades, começando por Porto Alegre, valorizando seu patrimônio artístico e cultural, foi desenvolvido um projeto de postais e *posters* em adesivo diferenciado, com design elaborado, baseado em três conceitos: percepção, proteção e preservação. Recebeu menção honrosa na categoria Ilustração e Infográfico no 6º Prêmio Nacional Bornancini de Design, em 2016.

bien.al/12_leve-a-minha-cidade

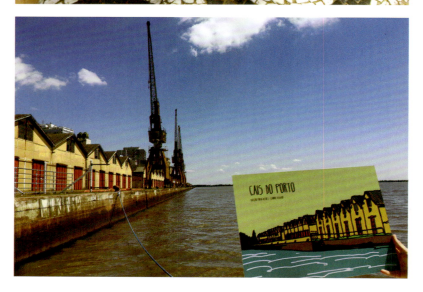

PRANCHAS BRAZZOS

AUTORIA
Papanapa, 2015

EQUIPE
Design: André Arruda, Gustavo Garcia; **Produção e fotos:** Brazzos

CLIENTE
Brazzos

DESCRIÇÃO
Para produzir uma linha de pranchas infláveis que oferecesse variadas opções para diversos tipos de clientes, a marca brasileira de artigos e acessórios aquáticos desenvolveu um design com cores vibrantes e grafismos inspirados na relação com o oceano. Foram desenvolvidas dezesseis pranchas com funcionalidade e estética como focos principais.

bien.al/12_pranchas-brazzos

PRATO SPOLETO

AUTORIA
Mauro Martins, 2016

EQUIPE
Criação: Mauro Martins; **Finalização:** Tátil Design

CLIENTE
Spoleto

DESCRIÇÃO
Um dos vencedores do concurso Minha Cozinha Italiana, realizado em 2016 pela rede de restaurantes Spoleto, o design desse prato tem como protagonista a comida, com uma textura complexa que soma todos os ingredientes disponíveis na rede, famosa por permitir que os clientes montem seus pratos com os complementos preferidos.

bien.al/12_prato-spoleto

PROGRAMA DO FADO FESTIVAL NYC

AUTORIA
Diogo Montes, 2016

CLIENTE
Consulado Geral de Portugal em Nova York e Newark | Live Sounds

DESCRIÇÃO
Para o primeiro festival de fado na cidade de Nova York, foi elaborado um programa que segue a identidade visual do evento. Baseado em dois elementos tipicamente portugueses, os azulejos e a melancolia, o projeto dá um tom mais moderno a um azulejo tradicional, permitindo que ele se estenda por toda a identidade. O coração entra como um pequeno detalhe que se tornou o elemento principal, representando a melancolia. O programa apresenta, então, elementos de tradição, mas com um visual contemporâneo, como é o próprio país de origem do fado.

bien.al/12_programa-fado-festival-nyc

PROGRAMA-CARTAZ JAZZ NA FÁBRICA 2016

AUTORIA
Rico Lins +Studio, 2016

EQUIPE
Rico Lins, Fernanda Abe

CLIENTE
Sesc Pompeia

DESCRIÇÃO
Para um festival de jazz que se orienta pela globalização e pela diversidade de estilos, formações e timbres no ritmo, foi desenvolvido um programa em três versões, com tintas especiais fluorescentes, permitindo sua leitura no escuro durante as apresentações. A peça combina policromia e cores fluorescentes impressas em papel fino, permitindo que ele seja dobrado várias vezes e facilitando seu manuseio. Foi elaborado também um painel ilustrado de doze metros que celebra o jazz e sua relação com os gêneros musicais.

bien.al/12_jazz-na-fabrica-2016

PROJEÇÕES DA CERIMÔNIA DE ENCERRAMENTO DOS JOGOS OLÍMPICOS RIO 2016

AUTORIA
Batman Zavareze, 2016

EQUIPE
Executivo criativo: Abel Gomes; **Produção executiva:** Marco Balich; **Direção criativa:** Rosa Magalhães; **Direção musical:** Alê Siqueira; **Direção de coreografia:** Bryn Walters; **Direção de arte de projeções:** Batman Zavareze; **Realização:** SRCOM, Filmmaster

CLIENTE
Comitê Organizador dos Jogos Olímpicos e Paralímpicos Rio 2016

DESCRIÇÃO
O encerramento dos Jogos Olímpicos Rio 2016 celebrou as conquistas dos maiores atletas da atualidade e a hospitalidade dos anfitriões brasileiros, bem como compartilhou a cultura brasileira ao vivo para 3,5 bilhões de espectadores em todo o planeta, além da audiência presente de sessenta mil pessoas. O projeto era uma demanda inédita de projeções mapeadas com altíssima complexidade técnica em tela de 150 m × 70 m no gramado do Maracanã, com uma visão 360°, sincronizada com música, luz, efeitos pirotécnicos e coreografia com interação direta com os vídeos, com a orientação de criar uma proposta de linguagem visual extremamente inovadora. Foram cinco meses de trabalho de uma equipe direta de aproximadamente trinta animadores, criativos, pesquisadores, coordenadores de edição, produtores, diretores de fotografia, diretores técnicos, programadores computacionais e atores, resultando em uma narrativa audiovisual de 2h 50min que ilustra, por meio da música, a alegria e a potência brasileiras, evocando Santos Dumont, Tarsila do Amaral, Carmen Miranda, Arnaldo Antunes, Burle Marx e os grandes artesãos anônimos do Carnaval carioca, entre outros.

COMENTÁRIO DO JÚRI
Lindíssimo trabalho, execução impecável e excelente escolha de padrões, grafismos e paletas. Dinâmica fluida e extremamente agradável de se assistir. Tecnologia de ponta, arte de palco e bom gosto do videografismo unidos num trabalho belíssimo, de grande complexidade, originalidade e importância.

bien.al/12_projecoes-encerramento-rio-2016

> **DESTAQUE**

PROJETO A HORA DA ESTRELA – O DIÁRIO DE EX-DETENTAS

ACADÊMICO

AUTORIA
Amanda Favali Moncia, 2016

EQUIPE
Orientação: Anderson Luis da Silva; **Coordenação:** Eleni Paparounis; **Texto, criação e arte:** Amanda Favali Moncia

CLIENTE
Centro Universitário Senac

DESCRIÇÃO
Buscando desmistificar o estereótipo das 28 mil mulheres encarceradas, suas decorrências e suas determinações, estabelecendo um elo entre estas, marginalizadas, e as outras, socializadas, foi elaborado um projeto que, por meio do design emocional e da arte, ilustrou a narrativa de ex-detentas. A partir de uma intervenção artística em utensílios de cozinha e limpeza, as narrativas surgem em primeira pessoa. Explorando o paradoxo prisão-lar-mulher e misturando técnicas, o projeto promove uma inflexão do preconceito, por meio da sensação de incômodo e desconforto que surge ao ver cada história, para tornar visíveis as personagens que uma sociedade invisibiliza. O nome do projeto vem do livro homônimo da escritora brasileira Clarice Lispector, em que a protagonista Macabéa encontra sua epifania por meio da sua própria história.

bien.al/12_projeto-a-hora-da-estrela

PROJETO
DIÁLOGOS URBANOS

AUTORIA
Bruno Pego e Daniel Barbosa, 2016

CLIENTE
Universidade Anhembi Morumbi

DESCRIÇÃO
Entendendo o papel social do design no processo de integração entre as pessoas, com foco aqui em imigrantes e refugiados, o projeto apresenta painéis interativos compostos por unidades modulares cúbicas com quatro cores diferentes e formados por oito peças. Eles podem ser combinados de infinitas formas, formando palavras, frases e pictogramas sem o auxílio de cola. Os painéis podem ser instalados em praças, eventos e quaisquer lugares frequentados por esse público, possibilitando que eles se façam ouvir e entender, deixem e recebam mensagens, interagindo diretamente com os demais. Os módulos trazem mensagens laterais que não se modificam pela mensagem frontal e podem também ser utilizados na construção de outros objetos tridimensionais, como brinquedos e móveis interativos.

bien.al/12_dialogos-urbanos

ACADÊMICO

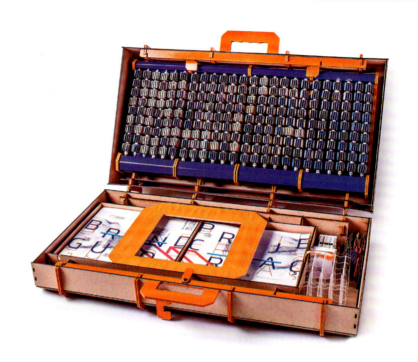

PROJETO
DREAMING DOGS

AUTORIA
Dreaming Dogs, 2016

EQUIPE
Volnei Antônio Matté, Simone Witt Matté, Monique Crestani Soares

DESCRIÇÃO
Buscando desenvolver produtos de qualidade, acessíveis e sustentáveis no ramo da caligrafia e da ilustração, os seis modelos de *ruling pens* foram elaborados reunindo e otimizando os elementos tradicionais encontrados no mercado, acrescentando novas funcionalidades que conferem versatilidade de recursos gráficos e expressivos ao usuário. O projeto foi desenvolvido para conferir resistência, leveza e equilíbrio à ferramenta, com uma empunhadura confortável, permitindo mais fluidez nos traços. Semiartesanais, as canetas foram feitas com pontas de aço inox industrial e cabos de madeira artesanais. Um projeto de *crowdfunding* foi realizado, desenvolvendo desde o projeto de identidade visual às recompensas, sempre com uma linguagem condizente com o conceito, que valorizava os elementos mais rústicos como a madeira, a estamparia manual e as texturas naturais.

bien.al/12_projeto-dreaming-dogs

PROJETO MUTUO

AUTORIA
Pedro Henrique Alves Veneziano, 2015

EQUIPE
Concepção e desenvolvimento do projeto: Pedro Henrique Alves Veneziano; **Orientação:** profa. dra. Fernanda Henriques

CLIENTE
Universidade Estadual Paulista

DESCRIÇÃO
Para introduzir um duo fictício de DJs nacionais, como trabalho de conclusão de curso, foi elaborado um projeto em três etapas que explora diferentes linguagens do design. A primeira parte (*Binaural*) é uma zine que, por meio de imagens, cores e tipografia, apresenta os personagens e sua primeira *mixtape*. A segunda parte (*Gênese*) apresenta um EP da dupla identificado por uma rocha, que remete à forma bruta e primária da sua carreira musical, a ser posteriormente lapidada. A última parte (*Memória*) apresenta o primeiro LP do duo, explorando seus conceitos com maior profundidade e introduzindo, inclusive, dois rostos criados digitalmente.

bien.al/12_mutuo

ACADÊMICO

PROJETO NARRATIVAS INSÓLITAS

AUTORIA
Guayabo, 2016

EQUIPE
Design: Valquíria Rabelo

DESCRIÇÃO
A partir de uma leitura dos contos do escritor mineiro Murilo Rubião (1916-1991), foi elaborada uma série de colagens autorais compostas manualmente, processadas digitalmente e, então, impressas em lambe-lambes na cidade. Os trabalhos não buscam representar personagens ou elementos das histórias fantásticas do autor, nem estabelecer relações diretas com as narrativas, mas traduzir visualmente a atmosfera insólita do imaginário criado pelo autor. A cor é uma das protagonistas, cercando as colagens por grandes espaços cromáticos. Pequenos elementos nas composições se complementam ou se contrastam com o fundo, em paletas inusitadas. Os trabalhos combinam imagens de arquivo, texturas e desenhos feitos à mão. A linguagem da colagem é explorada para criar relações de instabilidade entre esses elementos, subvertendo escalas e combinando formas em arranjos improváveis.

bien.al/12_narrativas-insolitas

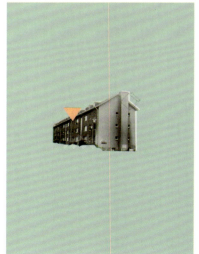

PROJETO RE:VERSO – RUMO A UMA POÉTICA DO DESIGN GRÁFICO NO COTIDIANO DIGITAL

AUTORIA
Henrique Eira, 2016

EQUIPE
Criação: Henrique Eira; **Orientação:** Michael Worthington, Lorraine Wild

CLIENTE
California Institute of the Arts

DESCRIÇÃO
Buscando explorar as possibilidades artísticas e poéticas do design gráfico, em especial da tipografia em tela, questionando a opção pelo *layout* claro, objetivo e racional como única alternativa possível para o web design, o projeto surge com uma página-mãe que apresenta um manifesto e uma série de quinze experimentos práticos na forma de páginas-poema. Divididos entre poemas-notícia (elaborados a partir de notícias compartilhadas online) e poemas-vernáculo (reapropriações de lugares comuns da internet), as páginas-poema enfatizam a relevância da opinião e da presença do designer enquanto autor de uma peça gráfica, em oposição à transparência que lhe é normalmente imposta. A difícil legibilidade de muitas delas, numa antítese do convencional, convida o observador a repensar as maneiras de contar histórias com uso do web design, explorando diversas estratégias, operacionalidades e estéticas.

bien.al/12_projeto-re-verso

ACADÊMICO

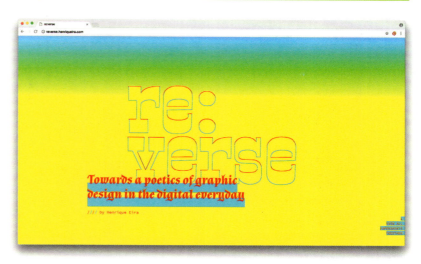

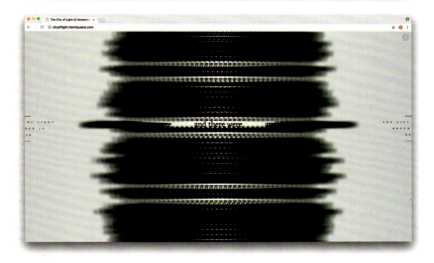

PROJETO U-2194: UMA EXPERIÊNCIA TIPOGRÁFICA

AUTORIA
Caio Grabalos, Eder Felix, Jéssica Breda, Giuliana Menezes, Gustavo Campos, Guilherme Vieira e Thiago Guerreiro, 2015

EQUIPE
Criação: Caio Grabalos, Eder Felix, Jéssica Breda, Giuliana Menezes, Gustavo Campos, Guilherme Vieira, Thiago Guerreiro; **Orientação:** profs. Cláudio Ferlauto, Luciano Abreu

CLIENTE
Universidade Anhembi Morumbi

DESCRIÇÃO
Buscando compreender como projetos de design tipográfico de natureza experimental podem contribuir para expandir o conhecimento e a discussão da tipografia e suas propriedades, bem como questionar os padrões existentes e explorar novas possibilidades, este trabalho acadêmico analisa o processo de criação de tipos digitais, discutindo a relevância de projetos experimentais para a arte e o design e estabelecendo um paralelo entre esses dois universos. Para contribuir para a discussão, foi desenvolvido um projeto prático de design de tipos experimentais que explora as relações entre tipografia, tecnologia e interação, propondo uma análise crítica do processo e seus resultados. A tipografia criada deve se relacionar com as diversas etapas da produção de um tipo digital, sendo o cerne de todo o projeto. O projeto também busca explorar as possibilidades oriundas da programação, desenvolvendo uma fonte dinâmica que ofereça a possibilidade de interação com o usuário em uma instalação artística.

COMENTÁRIO DO JÚRI
O projeto apresenta uma proposta inovadora ao utilizar ferramentas e tecnologias digitais na concepção de novas formas tipográficas e inclui ainda aplicações desenvolvidas com apuro, em um ótimo exercício de linguagem.

bien.al/12_projeto-u-2194

ACADÊMICO DESTAQUE

RELATÓRIO ALANA 2014

AUTORIA
Papanapa, 2015

EQUIPE
Edição: Carolina Pasquali; **Edição de arte:** Luiza Esteves; **Reportagem:** Julia Contier, Laura Leal; **Revisão:** Rosana Tanus; **Projeto gráfico:** Papanapa; **Ilustrações:** Silvia Amstalden

CLIENTE
Instituto Alana

DESCRIÇÃO
Para o relatório anual de um instituto brasileiro que trabalha sustentabilidade e relações humanas nas novas gerações, foi criada uma linguagem visual vibrante, que dialoga com o universo infantil enquanto transmite informações e números. O projeto possui duas capas, uma com diversas figuras geométricas no verso, convidando o leitor a recortá-las e construir suas próprias histórias. Essas formas foram utilizadas como base para todas as ilustrações do relatório.

bien.al/12_relatorio-alana-2014

RELATÓRIO CERÂMICAS DO BRASIL 2015

AUTORIA
ps.2 arquitetura + design, 2015

EQUIPE
Direção de arte: Fábio Prata, Flávia Nalon; **Design:** Fábio Prata, Flávia Nalon, Lisa Moura, Gabriela Luchetta, Lucas Machado

CLIENTE
Anfacer

DESCRIÇÃO
Para o relatório de atividades de uma associação nacional de fabricantes de louças e revestimentos, foi elaborado um projeto gráfico que explorasse os elementos geométricos da marca Cerâmicas do Brasil (criada pela associação): o retângulo, o triângulo e o meio círculo. Esses elementos foram utilizados na construção dos gráficos informativos e na composição de páginas com imagens. O livro primou pela simplicidade e pela economia de recursos, adotando o acabamento de costura lateral aparente e utilizando papel offset de mesma gramatura para capa e miolo.

bien.al/12_ceramicas-do-brasil-2015

RELATÓRIO CERÂMICAS DO BRASIL 2016

DESTAQUE

AUTORIA
ps.2 arquitetura + design, 2016

EQUIPE
Direção de arte: Fábio Prata, Flávia Nalon;
Design: Fábio Prata, Flávia Nalon, Lucas Machado

CLIENTE
Anfacer

DESCRIÇÃO
O projeto gráfico deste relatório de atividades da Associação Nacional dos Fabricantes de Cerâmica – Anfacer explora uma das tendências do setor cerâmico do ano: a produção de peças cerâmicas com relevo. As formas geométricas da marca Cerâmicas do Brasil foram reinterpretadas como um relevo formado por linhas paralelas, servindo ainda como base para a construção de gráficos e diagramas com os dados do setor.

COMENTÁRIO DO JÚRI
A publicação possui uma bem-cuidada produção – destacando-se a capa impressa em serigrafia *high-print* branca – e um projeto gráfico coeso, equilibrado e que faz bom uso dos elementos visuais em sua diagramação.

bien.al/12_ceramicas-do-brasil-2016

RELATÓRIO DE CASES
#ISSOMUDAOMUNDO

AUTORIA
Estudio Claraboia, 2016

EQUIPE
Projeto gráfico e diagramação: Estúdio Claraboia (Luciana Orvat, Ricardo Daros, Felipe Daros, Mayara Miriuk); **Consultoria em produção gráfica:** Walter Moreira; **Impressão do miolo e montagem dos volumes:** Gráfica Águia; **Impressão da capa:** Sala de Serigrafia

CLIENTE
Banco Itaú

DESCRIÇÃO
Uma publicação que reúne os *cases* de mídias sociais do banco Itaú recolheu reportagens, entrevistas, coberturas multimídia e textos jornalísticos compreendendo pautas e ações editoriais sobre cultura, educação, esporte e mobilidade urbana, buscando promover uma relação próxima e transformadora entre a empresa e seu público. Seu projeto gráfico explorou a escala desse conteúdo, visando comunicar de forma mais instantânea a construção de uma narrativa visual que possibilita uma rápida compreensão do conjunto, mesmo prescindindo da leitura dos textos explicativos. As estatísticas e os dados numéricos também foram explorados de maneira bastante visual, promovendo o interesse e voltando a atenção para os resultados. Para cada um dos oito *cases*, foi escolhida uma das cores institucionais da marca, e uma linha laranja conectava todas as cores numa lombada indicativa. O volume foi produzido de maneira artesanal, reforçando o caráter humano da instituição.

bien.al/12_issomudaomundo

RELATÓRIO DE SUSTENTABILIDADE 2015 – METRÔ DE SÃO PAULO

AUTORIA
D4G, 2016

EQUIPE
Direção de arte e criação: André Salerno, Jorge Monge; **Design:** Marcelo Salvador; **Fotografia:** Marcelo Salvador, Marina Leme (produção); **Revisão:** Luciana Maria Sanches

CLIENTE
Nova/SB | Metrô de São Paulo

DESCRIÇÃO
Para um relatório que traz registros das inúmeras idas e vindas da população que compõe uma das maiores cidades do mundo, foi elaborado um projeto gráfico com cenas e imagens que demonstram como o Metrô de São Paulo "está cada vez mais perto para levar as pessoas mais longe". Foram utilizados rostos de alguns dos quatro milhões de passageiros que transitam diariamente pelas 61 estações, com origens, propósitos e destinos diferentes, mas com um ponto em comum: a conexão com o Metrô.

bien.al/12_relatorio-sustentabilidade-2015

REVISTA BAMBOO

AUTORIA
Estúdio Lógos, 2016

EQUIPE
Julio Mariutti, Alice Viggiani, Bruno Araújo, Deborah Salles

CLIENTE
Bamboo

DESCRIÇÃO
Para a comemoração dos 5 anos de uma revista mensal sobre arquitetura, interiores, urbanismo, design, arte e *lifestyle*, o projeto gráfico sofreu a maior alteração desde o lançamento em 2011. O *grid* foi redesenhado, permitindo mais variedade nas composições e harmonizando as colunas de texto com os diferentes formatos de imagem. Alguns novos padrões tipográficos foram criados para atender às demandas dos editores. A impressão em 5/5 cores, com um Pantone que varia a cada edição, foi retomada. O novo Pantone se concentra na capa e num único caderno central, de dezesseis páginas. Assim, foi criada uma seção principal em cada edição, que congrega as principais matérias e abusa da experimentação.

bien.al/12_revista-bamboo

REVISTA CISMA – EDIÇÃO ESPECIAL HAROLDO DE CAMPOS

AUTORIA
Lucas Blat, 2015

EQUIPE
Projeto gráfico: Lucas Blat; **Ilustrações:** Victor Maia; **Conteúdo:** Diana Junkes Bueno Martha, Eliana Teruel, Guilherme Tauil, Henrique Amaral, Renan Nuernberger; **Revisão:** Caroline Micaelia, Clarissa Pereira, Giovana Bardi, Henrique Amaral, Isabela Benassi, Milena Varallo

CLIENTE
Revista Cisma

DESCRIÇÃO
Para uma revista acadêmica independente de São Paulo, publicada bianualmente impressa e online, foi elaborada uma reedição especial sobre o poeta e tradutor paulista Haroldo de Campos (1929-2003). Com textos de Jacques Derrida, Octávio Paz e João Cabral de Melo Neto, esta reedição traz as palavras invertidas e impressas sobre suas formas originais, como uma forma de traduzir em imagem as ideias do poeta sobre o próprio ato da tradução. As palavras mantêm seu significado direto, mas não sua forma. A edição acompanha também uma sobrecapa com um trecho traduzido de um texto de Derrida e um retrato a pastel de Haroldo de Campos feito por Victor Maia. O miolo da revista foi impresso em preto e laranja fluorescente e papel Pólen Bold 90g, com capa e sobrecapa em offset 120g.

bien.al/12_cisma-haroldo-de-campos

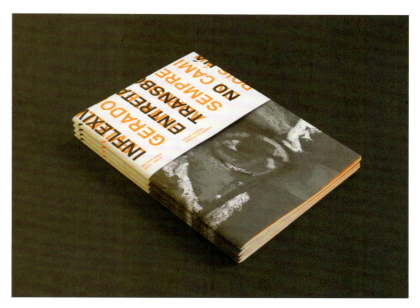

REVISTA GALILEU

AUTORIA
Rafael Quick, Fernanda Didini, Feu e Rodolfo França, 2015

EQUIPE
Direção de arte: Rafael Quick; **Design:** Fernanda Didini, Feu; **Consultoria:** Rodolfo França; **Estagiário:** Ricardo Napoli; **Ícones:** Estúdio Barca

CLIENTE
Editora Globo

DESCRIÇÃO
Para redesenhar o projeto gráfico de uma revista que aborda temas ligados a ciência, história e tecnologia, entre outros, buscando alcançar um novo público, foi elaborado um projeto gráfico com uma estética completamente nova. Inspirado nos antigos cartazes publicitários, compostos por tipos de madeira, e nos lambe-lambes de rua, o projeto propõe falar de temas polêmicos e se posicionar em tom rebelde, atraindo o público afeito a questões contemporâneas. A mudança da revista passou pela escolha de pautas, estrutura, *grid*, tipografia, paleta de cores e estilo de fotografias e ilustrações, além do uso de um papel sem revestimento para o início e o fim da revista. Durante os seis primeiros meses, foi veiculada envolvida por um *poster*, apresentada como um presente para os leitores. Foram eliminados todos os artifícios que tentassem emular o mundo digital no impresso, como as antigas seções chamadas "Feed" e "Buzz", bem como o uso de *tags* nas páginas. A revista recebeu a medalha de prata no SND Awards e três méritos no SPD Awards. Recebeu também o prêmio Vladmir Herzog, o maior de direitos humanos no jornalismo, e foi citada pela primeira vez entre os dez veículos mais respeitados do Brasil na lista anual do Meio&Mensagem.

COMENTÁRIO DO JÚRI
Os diversos aspectos de comunicação visual das edições apresentadas, repletas de temáticas sensíveis, não demonstraram receios ou limites. Ousadia na seleção de fontes, bem como na escolha de *grids*, deixou o projeto inesquecível: suas capas demandam atenção com suas mensagens claras e suas imagens marcantes.

bien.al/12_revista-galileu

DESTAQUE

REVISTA GIZ

AUTORIA
Mariana Ochs, 2016

EQUIPE
Design: Mariana Ochs, Piero Lucchesi, Anderson Miguel; **Logo:** Rodrigo Saiani

CLIENTE
Revista Giz

DESCRIÇÃO
Para uma revista trimestral de alta qualidade no segmento de design e arquitetura, foi criada uma identidade gráfica forte, original e contemporânea, com referências ao modernismo. Em contraponto ao site homônimo – também selecionado nesta Bienal –, a revista impressa oferece a experiência tátil, imersiva e luxuosa, com leituras longas e fotos abertas. O projeto tem identidade gráfica e tipográfica com personalidade, ao mesmo tempo que privilegia o conteúdo e oferece amplo espaço para imagens.

bien.al/12_revista-giz

REVISTA MÓ

AUTORIA
Casa Rex, 2016

EQUIPE
Direção de design: Gustavo Piqueira; **Design:** Gustavo Piqueira, Samia Jacintho; **Equipe:** Alex Gyurkovicz, Marianne Meni; **Impressão:** Michele Oliveira, Victor Sassaki

CLIENTE
Lote 42

DESCRIÇÃO
Para uma publicação periódica na qual cada edição apresenta um tema diferente (ódio, loucura, tesão etc.), contendo textos e trechos de renomados autores mortos ilustrados por um artista convidado, foi elaborado um projeto gráfico que vai além do formato convencional de revista, apresentando páginas destacáveis que seguem um *grid* modular flexível. Tanto as dimensões como a direção (retrato/paisagem) das páginas variam de acordo com cada edição, dando ao artista uma "tela em branco" para explorar a superfície da publicação da forma que desejar. Ao mesmo tempo, ao manter-se dentro da estrutura de seu *grid* modular, embora cada edição apresente um *layout* de página e um estilo gráfico particulares, garante-se uma clara unidade entre elas.

COMENTÁRIO DO JÚRI
A revista *Mó* se destaca em meio aos outros excelentes projetos desta edição da Bienal por ir além da engenhosidade editorial, dos ótimos trabalhos de logotipia e das criativas soluções técnicas de impressão dos outros trabalhos inscritos e seguramente selecionados. Ela ousa no limite do inviável, tanto no aspecto visual como, muito provavelmente, no financeiro.

bien.al/12_revista-mo

DESTAQUE

REVISTA SAÚDE NAS OLIMPÍADAS

AUTORIA
Revista Saúde, 2016

EQUIPE
Design: Thiago Lyra; **Ilustração e animação:** André Moscatelli; **Texto:** Gabriel Moro; **Edição de arte:** Letícia Raposo; **Direção de arte:** Robson Quinafélix; **Edição de texto:** Theo Ruprecht

CLIENTE
Editora Abril

DESCRIÇÃO
Como forma de introduzir o leitor brasileiro às várias modalidades dos Jogos Olímpicos, com clareza e riqueza de informações, foi apresentado, a cada mês durante um ano, um infográfico sobre um esporte diferente e com soluções gráficas variadas. A foto de um atleta em contraluz foi utilizada em conjunto com as ilustrações vetorizadas, dentro de uma paleta de cores vibrantes que ajudou a destacar as informações e dar coesão ao projeto. O projeto foi veiculado tanto na versão impressa quanto digital, contendo versões animadas e interativas.

bien.al/12_saude-nas-olimpiadas

REVISTA SUSHI LEBLON 30 ANOS

AUTORIA
Mariana Ochs, 2016

EQUIPE
Direção de arte: Mariana Ochs; **Direção editorial:** Isabel de Luca; **Consultoria criativa:** Bel Augusta; **Produção gráfica:** Sidnei Balbino; **Fonte:** Silva (Daniel Sabino, Blackletra); **Caligrafia:** Rodrigo Saiani; **Ilustração:** Zé Otávio, Mauricio Pianel, Guilherme Kato; **Fotografia:** Tomás Rangel, André Vieira, Denise Leão, Daniel Pinheiro, Julio Bittencourt

CLIENTE
Sushi Leblon

DESCRIÇÃO
Para uma publicação especial sobre a cultura do Japão e os 30 anos do restaurante que popularizou a culinária deste país no Rio de Janeiro, foi elaborado um livro-revista sofisticado, colecionável e presenteável. Meio revista, meio *coffee-table book*, a publicação tem produção gráfica de qualidade, em tamanho *oversized*, impressa com tecnologia UV, com capa em papel de arroz artesanal e bolsa bordada. O projeto utiliza uma fonte ocidental que remete a caracteres japoneses e faz referência às artes gráficas japonesas dos anos 1940/1950.

bien.al/12_sushi-leblon-30-anos

REVISTA TRAÇOS

AUTORIA
Fermento Promo, 2015

EQUIPE
Carlos Grillo, Elizeo Gonzalez, Vinícius Veríssimo, André Zottich

CLIENTE
Revista Traços

DESCRIÇÃO
Para uma revista de fomento da cena cultural na cidade de Brasília, atuando também como instrumento de reinserção social para pessoas em situação de rua, foi elaborado um projeto gráfico com duas prioridades. Primeiro, ser fiel à dignidade das pessoas, posicionando-se como um objeto atrativo que fosse comprado por real interesse e nunca como esmola. Segundo, ser fiel às suas origens, tendo nascido e sendo vendida na rua, por pessoas da rua. Todos os seus elementos, desde a escolha de fontes *script* para os títulos, os *letterings* feitos à mão, as ilustrações e as locações das fotos, têm direita inspiração no espírito urbano e na arte de rua. Recebeu dois bronzes no Prêmio Lusófonos da Criatividade 2015/2016; prata no Prêmio Colunistas Promoção Brasília 2016; ouro no Prêmio Colunistas Design Brasília 2016; dois ouros no Prêmio Anatec de Mídias Segmentadas 2016; e Melhor Veículo Impresso de Brasília no prêmio Engenho de Comunicação.

COMENTÁRIO DO JÚRI
O projeto se destaca por dar a uma ferramenta de inclusão social uma linguagem visual de excelência, essencial para se atingirem os objetivos da publicação. Interferência gráfica nas fotos, paleta de cores e tipografia marcantes nas capas e matérias dialogam e reforçam o conceito do projeto.

bien.al/12_revista-tracos

DESTAQUE

REVISTA ZUM

AUTORIA
Elisa von Randow, 2016

EQUIPE
Direção de arte: Elisa von Randow; **Design:** Julia Masagão (a partir do #11)

CLIENTE
Instituto Moreira Sales RJ

DESCRIÇÃO
Para a revista de fotografia do Instituto Moreira Salles, bianual e colecionável, foi elaborado um projeto gráfico que revelasse a amplitude do universo fotográfico, publicando ensaios de importantes fotógrafos brasileiros e estrangeiros acompanhados de entrevistas, artigos e textos históricos ligados à fotografia, convidando ao interesse e à reflexão crítica sobre o tema e relacionando-o com áreas como o cinema, a literatura e as artes plásticas.

bien.al/12_revista-zum

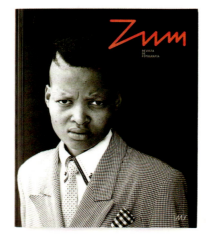
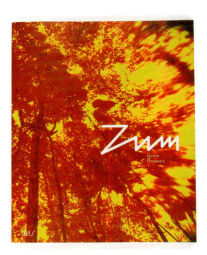

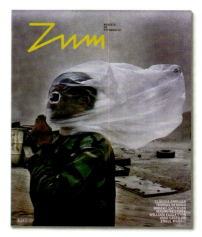
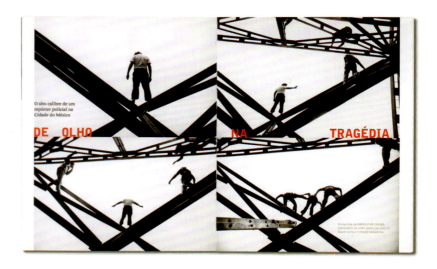

REVISTA ZUPI

AUTORIA
Thaís Trizoli, 2016

EQUIPE
Idealização: Allan Szacher; **Direção criativa:** Luiz Félix; **Projeto gráfico:** Thaís Trizoli

CLIENTE
Zupi

DESCRIÇÃO
Para uma publicação brasileira voltada às áreas de ilustração, artes e design, foi criado um novo projeto gráfico que valorizasse os trabalhos publicados. A revista se destaca pela diversidade visual na distinção entre as matérias. É possível utilizar a paleta tipográfica principal em conjunto com imagens, optando por um *layout* com predominância do branco do papel e do preto da mancha tipográfica, ou criar um *layout* personalizado para as matérias, alterando tipografia, paleta de cores e diagramação para dialogar graficamente com a temática. A tipografia do logotipo varia de acordo com o tema abordado.

bien.al/12_revista-zupi

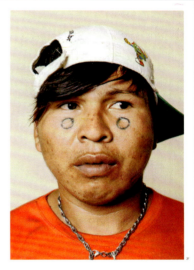

ROTEIROS TURÍSTICOS BRASILEIRO QUE NEM EU

AUTORIA
Gilberto Tomé, Cláudia Gil, 2016

EQUIPE
Cláudia Gil, Fábio Mariano, Gilberto Tomé, Juliana Migueletto

CLIENTE
Sesc SP

DESCRIÇÃO
Para desenvolver cadernos-roteiro de visitação de locais fora do eixo convencional, a equipe de Gestão de Turismo Social do Sesc de São Paulo desenvolveu publicações de 15cm × 10cm com fechamento em elástico plano. Composto por páginas simples intercaladas por páginas duplas dobradas, o projeto dá destaque para textos e detalhes nas imagens. Há páginas em branco no final para anotações e, na quarta capa dupla, uma das abas pode ser destacada, tornando-se um cartão postal. O caderno é lúdico, não sugerindo um percurso linear a ser seguido nem listando locais, tentando levar o visitante a aprender e refletir sobre as sutilezas da cultura local.

bien.al/12_brasileiro-que-nem-eu

RÓTULO SALINÍSSIMA

AUTORIA
Casa Rex, 2016

EQUIPE
Direção de design: Gustavo Piqueira; **Design:** Gustavo Piqueira, Samia Jacintho; **Equipe:** Danilo Helvadjian, Ingrid Lafalce, Cristiano Machado, Andrés Acosta, Eduarda Silva, Letícia Genesini, Marcio Takeda, Vanessa Miura

CLIENTE
Natique

DESCRIÇÃO
Introduzindo uma nova marca de cachaça da renomada região de Salinas (MG), a identidade visual homenageia o passado e a tradição da bebida compondo o rótulo com um mosaico de ladrilhos hidráulicos – icônicos na ambientação de casas antigas e hoje presentes em bares e restaurantes.

bien.al/12_salinissima

RÓTULOS CERVEJARIA MAESTRO

AUTORIA
Firmorama, 2016

EQUIPE
Criação: Firmorama; **Design:** John Karger; **Redação:** Giovana Bordin; **Ilustração:** John Karger

CLIENTE
Cervejaria Maestro

DESCRIÇÃO
Para revitalizar a marca, dando destaque nos pontos de venda sem perder o reconhecimento do público consumidor, os rótulos sofreram um redesign que une tradição com refinamento, com ilustrações que exploram o imaginário gráfico criando fusões de conceitos de música, fauna, ingredientes e elementos de uma orquestra.

bien.al/12_cervejaria-maestro

RÓTULOS CHURCH & STATE WINES – SIGNATURE SERIES

AUTORIA
Jackson Alves, 2016

EQUIPE
Criação das caligrafias e *letterings*: Jackson Alves;
Conceito e *briefing*: Brandever (Canadá)

CLIENTE
Brandever | Church & States Wines

DESCRIÇÃO
Rótulos para uma série de vinhos em que as palavras *Church* e *State* são exibidas em vários estilos caligráficos, com base em cada variedade da bebida. Os rótulos deveriam ser diferentes o suficiente para que as variedades fossem facilmente identificadas quando as garrafas fossem exibidas como uma família, mas semelhantes o suficiente para que ficasse claro que eles estão todos sob a mesma marca.

COMENTÁRIO DO JÚRI
Incrível simplicidade e visão por trás de um processo criativo e complexo que resulta em rótulos 100% caligráficos para uma completa linha de vinhos.

bien.al/12_church-and-state

DESTAQUE

RÓTULOS VALE DA PEDRA

AUTORIA
Estúdio Colírio, 2016

EQUIPE
Criação: Mariano Paes Barreto, Teresa Grynberg, Marina Siqueira, Leonardo Uzai, Adailton Junior;
Atendimento: Waldemar Lerro Neto, Fernanda Sarno, Mariana Ribeiro, Gabriela Gávea

CLIENTE
Guaspari

DESCRIÇÃO
Para apresentar uma nova linha de vinhos com apelo mais comercial, mantendo a unidade da marca, foram compostos dois rótulos (tinto e branco) que consistem numa peça única de papel (em vez de rótulo e contrarrótulo) contendo pedras da fazenda, em Espírito Santo do Pinhal (SP). Desenhadas em bico de pena, as pedras remetem à tradição e à sofisticação que envolvem a marca.

bien.al/12_vale-da-pedra

SEDE DOS JOGOS OLÍMPICOS RIO 2016

AUTORIA
Crama Design Estratégico, 2016

EQUIPE
Equipe Multidisciplinar Crama Design Estratégico

CLIENTE
Comitê Organizador dos Jogos Olímpicos e Paralímpicos Rio 2016

DESCRIÇÃO
Para transformar um ambiente de 30.000 m² feito de contêineres, com poucas janelas e muitos pilares, em um ambiente de trabalho saudável e estimulante, foi elaborada uma ambientação com elementos olímpicos e paralímpicos para humanizar e "aquecer" o ambiente. No saguão de entrada, bolas de várias modalidades constituíram um céu estrelado, e pisos táteis mesclavam-se a raias de atletismo para indicar as distâncias e orientar os presentes no espaço. Placas com sugestões de ginástica laboral estavam espalhadas pelas paredes, bem como de boxe, ciclismo etc. Mensagens associadas ao universo dos jogos aparecem com soluções criativas, como uma parede com um texto em braile escrito com bolas de tênis.

bien.al/12_sede-rio-2016

SINALIZAÇÃO CENTRO DE DISTRIBUIÇÃO MARCO ANTÔNIO VELLOSO DE ARAÚJO

AUTORIA
Greco Design, 2016

EQUIPE
Diretor de criação: Gustavo Greco; **Gerente de criação:** Tidé; **Gerente de projeto:** Victor Fernandes; **Designers:** João Corsino, Rafael Sola; **Produtores:** Alexandre Fonseca, Allan Alves; **Estagiária:** Rayssa Lima

CLIENTE
Drogaria Araujo

DESCRIÇÃO
Para auxiliar o trânsito e a localização de funcionários, fornecedores e visitantes nos quase 32.000 m² do centro de distribuição da Araújo, uma das maiores redes de drogarias do Brasil, foi desenvolvido um sistema de sinalização modular feito de papelão reutilizado com suportes metálicos e impressão em vinil adesivo. Um projeto que enfatiza reutilização, baixo custo e facilidade de manutenção, visto que o centro recicla diariamente cerca de três toneladas de caixas de papelão. O projeto foi premiado com um iF Gold Award 2017.

COMENTÁRIO DO JÚRI
O projeto se destaca por atingir seu objetivo de forma surpreendente, sustentável e com muito bom humor.

bien.al/12_centro-distribuicao-araujo

DESTAQUE

SINALIZAÇÃO ORLA MARÍTIMA DE ILHA COMPRIDA

AUTORIA
ps.2 arquitetura + design, 2016

EQUIPE
Direção de arte: Fábio Prata, Flávia Nalon; **Design:** Fábio Prata, Flávia Nalon, Gabriela Luchetta, Helena Sbeghen, Lucas Machado; **Desenho da fonte:** Paulo André Chagas; **Arquitetura e urbanismo:** Boldarini Arquitetos Associados

CLIENTE
Boldarini Arquitetos Associados

DESCRIÇÃO
Buscando promover a imagem da cidade do litoral sul de São Paulo, atrair investidores e turistas e, ao mesmo tempo, fortalecer o sentimento local de pertencimento, foi elaborado um projeto de identidade global que colaborasse com o projeto arquitetônico e urbanístico da sua orla, contribuindo para a experiência de moradores e visitantes. Incentivando a visitação, o projeto busca facilitar a movimentação local, fornecendo informações sobre caminhos e distâncias, além de incentivar práticas sociais e esportivas. Uma tipografia original foi desenvolvida, e os mesmos materiais utilizados na arquitetura, aço e madeira, foram utilizados nos equipamentos.

bien.al/12_orla-maritima-ilha-comprida

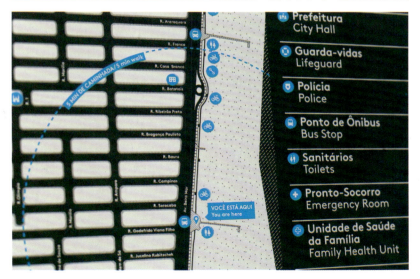

SINALIZAÇÃO RESIDENCIAL DUARTE MURTINHO

AUTORIA
ps.2 arquitetura + design, 2016

EQUIPE
Direção de arte: Fábio Prata, Flávia Nalon; **Design:** Fábio Prata, Flávia Nalon, Gabriela Luchetta, Helena Sbeghen, Lucas Machado; **Arquitetura:** Boldarini Arquitetos Associados

CLIENTE
Boldarini Arquitetos Associados | Planova Engenharia

DESCRIÇÃO
Buscando melhorar as condições de um bairro de alta densidade demográfica de São Bernardo do Campo (SP), um esforço de urbanização e identificação foi realizado, tendo como uma das ações o sistema de identificação e orientação. Possibilitando um sentimento de pertencimento aos novos moradores, a sinalização explora elementos arquitetônicos simples, como a formação de sombras nas paredes e a mudança de perspectivas de uma escada. A iniciativa foi premiada com a prata no LAD Awards, do Latin American Design, de 2016 e venceu o TDC63 do Type Directors Club NY.

bien.al/12_residencial-duarte-murtinho

SINALIZAÇÃO SABIN MEDICINA DIAGNÓSTICA

AUTORIA
Fagner Carvalho, 2016

EQUIPE
Fagner Carvalho, Adisson Martins, Andrea Pinheiro, Bruno Tavares, Kelly Valente; **Instalação:** Eduardo (Way/Agência de Produção)

CLIENTE
Sabin Medicina Diagnóstica

DESCRIÇÃO
Para transmitir os valores e as práticas intrínsecos da empresa de análise diagnóstica, informando e direcionando o fluxo de pessoas na sua nova sede em Brasília, foi criada uma sinalização que sintetiza a fase de crescimento da companhia, além de humanizar e motivar o ambiente. Uma cor diferente foi escolhida para cada pavimento: vermelho para o térreo, área técnica e coração da empresa; azul e verde para o primeiro e o segundo pisos, respectivamente, por serem a área administrativa, fria e tranquila; e laranja para o terceiro piso, a área de convivência, quente e descontraída. Círculos conectados remetem ao processo de separação das células, e linhas foram utilizadas como elemento de preenchimento, trazendo leveza ao fluxo dos processos técnicos.

bien.al/12_sede-sabin-medicina-diagnostica

SINALIZAÇÃO SALA MINAS GERAIS

AUTORIA
Greco Design, 2015

EQUIPE
Direção de criação: Gustavo Greco; **Gerência de criação:** Tidé; **Gerência de projeto:** Victor Fernandes; **Design:** Diego Belo, João Corsino; **Produção:** Alexandre Fonseca, Allan Alves

CLIENTE
Orquestra Filarmônica de Minas Gerais

DESCRIÇÃO
Para auxiliar o fluxo interno de funcionários, visitantes e público na nova casa da Orquestra Filarmônica de Minas Gerais, foram utilizados materiais que remetem ao som e aos instrumentos musicais. Painéis acústicos foram utilizados como suporte das informações nos equipamentos direcionais, e o latão, material presente em diversos instrumentos, foi utilizado nos equipamentos de sinalização indicativa.

bien.al/12_sala-minas-gerais

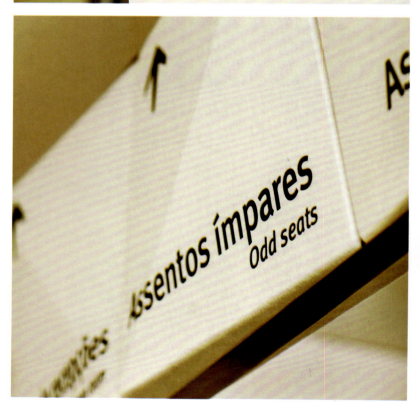

SISTEMA DE IDENTIDADE PARA PASSAPORTES LATINO-AMERICANOS

ACADÊMICO

AUTORIA
Luisa Bolívar, 2016

EQUIPE
Orientação: profs. Fabio Lopez, Flavia Nizia, Roberta Portas

CLIENTE
PUC-Rio

DESCRIÇÃO
Contribuindo para a integração dos países latino-americanos, dando uma maior importância à sua cultura e incentivando as pessoas a viajarem e explorarem, o projeto acadêmico propõe-se a criar um sistema de identidade visual para os passaportes da América Latina, unificando a burocracia sem perder as características individuais de cada país. O projeto se dividiu em três grandes áreas: criação de um alfabeto gráfico, construído por meio dos elementos encontrados no artesanato, para criar símbolos únicos para cada país; fundos de segurança, elaborados a partir dos mapas de cada país, cuja superposição cria um novo sistema de segurança; e modelo interno, segundo o qual cada passaporte possui temas para cada dupla de páginas, escolhidos para representar as manifestações culturais de cada país.

bien.al/12_passaportes-america-latina

SISTEMA DE IDENTIDADE VISUAL OLÍMPICO COCA-COLA

DESTAQUE

AUTORIA
Tátil Design de Ideias | Cravo Ofício, 2015

EQUIPE
Criação: Ricardo Bezerra, Felipe Aguiar, Daniel Souza, Rodrigo Bessa, Fred Gelli; **Atendimento:** Mariana Soccodato; **Time de Design Coca-Cola Global:** James Sommerville, Cristiana Grether, Raphael Abreu

CLIENTE
Coca-Cola Brasil

DESCRIÇÃO
Para os Jogos Olímpicos Rio 2016, foi criada uma assinatura com DNA Coca-Cola que expressasse claramente a ideia de movimento, alinhada aos princípios de design da marca e em sinergia com a plataforma de comunicação *Active Healthy Living* utilizada pela empresa. A assinatura deve ser utilizada durante as edições do maior evento esportivo do mundo, perenizando a sintonia entre a marca de bebidas e o movimento olímpico de um jeito global. Um sistema de identidade visual flexível que contempla diferentes pontos de contato e permite diversas aplicações, de materiais impressos a intervenções urbanas, de peças de comunicação tradicionais a ambientações.

COMENTÁRIO DO JÚRI
Conceito forte aliado a qualidade estética e técnica, em um projeto de grande versatilidade e abrangência.

bien.al/12_coca-cola-jogos-olimpicos

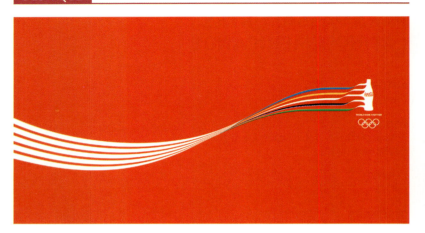

SITE AS JOIAS DO CABRAL

DESTAQUE

AUTORIA
GRAMA e KMK Studio, 2016

EQUIPE
Kenzo Mayama Kramarz, Harrison Mendonça

CLIENTE
GRAMA e KMK Studio

DESCRIÇÃO
Visualização de dados dinâmica de um dos episódios mais noticiados durante as investigações da Operação Lava-Jato: as joias compradas pelo ex-governador do Rio de Janeiro Sérgio Cabral, com dinheiro recebido como propina no período 2007-2016. Projeto autoral que posiciona o designer como um agente capaz de contribuir para o debate de assuntos de relevância social, o site apresenta uma linha do tempo interativa, na qual os dados vão sendo revelados a partir da desconstrução da imagem de Cabral.

COMENTÁRIO DO JÚRI
Projeto inovador que, ao aliar a visualização de dados com a interatividade de um ambiente digital, ressalta o importante papel social que o designer possui tanto na acessibilidade quanto na compreensão da informação pela população.

bien.al/12_as-joias-do-cabral

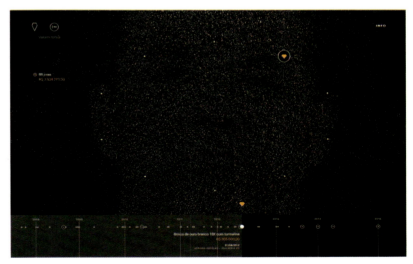

SITE CÂMARA TRANSPARENTE

AUTORIA
Café.art.br, 2015

EQUIPE
Concepção do projeto: Marco Aurélio Ruediger (FGV DAPP); **Metodologia e tratamento dos dados:** Luís Felipe Guedes da Graça (FGV DAPP); **Concepção da visualização:** Leandro Amorim, Maria Eduarda Rodrigues, Diego Leal; **Direção de criação:** Leandro Amorim; **Design:** Maria Eduarda Rodrigues, Diego Leal; **Programação de *front* e *back-end*:** Erico Rosa

CLIENTE
Diretoria de Análise de Políticas Públicas – Faculdade Getúlio Vargas

DESCRIÇÃO
Visualização interativa de dados que categoriza, organiza, condensa, cruza e exibe os diversos dados da receita das campanhas (2014) dos candidatos eleitos ao cargo de Deputado Federal para o período 2015-2018, disponibilizados pelo Tribunal Superior Eleitoral – TSE, e dados abertos da Câmara dos Deputados. A quantidade massiva de dados foi traduzida em quatro visualizações complementares – Câmara, Mapa das Doações, Radar Partidário e Comissões – que compõem um quadro preciso da influência das empresas sobre a Câmara.

COMENTÁRIO DO JÚRI
Trabalho original, relevante e pertinente. Além do forte senso estético e do eficiente uso de infografia para visualizar a imensa quantidade de informações disponíveis no TSE, este projeto presta um serviço cívico muito importante, ajudando a mostrar uma aplicação prática e didática de uma política de dados abertos.

bien.al/12_camara-transparente

DESTAQUE

534

SITE FGV DAPP

AUTORIA
Café.art.br, 2015

EQUIPE
Direção de criação: Leandro Amorim; **Direção de design:** Maria Eduarda Rodrigues, Diego Leal; **Design:** Maria Eduarda Rodrigues, Diego Leal; **Programação de *front* e *back-end*:** Erico Rosa, Arthur Menezes; **Programação das API:** Yghor Kerscher (FGV DAPP)

CLIENTE
Diretoria de Análise de Políticas Públicas – Faculdade Getúlio Vargas

DESCRIÇÃO
Para apresentar uma nova interface da Diretoria de Análise de Políticas Públicas – DAPP da Fundação Getúlio Vargas – FGV, foi pensado um site responsivo, modular e bilíngue, com um visual contemporâneo. O site conta com exibição de visualizações de dados em tempo real, combinando novos design e programação à tipificação e ao cruzamento de dados, que exibe os conteúdos de forma inteligente e fluida, oferecendo uma nova experiência ao usuário.

bien.al/12_fgv-dapp

SITE GALVÃO VENDAS

AUTORIA
BlaBlu, 2016

EQUIPE
Direção de arte: Felipe Leoni; **Programação de front-end:** Lenin Roger; **Programação de back-end:** Erik Kunzle; **Otimização:** Cezar Lima; **Direção de criação/projeto:** Eduardo Cavalli

CLIENTE
Galvão Vendas

DESCRIÇÃO
De acordo com os novos momento e experiência de marca da empresa do ramo imobiliário, houve uma reformulação do seu site, entendendo-o como sua principal estratégia de captação. O site tornou-se mais colaborativo, responsivo e com foco em busca, para vários dispositivos.

bien.al/12_galvao-vendas

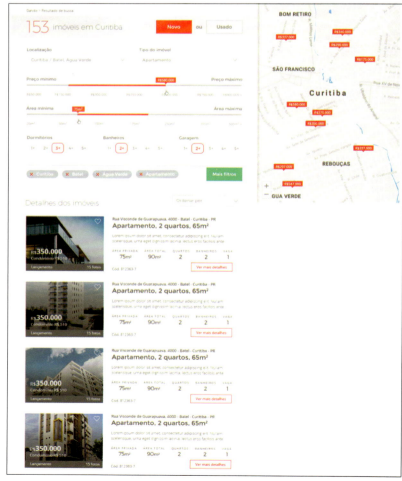

SITE INPUT BRASIL

AUTORIA
Café.art.br, 2015

EQUIPE
Direção de criação: Leandro Amorim; **Direção de design:** Andreia Bersot; **Design:** Andreia Bersot, Diego Leal; **Assistência em design:** Gabriela Alcoar, Henrique Ilidio; **Programação de** *front e back-end*: Erico Rosa

CLIENTE
Climate Policy Initiative

DESCRIÇÃO
Buscando uma plataforma robusta e de fácil gestão para divulgação de resultados das pesquisas do Input Brasil, foi criado um site responsivo e bilíngue para o projeto. A iniciativa internacional de políticas climáticas busca posicionar-se como uma instituição de confiança de governo, produtores rurais e centros de pesquisa, oferecendo gratuitamente seus resultados em diversos formatos para download e visualizações, em qualquer dispositivo, categorizados e agrupados por tema e projeto.

bien.al/12_input-brasil

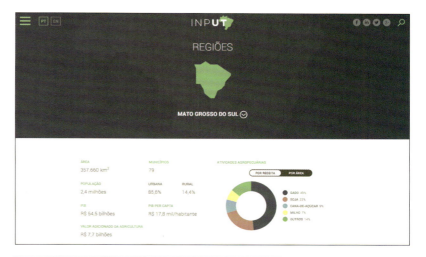

SITE VISIT.RIO

AUTORIA
TUUT, 2015

EQUIPE
Daniel Kucera, Theo Carvalho, Nathalia Bruna, Cezar Augusto, Lucas Lima

CLIENTE
Rio Convention e Visitors Bureau

DESCRIÇÃO
Como reformulação do antigo Guia Oficial da Prefeitura do Rio de Janeiro, o Visit.rio prioriza a experiência de usuário e oferece maior facilidade na navegação e na visualização de uma pluralidade de roteiros. Repleto de fotos e em três idiomas, o site surge com uma nova marca, pensada a partir dos pontos geográficos da cidade, que conectam-se entre si. Há uma gama de cores para categorias específicas, que vão de comida a hospedagem, incluindo uma que traz "o que faz o Rio especial".

bien.al/12_visit-rio

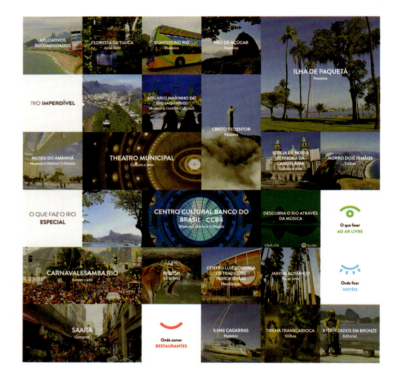

UNIFORME DE FUTEBOL
#VAMOSMUDAROSNÚMEROS

AUTORIA
New Design, 2016

EQUIPE
Designer: Bernardo Lessa; **Diretor de arte:** Rodrigo Carvalho; **Redator:** João Marcelo Meira; **Diretora de atendimento:** Carol Souto; **Digital:** Zubb

CLIENTE
Cruzeiro Esporte Clube

DESCRIÇÃO
Usar um ambiente historicamente machista para alertar sobre a violência e a desigualdade sofridas por milhões de mulheres brasileiras foi a estratégia para este projeto elaborado em parceria com a empresa de material esportivo Umbro e a ONG AzMina, que luta pelo empoderamento feminino. No Dia Internacional da Mulher, os jogadores do Cruzeiro Esporte Clube entraram em campo com uma camisa diferente: seus números estamparam dados da realidade de milhões de mulheres brasileiras. A ação teve repercussão em veículos impressos e eletrônicos do Brasil e do exterior, como os periódicos ingleses *The Guardian* e *The Independent*, o espanhol *El País* e as redes de televisão ESPN Argentina e a norte-americana CBS.

COMENTÁRIO DO JÚRI
O projeto se destaca pela total sintonia com as mais que necessárias reflexões sobre o papel da mulher na sociedade contemporânea. Design relevante, pertinente aos novos tempos.

bien.al/12_uniforme-vamosmudarosnumeros

DESTAQUE

VÍDEO INSTITUCIONAL ONSV

AUTORIA
D4G, 2016

EQUIPE
Produção: D4G; **Direção de criação:** André Salerno, Jorge Monge; **Direção:** André Salerno; **Roteiro:** Luiz Eduardo Soutello; **Planejamento e gestão:** Marô Campos Mello; **Animação:** Paulo Caldas, Marco Wey; **Direção de arte:** André Salerno; **Design gráfico:** Felipe Lekich; **Trilha e** *sound design*: Carbono Sound Lab; **Locução:** Edu Salvitti

CLIENTE
Observatório Nacional de Segurança Viária

DESCRIÇÃO
Para divulgar e esclarecer o trabalho do Observatório Nacional de Segurança Viária – ONSV, foi elaborado um filme que constrói um discurso de posicionamento, apresentando a motivação e as principais atividades da entidade. O vídeo busca tornar a instituição mais conhecida, mobilizando e angariando parceiros que contribuam para evitar o aumento de mortes e vítimas no trânsito, causa muitas vezes ignorada.

bien.al/12_institucional-onsv

VÍDEO INSTITUCIONAL THE NEW INFORMATION ENVIROMENT

AUTORIA
Datadot Estúdio, 2016

EQUIPE
Flávia Marinho, Otávio Burin

CLIENTE
Ricardo Gandour | Columbia University

DESCRIÇÃO
Com o objetivo de explicar o tipo de ambiente que está surgindo com a fragmentação digital, foi elaborado um filme de três minutos que pretende discutir como as pessoas consomem informação por meio da internet e das redes, alertando para questões como polarização e disseminação de rumores e boatos. Apresentado no congresso World Editors Forum, que aconteceu em julho de 2016 em Cartagena, na Colômbia, evento promovido pela Associação Mundial de Jornais e Editores de Notícias.

bien.al/12_the-new-information-enviroment

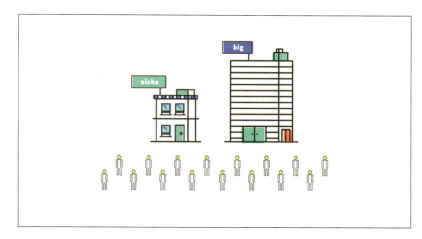

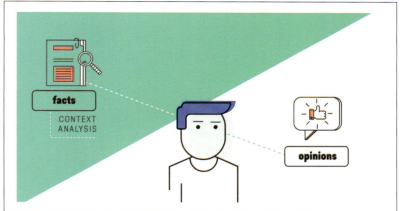

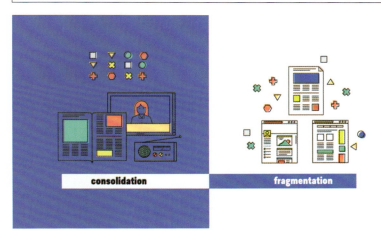

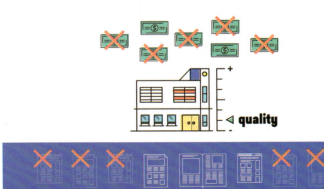

VIDEOMAPPING RÉVEILLON 2016 DO MUSEU NACIONAL DA REPÚBLICA

AUTORIA
Alexandre Rangel, 2016

EQUIPE
Projeção ao vivo: Alexandre Rangel (VJ Xorume)

CLIENTE
Governo de Brasília

DESCRIÇÃO
Para celebrar a passagem para o ano de 2016, foi elaborada uma grande projeção de vídeo mapeada na superfície do Museu Nacional da República, em Brasília.

bien.al/12_reveillon-museu-nacional

VINHETA CONFERÊNCIA ATYPI 2015

AUTORIA
Visorama, 2015

EQUIPE
Direção: Visorama; **Concepção:** Visorama, Henrique Nardi, Crystian Cruz; **Fotografia:** Mateus Moretto, Miguel Herrera, Rafael Carreiro; **Edição:** Rafael Carreiro; **Áudio:** Alexandre Duarte, Claudio Reston; **Produção executiva:** Samanta Martins; **Atendimento:** Ligia Susini

CLIENTE
ATypI

DESCRIÇÃO
Apresentando o congresso da Association Typographique Internationale – ATypI, que, pela primeira vez em 57 anos, acontece no hemisfério sul, a vinheta buscou representar o Brasil, a partir de São Paulo, com trilha sonora, texturas e ritmos indo além dos clichês do país tropical.

bien.al/12_atypi-sp

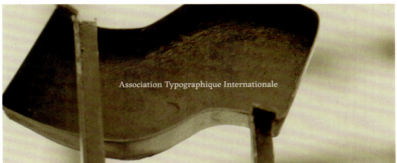

VINHETA DISCOVERY H&H VERÃO

AUTORIA
Beeld., 2016

EQUIPE
Direção de *on air*: Victor Seabra; **Gerência de arte:** Byron Segundo; **Direção de arte, design e animação:** Beeld.; **Áudio (demo):** Beeld. (Papito, Marcelo Mourão, Greco Bernardi, Eduardo Tosto, Victor Marcello, Filippo Johansson, Flavia Baltz, Rico Alves)

CLIENTE
Discovery Networks Brasil

DESCRIÇÃO
Adaptando a identidade visual do canal de TV por assinatura Discovery Home & Health ao verão, mas mantendo a estrutura de comunicação já existente, foi criada uma série de ilustrações e elementos gráficos que conectassem os eixos temáticos da programação (culinária, relacionamentos, casa e beleza) a um universo praiano com diversos personagens, ações e objetos.
O mosaico se movimenta e fragmenta o espaço, destacando diferentes detalhes e criando interações entre os elementos. A paleta de cores foi ampliada, indo para tons mais quentes, e o caractere "&" do logo foi desenvolvido com diferentes customizações.

bien.al/12_discovery-hh-verao

VISUALIZAÇÃO INTERATIVA BRASILEIRÃO NA REDE

AUTORIA
Café.art.br, 2015

EQUIPE
Concepção do projeto: Marco Aurélio Ruediger, Marcelo Rotemberg, Lucas Calil (FGV DAPP);
Concepção da visualização: Leandro Amorim, Maria Eduarda Rodrigues, Diego Leal; **Direção de criação:** Leandro Amorim; **Design:** Maria Eduarda Rodrigues, Diego Leal; **Assistência:** Alexandra Ramos, Cora Ottoni; **Front-end:** Erico Rosa; **Back-end:** Pablo, Igor (Hub9)

CLIENTE
Diretoria de Análise de Políticas Públicas – Faculdade Getúlio Vargas

DESCRIÇÃO
Para trazer um olhar contemporâneo e diferenciado para a maior paixão nacional, foi criada uma ferramenta que permite coletar, processar e visualizar dados sobre o Campeonato Brasileiro. Por meio de um monitoramento das redes sociais (Facebook, Instagram, Twitter), citando clubes, jogos, datas e estádios do início ao fim do campeonato de 2015 e dados oficiais da Confederação Brasileira de Futebol – CBF, como resultados e bilheteria, foi construída uma plataforma de dados interativa complexa, abrangente e rica em detalhes.

bien.al/12_brasileirao-na-rede

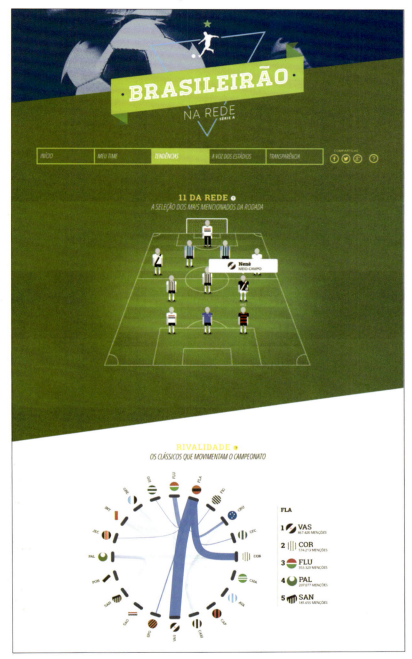

WELCOME SPORT KIT 2016

AUTORIA
Criatus Design, 2016

EQUIPE
Design: Haroldo Brito

CLIENTE
Fundação RealMadrid | InterSportBrasil

DESCRIÇÃO
Como forma de remeter ao espírito do time Real Madrid em suas escolinhas oficiais de futebol fora da Espanha, a Fundação Real Madrid promove eventos anuais, as "clinics". Para o Brasil, foi elaborada uma embalagem que acondicionasse os sete itens que cada atleta recebe, além de uma luva personalizável para todas as cinco cidades onde o evento ocorreu.

bien.al/12_welcome-sport-kit-2016

ZINES CÁ ENTRE NÓS

AUTORIA
Mandacaru + Inesplorato, 2015

EQUIPE
Argumento: Inesplorato; **Curadoria de conhecimento:** Débora Emm, Dante Felgueiras; **Conceito da publicação:** Bebel Abreu, Mandacaru; **Roteiros e ilustrações:** Ale Kalko, André Valente; **Projeto gráfico:** Condessa; **Texto:** Dante Felgueiras

CLIENTE
GNT

DESCRIÇÃO
A pedido do canal de TV por assinatura GNT, como apresentação de um estudo para compreender os universos masculino e feminino contemporâneos – desejos, ideias e ações em conflito com as regras do jogo social no mundo de hoje –, foram elaborados dois zines que, com humor e enredos de fácil assimilação, apresentam dois tipos de casais, sem perder a riqueza e a profundidade do estudo. Os dois zines têm dezesseis páginas cada contendo uma capa de apresentação, um perfil dos casais e pequenas histórias de uma página traduzidas em quadrinhos, que geram empatia e atraem cada vez mais atenção no Brasil. A impressão foi feita em risografia, em alta graças às publicações independentes, trazendo frescor e contemporaneidade, possibilitando comunicação com o público-alvo mais jovem.

bien.al/12_ca-entre-nos

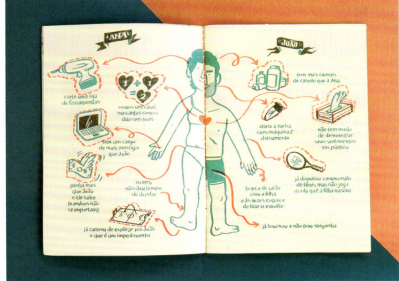

REALIZAÇÃO

ADG BRASIL
Associação dos Designers Gráficos
www.adg.org.br

DIRETORIA 2016-2018
Airton Jordani | SC
Haroldo Brito | DF
Igor Franzotti | ES
Marcelo Roncatti | SP
Piero Lucchesi | SP
Renato Mesquita | GO
Richard Melchiades | GO
Vanessa Queiroz | SP

CONSELHO CONSULTIVO
Bruno Porto | DF
Eliana Formiga | RJ
Marck Al | GO

CONSELHO DE ÉTICA
Claudia El-moor | DF
Fernanda Martins | PA
Gabriel Patrocinio | RJ

CONSELHO FISCAL
Gisela Abad | PE
Henrique Nardi | EUA
Léo MacVal | SP

ADEGRAF
Associação dos Designers Gráficos
do Distrito Federal
www.adegraf.org.br

DIRETORIA 2016-2018
Presidente: Wagner Alves
Vice-presidente: Eduardo Meneses
1ª secretária: Aline Pereira
2º secretário: Haroldo Brito
1º tesoureiro: David Borges
2º tesoureiro: Livio Lourenzo

CONSELHO CONSULTIVO
Bruno Porto
Bruno Schurmann
Claudia El-moor

CONSELHO DE ÉTICA
Eneida Figueiredo
Marcelo Terraza
Maurício Borges

CONSELHO FISCAL
David Araújo
Fátima Leão
Patricia Weiss

APOIO

PATROCÍNIO

CRÉDITOS

12ª BIENAL BRASILEIRA DE DESIGN GRÁFICO
www.bienaladg.org.br

Realização
ADG Brasil | Adegraf

Coordenação geral
Marco Aurélio Lobo Junior

Coordenação executiva
Léo MacVal

Curadoria e coordenação do júri
Bruno Porto

Comissão organizadora
Claudia El-moor
Haroldo Brito
Piero Lucchesi
Wagner Alves

Identidade visual
Eye Design

Direção de design
Claudia El-moor

Assistência de design
Roberta Slomski

Tipografias utilizadas
Graviola – Henrique Beier, Harbortype

Automação editorial
Gustavo Soares | GusSoares.com

Sistema de inscrições e julgamento online
Léo MacVal

Coordenação do website
Léo MacVal

Design de interfaces
Augusto Zimiani

Programação
Augusto Zimiani
Léo MacVal

EXPOSIÇÃO

Produção
WeDo

Coordenação de operações
Danielle Holanda

Apoio
Marcos Oliveira

Projeto expográfico
Nova Cenografia

Direção de design
Leo Eyer

Projeto cenográfico
Luana Nunes

Os textos deste catálogo foram compostos na fonte Graviola, desenhada por Henrique Beier, da Harbortype. O formato é 210 mm × 280 mm. A guarda foi feita em Offset 180 g/m² e o miolo foi impresso em papel couché fosco 115 g/m². O número de páginas é 560 e a tiragem, de 1.500 exemplares. Impresso em São Paulo pela gráfica Pancrom no terceiro bimestre de 2017.

CONFERÊNCIA DESIGN GRÁFICO BRASIL 2017

Coordenação
Bruno Porto
Henrique Nardi
Marco Aurélio Lobo Júnior

Palestrantes e debatedores
Ale Paul
Ana Brum
Bruno Porto
Claudia Gamboa
Cristiane Arakaki
Daniel Justi
Eduardo Foresti
Gustavo Greco
Henrique Eiras
Jackson Alves
Marco Aurélio Lobo Júnior
Ney Valle

Produção
Ricardo Werneck
Ligia Biz

Comunicação visual
Eye Design

Apoio
Equipe IESB

SÉTIMA BIENAL DE TIPOGRAFIA LATINO-AMERICANA TIPOS LATINOS

Coordenação Comitê Tipos Latinos Brasil
Ricardo Esteves
Bruno Porto
Henrique Nardi

Expografia e coordenação da exposição
Bmor Design Studio

Montagem
Central Park

Coordenação de palestras e visitas guiadas
André Maya
Marcos Archanjo
Mônica Carvalho
Noel Fernández

Palestrantes
Ale Paul
Gustavo Soares
Henrique Nardi
Ricardo Esteves

PRIMEIRAS IMPRESSÕES

Concepção e textos
Gustavo Piqueira

Projeto expográfico e produção
Casa Rex

Montagem
Central Park

DIATIPO BRASÍLIA

Coordenação
Henrique Nardi
Ligia Biz
Ricardo Werneck

Palestrantes e debatedores
Ale Paul
André Maya
Claudia El-moor
Cyla Costa
Francisco Bronze
Gabriel Braga
Gustavo Lassala
Gustavo Piqueira
Henrique Nardi
Mateus Zanon
Rafael Dietzsch
Ricardo Esteves
Victor Papaleo

Comunicação visual
Henrique Nardi
Ligia Biz
Ricardo Werneck

Assistência de design
Adriana França

Site
Into Design

Comunicação digital
Alexandre Schrammel
Alexandre Soares
Henrique Nardi
Ricardo Werneck

Fotografia
Ricardo Monserratt
Fernanda Helenco

I SEMINÁRIO INTERNACIONAL DESIGN & COMUNICAÇÃO

SEMINÁRIO INTERNACIONAL DESIGN & COMUNICAÇÃO

Realização
Programa de Pós-graduação em Design da Universidade de Brasília

Coordenação
Daniela Garrossini

WORKSHOPS SEBRAE DF

Fluxos de Produtividade para Design Editorial e Sinalização
Gustavo Soares (MG)

Design Estratégico: o Design e a entrega da promessa da marca
Cecilia Consolo (SP)

Design Thinking & Experiência do Usuário – Uma terceira Via
Gabriel Patrocinio e José Mauro Nunes (RJ)

EN**Q**UADRINHOS

II ENQUADRINHOS – ENCONTRO DE QUADRINHOS DE BRASÍLIA

Realização
Grupo de Pesquisa em Histórias em Quadrinhos – GIBI

Comissão organizadora
Bruno Porto
Havane Melo
Jairo Macedo
Raimundo Lima
Selma Regina Nunes Oliveira – Presidente
Vinícios Pedreira
Wagner Antônio Rizzo

Comissão técnico-científica
Ciro Inácio Marcondes (UnB)
Danielly Amatte Lopes (UFAL)
Felipe Muanis (UFJF)
Gustavo de Castro e Silva (UnB)
Luciano Mendes de Souza (UnB)
Wagner Antônio Rizzo (UnB)

Convidados
Gustavo Duarte
Jô Oliveira